广东省哲学社会科学"十二五"规划项目

佛山市人文和社科研究丛书编委会
FOSHANSHI RENWEN HE SHEKE YANJIU CONGSHU BIANWEIHUI

顾　问：郭文海
主　任：邓　翔
副主任：温俊勇　曾凡胜
编　委：（按姓氏笔画顺序）
　　　　邓　辉　申小红　许　锋
　　　　李自国　李若岚　李婉霞
　　　　陈万里　陈丽仪　吴新奇
　　　　聂　莲　曹嘉欣　淦述卫
　　　　曾令霞

中共佛山市委宣传部
佛山市社会科学界联合会　主编

佛山市人文和社科研究丛书
FOSHANSHI RENWEN HE SHEKE YANJIU CONGSHU

佛山文苑人物传辑注

FOSHAN WENYUAN RENWUZHUAN JIZHU

李自国 编著

中山大學出版社
SUN YAT-SEN UNIVERSITY PRESS
·广州·

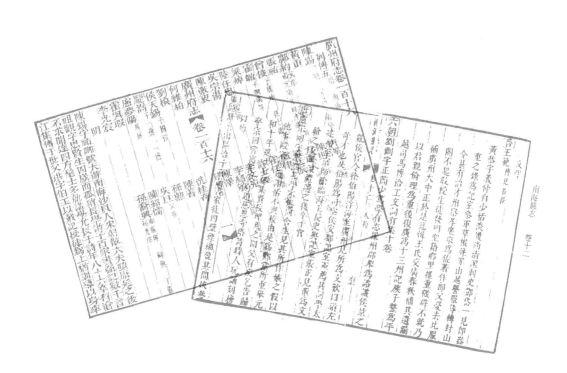

版权所有　翻印必究

图书在版编目（CIP）数据

佛山文苑人物传辑注/李自国编著．—广州：中山大学出版社，2018.9
（佛山市人文和社科研究丛书）
ISBN 978-7-306-06424-0

Ⅰ.①佛…　Ⅱ.①李…　Ⅲ.①文学家—列传—佛山　Ⅳ.①K825.6

中国版本图书馆 CIP 数据核字（2018）第 194563 号

出 版 人：王天琪
策划编辑：李海东
责任编辑：李海东
封面设计：方楚娟
责任校对：刘丽丽
责任技编：何雅涛
出版发行：中山大学出版社
电　　话：编辑部 020-84110771，84113349，84111997，84110779
　　　　　发行部 020-84111998，84111981，84111160
地　　址：广州市新港西路 135 号
邮　　编：510275　　传　　真：020-84036565
网　　址：http://www.zsup.com.cn　E-mail：zdcbs@mail.sysu.edu.cn
印 刷 者：广州家联印刷有限公司
规　　格：787mm×1092mm　1/16　23.75 印张　450 千字
版次印次：2018 年 9 月第 1 版　2018 年 9 月第 1 次印刷
定　　价：78.00 元

如发现本书因印装质量影响阅读，请与出版社发行部联系调换

《佛山市人文和社科研究丛书》
出版前言

文化是一座城市的品格和基因，佛山是座历史传统悠久、人文气息浓郁、文化积累深厚的城市。近年来，佛山经济社会发展日新月异，岭南文化名城建设如火如荼，市、区有关部门及镇街从各自工作职能或地方发展特点出发，陆续编辑出版了一些人文社科方面的书籍及资料。但从全市层面看，尚无一套完整反映佛山历史文化和人文社科方面的研究丛书，实为佛山社会文化传承的一大憾事。为弥补这不足之处，中共佛山市委宣传部、佛山市社会科学界联合会决定联合全市社会科学研究力量，深入挖掘佛山历史文化资源，梳理佛山哲学社会科学研究成果，编辑出版《佛山市人文和社科研究丛书》，并力争将其打造成为佛山市的人文社科研究品牌和城市文化名片。

本套丛书的策划和编辑，主要基于以下几个方面的考虑：一是体现综合性。丛书从全市层面开展综合性研究，既彰显佛山社会经济文化综合实力，也充分展现佛山人文社科研究水平，避免了只研究单一领域或个别现象，难以形成影响力的缺憾。二是注重广泛性。丛书对佛山历史文化、名人古迹、民俗风情、非物质文化遗产和经济、政治、社会、生态等各个方面都给予关注，而佛山经济社会发展亮点、历史文化闪光点和研究空白领域更是丛书首选。三是突出本土性。丛书选题紧贴佛山实际，具有鲜明的地方特色，作者主要来自佛山本地，也适当吸收外部力量，以锻炼培养一批优秀的人文社科研究人才。四是侧重研究性。丛书严格遵守学术规范，注重学术研究的广度、深度和高度，注重理论的概括、提炼和升华，在题材、风格、构思、观点等方面多有独到之处，具备权威性、整体性、系统性和新颖性，是值得收藏或研究的好书籍。五是兼顾通俗性。丛书要求语言通俗易懂，行文简洁明了，图文并茂，条理清晰，易于传播，既可做阅读品鉴之用，也是开展对外宣传和交流的好读物。六是坚持优质性。丛书综合考虑研究进度和经费安排，本着宁缺毋滥的原则，采取成熟一本出版一本的做法，"慢工出细活"，保证研究出版的质量。七是力求系统性。每年从若干选题中精选一批进行资助出版，积沙成塔，形成规模，届时可再按历史文化、哲学社会科学、佛山典籍整理等形成系列，使丛书系列化、规模化、品牌化。八是讲究方便性。每本书，既是整套丛书的一部分，编排体例、形式风格保持一致，又独立成书，自成一体，各有风采，避免卷帙浩繁，方便携带和交流。

自2012年底正式启动丛书编辑工作以来，包括这一辑在内，已编撰出版五辑。每一辑书籍的编撰，编委会都要多次召开专门会议，讨论确定研究主题、编辑原则、体例标准、出版发行等事宜。经过选题报告、修改完善、专家审定、编辑校对等环节，形成每一辑的《佛山市人文和社科研究丛书》。此次第五辑《佛山市人文和社科研究丛书》包括《烟草大王简照南研究》《源流、传播与传承——佛山粤剧发展史》《佛山文苑人物传辑注》《佛山政府、企业"互联网+"——兼论城市社区治理与服务》《陈启沅评传》《佛山幼儿教育实践与探索——佛山市机关幼儿园愉快园本课程建设》《佛山冶铸文化研究》等七本著作。通过数年的持续努力，现已初步形成了一整套覆盖佛山人文社科方方面面的研究丛书，使之成为建设佛山岭南文化名城、增强地方文化软实力的一项标志性工程。

本套丛书的编辑得到了佛山科学技术学院、广东东软学院、广州城建职业学院、佛山市博物馆、佛山市机关幼儿园等单位和全市广大人文社科工作者的大力支持，中国社会科学院首批学部委员、著名学者杨义教授欣然为丛书作总序，中山大学出版社为丛书的出版做了大量艰苦细致的工作，在此一并表示衷心的感谢，并对所有关心和支持丛书编撰工作的社会各界人士致以深深的敬意！

佛山市人文和社科研究丛书编委会
2018年6月

都来了解佛山的城市自我

——《佛山市人文和社科研究丛书》总序

杨 义

（中国社会科学院首批学部委员）

大凡有文化底蕴的地方，都有它的身份、品格和精神，有它的人物、掌故和地方风物，从而在祖国文化精神总谱系中留下它独特的文化DNA。佛山作为一座朝气蓬勃而又谦逊踏实的岭南名城，自然也有它的身份、品格、精神，有它的人物、掌故、风物和文化DNA。对于佛山人而言，了解这些，就是了解他们的城市自我；对于外来人而言，了解这些，就是接触这个城市的"地气"。

佛山有"肇迹于晋，得名于唐"的说法。汉武帝派张骞通西域之后，中国始通罽宾，即今克什米尔。罽宾属于或近于佛教发祥之地，在东汉魏晋以后的数百年间，多有高僧到中原传播佛教和译经。唐玄奘西行求法，就是从罽宾进入天竺的。据清代《佛山志》，东晋时期，有罽宾国僧人航海东来传教，在广州西面的西江、北江交汇的"河之洲"季华乡结寮讲经，宣传佛教，洲岛上居民因号其地为"经堂"。东晋安帝隆安二年（398），初来僧人弟子三藏法师达毗耶舍尊者，来岛再续传法的香火，在经堂旧址上建立了塔坡寺。因而佛山经堂有对联云："自东晋卓锡季华，大启丛林，阅年最久；念西土传经上国，重兴法宇，历劫不磨。"其后故寺废弛。到了唐太宗贞观二年（628），居民在塔坡冈下辟地建屋，掘得铜佛三尊和圆顶石碑一块，碑上有"塔坡寺佛"四字，下有联语云："胜地骤开，一千年前，青山我是佛；莲花极顶，五百载后，说法起何人。"乡人认为这里是佛家之山，立石榜纪念，唐贞观二年镌刻的"佛山"石榜至今犹存。佛山的由来，因珠江冲积成沙洲，为佛僧栽下慧根，终于立下了人灵地杰的根脉。

明清以降的地方志，逐渐发展成为记录地方历史风貌的百科全书。读地方志一类文献，成为了解地方情势，启示就地方而思考"我是谁"的文化记忆遗产。毛泽东喜欢读地方志书。在战争年代，每打下一座县城，他就找县志来读。1929年打下兴国县城，获取清代续修的《瑞金县志》，他如获至宝，挑灯夜读。新中国成立后，毛泽东到各地视察、开会，总要借阅当地志书。1958年在成都会议之前，他就率先借阅《四川通志》《蜀本纪》《华阳国志》，后又要来《都江堰水利述要》《灌县志》，并在书上批、画、圈、点。他在这次成都会议上，提倡在全国编修地方志。1959年，毛泽东上庐山，就借阅民国时期吴宗慈修的《庐山志》及《庐山续志稿》。可见编纂地方人文社会科学文献，是使人明白"我从何而来"，"我的文化基因若何"，保留历史记忆，增加文化底蕴的重要工程。

从历史记忆可知，佛山之得名，是中外文化交流的一个亮丽的典型。它栽下的慧根，就是以自己的地理因缘和人文胸怀，得经济文化的开放风气之先。因为佛教东传，不只是一个宗教事件，同时也是开拓文化胸襟的历史事件。随同佛教而来的，是优秀的印度、波斯、中亚和希腊文化，它牵动了海上丝绸之路。诸如雕塑、绘画、音乐、美术，物产、珍宝、工艺、科技，思想、话语、逻辑、风习，各种新奇高明的思想文化形式，都借助着航船渡过瀚海，涌入佛山。佛山的眼界、知性、文藻、胸襟，为之一变，文化地位得到提升。

但是佛山胸襟的创造，既是开放的，又是立足本土的。佛山的城市地标上"无山也无佛"，山的精神和佛的慧根，已经化身千千万万，融入这里的河水及沃土。佛山的标志是供奉道教北方玄天大帝（真武）的神庙，而非佛寺，这是发人深省的。清初广东番禺人屈大均的《广东新语》卷六说："吾粤多真武宫，以南海佛山镇之祠为大，称曰祖庙。"那么为何本土道教的祖庙成了佛山的标志呢？就因为佛山为珠江水流环抱，水是它的生命线，如屈大均接着说的："南溟之水生于北极，北极为源而南溟为委，祀赤帝者以其治水之委，祀黑帝者以其司水之源也。"于是从北宋元丰年间（1078—1085）起，佛山就建祖庙，宋元以后各宗祠公众议事于此，成为联结各姓的纽带，遂称"祖庙"。祖庙附有孔庙、碑廊、园林，红墙绿瓦，亭廊嵯峨，雕梁画栋，绿荫葱茏，历数百年而逐渐成为一座规模宏大、制作精美、布局严谨、具有浓厚岭南地方特色的庙宇建筑群。

这种脚踏实地的开放胸襟，催生和推动了佛山的社会经济开发的脚步。晋唐时期的佛山，还只是依江临海的沙洲，陆地尚未成片。到了宋代，随着中原移民的大量涌入和海外贸易的兴起，珠江三角洲的进一步开发，佛山得到了进一步发展，于是有"乡之成聚，肇于汴宋"的说法。佛山邻近省城，可以分润省城的人才、文化、交通、商贸需求的便利；但它又不是省城，可以相当程度地摆脱官府权势压力和体制性条条框框的约束，有利于民间资本、技艺、实业和贸易方式的发育。珠江三角洲千里沃野，需要大量铁制的农具，因而带动了佛山的冶炼铸造业。屈大均《广东新语》卷十五说："铁莫良于广铁，……诸炉之铁冶既成，皆输佛山之埠，佛山俗善鼓铸，……诸所铸器，率以佛山为良，陶则以石湾。"生产工具的改进和省会、海外需求的刺激，又进一步带动了以桑基鱼塘为依托的缫丝纺织业。

起源于南越先民的制陶业，也在中原制陶技术的影响下，迅速发展起来了。南宋至元，中原移民把定、汝、官、哥、钧诸名窑的技艺带到佛山石湾，与石湾原有的制陶技艺相融合，在吸取名窑造型、釉色、装饰纹样的基础上，使"石湾集宋代各名窑之大成"。石湾的土，珠江的水，在佛山人手里仿佛具有了灵性，它们在南风古灶里交融裂变、天人合一，幻化出了五彩斑斓的石湾陶。清人李调元《南越笔记》卷六记载："南海之石湾善陶。凡广州陶器，皆出石湾，尤精缸瓦。其为金鱼大缸者，两两相合。出火则俯者为阳，仰者为阴。阴所盛则水浊，阳所盛则水清。试之尽然。谚曰'石湾缸瓦，胜于天下。'"李调元是清乾嘉年间的四川人，晚年著述自娱，这也取材于《广东新语》。水下考古曾在西沙沉没的古代商船中发现许多宋代石湾陶瓷。在东至日本朝鲜、西至西亚的阿曼和东非的坦桑尼亚等地，也有不少石湾陶瓷出土。自明代起，石湾的艺术陶塑、建筑园林陶瓷、手工业用陶器不断输出国外，尤其是园林建筑陶瓷，极受东南亚人民的欢迎。东南亚各国如泰国、越南、新加坡、马来西亚、印度尼西亚等地的出土文物中，石湾陶瓷屡见不鲜。至今在东南亚各地以及香港、澳门、台湾地区庙宇寺院屋檐瓦脊上，完整保留有石湾制造的瓦脊就有近百条之多，建筑饰品更是难以计其数。石湾陶凭借佛山通江达海的交通条件和活跃的海外贸易，走出了国门，创造了"石湾瓦，甲天下"的辉煌。石湾陶瓷史，堪称一部浓缩的佛山文化发展史，也是一部精华版的岭南文化发展史：南粤文化是其底色，中原文化是其彩釉，而外来文化有如海风拂拂，引起了令人惊艳的"窑变"。

佛山真正名扬四海，还因其在明清时期演绎的工商兴市的传奇。明清时期的佛山，城市空间不断拓展，商业空前繁荣，由三墟六市一跃而为二十七铺。佛山的纺织、铸造、陶瓷三大支柱产业，都进入了繁荣昌盛的发展阶段。名商巨贾、名工巧匠、文人士子、贩夫走卒，五方辐辏，汇聚佛山。或借助产业与资本的运作，富甲一方，造福乡梓；或潜心学艺、精益求精，也可创业自强。于是，佛山有了发迹南洋的粤商，有了十八省行商会馆，有了古洛学社和佛山书院，有了诸如铸铁中心、南国丝都、南国陶都、广东银行、工艺美术之乡、民间艺术之乡、中成药之乡、粤剧之乡、武术之乡、美食之乡等让人艳羡的美名，有了陈太吉的酒、源吉林的茶、琼花会馆的戏……百业竞秀、名品荟萃，可见街市之繁华。乡人自豪地宣称："佛山一埠，为天下重镇，工艺之目，咸萃于此。"外地游客也盛赞："商贾丛集，阛阓殷厚，冲天招牌，较京师尤大，万家灯火，百货充盈，省垣不及也。"清道光十年（1830）佛山人口据说已近六十万，成为"广南一大都会"，与汉口、景德镇、朱仙镇并称"天下四大镇"，甚至与苏州、汉口、北京共享"天下四大聚"之美誉，即清人刘献廷《广阳杂记》卷四所云："天下有四聚，北则京师，南则佛山，东则苏州，西则汉口。"佛山既非政治中心，亦非军事重镇，它的崛起打破了"郡县城市"的旧模式，开启了中国传统工商城市发展的新途径。它以"工商成市"的模式，丰富了中国城市学的内涵。

近现代的佛山，曾经遭遇过由于交通路线改变，地理优势丧失、经济环境变化的困扰。但是，佛山并没有步同列四大名镇的朱仙镇一蹶不振的后尘，而是在艰难中励志探索，始终没有松懈发展的原动力，在日渐深化的程度上实行现代转型。改革开放以来，佛山又演绎了经济学家津津乐道的"顺德模式"和"南海模式"。前者是一种以集体经济为主、骨干企业为主、工业为主的经济发展方式。借助这种模式，顺德于20世纪80年代完成了从农业社会到初始化工业社会的过渡，完善了有利于科学发展的体制机制，诞生了顺德家电的"四大花旦"——美的、科龙、华宝、万家乐。后者是以草根经济为基础，按照"三大产业齐发展，五个层次一齐上"的方针，调动县、镇、村、组、户各方面的积极性和社会资源，形成中小企业满天星斗的局面。上述两种模式衍生了佛山集群发展的制造基地、各显神通的专业市场、驰名中外的佛山品牌、享誉全国的民营经济。

佛山在自晋至唐的得名过程中埋下了文化精神的基因，又在现代产业经济发展中，培育和彰显一种敢为人先、崇文务实、通济和谐的佛山精神。这种文化基因和文化精神，使佛山人得近代风气之先，走出了一批影响卓著的名人：从民族资本家陈启沅到公车上书的康有为，从"近代科学先驱"邹伯奇到"铁路之父"詹天佑，从"岭南诗宗"孙蕡到"我佛山人"吴趼人，从睁眼看世界的梁廷枬到出使西国的张荫桓，从岭南雄狮黄飞鸿到好莱坞功夫巨星李小龙。在现代工商发展方式上也多有创造，从工商巨镇到家电之都，从"三来一补"到经济体制改革，从专业镇建设到大部制改革，从简镇强权到创新型城市建设，百年佛山人在政治、经济、文化领域引领风骚，演绎了一个个岭南传奇。佛山适时地开发了位于中国最具经济实力和发展活力之一的珠江三角洲腹地，位于亚太经济发展活跃的东亚及东南亚的交汇处的地理位置优势，由古代四大名镇之一转型为中国的改革先锋。

佛山人生生不息、与时俱进的创造力，蕴含着深厚的文化血脉和丰富的文化启示，值得进行系统的梳理和深层次的阐释。当代的佛山人，在默默发家致富、务实兴市的同时，应该自觉地了解生于斯、长于斯的这个城市的"自我"，总结这个城市发展的风风雨雨、潮起潮落的足迹，以佛山曾是文献之邦、人文渊薮的传统，来充实自己的人文情怀，提高"佛山之梦"的境界。佛山人也有梦，一百年前"我佛山人"吴趼人在《南方报》上连载过一部《新石头记》，写贾宝玉重入凡世乃是晚清社会，他不满于晚清种种奇怪不平之事，后来偶然误入"文明境界"，目睹境内先进的科技、优良的制度，不胜唏嘘。他呼唤"真正能自由的国民，必要人人能有了自治的能力，能守社会上的规则，能明法律上的界线，才可以说自由"；而那种"野蛮的自由"，只是薛蟠要去的地方。这些佛山文化遗产，是佛山人应该重新唤回记忆，重新加以阐释的。

"我佛山人"是我研究小说史时所熟悉的。我曾到过佛山，与佛山人交流过读书的乐趣和体会，佛山的文化魅力和经济成就也让我感动。略有遗憾的是，当我想深入追踪佛山的历史身份、品味和文化DNA时，图书馆和书店里除了旅游手册之类，竟难以找到有丰厚文化底蕴的新读物。"崇文"的佛山，究竟隐藏在繁华都市的何方？"喧嚣"的佛山，可曾还有一方人文的净土？我困惑着，也寻觅着。如今这套《佛山市人文和社科研究丛书》，当可满足我的精神饥渴。它涵盖了佛山的方方面面，政治、经济、文化、历史、人文、地理、城市、人物、事件，时空交错、经纬纵横，一如古镇佛山，繁华而不喧嚣，富有而不夸耀；也如当代佛山，美丽而不失内秀，从容而颇具大气。只要你开卷展读，定会感受到佛山气息，迎面而来；佛山味道，沁人心脾；佛山故事，让人陶醉；佛山人物，让人钦佩；佛山经验，引人深思；佛山传奇，催人奋进。当你游览祖庙圣域、南风古灶、梁园古宅之后，从容体味这些讲述佛山文化的书籍，自会感到精神充实，畅想着佛山的过去、当下和未来。我有一个愿望，这套丛书不止于三四本，而应该是上十本、上百本，因为佛山的智慧和传奇，还在书写着新的篇章，佛山是一部读不完的大书。佛山，又名禅城。佛山于我们，是参不透的禅。这套丛书可以使我们驻足沉思，时有顿悟！

我喜欢谈论人文地理，近来尤其关注包括佛山在内的南中国海历史文化。但是对于佛山，充其量只是走马观花、浮光掠影，爱之有加，知之有限。聊作数言，权作观感，是为序。

2014 年 2 月 9 日

序

  司马迁《史记》选取以文学见长的屈原、贾谊、司马相如三个文士入列传，其《屈原贾生列传》和《司马相如列传》用大量篇幅记录三个文士的代表作。班固在《史记》八"书"的基础上发展成《汉书》的十"志"，不仅扩大了文士传记的数量，其增设的《艺文志》，考证了各种学术流派的源流，可以看作简略的文学史。陈寿《三国志·魏书》（卷二十一）为当时文士王粲、卫觊、刘廙、刘劭、傅嘏等五人立传，并在王粲传记之后附了徐幹、陈琳、阮瑀、应玚、刘桢等文士的简单介绍，成为后世《文苑传》的先声。范晔《后汉书》在史书传统《儒林列传第六十九》之后为后汉时期的普通文士结集作传，即《后汉书·文苑列传第七十》，不仅记载了杜笃、夏恭、黄香等后汉时期二十二位文士的事迹、履历，还载录了众多传主的代表作品。《后汉书》首次于正史中设立"文苑"章节，将文士作为独立主体来记载，使得这些传主首次以文学家的身份被载入正史，《文苑传》从此成为我国古代正史的传统类传之一。自此往后，历代史家递相沿袭，从《史记》到《清史稿》二十五部正史中就有十七部设有《文苑传》。明清以降，佛山地方志逐渐发展成为记录佛山地方历史风貌的百科全书，其中的《文苑传》给佛山重要文士立传，专章收录佛山文士生平事迹及其著述，从中粗略可知佛山文士的履历、事迹及其生平与文学作品的关系。

  佛山地方志作为历史文献，注重史学的本体色彩，其《文苑传》以记事为本，弱化了文学性，甚至出现佛山历史上文学成就不高的个别高官因其显贵被列入了《文苑传》，不少传记只是铺陈佛山文士的人生经历，选取代表文士功绩的一两事记录，简单介绍文士著述及其经世之文。明清的《佛山忠义乡志》《南海县志》《三水县志》《顺德县志》《高明县志》中《文苑传》只对本地文士立传，没有"大佛山"视野，更没有置之于岭南文苑这个背景之下。据我对佛山地方志典籍整理的了解，佛山对五区地方志的研究颇多，触及的范围既深且广，但学界对佛山地方志中《文苑传》的研究还没有给予足够的重视，目前对其研究还处于零散的状态。也许正是因为如此，李自国在前人研究的基础上，对佛山文苑人物传记进行整理并辑注。

  《佛山文苑人物传辑注》（以下简称《辑注》）侧重于以文学标准选取佛山古代一百位文士作为辑注对象，这一百篇传记大都记述了传主的姓名字号、籍贯家世、生平履历（包括求学、入仕、从政、交游等经历）、文集及其存佚状态。通读这些传记可知，这一百位文士是以文学显于世或以文学扬其名的文学创作主体，传记中常常用"善为文""能文章""以文章显"等词语来评价传主，成为后世认识这些文士的重要参考。故《辑注》的"传主简介"抓住"文学"这一命题介绍传主，重点评述其文学成就。这一百位文士还是佛山忠义文脉的重要传承者，尽管这些传主大多从事掌管文书、起草诰命、编修史书的文职工作，但往往较多地参与政治活动，深切关怀着社会公共利害之争，其中不乏具有崇高的民族气节，甚至投笔从戎者。另外，唐宋以来，受"文史异辙"的影响，文史开始分流，《文苑传》作为史书中的类传之一，自然弱化文学性；同样，佛山地方志中的《文苑传》只是简单介绍传主的作品集，基本上没有载录佛山文士的文学作品。《辑注》的"注释"对传记正文记载过于简略的文学内容予以补充，让传主的文学活动、文学作品相对完整。

佛山市的禅城区、南海区、顺德区、三水区、高明区曾单独设县（乡），其历史上所辖疆域变迁复杂。明清的《佛山忠义乡志》《南海县志》《顺德县志》《三水县志》《高明县志》的《文苑》要么各自为阵，只对本县（乡）的古代文士立传；要么相互交错，往往出现《佛山忠义乡志》《南海县志》《顺德县志》都认为某一文士为本地人，都对同一文士立传。《辑注》以佛山历代重要文士的籍贯、出生地等对应佛山市禅城区、南海区、顺德区、三水区、高明区，对佛山的文苑历史进行重新构建，打破《佛山忠义乡志》《南海县志》《顺德县志》《三水县志》《高明县志》只为本地文士立传的藩篱，以"大佛山"视野重构佛山文苑历史。佛山肇迹于晋，得名于唐。晋唐以来，佛山文苑昌盛、文士辈出，到清代时，佛山已成为气标两广的人文之邦。文状元，是文苑中的精英。自科举考试以来，广东历史上出现过九位文状元（唐代的莫宣卿，南汉的简文会，南宋的张镇孙，明代的伦文叙、林大钦、黄士俊，清代的庄有恭、林召棠、梁耀枢），佛山籍文状元占五席（南海的简文会、张镇孙、伦文叙以及顺德的黄士俊、梁耀枢），在全省首屈一指。这些文士大多出身贫寒，但他们生长在崇文重教的佛山，佛山厚积薄发的人文底蕴成就了这些文士的科考。而且佛山文士对以雄直诗风著称的岭南诗派的形成起到了重要作用。故《辑注》的"传主简介"侧重分析佛山文士与岭南文苑的关联度。

岭南文苑，肇自曲江（张九龄是广东省韶关市曲江人，故称张九龄为"曲江"）。张九龄以清淡直遒之诗振响中原，开创了雄直的岭南诗风；南宋末年，李昴英在顺德组结"吟社"，开创了岭南诗人结社风气之先；元末明初，顺德的孙蕡、占籍南海的王佐和番禺的赵介、李德和黄哲在广州抗风轩（今广州市文德路中山图书馆旧址）结南园诗社，相互咏唱，五人合称"南园五子"。南园诗社成为岭南文人交往的中心，促成了岭南文人集群的形成。南园诗社倡导捍卫诗骚传统，高扬汉魏遗风，"开有明岭南风雅之先"（屈大均《广东新语》），继承了张九龄开创的岭南雄直诗风。"南园五子"中，佛山籍诗人居其二。顺德诗人孙蕡作为"南园五子"旗手，笔力矫健，其诗气象雄浑，有"岭南诗宗"之誉；南海诗人王佐作为南园诗社发起者，才思雄浑，其诗忧时感事，清雅拔俗。明代嘉靖年间，欧大任、梁有誉、吴旦、黎民表、李时行等五位诗人，追慕"南园五子"嘉行懿德，联吟于抗风轩，重振南园诗社，再次引领岭南诗风，被称为"南园后五子"。"南园后五子"所处时代，正值明代"前七子""后七子"发动文学复古运动之时，整个诗坛受到拟古诗风的影响，但"南园后五子"受黄佐的影响，能够不同程度地摆脱"文必秦汉，诗必盛唐"的拟古积弊，比较自觉地继承和发扬岭南诗派的雄直诗风，继往开来，为岭南文苑平添了豪迈的一页。"南园后五子"中，有三位是佛山诗人，即顺德欧大任、梁有誉和南海吴旦。经过前后"五子"的经营，南园成为岭南文苑的重要平台，具有浓厚的人文氛围。明末崇祯年间，陈子壮、陈子升、黎遂球、欧主遇、欧必元、区怀瑞、区怀年、黄圣年、黄季恒、徐棻、僧通岸、黎邦瑊等十二位诗人三聚南园，复兴岭南诗坛，被誉为"南园十二子"；"南园十二子"中的陈子壮、陈子升、欧主遇、欧必元、区怀瑞、区怀年等六人都是佛山文士。1911 年 6 月，顺德的温肃、黄节与番禺的梁鼎芬、姚筠、李启隆、沈泽棠、吴道镕、汪兆铨等重开"后南园诗社"于抗风轩，振兴岭南文苑。在岭南的文苑天地里，佛山文士占据了重要的一席之地，成为这个文苑天地里的一支最具有旺盛生命力的生力军。这是《辑注》最生动而富有光彩的部分。

当然，《辑注》的价值还有很多。佛山五区地方志中《文苑传》涉及文士众多，但传文之详略正误，可商榷处甚多，如佛山历代文士的字号、官职、履历等方面出现了一些错误。这些错误有的属于传抄错误，有的属于句读错误，前人已有所指正，但没有更正者尚不少。自国试就佛山重要文士传记作些补正，以免以讹传讹。自国对晋以来丰富而庞杂的佛山文苑传进行全面而细致的整理，既不遗漏任何一条有价值的见解，又不放过任何一条有影响的误解，做到扶正驳谬、去伪存真。《辑注》的目的，是展现古代佛山文士的追求，也体现"广府文化"对佛山文士人格的塑造。大凡整理佛山文苑传典籍，通常是圈点便可，有些甚至连标点都不用，全凭读者自己能力理解，以至不少读者面对佛山文士传记时一脸茫然或者带有恐惧心理。为了使佛山文士事迹更能进入关心佛山文化的读者视野，自国对佛山文苑人物传进行综合、全面、细致的集成性研究——这正是此书的创新之处，从而使得本书为研究佛山文士提供通读方便、查找方便、使用方便，以便更好传承佛山的忠义文脉，为佛山文化强市增添正能量。

是为序。

万伟成
2017年11月于佛山禅城

凡 例

一、本书名中"佛山"主要取 2002 年 12 月 8 日国务院同意调整的佛山市行政区划（包括禅城区、南海区、顺德区、三水区、高明区）及其所对应的历史地理概念。佛山肇迹于晋，得名于唐。秦汉时隶属南海郡，汉末隶属交州，226 年始隶属广州。590 年，隋朝废除南海郡，以番禺县地析置南海县。唐朝南海县隶属于岭南道广州都督府。628 年，南海县季华乡改名佛山，意为"佛家之山"。917 年，五代南汉析南海县为常康、咸宁二县和永丰、重合二场。972 年，北宋恢复南海县，隶属广南东路。北宋元丰年间，佛山堡为季华乡之首。1279 年，元朝设江西行省广东道，南海县隶属广东道广州路。1369 年，明廷在广东道的基础上始设广东行中书省；1376 年，改为广东布政司，南海县隶属广东布政司广州府。1452 年，明廷将南海县的东涌、马宁、鼎安、西淋四都和新会县的白藤堡划出，置顺德县，隶属广东布政司广州府；同年，南海县佛山堡被赐名"忠义乡"。1475 年，明廷割高要县上下仓等二十四都设置高明县，隶属广东布政司广州府（1577 年后，高明县改属广东布政司肇庆府）。1526 年，明廷割南海县三都、高要县十都，置三水县，隶属广东布政司广州府。清廷广东省广州府所辖境基本沿用明代区划。由于历史上地理区划的变更，故本书传主的籍贯、出生地等沿用传主在世时的地理区划概念，同时，以现行的佛山市禅城区、南海区、顺德区、三水区、高明区对应其籍贯、出生地等。

二、"苑者，物所丛聚"（《字书》），萃文士为一章节，称为"文苑"。明清以来的《佛山忠义乡志》《南海县志》《三水县志》都有"文苑"章节，如乾隆十七年《佛山忠义乡志》卷八《人物·文苑》、道光十年《佛山忠义乡志》卷九《人物·文苑》、民国十二年《佛山忠义乡志》卷十四《人物·文苑》、康熙三十年《南海县志》卷十二《人物·文学》、乾隆六年《南海县志》卷十六《人物·文学》、同治十一年《续修南海县志》卷十八《列传·文学》、宣统二年《南海县志》卷十九《列传六·文学》、嘉庆二十四年《三水县志》卷十一《人物·文学》等。虽然《顺德县志》和《高明县志》中没有"文苑"章节，但其部分《列传》收录了本地文士生平事迹及其著述，虽无文苑之名，却有文苑之实。佛山地方志中"文苑""文学""列传"等名称虽然不同，都对佛山历代文士立传。本书一百篇人物传记主要选自明清和民国的《佛山忠义乡志》《南海县志》《三水县志》的"文苑"章节以及《顺德县志》《高明县志》的"列传"章节。因各种原因，还有一些佛山重要文士的传记没有收录进《文苑传》。如岭南大儒朱次琦在临终前将自己尚未传世的七部书稿全部焚毁，以至民国三十一年《清史稿·列传·文苑》没有收录朱次琦传记；后来简朝亮整理《朱九江先生传》，《清史稿·列传二百六十七·儒林一》据此收录朱次琦传记，故本书《朱次琦传》选自《清史稿·列传二百六十七·儒林一》。凡此种种，《文苑传》没有立传的佛山重要文士，只要其以文学显于世或以文学扬其名，即使其社会地位卑微，也照样作为本书辑注对象，本书根据其他史籍所载传记进行补录辑注；而佛山历史上个别高官因其显贵被列入了《文苑传》，但因其文学成就不高，不作为本书辑注对象。总之，本书以文学标准选取佛山文苑中一百位重要文士的传记作为辑注对象。

三、本书所辑注的一百篇文苑人物传记，上限尽量上溯，下限至民国三十一年《清史稿》所立传记。这一百篇传记主要按传主生年先后排序。若传主同一年生，则以卒年先后排序；若传主生卒年不详，则参照佛山地方志中人物排列的先后进行排序。

四、本书中已经立传的文士，在其他传记正文中出现时，辑注时一般不再对此传主进行注释，统一标明"见［×］《××》"。传记正文中某人物或地名以及古代官职等多次出现，或某字词屡见，往往是第一次出现时加以注释，在此后的传记中再次出现时一般不再详细注释，最多标明"见［×］《××》注释×"。

五、传记底稿中繁体字和异体字，如无歧义者均改为通用规范汉字，传记底稿中的通假字及人物姓名字号中的异体字，一般保留。

六、本书涉及历史人物的籍贯等，均先标明历史人物在世时的籍贯名称，然后用括号内对应现今地名的方式加以注释；但同一人物，其父/子、兄/弟则不重复标明其籍贯。传主王范、黄恭、刘删的籍贯是广州南海郡番禺县，当时南海郡番禺县辖后来单独设置的南海县境，传主卢宗回、李文孺的籍贯是岭南道广州都督府南海县，以至于明清《南海县志》都收录王范、黄恭、刘删、卢宗回、李文孺的传记；由于这五个传主籍贯对应的现今具体地名不详，本辑注中《传主简介》不对王范、黄恭、刘删、卢宗回、李文孺的籍贯注释现今地名。

七、传记正文或注释采用年号纪年，为便于今人理解，在某年号纪年首次出现时以圆括号（　）注明对应的公元年；但同一篇正文和注释内，同一年号纪年只标注一次公元年，重复出现时不再另注。

目　录

晋
［1］王　范 ………………………………………… 1
［2］黄　恭 ………………………………………… 3

南朝
［3］刘　删 ………………………………………… 5

唐
［4］卢宗回 ………………………………………… 7
［5］李文孺 ………………………………………… 8
［6］区　册 ………………………………………… 10

五代
［7］简文会 ………………………………………… 15

宋
［8］刘　镇 ………………………………………… 17
［9］区仕衡 ………………………………………… 18
［10］区适子 ………………………………………… 23
［11］张镇孙 ………………………………………… 26

元
［12］王　佐 ………………………………………… 31
［13］孙　蕡 ………………………………………… 34

明
［14］廖　谨 ………………………………………… 38
［15］梁　轸 ………………………………………… 41
［16］梁　储 ………………………………………… 44
［17］胡　澧 ………………………………………… 50
［18］伦文叙 ………………………………………… 53
［19］李义壮 ………………………………………… 55
［20］林　钟 ………………………………………… 58
［21］伦以训 ………………………………………… 61
［22］何维柏 ………………………………………… 63
［23］吴　旦 ………………………………………… 69

[24] 区　益 …………………………………………… 71
[25] 欧大任 …………………………………………… 73
[26] 梁有誉 …………………………………………… 77
[27] 区大枢 …………………………………………… 81
[28] 梁鹤鸣 …………………………………………… 82
[29] 林承芳 …………………………………………… 85
[30] 区大相 …………………………………………… 87
[31] 区大伦 …………………………………………… 90
[32] 朱　完 …………………………………………… 94
[33] 区怀瑞 …………………………………………… 99
[34] 区怀年 …………………………………………… 100
[35] 李孝问 …………………………………………… 102
[36] 黄士俊 …………………………………………… 104
[37] 欧必元 …………………………………………… 112
[38] 李希孔 …………………………………………… 114
[39] 欧主遇 …………………………………………… 118
[40] 梁元柱 …………………………………………… 119
[41] 陈子壮 …………………………………………… 125
[42] 陈邦彦 …………………………………………… 129
[43] 邝　露 …………………………………………… 134
[44] 李侍问 …………………………………………… 137
[45] 陈子升 …………………………………………… 138

清

[46] 程可则 …………………………………………… 140
[47] 何　绛 …………………………………………… 143
[48] 梁佩兰 …………………………………………… 147
[49] 陈恭尹 …………………………………………… 149
[50] 梁为鹏 …………………………………………… 152
[51] 潘衍泗 …………………………………………… 154
[52] 邓莫右 …………………………………………… 157
[53] 罗天尺 …………………………………………… 159
[54] 何梦瑶 …………………………………………… 161
[55] 劳孝舆 …………………………………………… 164
[56] 陈炎宗 …………………………………………… 167
[57] 苏　珥 …………………………………………… 170

［58］李殿苞 …………………………………… 174

［59］胡建伟 …………………………………… 176

［60］劳　潼 …………………………………… 179

［61］胡亦常 …………………………………… 182

［62］张锦芳 …………………………………… 185

［63］黎　简 …………………………………… 188

［64］温汝能 …………………………………… 190

［65］龙廷槐 …………………………………… 193

［66］温汝适 …………………………………… 198

［67］吴济运 …………………………………… 205

［68］黄丹书 …………………………………… 207

［69］谢兰生 …………………………………… 210

［70］温汝遂 …………………………………… 214

［71］梁蔼如 …………………………………… 216

［72］梁九章 …………………………………… 220

［73］吴弥光 …………………………………… 222

［74］熊景星 …………………………………… 226

［75］招子庸 …………………………………… 229

［76］曾　钊 …………………………………… 233

［77］倪济远 …………………………………… 236

［78］任元梓 …………………………………… 240

［79］梁廷枏 …………………………………… 242

［80］苏六朋 …………………………………… 244

［81］谭　莹 …………………………………… 246

［82］何容光 …………………………………… 248

［83］朱次琦 …………………………………… 254

［84］梁九昌 …………………………………… 261

［85］朱宗琦 …………………………………… 263

［86］梁九图 …………………………………… 265

［87］邹伯奇 …………………………………… 270

［88］梁炳南 …………………………………… 274

［89］马信道 …………………………………… 276

［90］何又雄 …………………………………… 281

［91］戴其芬 …………………………………… 282

［92］梁植荣 …………………………………… 285

[93] 梁燿枢 …………………………………… 286
[94] 李文田 …………………………………… 291
[95] 梁僧宝 …………………………………… 295
[96] 潘衍鋆 …………………………………… 300
[97] 潘衍桐 …………………………………… 304
[98] 梁宏谏 …………………………………… 309
[99] 霍伟南 …………………………………… 311
[100] 康有为 …………………………………… 313

参考文献 …………………………………… 322
注释索引 …………………………………… 324
后　　记 …………………………………… 358

晋

[1] 王 范

　　王范，好读书，有鉴识[1]，州闾[2]重之。吴孙皓[3]时，闭户不出，或问其由，对曰："见弹缴而弗避，非灵禽也；处乱世而求闻达，非知士也。"[4]人以为名言。郭马乱广州，逐刺史徐旗[5]，范从旗[6]避难。既归，以琴书自娱，未尝妄交。有司[7]贤其行，辟[8]之，皆辞。晋平吴[9]后，遵行九品观人之法[10]，州置大小中正[11]。刺史熊睦荐州人德充才盛无逾范者[12]，乃以范为广州大中正[13]，选人才，第[14]高下，皆惬舆论[15]。时秘书丞河内司马彪[16]号博学，尝著《九州春秋》[17]，盛行于时。范阅之，见其略于岭服[18]，纪录弗称，乃搜罗百粤典故[19]为书，名曰《交广春秋》[20]。太康八年（287），表上之。自是名动京师。范为人卓荦不群，笃学[21]至老不废。交广[22]素缺修载，自范始为之，文献[23]赖以存焉。

【传记来源】

《王范传》选自清康熙三十年《南海县志》卷十一《人物·名臣》。

【辑注参阅】

本辑注参阅（明）黄佐著《广州人物传》第二卷《晋广州大中正王公范》，清道光十五年《南海县志》卷三十二《列传一·王范传》，清光绪五年《广州府志》卷一百十二《列传一·王范传》。

【注释】

1. 鉴识：古代观人学范畴，指识别人才的能力。
2. 州闾：按《周礼》，二十五家为闾，四闾为族，五族为党，五党为州，古代地方基层行政单位州和闾的合称为"州闾"；这里泛指乡里。
3. 孙皓（242—284），字元宗，富春郡（今浙江省杭州市富阳区）人，三国东吴的第四代君主。孙皓在位十七年，大修宫室，严刑苛法，专横残暴，荒淫无道。

1

4. 弹缴：箭上丝带。灵禽：有灵性的禽鸟。知士：有智慧或有智谋的人。知：通"智"，智慧，智谋。

5. "郭马"二句：指吴末帝孙皓时，广州发生了郭马之乱。据《三国志·吴书·孙皓传》记载：东吴天纪三年（279），合浦太守脩允的部曲督郭马造反，杀南海太守刘略，驱逐广州刺史徐旗。郭马乱广州，是吴亡的前兆。广州：古代州名，东吴黄武五年（226），孙权将交州一分为二，将交州的南海、苍梧、郁林、高凉四郡划出设广州，州治在番禺。刺史：古代官名，汉武帝始置职官，皇帝派到各州监察的代表。

6. 范从旗：指王范跟随广州刺史徐旗。

7. 有司：指主管某部门的官吏，古代设官分职，各有专司，故称"有司"。语自《史记·孝武本纪》："其后三年，有司言元宜以天瑞命，不宜以一二数。"

8. 辟：征召。

9. 晋平吴：指晋太康元年（280），晋武帝司马炎发兵水陆并进，直取吴国国都建业（今江苏省南京市），一举灭掉吴国。

10. 遵行：遵照实行。九品官人之法：又称"九品中正法"，是魏晋南北朝时期重要的选官制度。魏文帝曹丕为了拉拢士族而采纳吏部尚书陈群的意见，于曹魏黄初元年（220）施行，此制至西晋渐趋完备。其法：郡邑设小中正，州县设大中正，按等级鉴别人才。先由小中正把郡邑人才分为九等，呈报给大中正；大中正核实后，再报给司徒；司徒再核实，上报给尚书选用。

11. 中正：就是掌管对某一地区人物进行品评的负责人，也就是中正官。中正官又有大小之分，州设大中正官，掌管州中数郡人物之品评；各郡邑另设小中正官。

12. 熊睦（约212—273），豫章郡（今江西省南昌市）人，东吴时曾任广州刺史，官至尚书。德充才盛：按九品中正法制度，各州置大中正，皆取本士之人任朝廷官、德充才盛者为之，使铨次等级以为九品，有言行修著则升之，道义亏缺则降之，吏部凭之以补授百官。

13. 广州大中正：主要掌管广州四郡人物之品评。王范曾任负责选拔广州人才的官吏。

14. 第：品第、评定并分出级别的高低。

15. 惬：合乎。舆论：众论，民意。

16. 司马彪（？—306），字绍统，河内郡温县（今河南省焦作市温县）人，西晋史学家，官至秘书丞，著有《续汉书》。

17. 《九州春秋》：司马彪著，史学著作，记叙东汉末年军阀割据的乱世史事，现已佚。

18. 岭服：指岭南地区风土人情。

19. 百粤：即百越，古代中原人对长江中下游及其以南地区所有种族的泛指，因其种族众多，故称"百越"；这里泛指岭南地区。典故：关于历史人物、典章制度等的故事或传说。

20. 《交广春秋》：又称《交广二州春秋》或《交广二州记》，王范著，史学著作，该书以详述岭南见闻为其初衷，是广州最早的地方志。

21. 笃学：专心好学。

22. 交广：即交州、广州之合称。交州是古代州名，治所在龙编（今越南河内东），辖境相当于今越南北部和我国北部湾沿岸。

23. 文献：有关典章制度的文字资料和多闻熟悉掌故的贤人；语自《论语·八佾》："夏礼吾能言之，杞不足征也；殷礼吾能言之，宋不足征也。文献不足故也。"朱熹集注："文，典籍也；献，贤也。"

【传主简介】

王范（生卒年不详，290年前后在世），南海人，西晋著名学者、史志家。不仅饱学博文，更具卓见胆识，攻读诗书有成。其最大的学术贡献在岭南地方志领域，其《交广春秋》是岭南第一部地方史志，内容只散见于《水经注》等古籍中。《交广春秋》事详词美，叙述清晰严密，令中原人士耳目一新。其所留存资料如孙吴步骘稳定交州之事及南越王赵佗墓，皆颇具文史价值。王范开始的修志事业，无形中影响着后世的佛山文苑。

[2] 黄 恭

黄恭，字义仲。自少恬淡，履尚清洁，刺史邓岱[1]一见即器重之，录为记室参军[2]，草檄声罪[3]，山越詟服[4]。寻转封山[5]令，甚有治才。州察孝廉，举为佐著作郎[6]，父忧[7]去。比服阕[8]，不起。教授生徒[9]，发明圣籍[10]，乡里推重。征辟[11]不就，乃补广州大中正[12]。于是搜辑《王氏交广春秋》[13]，补其遗漏[14]，以君亲伦理为重。后复广为《十三州记》[15]。族子[16]整，为平越司马，博洽[17]，工文词，有集十卷。

【传记来源】

《黄恭传》选自清康熙三十年《南海县志》卷十二《人物·文学》。

【辑注参阅】

本辑注参阅（清）仇巨川著《羊城古钞》卷六《人物·黄恭传》，清道光二年《广东通志》卷二百六十八《列传一·黄恭传》，清道光十五年《南海县志》卷三十二《列传一·黄恭传》。

【注释】

1. 刺史：见［1］《王范》注释5。邓岱：即邓岳（生卒年不详），字伯山，陈郡（今河南省周口市淮阳县）人，东晋将领，本名岳，因犯晋康帝名讳，改名为岱，官至广州刺史。

2. 记室参军：中国古代官名，专门掌管军队里的文书起草、记录表彰等重要工作。

3. 草檄：草拟檄文。檄：古代用以征召、晓喻或声讨的文书。声罪：宣布罪状，并加讨伐。

4. 山越：古代种族名，百越之遗裔，散居湘、蜀、滇、两粤。詟服：畏惧服从。詟（音zhé）：丧胆，惧怕。

5. 封山：古代县名，西晋设置，属新昌郡，治所在今越南河山平省西北不拔一带。

6. 孝廉：汉武帝设立的察举考试，魏晋发展为任用官员的一种科目。孝廉是"孝顺亲长、廉能正直"的意思，孝廉即孝子廉吏，在明清变成对举人的雅称。孝：孝悌者。廉：清廉之士。佐著作郎：古代官名，三国魏始置，属中书省，掌管编撰国史，晋代改属秘书省。

7. 父忧：父丧的婉辞，指父亲去世。

8. 比：等到。服阕：守丧期满除服。阕：终了。

9. 生徒：学生。生：学生。徒：表示角色。

10. 发明：启发、阐明。圣籍：圣人的述作。

11. 征辟：古代擢用人才的一种制度，就是征召名望显赫的人士出来做官，主要包括皇帝征聘和公府、州郡辟除两种方式，皇帝征召称"征"，官府征召称"辟"。

12. 补：指授官职或学籍。广州大中正：见［1］《王范》注释13。

13. 《王氏交广春秋》：即《交广春秋》，见［1］《王范》注释20；《水经注》称王范《交广春秋》为"《王氏交广春秋》"。

14. 补其遗漏：黄恭认为王范《交广春秋》多所遗漏，为之补遗，整理撰写《王氏交广春秋补遗》，北宋后亡佚。

15. 广：扩展。《十三州记》：黄恭撰《王氏交广春秋补遗》，《水经注》引作"黄义仲《十三州记》"。

16. 族子：自己的从兄弟（从祖的兄弟）的儿子。

17. 博洽：知识丰富或学问广博。

【传主简介】

黄恭（生卒年不详，330年前后在世），南海人，东晋著名文学家、史志家。专心教书和著述，阐明典籍，作文纪事，多以《春秋》为名。整理撰写《王氏交广春秋补遗》，为王范《交广春秋》补遗，进一步完善了交州、广州地方志的体制与内容，可惜其书约亡佚于北宋。

南　朝

[3] 刘　删

刘删，字正简。少笃学[1]，有志操[2]。州郡举为咨议[3]。侯景之乱[4]，侯官令徐伯阳浮海至广州[5]，见所为文，叹曰："岭左[6]奇才也。"及伯阳为司空侯安都记室[7]，亟荐其词学[8]。太建[9]初，至京师，除临海王长史[10]，与记室张正见结为文翰之友[11]。王深礼遇之[12]，后卒于官。

【传记来源】

《刘删传》选自清康熙三十年《南海县志》卷十二《人物·文学》。

【辑注参阅】

本辑注参阅清道光二年《广东通志》卷二百六十八《列传一·刘删传》，清道光十五年《南海县志》卷三十二《列传一·刘删传》，清光绪五年《广州府志》卷一百十二《列传一·刘删传》。

【注释】

1. 笃学：见[1]《王范》注释21。
2. 志操：志向节操。
3. 州郡：南北朝时期，州郡级行政单位的设立达到了泛滥的程度，

"百室之邑，便立州名，三户之民，空张郡目"，至南北朝末期，全国州级行政单位数量已超过三百个。咨议：旧时备顾问的幕僚；刘删在南朝梁武帝时曾被举为咨议。

4. 侯景之乱：指南朝梁将领侯景发动的武装叛乱事件。侯景本为东魏叛将，被梁武帝萧衍所收留，因对梁朝与东魏通好心怀不满，遂于梁太清二年（548）以清君侧为名，在寿阳（今安徽省淮南市寿县）起兵叛乱。太清三年（549）侯景攻占梁朝都城建康（今江苏省南京市），将梁武帝活活饿死，掌控梁朝军政大权。

5. 徐伯阳（516—581），字隐忍，东海郡（今江苏省苏州市常熟市）人，南朝陈文学家，敏而好学，以文笔称，官至候官，代表作《辟雍颂》。浮海：乘船。

6. 岭左：岭南东部地区。

7. "及伯阳"句：指陈天嘉二年（561），诏令徐伯阳侍太子读书，不久徐伯阳任司空侯安都府记室参军事；侯安都为征北大将军时，刘删曾为侯安都宾客。记室：见［2］《黄恭》注释2。

8. 词学：指中国古代诗文如何由字句组成的学问，其中重要组成部分是诗歌平仄和押韵等。

9. 太建：南朝陈宣帝陈顼的年号，陈代使用这个年号共十四年（569—582）。

10. 除：任命官职。临海王：指陈伯宗（552—570），字奉业，小字药王，吴兴郡长城县（今浙江省湖州市长兴县）人。陈天康元年（566），陈伯宗即位为帝；陈光大二年（568），陈伯宗被废为临海王。长（音 zhǎng）史：古代官名，执掌事务不一，多为幕僚性质的官员。

11. 张正见（527—575），字见赜，清河郡东武城（今山东省德州市武城县）人，南北朝时期陈代诗人，曾任宜都王限外记室，官至通直散骑侍郎，代表作有《明君词》。文翰之友：文友；这里指长史刘删与中记室李爽、记室张正见、左民郎贺彻、学士阮卓、黄门郎萧诠、三公郎王由礼、处士马枢、记室祖孙登、比部贺循等结为文会，后来又有蔡凝、刘助、陈暄、孔范也参加进来。他们游宴赋诗，勒成卷轴，徐伯阳为之作序，一时传为文坛佳话。

12. 王深（生卒年不详），字景度，东晋宰相王导的玄孙，琅琊临沂（今山东省临沂市）人，南朝宋官吏，官至新安太守。礼遇：以礼相待。

【传主简介】

刘删（生卒年不详，550年前后在世），南海人，南朝陈诗人。其诗文集已佚,《艺文类聚》存其诗九首,其诗多咏物之作,如《赋得独鹤凌云去》一脱当时"赋得"诗体窠臼,情景交融地表达了诗人身在江左而心怀南海故乡的心情,技巧较熟练;有的诗歌声律谐合,如《咏蝉诗》已是成熟的律绝,称赞蝉高洁之性,表达只要品格高洁,生活清苦也在所不辞的旨趣;《泛宫亭湖》亦已基本合律。刘删留传的九首诗,堪称广东文人诗歌之祖。

唐

[4] 卢宗回

卢宗回,字望渊。善学不倦,同舍生[1]见其所作,嫉之,假以他事殴。宗回逊谢[2],恬不与较[3],由是为乡党[4]所重。举元和十年(815)进士,官终集贤校理[5]。久之,闻父有疾,乞告归[6],卒。宗回尝寓[7]长安,有题慈恩寺塔诗[8],时人玩诵[9],刻榜以传。

【传记来源】

《卢宗回传》选自清康熙三十年《南海县志》卷十二《人物·文学》。

【辑注参阅】

本辑注参阅清雍正九年《广东通志》卷四十四《人物·文苑·卢宗回传》,清道光二年《广东通志》卷二百六十八《列传一·卢宗回传》,清道光十五年《南海县志》卷三十二《列传一·卢宗回传》。

【注释】

1. 同舍生:同学。舍:学舍。
2. 逊谢:退让谢罪。
3. 恬不与较:一点也不与之计较。恬:安然处之。
4. 乡党:古代制度,一万二千五百家为乡,五百家为党。"乡""党"二字连用,指同乡、乡亲。
5. 集贤校理:唐宋时期官名。唐开元中置集贤殿书院,置学士、直学士等官,又增修撰、校理等官。宋朝沿置。集贤校理为集贤院下属文职散官,后改为秘书校理。

6. 告归:古代官吏告老回乡或请假回家。

7. 寓:寓居,寄住异乡。

8. 题慈恩寺塔诗:即《登长安慈恩寺塔》:"东方晓日上翔鸾,西转苍龙拂露盘。渭水寒光摇藻井,玉峰晴色上朱阑。九重宫阙参差见,百二山河表里观。暂辍去蓬悲不定,一凭金界望长安。"慈恩寺:指陕西省西安市大慈恩寺,著名的佛教寺院,唐代长安的四大译经场之一,也是中国佛教法相唯识宗的祖庭。唐贞观二十二年(648),太子李治为母亲文德皇后追荐冥福而建,故名"慈恩"。慈恩寺塔亦名大雁塔,是唐永徽三年(652),高僧玄奘为藏佛教经典在慈恩寺内亲自督造的四方楼阁式砖塔,塔身七层,通高六十四点五米。

9. 玩诵:玩味诵读。

【传主简介】

卢宗回(生卒年不详,820年前后在世),岭南道广州都督府南海县人,唐代诗人。存诗一首《登长安慈恩寺塔》(又名《题慈恩寺塔》),这是一首登临写景的七言律诗,写诗人登上慈恩塔顶,尽览长安水光山色,暂时搁下了漂泊异乡的伤感,呈现高华壮丽的格调。

[5] 李文孺

李文孺,字文质。少以词翰[1]知名,为番禺从事。元和[2]中,应湖南征辟[3],道乐昌,游泷溪石室[4],众推作记,挥毫即成,情景毕萃,见者咸服。转观察推官[5],罹忧[6],东还帅府。孔戣甚重之,延为记室[7],每事周咨。会韩愈谪潮州刺史[8]。文孺以愈名儒,州小俸薄,宜加优礼。戣从之,月给钱五十千,愈逊谢[9]不受,时论两称其贤。后在湖南以御史充节度判官[10],刚方严重[11],不少阿徇[12],竟以举刺忤师罢归[13]。家徒壁立[14],惟玩图书而已。曾孙休,亦博雅[15],有祖风。

【传记来源】

《李文孺传》选自清康熙三十年《南海县志》卷十二《人物·文学》。

【辑注参阅】

本辑注参阅清道光二年《广东通志》卷二百六十八《列传一·李文孺传》，清道光十五年《南海县志》卷三十一《列传一·李文孺传》，清光绪五年《广州府志》卷一百十二《列传一·李文孺传》。

【注释】

1. 词翰：诗文，辞章。
2. 元和：唐宪宗李纯的年号，唐代使用这个年号共十五年（806—820）。
3. 湖南：古代地名，唐代宗广德二年（764），朝廷在江南西道衡州设置湖南观察使，从此在中国行政区划史上开始有湖南之名。征辟：见［2］《黄恭》注释11。
4. 泐溪石室：位于广东省韶关市乐昌市乐城街道西北约二公里处，俗称"仙人石室"，道教七十二福地之一。泐：传记底稿原为"泐"，有误，应为"泐"，据（清）李调元《南越笔记》卷二《泐溪石室》改。
5. 观察：即观察使，古代官名，唐代后期出现的地方军政长官，全称为观察处置使。推官：唐代始置，节度使、观察使、团练使、防御使、采访处置使下皆设一员，位次于判官、掌书记，掌推勾狱讼之事。
6. 罹忧：遭受忧患。
7. 孔戣（音 kuí）（753—825），字君严，河北道曲阜县（今山东省济宁市曲阜市）人，孔子第三十八代孙，官至岭南节度使。记室：见［2］《黄恭》注释2。
8. 韩愈（768—824），字退之，河南道孟州河阳县（今河南省焦作市孟州市）人，唐宋八大家之一。贞元八年（792）进士，官至吏部侍郎，自称"郡望昌黎"，世称"韩昌黎"，著有《昌黎先生集》。谪潮州刺史：元和十四年（819），宪宗皇帝崇道信佛，派遣使者去凤翔迎佛骨，一时上效下仿，举国皆以信佛为荣。韩愈看不惯，上奏《论佛骨表》力谏，痛斥佛之不可信。宪宗得表，龙颜震怒，要处以极刑。幸亏宰相裴度等人极力说情，韩愈才免去一死，被贬为潮州刺史。谪：封建时代特指官吏降职，调往边外地方。刺史：见［1］《王范》注释5。
9. 逊谢：见［4］《卢宗回》注释2。
10. 御史：即监察御史。自秦代开始，中央政府均设有监察机关，御史专门作为监察性质的官职，负责监察朝廷、诸侯官吏，一直延续到清代。清代都察院下属有十五道监察御史（正七品）。节度判官：唐代特派担任临时职务的大臣皆得自选中级官员，奏请充任判官，以资佐理，掌文书事务。

11. 刚方：刚直方正。严重：严肃稳重。

12. 不少阿徇：没有一点偏袒徇私。阿徇：迎合曲从。

13. 举刺：检举揭发；语自《晋书·天文志（上）》："执法，所以举刺凶奸者也。"忤（音 wǔ）：逆，不顺从。

14. 家徒壁立：亦作"家徒四壁"，家里只有四面的墙壁，形容十分贫困，一无所有；语自《史记·司马相如列传》："文君夜亡奔相如，相如乃与驰归成都，家居徒四壁立。"

15. 博雅：知识广博，品行端正。

【传主简介】

李文孺（生卒年不详，830 年前后在世），岭南道广州都督府南海县人，唐代诗人。为官注重民生，文学以诗词著名，其诗情景交融，浑然一体，景因情更加形象，情因景更加感人。

[6] 区　册

区册，登洲西滘之所自[1]。祖系出区冶子，世为长沙名族[2]，后迁南海，册其裔也[3]。喜读书，循理[4]，谨持，雅饬[5]，惟恐戾于典则[6]，人乐从之游[7]。家徒四壁[8]，缥缃[9]盈其间，挟卷呻吟[10]不少倦。下笔为词章[11]，千百言滚滚不休，郡守[12]以下皆重其文采。唐贞元十九年（803），监察御史韩愈以言宫市贬阳山令[13]，愈以道自任[14]，世方之孟子[15]。册病道丧学绝[16]，无所依归，遂冒险往阳山师愈。愈见，亟称许之。及归，送以《序》[17]，曰："阳山，天下之穷处也。陆有丘陵之险，虎豹之虞。江流悍急，横波之石廉利侔剑戟[18]，舟上下失势，破碎沦溺者，往往有之。县郭无居民，官无丞尉，夹江荒茅篁竹之间，小吏十余家，皆鸟言夷面[19]。始至，言语不通，画地为字，然后可告以出租赋，奉期约[20]。是以宾客游从之士，无所为而至[21]。愈待罪于斯，且半岁矣。有区生者，誓言相好，自南海挐[22]舟而来，升自宾阶[23]，仪观甚伟，坐与之语，文义[24]卓然。庄周云：'逃虚空者，闻人足音跫然而喜矣。'[25]况如斯人者，岂易得哉！入吾室，闻诗书礼义之说，欣然而喜,若有志于其间也。与之翳嘉林[26],坐石矶[27],投竿而渔,陶然以乐,若能遗外声利[28],而不厌乎贫贱也。岁之初吉[29],归拜其亲,酒壶既倾,序以识[30]别。"其见重[31]于愈如此。二十一年(805),愈征为江陵法曹[32],累官[33]吏部侍郎,文章为一代巨工[34]。册出其门,因是海内知名。(《新唐书》《广州人物传》)

按:《广州人物传》云:又有区宏者,亦游愈门[35]。愈有送宏南归诗[36]。盖与愈周旋[37]颇久。愈迁[38]法曹,宏随至荆门,入为博士[39],亦随之。丹阳洪兴祖谓宏即册[40],然其始末不类,或其族人也云云。据《平阳家乘》[41],册偕仲氏宏师昌黎[42],则兄弟两人明甚。云自信家南海,四传生册[43],裔孙[44]宋末志刚居登州,志柔西滘,志和石壁,志平陈村,皆端子[45],当时实南海[46]人。册生在居南海后,则今县[47]人矣。

【传记来源】
《区册传》选自清咸丰三年《顺德县志》卷二十二《列传二》。

【辑注参阅】
本辑注参阅(明)黄佐著《广州人物传》第三卷《唐乡先生区公册》,清康熙三十年《南海县志》卷十二《人物·文学·区册传》,清道光二年《广东通志》卷二百六十八《列传一·区册传》。

【注释】
1. 登洲:古代地名,今广东省佛山市顺德区陈村镇登洲工业区;宋元之前登洲名为鲍洲。西滘:古代地名,今顺德区北滘镇西滘村;唐宋时期,西滘属南海县鲍洲辖。
2. 区冶子:亦作"欧冶子",是春秋时的铸剑能手,因为他居住在欧余山,又以冶炼锻造兵器出名,所以以欧冶为姓。《淮南子·览冥训》载"区冶生而淳钧之剑成",《吴越春秋·阖闾内传》载"越王元常使欧冶子造剑五枚",指欧冶子后来移居到福建的闽侯县冶山,为越王铸造过湛卢、巨阙、胜邪、鱼肠、纯钧等五种利剑。后来欧冶子与干将为楚王铸造了龙渊、太阿、工布三把利剑。欧冶子的后代以祖先的名字做为姓氏,形成了欧姓。长沙:古代地名,辖境相当于今湖南省湘江流域一带。据区氏族谱,景达公曾任长沙太守,为长沙六世祖。
3. 册其裔也:指区册是欧冶子、长沙欧族的后裔。据区氏族谱,长沙六世祖欧景达生宝，宝生颜，颜生讫，讫生恺。欧恺因避唐代武后之乱，迁居岭南道广州府南海县龙江堡（今广东省佛山市顺德区龙江镇），始去掉"欠"字旁，更为区氏，而区姓之族始起。

4. 循理：依照道理或遵循规律，恪守天理。

5. 谨持：行为端正。雅饬：指言行合礼制，典雅严谨。

6. 戾：违背、违反。典则：典章法则；这里特指诗文的章法。

7. 从……游：有时写作"从游"，跟从……求学，跟从求学。游：交往，这里指学习。

8. 家徒四壁：见［5］《李文孺》注释14。

9. 缥缃：指代书卷。缥：淡青色；缃：浅黄色。古时常用淡青、浅黄色的丝帛作书囊书衣。

10. 挟卷：抱着书籍或者（腋下）夹着书籍。呻吟：吟诵、诵读。

11. 词章：即辞章，诗文的总称。

12. 郡守：古代官名，郡的行政长官，始置于战国。秦统一后，实行郡、县两级地方行政区划制度，每郡置守，治理民政。汉景帝中元二年（前148），改称太守。后世只有北周称郡守，明清则称知府。

13. 监察御史：见［5］《李文孺》注释10。韩愈：见［5］《李文孺》注释8。宫市：指唐德宗时，于宫内开设市集，由宦官主管，宦官以低价从民间取物，盘剥老百姓。韩愈上书极力反对。阳山：古代县名，辖境相当于今广东省清远市阳山县，因秦朝末年在县境设阳山关而得名，西汉时期置县。

14. 以道自任：指以儒学为根本，以入世为自己的天职，致力于社会进步。

15. 方：比。孟子（约前372—前289），名轲，邹国（今山东省济宁市邹城市）人，战国时期伟大的思想家、教育家，儒家学派的代表人物，著有《孟子》。

16. 道丧学绝：道德崩溃，一代不如一代。

17. 《序》：指韩愈著名散文《送区册序》，文中赞许区册是一位不慕荣利、安贫乐道的士子。

18. 廉利侔剑戟：石棱如剑戟般锋利。廉：棱。侔：等同。

19. 鸟言：说话似鸟鸣，比喻难以听懂的话。夷：中国古代称东部的民族为"夷"。

20. 奉：践履。期约：指约定共同信守的事项，如赋税、力役等。

21. 无所为而至：无目的而来，也就是不会专程而来。

22. 挐（音 ráo）：通"桡"，船桨；撑（船）。

23. 升：登，进。宾阶：西阶，古代会客接宾之礼，宾从西阶上，主从东阶上；这里说区册懂礼制，有教养。

24. 文义：文章的义理，文章的内容。

25. "逃虚空"两句：韩愈用以说明被贬异乡，忽逢知己之乐；语自《庄子·徐无鬼》，成玄英疏："忽闻他人行声，犹自欣悦。"庄子本意谓巡行于荒坟古墓间的人，忽听到人的脚步声便觉得欣喜。跫（音 qióng）：脚步声。

26. 翳（音 yì）：原指用羽毛做的华盖；这里指隐居。嘉林：这里泛指美好的树林；语自《史记·龟策传》："有神龟在江南嘉林中。嘉林者，兽无虎狼，鸟无鸱枭，草无毒螫，野火不及，斧斤不至，是为嘉林。"

27. 石矶：水边突出的巨大岩石。据说阳山仍有韩愈当年的钓矶。

28. 遗外声利：把个人的名誉、利益置之度外。遗：弃。外：置之身外。声：声望。利：利益。

29. 岁之初吉：正月初一。初吉：指朔日，农历每月初一。

30. 识（音 zhì）：记（事）。

31. 见重：被重视。

32. 征：见［2］《黄恭》注释11。江陵：古代县名，辖境相当于今湖北省荆州市江陵县。

33. 累官：积功升官。

34. 巨工：巨匠。

35. 愈门：（区册和区宏都是）韩愈的学生。

36. 送宏南归诗：指唐元和元年（806）冬，区宏因接得母亲的家书，南归省亲；韩愈为区宏赋古体诗一首赠别，题为《送区宏南归》，诗中多慰勉鼓励之言，诗末还说："业成志树来顾顾，我当为子言天扉。"意思是说今后有可能向朝廷举荐他，这表明韩愈对区宏的情意是深厚的。

37. 周旋：本义为应酬；这里指相处。

38. 迁：升职调俸或入都。

39. 入：自外地调进朝廷、京师谓"入"；唐元和元年六月，韩愈奉召回长安，官授权知国子博士。

40. 洪兴祖（1090—1155），字庆善，号练塘，两浙路润州丹阳县（今江苏省镇江市丹阳县）人，宋代训诂学者，政和八年（1118）赐同进士出身，官至昭州编管，著有《楚辞考异》《楚辞补注》。洪兴祖《韩文辨证》说"册即弘也"，意即区册和区弘是一个人。

41. 平阳：即平阳郡，古代郡名，三国时魏国所置，辖境相当于今山西省临汾市。家乘（音 shèng）：家谱，家史。岭南区氏先祖居于平阳郡，故这里有《平阳家乘》之说。

42. 仲氏：兄弟或姐妹中排行第二者；这里指二弟。宏：即区弘（生卒年不详），号贞白，区册堂弟，唐代岭南文士；由于清刻本地方志要避乾隆皇帝弘历的讳，因此改"区弘"为"区宏"。昌黎：即韩愈，见［5］《李文孺》注释8。

43. 四传生册：指岭南区氏始祖区恺生区信，区信生区绍儒，区绍儒生区焘，区焘生区文徽，区文徽生区册，区册为岭南区氏六世祖。

44. 裔孙：指区册为岭南区氏六世祖，区册生区诰，区诰生永质，区永质生区崇资，区崇资生区浩，区浩生区轨瑞，区轨瑞生区道宗，区道宗生区钦，区钦生区枢，区枢生区日乾，区日乾生区杰，区杰生区端，区端生四子，分迁到南海县各堡。

45. 端子：指区端四子。长子区志刚，居南海县登洲（今佛山市顺德区陈村镇登洲）；次子区志柔，居南海县西滘（今佛山市顺德区北滘镇西滘），官至潮州路总管府判官；三子区志和，居南海县石壁（今广州市番禺区石壁街道）；四子区志平，居南海县陈村旧圩（今佛山市顺德区陈村镇）。

46. 当时实南海：唐代的南海县是岭南道广州府的附郭首邑，登洲、西滘、石壁、陈村旧圩在唐代都属南海县。

47. 今县：这里指顺德县。明景泰三年（1452），顺德建县，以前属于南海县的登洲西滘划归顺德县。

【传主简介】

区册（765—846），岭南道广州都督府南海县西雍乡西滘（今广东省佛山市顺德区北滘镇西滘）人，唐代岭南文士。出身于仕宦之家，饱读诗书，博雅卓见，爱好诗文，精于词章，下笔千言，文采斐然，以品行著称。区册没有什么作品留传，但是他敬慕斯文，主动接受中原著名文士的影响，拜韩愈为师，留下一段师生相得的佳话。晚年在家乡教书育人，嘉惠后学，开佛山讲学之先。

五 代

[7] 简文会

　　简文会，幼颖异，工诗，性耿直。南汉主䶮开进士科[1]，擢第一人[2]，累官尚书右丞[3]。及事刘晟[4]，谏其暴酷[5]。晟怒，谪祯州刺史[6]。尽心民事，卒于官[7]。所居里有"简状元井"[8]，后伦文叙[9]居其地，亦状元及第云[10]。

【传记来源】
《简文会传》选自清康熙三十年《南海县志》卷十一《人物·名臣》。

【辑注参阅】
本辑注参阅清雍正九年《广东通志》卷四十四《人物·文苑·简文会传》，清道光二年《广东通志》卷二百六十八《列传一·简文会传》，清道光十五年《南海县志》卷三十二《列传一·简文会传》。

【注释】
1. 南汉：五代十国时期的政权之一。南汉乾亨元年（917），南海王刘䶮凭借父刘谦、兄刘隐在岭南的基业，在番禺县（今广东省广州市）称帝，设兴王府于广州，国号大越。次年，刘䶮以汉朝刘氏后裔自视，改国号为汉，史称南汉。南汉最鼎盛时，辖境相当于今天的广东、广西、海南全部以及湖南、贵州、云南一部分，共二府六十州二百多县。宋开宝四年（971），南汉为北宋所灭。䶮：即刘䶮（音 yǎn）（889—942），原名刘岩，又名刘陟，河南道蔡州上蔡县（今河南省驻马店市上蔡县）人，五代十国时南汉开国者。刘䶮在位时依靠读书人治政，尽任读书人为诸州刺史。开进士科：指南汉乾亨四年（920），南汉刘䶮听从兵部侍郎杨洞潜之请，始立学校，仿唐制开科取士，通过科举，每年录用进士、明经为官，以延揽人才。

2. 擢第一人：指南汉乾亨四年，简文会参加南汉皇帝主考的殿试，是应考的八进士之一，一举夺得殿试第一名，任翰林院编修，从事为皇帝起草、批答文书和撰拟文词等工作。

3. 累官尚书右丞：指简文会升为尚书右丞，统管兵、刑、工三部，成为南汉重臣。累官：见［6］《区册》注释33。

4. 刘晟（920—958），原名刘洪熙，南汉高祖刘䶮第四子，光天二年（943），刘晟弑兄刘玢夺位，是为中宗，改年号为应乾。

5. 谏其暴酷：指刘晟暴戾残酷，其兄弟十八人，除两人早死、万王战死和一个懦弱的高王外，其余十四个兄弟均遭其杀害。简文会时任尚书右丞，以先帝重臣身份直言疏谏。

6. 谪：见［5］《李文孺》注释8。祯州：古代州名，辖境相当于今广东省惠州市惠阳区、博罗、河源一带。刺史：见［1］《王范》注释5。

7. 卒于官：指简文会因积劳成疾，死于祯州任上，安葬于广州市太和金钗岭（今广东省广州市白云区太和镇和龙水库东北侧）山腰。

8. 所居里：简文会父亲简一山从河北范阳宦游至岭南，携子简文会迁居南海县藜水村。南汉乾亨元年，南海县分为咸宁、常康二县及永丰、重合二场，简文会故乡在兴王府咸宁县。简文会高中状元后，人称其所居里为"魁岗"，魁岗堡、魁南、魁奇等地名，均由此而来。简状元井：指简文会中了状元后衣锦还乡，谒母祭祖，并将御赐牌坊立在黎涌村一口名叫龙头井的水井附近，后来乡人把在牌坊脚的龙头井改名为"简状元井"。

9. 伦文叙：见［18］《伦文叙》。

10. 亦状元及第云：指明弘治十二年（1499），一巷之隔，喝龙头井水长大的伦文叙连中会试第一，殿试第一，考中状元；简、伦两家同饮一井之水，"一井两状元"的佳话流传至今。及第：指科举考试应试中选，因榜上题名有甲乙次第，故名。

【传主简介】

简文会（约907—958），兴王府咸宁县魁岗堡藜水村（今广东省佛山市禅城区石湾街道黎涌村）人，南汉文学家，广东历史上第二位状元，佛山第一位状元。秉性耿直，从政以清廉务实著称，任上颇有政声，很受朝廷的器重和同僚的赏识，官位步步高升。生性聪颖，勤奋好学，学识渊博，精通经典，尤其擅长吟诗作赋，名噪一时。其诗文已散佚，只留下一些残章断句。

宋

[8] 刘 镇

刘镇,字叔安。性恬淡[1],有孝行[2],兄弟三人俱以文名。嘉泰二年(1202),登进士。以诖误谪居三山三十年[3],诗益工。真德秀[4]为请得释归。仲弟镕[5],尤工于书,登庆元进士,知钦州[6],历朝奉大夫;季弟铎[7],登绍熙[8]进士。初兄弟自为师友,及相继显[9],邦人荣之。有司旌其坊曰丛桂[10],里曰贤巷。镇所为诗秀朗清润,为时所重[11]。有《随如集》[12]行于世。

【传记来源】
《刘镇传》选自清康熙三十年《南海县志》卷十二《人物·文学》。

【辑注参阅】
本辑注参阅(明)黄佐著《广州人物传》第七卷《宋随如先生刘公镇》,清道光二年《广东通志》卷二百七十《列传三·刘镇传》,清光绪五年《广州府志》卷一百十三《列传二·刘镇传》。

【注释】
1. 恬淡:一般指人的性格恬静淡泊。刘镇生性淡泊,其词中多见其旷远的襟怀。
2. 孝行:孝敬父母的德行。
3. 诖误:指因受他人连累和贻误而被查处。诖(音guà):失误。谪居:古代官吏被贬官降职到某地居住。三山:古代地名,今广东省佛山市南海区桂城街道三山(因岛内有大松林、中心岗、凤岗三座山而名)。
4. 真德秀(1178—1235),字实夫、景元、希元,号西山,福建路浦城(今福建省南平市浦城县)人,南宋后期著名理学家,官至参政知事,著有《真文忠公集》。
5. 镕:即刘镕(生卒年不详),刘镇二弟,南宋书法家,官至朝奉大夫。

6. "登庆元"二句：指庆元五年（1199），刘镕中进士，曾任钦州知事。庆元：南宋宁宗赵扩的第一个年号（1195—1200）。钦州：古代州名，辖境相当于今广西壮族自治区钦州市。

7. 铎：即刘铎（生卒年不详），刘镇三弟，南宋绍熙四年（1193）进士。

8. 绍熙：南宋光宗赵惇的年号（1190—1194）；传记底稿原作"淳熙"，据清光绪五年《广州府志》卷一百十三《列传二》改为"绍熙"。

9. 相继显：指相继成名，有声望；当时有"三子皆黄甲，一门无白丁"之说。

10. 有司：见［1］《王范》注释7。坊：里巷，多用于街巷的名称；这里指刘氏二兄弟所居的地方。

11. 为时所重：被当时人所推崇；同时代的江湖派领袖刘克庄曾作《跋刘叔安感秋八词》以盛赞之："丽不致亵，新不犯陈，……周（邦彦）、柳（永）、辛（弃疾）、陆（游）之能事，庶乎其兼之矣。"

12. 《随如集》：刘镇自号随如，学者称"随如先生"，故文集取名《随如集》，又名《随如百咏》。

【传主简介】

刘镇（生卒年不详，1200年前后在世），广南东路南海县（今广东省佛山市南海区）人，南宋词人。文名远播，尤工于词，其词以写时令物情的内容为主，颇具岭南地域特色，词风格高气远，情致绵邈，明白清润，以新丽见称。著有《随如百咏》。

[9] 区仕衡

区仕衡，字邦诠，陈村人。先世自韶来迁[1]。父泰亨，官助教。仕衡生颖异[2]，博闻强识。绍定末，随泰亨在史局读未见书，有经世志[3]。尝过钱塘[4]，谓两河日望王师，宜移跸淮汝、襄汉，以图恢复[5]；今酣嬉[6]湖山，非计。淳祐间，应举人太学[7]，疏陈丞相郑清之、史嵩之、枢密李鸣复误国状[8]。既又与诸生合疏论贾似道构陷正人[9]，矫诏行公田关子[10]，于民不便，语极激切。不报[11]，乃画郭林宗[12]象为赞寄意。时元兵已迫，遁归[13]乡里，辟九峰书院，从学[14]二百余人。筑长林馆居之。德祐二年（1276），端宗航

海幸闽、广[15]。上丞相陈宜中[16]书,曰:

"景定[17]以来,北兵自大理至广,刘帅逆战于道[18],捷音上驰。吾广州郡乡兵操练,待战岭外[19],无不思保障城池者。德祐[20]初,鄂州始破,帅臣开府督战[21],自孙虎臣丁家洲败[22],驾走海上,谁为策耶?然皋亭遁避[23],闻江淮兵尚有一万,诸路民兵尚有二十万,正军[24]尚有十七万。温州非用武地势,不得不航海;福州非驻足地势,不得不入广。上初即位,丞相首登台席[25],文右揆、张少保、陆枢府、苏殿帅义闻壮猷[26],非江左夷吾可骖车乘[27],况黄摧锋、赵制使兵有纪律,所向无前。吴、李、朱、毛四将军分道而出,楼船飞集海上。丞相贾勇[28]决战,先护六飞。据广为行在[29],一军为前锋,四军为左右翼,两军为游兵。一军向浙,一军向闽,皆由海往。一军由浈江向岭,一军由湘漓备楚蜀。北兵虽强悍,远来野战,行无宿粮,驱无休息。绝海风涛,非大漠之熟途;粘天帆桅[30],非铁马之长技。咸食湿蒸,半多呕泄;春夏渐迫,不能耐暑。吾之水军蜑子惯习鲸波[31],足以敌之海上。万一散而惰归诸港口哨舟,且守且战,彼久必溃。我得养锐,勤王[32]之兵四集,事尚可为。惟丞相决策而已。"

仕衡家故饶,岁有租八万石,出货[33]厚集乡兵八百,自守其乡。又为书纠合诸乡,乡推一人为长吏[34],隶待制张镇孙、都统凌震[35],为郡邑[36]声援。既而诸将失利,会仕衡病,不食,曰:"得为宋室完人,幸矣。"以景炎元年(1276)死,著有《理学简言》[37]一卷,《九峰集》三卷。子子美,贡元[38],善诗,著有《长林馆集》二卷;子复武,仙[39]丞;子复国[40],辅元江西肃政廉访司副使。(《九峰集》、《家传》、墓志)

【传记来源】
《区仕衡传》选自清咸丰三年《顺德县志》卷二十二《列传二》。

【辑注参阅】
本辑注参阅清雍正九年《广东通志》卷四十四《人物·文苑·区仕衡传》,清光绪五年《广州府志》卷一百十四《列传三·区仕衡传》。

【注释】
1. **先世**:祖先,先人。韶:即韶州,古代州名,辖境相当于今广东省韶关市；这里指广东省韶关市南雄市珠玑巷。

2. 颖异：聪明过人，颖拔奇异。

3. 绍定：南宋理宗赵昀的第二个年号（1228—1233）。经世：治理国事。

4. 钱塘：杭州的古称谓，因临钱塘江而得名。

5. "谓两河"三句：天下民众都希望大军移师中原一带，以图恢复大宋江山。两河：宋代河北路、河东路；这里指南宋的中原子民。王师：天子的军队；这里指南宋的军队。移跸：帝王移驾。跸（音bì）：泛指帝王出行的车驾。淮汝：指淮河、汝河流经区域的统称。襄汉：是襄水和汉水流经区域的统称。

6. 酣嬉：沉酣于嬉游。

7. 应举人太学：指区仕衡曾举乡贡，借举人的身份进入当时的最高学府太学，为上舍生。太学：中国古代的最高学府，宋时隶属于国子监，分为上舍、内舍、外舍共三舍，故亦称"三学"。

8. "疏陈"句：指区仕衡与同学刘黻、邹泊等人一起上书请求罢免专权独断、排斥异己的丞相郑清之、史嵩之和参知政事李鸣复的职务，皇帝果然撤免了史嵩之等人的职位。郑清之（1176—1251），字德源、文叔，别号安晚，两浙东路庆元道明州鄞县（今浙江省宁波市鄞州区）人，嘉泰二年（1202）进士，官至丞相、太傅，著有《安晚集》。史嵩之（1189—1257），字子由，一作子申，两浙东路庆元道明州鄞县人，嘉定十三年（1220）进士，官至右丞相兼枢密使，著有《野乐编》。李鸣复（？—1247），字成叔，号复山，潼川府路泸州（今四川省泸州市）人，嘉定二年（1209）进士，官至资政殿大学士。

9. 诸生：宋代指在国子学、太学和四门学等读书的学生；明清指经考试录取而进入府、州、县各级学校学习的生员，生员有增生、附生、廪生、例生等，统称"诸生"。贾似道（1213—1275），字师宪，号悦生、秋壑，两浙东路台州天台县（今浙江省台州市天台县）人，南宋权臣，嘉熙二年（1238）进士，官至太师，著有《促织经》。构陷：陷害，设计陷人于罪。正人：正直的人，正派的人。

10. 矫诏行公田关子：指宋景定四年（1263），贾似道决定实行公田法，把政府的公田卖断给私人经营，试图挽救日渐严重的财政危机。

11. 不报：不批复，不答复．

12. 郭林宗：即郭泰（128—169），字林宗，别名郭太、郭有道、郭隐君，太原郡介休县（今山西省晋中市介休市）人，东汉著名学者、思想家及教育家。郭泰博通群书，擅长说词，喜欢奖掖读书人，代表作有《答友勒仁进者》《苏不韦方伍员论》。在东汉末桓、灵二帝时期士人集团同宦官集团的激烈斗争中，郭泰是士人的著名代表和太学生的主要首领之一，他还以不愿就官府的征召而扬名于世。

13. 遁归：逃避世事归隐。

14. 从学：就学。

15. 端宗：即赵昰（音 shì）（1269—1278），南宋第八位皇帝。宋恭帝君臣降元后，逃到福州的益王赵昰被文天祥、张世杰、陆秀夫等拥立为帝，在位二年，庙号端宗。航海：乘船。闽、广：指福建路（今福建省）、广南东路（今广东省）。

16. 陈宜中（1234—1283），字与权，两浙东路温州府永嘉县（今浙江省温州市永嘉县）人，南宋末年右丞相，主持南宋流亡政府全面工作。景炎元年十一月，元军进福建，陈宜中护送端宗到广东沿海一带。

17. 景定：南宋理宗赵昀的第八个年号（1260—1264）。

18. 刘帅：指刘师勇（？—1278），淮南西路庐州合肥县（今安徽省合肥市）人，南宋将领，官至环卫官。逆战：迎战，意为双方展开激烈的厮杀。

19. 岭外：指五岭以南地区，主要指现在的福建省、广东省等地。

20. 德祐：南宋恭帝赵㬎的年号（1275—1276）。

21. 帅臣：宋代诸路安抚司的长官称"帅臣"，后来泛指统帅、主将。开府：是中国古代官僚制度中所衍生出的名词，意思是建立府署并自选僚属。清代习惯称新任督抚为"开府"。

22. "自孙虎臣"句：指宋德祐元年（1275）二月，元军攻陷池州，贾似道令步军指挥使孙虎臣率军前往堵截，至丁家洲（今安徽省铜陵市北），宋军与元军相遇，孙虎臣临阵先逃，宋军大败。

23. 皋亭：古代山名，在今浙江省杭州市北面，南宋时为临安防守要塞。遁避：逃避；这里指元兵至此，南宋君臣乃降。

24. 正军：元初征兵制分正军户和贴军户，正军户出丁应役，其丁谓"正军"，贴军户则出钱以补贴正军户；这里指南宋在役兵士，也就是正规军。

25. 台席：古代以三公取象三台，故称宰相的职位为"台席"。

26. 文右揆：即文天祥（1236—1283），初名云孙，字宋瑞，一字履善，自号文山、浮休道人，江南西路吉州庐陵县（今江西省吉安市青原区）人，南宋末年爱国诗人、民族英雄，宝祐四年（1256）状元，官至右丞相，著有《文山诗集》《指南录》。张少保：即张世杰（？—1279），河北路涿州范阳县（今河北省涿州市范阳市）人，宋末抗元名将，官至太傅、枢密副使。陆枢府：即陆秀夫（1236—1279），字君实，一字宴翁，别号东江，楚州盐城长建里（今江苏省盐城市建湖县建阳镇）人，南宋抗元名臣，景定元年（1260）进士，著有《陆忠烈公遗集》。苏殿帅：即苏刘义（1232—1279），字任忠，号复汉，临安京都（今浙江省杭州市临安市）人，宝祐四年进士，官至殿前都指挥使。文天祥、张世杰、陆秀夫、苏刘义是南宋末年四位护驾大臣。壮猷：宏大的谋略。

27. 江左夷吾：指有辅国救民之才的人；语自《晋书·温峤传》："于时江左草创，纲维未举，峤殊以为忧。及见王导共谈，欢然曰：'江左自有管夷吾，吾复何虑！'"江左：即江东，古代在地理上以东为左，指长江下游南岸地区。夷吾：管仲的字，管仲助齐桓公成就霸业；这里指江南一带有安社稷、救苍生的人才。骖（音 cān）：驾三匹马；古代乘车之法，尊者居左，御者居中，又一人处车右，以备倾侧。车乘：作战的车。

28. 贾勇：鼓足勇气。

29. 广：这里指广州（今广东省广州市）。行在：这里专指天子巡行所到之地。

30. 柁（音 duò）：船舵。

31. 蜑（音 dàn）子：指中国古代南方（今广东、广西、福建一带）以船为家的少数民族渔民（即疍户）。鲸波：犹言惊涛骇浪。

32. 勤王：指君主制国家中君王有难，臣下起兵救援君王（皇帝）。

33. 赀：资产、钱财。

34. 长（音 zhǎng）吏：古代指地位较高的县级官吏。传记底稿原作"长使"，有误，应为"长吏"，据清雍正九年《广东通志》卷四十四《人物·文苑》改。

35. 张镇孙：见［11］《张镇孙》。凌震（1235—1315），字国威，号雷门，福建路兴安州莆田县（今福建省莆田市）人，入籍广南东路番禺县（今广东省广州市），淳祐四年（1244）进士，曾任南海道宣慰使，官至广东都统。

36. 郡邑：府县。

37. 《理学简言》：区仕衡著，是两宋广东理学十三家（黄执矩、郭叔云、郑南升、周舜元、李用、翟杰、简克己、梁仲钦、梁百揆、邵继贤、陈益新、陈庚、区仕衡）仅存的理学著作，在广东理学史上享有重要地位。理学：承继孔子到孟子的先秦儒家，同时也有选择性地吸收扬弃了道家、玄学、道教以及佛教的一些思想的一种新的思想体系，由北宋程颢、程颐建立，南宋朱熹集其大成。理学的出现，承担了重建儒学价值体系的职能，通过对理论挑战和现实问题的创造性回应，古典儒学通过理学而得以复兴。

38. 贡元：对贡生的尊称。科举时代，挑选府、州、县学生员中成绩或资格优异者，升入京师的国子监继续学习的学生，称为"贡生"，意谓以人才贡献给皇帝。

39. 仙：这里指武仙，宋、元、明的县名，辖境相当于今广西壮族自治区来宾市武宣县；传记底稿原作"迁"，应为"仙"。区仕衡次子区复武曾任广西路象州武仙县县丞，辅佐县令管理文书、仓库等。

40. 子复国：传记底稿原作"复子国"，应为"子复国"。

【传主简介】

区仕衡（1217—1277），广南东路南海县鼉洲堡（今广东省佛山市顺德区陈村镇登洲）人，南宋末年顺德文学家、理学名家。作为一个生活于南宋末年的普通文士，却做出了上疏弹劾权奸贾似道、倾尽家财募兵抗元等不寻常的举动。区仕衡关心国事，忧国忧民，充满爱国热忱，其诗慷慨苍凉而带有豪迈激昂之气，其文沉郁婉雅而气格劲健。著有《九峰先生集》（三卷）。

[10] 区适子[1]

区适子，字正叔。幼爽迈，能文辞，于经史皆通大义[2]。及长，重厚寡言笑。以博学多闻称，里人慕之，多造门求讲解，从之游[3]者数百人。所居地旧名鼉洲，而适号登洲，乡间称为"登洲先生"，因更其地为登洲乡[4]。父玘[5]，仕宋，为德庆[6]参军，居官廉介[7]有声。从父[8]翊龙，官至朝散郎。世食宋禄，适以宦家子[9]抱道不仕[10]。或劝之觅官，适曰："吾南人[11]，操南音，安能与达鲁花赤相俯仰邪[12]？"时元制：汉人、南人不得为正印官[13]。所谓达鲁花赤者，则为蒙古种类也，语言不相通，至有因之成隙者，故适及之。家素饶于财。尝遇岁大饥，出粟四千余石为粥以饲贫民[14]，乡里皆感其德。优游里闬[15]，嘉遁[16]终身。元末，兵革傥扰[17]，群盗过其墓，相戒曰："勿犯！此吾施粥主人也。"有诗文若干卷，京口[18]刘与序之曰："翁，德人也。予始以文士目之，不亦浅欤？"又曰："扶胥[19]之南，越台[20]之下，宁复有斯人也！"故老相传[21]，今训蒙《三字经》[22]，适所撰[23]也，文殊驯雅[24]，童子多习诵之,与周兴嗣《千文》[25]并行云。同邑有何子达者,尚志[26]读书。宋末隐遁[27]山林间,号柏堂。元初,以明经[28]举,嚣然[29]不出,年百有一岁。(据《广州人物传》)

按:阮《通志》列适于宋代,考传中载:元末,群盗过其墓,相戒曰:"勿犯!吾施粥主人。"以此推之,则是适生长于元而隐者也。《广州人物传》称为元登洲先生,较确,今从之。

【传记来源】
《区适子传》选自清道光十五年《南海县志》卷三十四《列传三》。

【辑注参阅】
本辑注参阅(明)黄佐著《广州人物传》第十卷《元登洲先生区公适》,清咸丰三年《顺德县志》卷二十二《列传二·区适子传》,清光绪五年《广州府志》卷一百十四《列传三·区适子传》。

【注释】
1. 区适子:传记底稿原作"区适",据清光绪五年《广州府志》卷一百十四《列传三·区适子传》改为"区适子"(下同)。
2. 经史:经书和史书。经:指古代社会中的政教、纲常伦理、道德规范的教条,主要是儒家的典籍,有儒学十三经。史:指各种体裁历史著作,分为正史、编年、纪事本末、别史、杂史、诏令奏议、传记、史钞、载记、时令、地理、职官、政书、目录、史评十五类。大义:要义,要旨。
2. 里人:乡里之人。
3. 从……游:见[6]《区册》注释7。
4. "所居"四句:指区适子居南海县鼍洲堡;区适子抱道不仕,以博学多才闻名郡邑,自号登洲先生,因此,家乡的人把区适子居住地的地方鼍洲改名为登洲。乡闾:古以二十五家为闾,一万二千五百家为乡,后泛指民众聚居之处;这里指南海县鼍洲堡的老百姓。
5. 玙:即区玙(生卒年不详),字良玉,元代进士,官至德庆州司户参军。
6. 德庆:古代府名,辖境相当于今广东省肇庆市德庆县和云浮市罗定市、郁南县。
7. 廉介:清廉耿介;这里指区玙退休回家后,谨朴谦恭,忠信敬孝,睦邻和宗，朋友们深佩其德，就送了块匾挂在他家门前，匾上书"遗清言"。

8. 从父：父亲的兄弟，即伯父或叔父。

9. 宦家子：世代仕宦之子弟；这里指南宋官家子弟。

10. 道：指信念；这里指区适子对南宋忠诚。不仕：不当官；这里指区适子不当元廷官吏。

11. 吾南人：我是南宋人。南人：元统一中国后，南宋人自称为"南人"。

12. 达鲁花赤：蒙古语，意为"掌印者"。大蒙古国和元朝的官名，为所在地方、军队和官衙的最大监治长官。俯仰：指随宜应付。

13. "汉人"句：元制，各级官府都以蒙古人为正职，汉人、南人不得为正职。汉人：元统一中国后，把北方的原宋朝中原人及进入中原的金、夏之人，称为"汉人"。正印官：明清制度，地方长官所用的印是正方形的，故名"正印官"；这里借指正职。

14. 为粥以饲贫民：《广东通志》《粤大记》《顺德志》记载"为粥以饲贫民"是区适子的儿子区鲁卿所为。

15. 优游：十分闲适、悠闲地生活。里闬：本意指里门；这里代指乡里。闬（音hàn）：里巷的门，又泛指门。

16. 嘉遁：嘉美之隐遁，指坚持自己的理想，隐遁不当官。

17. 兵革：兵器和甲胄的总称，泛指武器军备；这里指战争。俶扰：开始骚扰。俶（音chù）：开始。

18. 京口：古代地名，在今江苏省镇江市。

19. 扶胥：古代地名，今广东省广州市黄埔区庙头村。扶胥港为古代广州港口，位于溺谷湾（今黄埔港湾）北岸，面临扶胥江（珠江的一段）。古时珠江前后航道在溺谷湾汇合后，向南沿狮子洋直通虎门入海，可以抵达南洋各国。

20. 越台：即越王台，汉时南越王赵佗在广州越秀山所筑，在今广东省广州市越秀区北京路附近。

21. 故老相传：一代一代相传。故老：年高而见识多的人。

22. 《三字经》：用白描手法和三字句式，将封建社会所需要的基本常识及道德规范，包括学习态度、封建伦常、历史知识和勤奋学习的人物等内容，编写成启蒙经典《三字经》，句式节奏抑扬顿挫，朗朗上口，易读易记，初学的儿童乐于接受。

23. 适所撰也：关于《三字经》的作者，大致有三种说法：一是南宋末年区适子，见（明）黄佐《广州人物传》（十）、（明）屈大均《广东新语》（十一）、（清）恽敬《大云山房杂记》（二）。二是明代黎贞，见（清）邵晋涵诗句"读得贞黎三字训"，自注："《三字经》，南海黎贞撰。"三是宋元之际王应麟，见（清）夏之翰《〈小学绀珠〉序》、贺兴思《〈三字经〉注解备要叙》。以学者先后考察的情况来看，当为区适子原著，黎贞等后人增广之。今传《三字经》尚有一段："明太祖，久亲师。传建文，方四祀。迁北京，永乐嗣。迨崇祯，煤山逝。"可见明代以后，还不断有人完善此书。

24. 驯雅：典雅完美。驯：指文章流畅，合乎规范。雅：文字修辞典雅。

25. 周兴嗣（469—521），字思纂，祖籍陈郡项城（今河南省周口市沈丘县），生于丹阳郡姑孰（今安徽省马鞍山市当涂县），南朝史学家，著有《梁书》《两唐书志》。周兴嗣流传最广、最久远的著述是《千字文》。《千文》：即《千字文》，原名为《次韵王羲之书千字》，周兴嗣从王羲之书法作品中选取1000个不重复的汉字组成的一首长韵文，四字一句，对仗工整，条理清晰，是用来教授儿童习字的启蒙读物。《千字文》和《三字经》《百家姓》合称"三百千"。

26. 尚志：指恪守仁义之道，而高尚其意志。

27. 隐遁：隐居而远避尘世。

28. 明经：唐代科举以诗赋取士谓之进士，以经义取士谓之明经；到明清时代，明经作为贡生的别称。

29. 嚣然：闲适貌。

【传主简介】

区适子（1234—1324），广南东路南海县鼍洲堡（今广东省佛山市顺德区陈村镇登洲）人，南宋末年顺德文学家、教育家。博学多才，通晓经史，能文善诗。所撰《三字经》是一部家喻户晓、脍炙人口的优秀儿童启蒙教材，为中国三大蒙学读物之一。区适在家乡授徒为业，教书著述，继往开来地促进佛山重教兴文的社会风气。著有《登洲诗集》《登洲文集》。

[11] 张镇孙

张镇孙，字鼎卿，熹涌[1]人，少以博学强记闻。咸淳辛未（1271），举进士，廷对[2]，为天下第一[3]。先是童谣曰："河南人见面，广州状元见[4]。"有司因构见面亭以俟之[5]。李昴英未达时[6]，读书海珠[7],以大魁[8]自期,尝与同志数人结龙头会。有梦弯长弓射江,江为竭者,昂英占之,曰:"应是谶者,其张氏子乎[9]?"至是果为状元。其年大江忽竭,往来相望[10],人始悟"见面"之说。其所对制策[11]有曰:"帝王之治天下,自积一念之仁[12]始;帝王之仁天下,自积一念之敬始。"又曰:"臣窃观圣心,或者未能积其敬也。夫主一[13]之谓敬,无适[14]之谓一。今也恐惧于旱涝之警,固知敬矣;悦怪于瑞芝之观[15],何所积之未纯耶?齐庄于圭璧荐享之时[16],固知敬矣;转移于霞光迎导之际[17],何所积之有间耶?"时度宗留意谶祥[18],所言"观瑞芝""迎霞光",实事也,皆人所难言。胪唱[19]日,天阴晦,大雨如注,识者谓非文明之兆[20]。旧制:状元宣拜后,中官[21]催索谢恩诗,宫女倚机以竢,诗成,即织诸锦以进[22]。镇孙素不工诗,是日运[23]毫如飞,人谓名成才涌[24]。授秘书监正字,迁校书郎,寻通判婺州[25],迎养[26]其父母。德祐元年(1275),兵至[27],镇孙遂奉二亲归广。台章劾之,诏罢镇孙职。端宗航海幸闽、广间[28]。广州海上溃军奉镇孙为帅,镇孙与都统凌震结集行伍[29],分东西两路,誓图恢复。景炎[30]元年(1276)十二月,帝舟次于惠州之甲子门[31],诏以镇孙为龙图阁待制、广东制置使兼经略安抚使[32],委以军事。将校卢震拥众暴横[33],镇孙数其罪,戮之[34],由是将士用命[35],兵威稍震。元酋帅吕师夔、张荣实已入广州[36],闻镇孙至,退走,命其梁将雄飞[37]守之。二年(1277)四月,帝舟次于广之官富场[38],镇孙复广州[39],雄飞等走韶州[40]。下诏褒赏,亲知[41]多启贺,镇孙有忧色,皆不答。十一月,元酋右丞塔出[42]会师夔合攻广州,镇孙守御,而力不支,城陷[43]。明年一月,师夔还师,执镇孙北归,死于大庾[44]。文天祥作诗悼之[45]。时陈仲微[46]者《纪海上事》书镇孙死节,董师谦[47]亦云:"镇孙死难,惜无有暴白[48]之日。"

【传记来源】

《张镇孙传》选自清康熙三十年《南海县志》卷十一《人物·名臣》。

【辑注参阅】

本辑注参阅(明)黄佐著《广州人物传》第十卷《宋经略安抚史张公镇孙》,清雍正九年《广东通志》卷四十四《人物·文苑·张镇孙传》,

清咸丰三年《顺德县志》卷二十二《列传二·张镇孙传》。

【注释】

1. 熹涌：指南宋广南东路南海县熹涌，今广东省佛山市顺德区伦教街道熹涌。张镇孙曾祖父张元贵南下广东任南海知政，居住地为当时的南海县熹涌，故《粤诗搜逸》认为张镇孙是南海人。顺德建县后，熹涌划归到顺德县黎村堡，不属南海，故（清）温汝能编著《粤东诗海》认为张镇孙是顺德人。张元贵退休后居住在广州城南太平门内泰通坊（今广东省广州市越秀区人民南路通泰里），此后张家一直居住在泰通坊，而张镇孙在泰通坊出生和成长，死后葬于永泰里（今广东省广州市三元里），后人为了纪念他，还把泰通坊改名为状元坊，故《广东通志》认为张镇孙是广州人。

2. 廷对：在朝廷上回答皇帝的咨询；这里指廷试。

3. 为天下第一：指南宋咸淳七年（1271），张镇孙殿试政论文《廷对策》洋洋七千言，对仗工整，言之有物，提出了"国以民为命脉"的论点，建议朝廷实行"损上益下"的政策，要"厚民生"，认为皇帝应该"以仁治天下"；《廷对策》是继承儒家以民为本思想的体现，得到宋度宗的称赞，钦点张镇孙为状元。

4. "河南人"二句：指珠江水域宽阔，站在江边的人看不清对岸人的面目，只有珠江水干涸，走下河滩，才能看清对方，而中状元和珠江水干涸一样困难。河南：古代地名，指珠江南岸（今广东省广州市海珠区一带）。"见面"的"见"：看见，看清。"状元见"的"见"：通"现"，出现。

5. 有司：见［1］《王范》注释 7。见面亭：传说建在广州河南龙船岗（今广州市海珠区同福中路南市大街，已湮没）；张镇孙后来将其著作命名为《见面亭集》，源于此。俟：等待。

6. 李昂英（1201—1257），字俊明，号文溪，广南东路广州府番禺县（今广东省广州市）人，南宋文学家，宝庆二年（1226）进士（探花），星相占卜高手，官至吏部侍郎、龙图阁待制，著有《文溪存稿》。达：显达。

7. 海珠：古代地名，辖境相当于今广东省广州市海珠区。海珠区龙导大街有一景点，名为"南宋状元井"，相传是张镇孙故宅的水井。

8. 大魁：科举考试殿试第一名为"大魁"，也就是状元。魁：首领，第一名。

9. "应"二句：指李昂英预言传开，十二岁的神童张镇孙笑对同窗说："（张氏子）安知非仆！"有些人就讥讽张镇孙痴心妄想。谶（音 chèn）：巫师、方士编造的预示吉凶的隐语；这里指将要应验的预言、预兆。

10. 往来相望：这里指宋咸淳七年，岭南大旱，珠江河面水流变窄，两岸居民可徒步下河，彼此竟可以看到对面人。

11. 制策：（对答）皇帝考核时提出的问题。制：天子之言；这里指皇帝提出的问题。

12. 一念之仁：就是一刹那之间产生的仁慈之心。

13. 主一：专心于一事而无杂念。

14. 无适：心无杂念，没有所求。

15. 芝：即灵芝，古人以为灵芝出现于朝廷，是国家吉祥的预兆，故称之为"瑞芝"。观：显示（吉祥）。

16. 齐庄：斋戒以示诚敬；语自《礼记·中庸》："齐庄中正，足以有敬也"。圭璧：天子朝会或祭祀时所持信物，为玉类制成。荐享：祭祀。

17. 转移：改变。霞光迎导：这里指神来神往。霞光：指太阳升落时从云罅或云层中射出来的光彩。迎导：接送。

18. 祥：有关吉凶的预兆。

19. 胪唱：科举时，殿试之后，皇帝传旨召见新考中的进士，依次唱名传呼，为"胪唱"，也叫"胪"；语自（元）方回《涌金城望》诗之三："胪唱曾叨殿上传，末班遥望御炉烟。"

20. 识者：有识之士。文明：开明盛世。

21. 中官：古代官名，宫内之官，泛指皇帝宠爱的近臣；这里指宦官。

22. 织诸锦以进：指织成锦绣进呈皇帝。

23. 运：用手腕、臂等运转（毛笔）；传记底稿原作"选"，据清雍正九年《广东通志》卷四十四《人物·文苑》改为"运"。

24. 名成才涌：功成名就，才气溢涌；这里指鳌头折桂那天，或许是春风得意，张镇孙诗情泉涌。

25. 婺州：古代州名，辖境相当于今浙江省金华市。

26. 迎养：迎接尊亲同住一起，以便赡养。

27. 兵至：指宋德祐元年，元军逼近南宋京城临安府（今浙江省杭州市）。

28. "端宗"句：见［9］《区仕衡》注释15。

29. 凌震：见［9］《区仕衡》注释35。行伍：这里泛指军队。行（音 háng）：古代军队编制，二十五人为行。伍：古代军队编制五人为伍。

30. 景炎：宋端宗赵昰的年号（1276—1278）。

31. 次：停，驻扎。甲子门：古代地名，当时属广南东路惠州海丰县，今属广东省汕尾市陆丰市。

32. 龙图阁待制：古代官名，宋景德元年（1004）设置，待皇帝之命以言事的虚职，无吏守，无职掌，往往是其他官职兼任。广东：广南东路的省文。至道三年（997），北宋设置广南东路，辖境相当于今广东省贺江、罗定江、漠阳江以东地区，治所在广州。制置使：统管一省边防军的长官。经略安抚使：管军事行政事务的长官。

33. 将校：古代将军与校尉的合称，古代军制，将军属下设校尉；后泛指高级军官。暴横：横行。

34. 戮之：指张镇孙毫不手软，公开处斩手下叫卢震的将领，以儆效尤。

35. 由是：因此。将士用命：指不管是将军还是士兵，都很出力卖命。

36. 吕师夔（生卒年不详），字虞卿，淮南西路寿春府安丰县（今安徽省淮南市寿县）人，南宋末年吕氏军事集团的重要人物，官至兵部尚书。宋咸淳十年（1274），吕师夔带领九江众守将向元军献城请降。张荣实（1218—1278），顺天路霸州保定县（今河北省保定市）人，元初著名水军将领，曾南下抚定广东，官至湖北道宣慰使。

37. 梁雄飞（生卒年不详），淮南西路寿春府人（今安徽省淮南市寿县）人，本是广东经略使徐直谅的部将，后叛宋降元，官至招讨使。

38. 官富场：古代地名，今属广东省深圳市宝安区。

39. 镇孙复广州：指宋景炎二年，趁广州城的元军粮草不继之机，张镇孙派兵乘夜突袭，收复陷落三个月的广州。

40. 韶州：见［9］《区仕衡》注释1。

41. 亲知：亲戚朋友。

42. 塔出（1244—1280），蒙古人，元代将领，善骑射，曾任主相（在皇帝右手站立的丞相），故称"右丞"。

43. 城陷：指张镇孙寡不敌众，提出不屠城条件，张镇孙弃城就擒。

44. 死于大庾：指张镇孙被解押至大庾岭，趁看守人员不备，张镇孙解下腰带自缢，意表誓死不度南岭，以身殉国以明志。大庾：即大庾岭，岭上多植梅花，亦称"梅岭"，中国南部山脉，五岭之一，在江西省赣州市大余县南境，与广东省韶关市南雄市接壤，为粤赣交通要道，也是珠江水系之浈水与赣江水系之章水的分水岭。

45. 文天祥作诗悼之：在广东海丰县甲子门一带督战的文天祥获悉张镇孙被押解至大庾岭途中死难，极为悲愤，挥泪赋诗吊悼，视其自杀为殉国。文天祥：见［9］《区仕衡》注释26。

46. 陈仲微（1212—1283），字致广，江南西路瑞州高安县（今江西省宜春市高安市）人，宋嘉熙二年（1238）进士，官至吏部尚书，著有《二王始末》。

47. 董师谦（生卒年不详），号南江，福建路福州福清县（今福建省福州市福清市）人，宋末诗人，咸淳七年（1271）进士，官至浙西廉访司佥事。

48. 暴白：真相大白。

【传主简介】

张镇孙（1235—1278），广南东路南海县黎村堡熹涌（今广东省佛山市顺德区伦教街道熹涌）人，南宋学者，佛山第一个全国状元。出身于仕宦之家，聪敏好学，博闻强记。擅写文章，其文把先贤的远见卓识融为己有，运用自如，文辞畅达，在论证和文风上独树一帜。著有文集《见面亭集》十卷。

元

[12] 王 佐

王佐，字彦举，家世河东[1]人。元末，占籍于南海[2]。时孙蕡与佐结诗社于南园[3]，开抗风轩[4]以延一时名士。佐才思雄浑，体裁[5]甚工，蕡深重之。构辞敏捷，王不如孙；用意沉著，孙不如王。何真[6]礼聘二人，皆使掌书记[7]，军旅事多见咨询。时李质以德庆豪帅据有肇庆[8]；佐与蕡往说之，遂通好[9]。质尤好文，衣冠之士[10]多往依之，其最知名者则有江右伯颜子中、茶陵刘三吾、建安张智[11]。归，言于真，使招致[12]之。由此，真号称得士[13]。洪武六年（1373），用部使者[14]荐，拜给事中。论思补阙[15]，恒称帝意。学士宋濂[16]尝拜赐黄马，帝为歌，命诸词臣和之。佐斯须[17]而就，有"臣骑黄马当赤心"之句。帝览而喜，以为名世[18]之作，赐钞一锭。佐性不乐枢要[19]，居官二载，即乞骸骨[20]。帝怜其诚，许之。陛辞[21]日，赐钞五十千。时臣僚自陈者[22]多被遣斥，佐以恭慎[23]得归。佐天性孝弟[24]，父没时，有廖元正者，为料理丧事，殡诸南雄[25]之九里山，终身事元正如父。所为诗清逸，评者比之高适、岑参[26]。

【传记来源】
《王佐传》选自清雍正九年《广东通志》卷四十七《人物·文苑》。

【辑注参阅】
本辑注参阅（明）黄佐著《广州人物传》第十二卷《给事中王公佐》，清康熙三十年《南海县志》卷十一《人物·名臣·王佐传》，《明史》卷二百八十五《列传第一百七十三·文苑一·王佐传》。

【注释】
1. 家世：世代相传的门第或家族的世系，引申指先代前世。河东：古代地名，指山西；因黄河流经山西省的西南境，而山西在黄河以东，故古称"河东"。秦汉时指河东郡地，在今山西省运城市、临汾市一带；唐代以后泛指山西。
2. 占籍于南海：指王佐父亲元末任职于韶关南雄，王佐跟随在身边，因战乱回不了原籍，只得奉养母亲住在广州；元亡后，王佐入籍广州路南海县。
3. 南园：广州元、明、清三代的著名园林，在今广东省广州市文德路中山图书馆南馆内。元末，孙蕡、王佐、赵介、李德、黄哲在广州抗风轩结为南园诗社，相互咏唱，五人合称"南园前五子"，后人称之为"南园前五先生"。南园诗社继承了张九龄开创的岭南诗风，"南园前五子"开岭南诗人结社之始。
4. 抗风轩：位于今广东省广州市文德南路，为"南园前五子""南园后五子"集社之所。
5. 体裁：这里指诗文的构思、结构。
6. 何真（1321—1388），字邦佐，号罗山，江西行省广州路东莞县（今广东省东莞市）人，曾任元江西行省左丞。后来何真归顺明廷，帮助明当局稳定岭南政局，官至湖广布政使。
7. 书记：古代指负责文件记录或缮写的人员。
8. 李质（1316—1380），字文彬，号樵云，江西行省肇庆路德庆州晋康乡（今广东省肇庆市德庆县九市镇）人，元末明初政治人物，曾在何真麾下，素称"广东有历史以来升官第一人"。李质在从政的短短几年间，能够从一个小小的乡总兵，一路升迁为南京刑部尚书，官至靖江王右相，著有《樵云集》。德庆：见［10］《区适子》注释6。肇庆：古代府名，辖境相当于今广东省肇庆市。

9. 通好：此指二人（李质和何真）往来交好。

10. 衣冠之士：指有学问懂礼仪的有识之士。衣冠：本义是衣服和帽子，古代士以上戴冠，因而用以指士以上的服饰。

11. 江右：古代地名，辖境相当于今江西省。伯颜子中：即伯颜（1327—1379），字子中，祖籍西域，世居江西行省龙兴府进贤县（今江西省南昌市进贤县），元末明初文士，从事教育事业的回族学者，官至吏部侍郎，著有《子中集》。刘三吾（1313—1400），初名昆，后改如孙，以字行，湖广行省天临路湘潭州茶陵县（今湖南省株洲市茶陵县）人，元末文学家，入明后官至翰林学士，遗著《坦斋集》。张智（？—1406），字玄略，福建布政司延平府顺昌县（今福建省南平市顺昌）人，官至礼部右侍郎；福建古称建安郡，故这里有"建安张智"一说。

12. 招致：招徕，收罗。

13. 得士：获得贤士。

14. 部使者：巡查地方的使者。使者：受命出使的人，泛指奉命办事的人。

15. 论思：特指皇帝与学士、臣子讨论学问。补阙：补正别人的缺点过失。

16. 宋濂（1310—1381），字景濂，号潜溪，本籍江浙行省婺州路潜溪（今浙江省金华市金东区傅村镇潜溪），迁居江浙行省金华府浦江县（今浙江省金华市浦江县），元末明初文学家、史学家，官至翰林院学士，著有《宋文宪公全集》。

17. 斯须：一会儿，片刻。

18. 名世：名显于世。

19. 枢要：指中央政权中的机要部门或官职。

20. 乞骸骨：辞官。古人认为全身为皇帝尽事，故古人辞官称为"乞骸骨"。骸骨：本义是尸骨；这里指身体。

21. 陛辞：向皇帝辞行。

22. 臣僚：君主时代的文武官员，群臣百官。自陈：自己陈述（请求辞官）。

23. 恭慎：谦恭谨慎。

24. 孝弟：亦即"孝悌"，孝顺父母，敬爱兄长。

25. 南雄：古代县名，辖境相当于今广东省韶关市南雄市。

26. 高适(704—765),字达夫、仲武,河北道德州安陵县(今河北省衡水市景县安陵)人,后迁居宋州宋城(今河南省商丘市睢阳区),唐代边塞诗人,玄宗天宝八年(749)进士,官至渤海县侯,著有《高常侍集》。岑参(715—770),山南道邓州宛县(今河南省南阳市)人,迁居山南道江陵府(今湖北省荆州市江陵县),唐代边塞诗人,天宝三年(744)进士,官至嘉州刺史,著有《岑嘉州集》。高适与岑参的诗歌风格相近,并称"高岑"。(清)温汝能《粤东诗海》卷九:"赵怀璨评:彦举古风、歌行,伯仲高(适)、岑(参),律诗、绝句,方驾虞(集)、揭(傒斯)。"

【传主简介】

王佐(1337—1375),本籍中书省晋宁路河东县(今山西省运城市永济县蒲州),占籍江西行省广东道广州路南海县(今广东省佛山市南海区),元末明初诗人,"南园前五子"之一,南园诗社的发起者。才思雄浑,擅长赋诗,其诗忧时感事,慷慨深沉,清雅拔俗,形成雄俊丰丽的诗风。著有《听雨轩集》二卷、《瀛洲集》二卷。

[13] 孙 蕡

孙蕡,字仲衍,南海平步[1]人,今属顺德。性敏迈[2],于书无所不读,为诗文挥毫立就。元季避难时,东莞何真保有南海[3],蕡往从之[4]。洪武改元(1368),征南将军廖永忠[5]至,蕡为真作书请归附,曲尽诚款[6]。永忠不戮一人,而南海贴然者,蕡之力也。永忠寻征蕡典郡教[7]。三年庚戌(1370),诏天下设科取士,蕡举于乡,授工部织染局使。寻出主虹县簿[8]。时经兵燹[9],十室九空,蕡加意劳来[10],民还其业。甫[11]一载,入[12]为翰林典籍。学士宋濂、乐韶凤、承旨詹同甚重之[13]。日侍上,奏对[14]敏便,容观[15]飘逸,濂辈自以为莫及也。八年(1375),同修《洪武正韵》[16]。九年(1376),以奉常之节监祀西川[17]。居翰林三载,力求补外[18],为平原簿。无何,逮系,输作左校[19],筑萧垣[20],望都门讴吟为粤声[21]。督都以闻,召至陈诗,皆忠爱语,特命释之。十一年(1378),罢归。遨游云林中,益肆力于问学[22]。尝和陶潜《归去来辞》,以写其情[23]。十五年(1382),召拜苏州府经历[24]。苏为剧郡,难治。蕡区画[25]有方,政用人和。二十二年(1389),谪戍辽东[26]。时都帅梅义节镇三韩[27]，素闻蕡名，迎置家塾[28]。寻坐蓝党[29]见逮，或劝以疏自明，不答。长歌就刑，有"黄泉无客店，今夜宿谁家"之句[30]，天下冤之。年五十有六。门人黎贞时亦在戍[31]，收葬于安山之阳[32]。蕡平生撰述甚丰[33]，既没，零落弗存。番禺赵绚称其究极天人性命之理，为岭表儒宗云[34]。所著有《西庵集》[35]，传于世。

【传记来源】
《孙蕡传》选自清康熙三十年《南海县志》卷十一《人物·名臣》。

【辑注参阅】
本辑注参阅清咸丰三年《顺德县志》卷二十二《列传二·孙蕡传》，清道光二年《广东通志》卷二百七十一《列传四·孙蕡传》。

【注释】
1. 南海平步：指元末明初广东道南海县平步堡；明景泰三年（1452）顺德建县，平步堡划归顺德县（今广东省佛山市顺德区）。
2. 敏迈：敏捷豪迈。
3. 何真：见［12］《王佐》注释6；元末，南海县归广州路管辖，广州路隶属江西行省。何真在元末任江西行省广东分省右丞、资德大夫，守广州，故言"何真保有南海"。
4. 蕡往从之：指何真开府辟士，孙蕡、王佐、赵介、李德和黄哲等俱被宠遇，时人号称"五先生"；五人饮酒论诗，在广州抗风轩结南园诗社，时称"南园五子"。
5. 廖永忠（1323—1375），南直隶庐州府巢县（今安徽省合肥市巢湖市）人，明代开国名将。洪武元年（1368），廖永忠为征南将军，平定两广。
6. 曲尽：竭尽，委曲而详尽。诚款：真诚。
7. 典郡教：主管州府文教。
8. 出：自朝廷、京师调往外地任职。虹县：泗县的古称，辖境相当于今安徽省宿州市泗县。簿：即主簿，古代官名，是各级主官属下掌管文书的佐吏。
9. 兵燹，战争造成的焚烧破坏等灾害。燹（音xiǎn）：野火。
10. 劳来：以恩德招之使来；这里指使流亡的老百姓回乡。
11. 甫：刚刚。
12. 入：见［6］《区册》注释39。

13. 宋濂：见［12］《王佐》注释 16；宋濂是孙蕡的恩师。乐韶凤（？—1380），字致和，一字来仪，南直隶滁州北谯县（今安徽省滁州市全椒县）人，明代学者，官至兵部尚书，代表作有《回銮乐歌》。承旨：古代官名，唐、宋、元时代，翰林院有翰林学士承旨，位在诸学士上。詹同（生卒年不详），初名书，字同文，江西布政司广信府婺源县（今江西省上饶市婺源县）人，明代学者，曾任翰林院翰林学士承旨，官至吏部尚书，著有《天衢吟啸集》。

14. 奏对：臣属当面回答皇帝提出的问题。

15. 容观：容貌仪表。

16. 《洪武正韵》：明代韵书，十六卷。明太祖朱元璋鉴于唐宋音韵在长江以北多失正，命廷臣参考中原雅音正之。《洪武正韵》继承了唐宋音韵体系，作为明太祖兴复华夏的重要举措，在明代影响广泛。洪武：明太祖朱元璋的年号（1368—1398）。

17. 以奉常之节：指孙蕡本职没达到奉常之品位，以奉常官之名义。奉常：古代官名，掌司宗庙礼仪。监：督察。祀：祭神。西川：古代地名，辖境相当于今四川省中西部一带。

18. 补外：京官调外地就职。补：见［2］《黄恭》注释 12。

19. "无何"三句：指洪武十一年（1378），发生了左丞相胡惟庸谋反事件，宋濂由于长孙宋慎是胡惟庸集团一分子，被株连，充军边疆，病死途中；孙蕡平时与宋濂交往密切，受到牵连，被捕下狱，罢官，到工地上服苦役。无何：不久。逮系：被逮捕。输作左校：服劳役刑，是古代对犯罪官员的一种惩罚，让犯官到建筑工地上干活；传记底稿原作"输左较"，脱"作"字，今补，"左较"应为"左校"，左校是将作大匠的下属机构，主要负责京师工程劳作。

20. 筑萧垣：因证据不足，朝廷改判孙蕡修筑皇宫的城墙。萧垣：门屏。

21. "望都门"句：指孙蕡作《输役萧墙》诗，望着京都城门以粤曲吟唱。都门：京都城门。

22. 肆力：尽力。问学：通过求教、学习，实现自我修养的提升。

23. "尝和"二句：指孙蕡表自己追慕陶渊明，作《和归去来辞》，以表其志，来抒发其感情。陶渊明（352—427），字元亮，又名潜，浔阳郡柴桑县（今江西省九江市）人，东晋著名田园诗人、辞赋家，官至彭泽县令，私谥"靖节"，世称"靖节先生"，著有《陶渊明集》。

24. 苏州府：古代府名，辖境相当于今江苏省苏州市。经历：古代掌管文书的官职，布政使司、按察使司均设经历。

25. 区画：亦作"区划"，筹划，安排。

26. 谪：见［5］《李文孺》注释8。辽东：古代军镇名，明初设置，指辽河以东的地区。辽东在明代属山东布政司管辖，辖境相当于今辽宁省大部分和吉林省一部分地方。

27. 梅义（？—1390），河南布政司归德府夏邑（今河南省商丘市夏邑县）人，明代开国功臣梅思祖的儿子，辽东都指挥使；传记底稿原作"梅思祖"，有误，应为"梅义"。据清乾隆四年《明史》卷一百三十一《列传第十九·梅思祖传》记载：洪武五年（1372），梅思祖巡视辽东；洪武十五年（1382），梅思祖任云南布政使，当年卒；子义，辽东都指挥使。洪武二十二年（1389），孙蕡到辽东时，梅思祖已死七年，当时节制"三韩"的是梅义。三韩：古代朝鲜半岛南部有三个小部落，它们是马韩、辰韩、弁韩，合称"三韩"。

28. 家塾：旧时请老师到家里来教授自己子弟的私塾。

29. 坐蓝党：指洪武二十六年（1393），大将军凉国公蓝玉因恃功骄肆，被锦衣卫指称谋反，朱元璋诛蓝玉，牵连致死者达一万五千余人；孙蕡因曾替蓝玉作诗题画而受株连。

30. "有"句：传说孙蕡在临刑前口占绝命诗："鼍鼓三声急，西山日又斜。黄泉无客店，今夜宿谁家？"诗毕，就刑。鼍鼓：以扬子鳄皮蒙的鼓，乃鼓之最优者；这里指杀人的鼓声。鼍（音 tuó）：爬行动物，吻短，背部、尾部均有鳞甲，穴居长江流域沼泽地区，亦称"扬子鳄"。

31. 门人：学生，弟子。黎贞（1358—1416），字彦晦，号陶陶生，晚号秫坡，广东布政司广州府新会县（今广东省江门市新会区）人，明初学者，孙蕡的学生。洪武十八年（1385），黎贞因事被讼者诬陷，被罚戍辽东。著有《秫坡黎先生文集》《古今一览》。

32. 安山：古代山名，在今山东省泰安市东平县西南。阳：山之南面为阳。

33. 蕡平生撰述甚丰：指孙蕡著有《西庵集》《通鉴前编纲目》《和陶集》《孝经集善》《理学训蒙》《集古句律诗》等。

34. 赵绚（生卒年不详），字会绩，赵介次子，广东布政司广州府番禺县（今广东省广州市）人，明代诗人，善诗文，工篆隶。岭表：大庾岭等五岭以南，辖境相当于今福建省、广东省等地。儒宗：儒者的宗师；后泛指为读书人所敬仰的学者。

35. 《西庵集》：孙蕡号西庵，人称"西庵先生"，其学生黎贞收录孙蕡的诗编刻而成的诗集名为《西庵集》。

【传主简介】

孙蕡（1338—1393），江西行省广东道广州路南海县平步堡（今广东省佛山市顺德区乐从镇平步）人，元末明初著名诗人、学者，"南园五子"的旗手。博学深思，其成就主要集中在性命之学和诗学创作。孙蕡工于诗文，尤其擅长七言古诗，诗才敏捷，笔落诗成，对其所见所闻直接描述，笔力矫健；其诗既有气象雄浑的一面，又有清圆流利的一面，情致深厚，各体俱工，五言古体诗远师汉魏，近体诗不失唐诗音律，尤善用比兴手法，清新自然，开岭南诗派之先声。孙蕡被誉为"岭南明诗之首"。发起创建南园诗社，开岭南诗人结社之始，标志着岭南诗人群体的形成。著有《西庵集》八卷。

明

［14］廖　谨

廖谨，字慎初，葛岸人。恬静[1]力学，凡经史百家[2]之书，靡不淹贯[3]，时以"廖五经"称之。读书西樵山[4]，生平不妄交游，以淡交名其斋。永乐[5]中，学士解缙参议交阯[6]，道广州，遇谨。与语，若茧丝炙毂[7]，出之不穷，缙不能有所加也，亟以"名儒"称之。为题其书舍[8]，有"反身循理[9]，惩忿窒欲[10]；敬之敬之，如金如玉；稷契皋陶[11]，何书可读[12]"语，盖以圣贤事业期之也。谨在里中[13]，名闻公府[14]，识、不识皆知之。以明经举为四会训导[15]，转通山教谕[16]，教绩显著。顾素性[17]朴实，不能诏事[18]上官，俚俗语谓泥古不通[19]者曰"古必"，人或以是笑呼之。谨乃作《古必解》以自嘲，盖孤鲁切古，又古老即孤鲁之转音，结吉戏谑相笑之声也。久之，迁南安府教授[20]。致仕[21]。卒，祀乡贤。著有《淡交集》。其教人以执礼[22]为先，群从兄弟尝受学者[23]，终身不敢与雁行立[24]。从子[25]恂，宣德癸丑（1433）进士，至通显[26]，事谨犹守分服役[27]，人以是并高之。同时有李真祐者，字稷之，自号扶摇子，江尾人。少力学，文才宏博[28]。洪武初，辟为吏[29]，避居古冈，为人佣，人未之知也。惟陈添佐[30]异其行，延为子师。永乐间，右布政王公亮[31]将荐之，会卒，不果。真祐寻卒。著有《家令百条》，别著《三省九思十戒》，遗训于家。（黄《通志》、《粤大记》、张《府志》、《广州人物传》、《乡贤传》、《淡交集》）

【传记来源】
《廖谨传》选自清咸丰三年《顺德县志》卷二十二《列传二》。

【辑注参阅】
本辑注参阅（明）黄佐著《广州人物传》第十三卷《教授廖公谨》，清康熙三十年《南海县志》卷十二《人物·文学·廖谨传》，清光绪五年《广州府志》卷一百十五《列传四·廖谨传》。

【注释】
1. 恬静：闲适安静。
2. 经史百家：指各方面的学问。
3. 靡：没有。淹贯：深通广晓。
4. 读书西樵山：指廖谨曾在西樵山上筑西樵书舍读书。西樵山：广东四大名山之一，位于广东省佛山市南海区西南部。西樵山是一座具有四万五千年历史的死火山，风景秀丽，与东樵罗浮山并称，素有"南粤名山数二樵"之说。
5. 永乐：明成祖朱棣的年号（1403—1424）。
6. 解缙（1369—1415），字大绅，号春雨、喜易，江西布政司吉安府吉水县（今江西省吉安市吉水县）人，明初学者、文学家，洪武二十一年（1388）进士，官至内阁首辅、右春坊大学士，著有《解学士集》。交阯：又名"交趾"，古代地名。秦朝末年，南越王赵佗建交趾郡，辖境相当于今越南北部；西汉时，汉武帝平南越国，在原南越国地方设立交趾刺史部，含九郡；唐代在此设置安南都护府；永乐五年（1407），明成祖趁越南皇朝内乱之际，出兵占领越南，并在升龙设立了交趾布政司（行省），进行直接统治。
7. 茧丝炙毂：比喻谈吐不凡，深入精辟，智力过人。茧丝：如抽丝于茧，有条不紊，丝丝如扣。炙毂：毂是古时车上盛贮油膏的器具，毂烘热后流油，润滑车轴，比喻言语流畅风趣。
8. 为题其书舍：指解缙曾为廖谨读书处西樵书舍题诗《西樵书舍》。
9. 反身：自我反省。循理：见[6]《区册》注释4。

10. 惩、窒：都是戒止、驱除的意思。忿、欲：均指心中杂念。

11. 稷、契、皋陶：均为尧舜时代的贤臣；这里比喻廖谨可以与古代圣贤相比。

12. 何书可读：没有可以再读的书；意即书中之理皆圣贤之理，解缙认为廖谨已尽得，故对廖谨有此赞。

13. 里中：乡里，同里。

14. 公府：古代官署名，三公（太尉、司徒、司空）的官署，属中央一级的机构。

15. 明经：见［10］《区适子》注释28。四会：古代县名，辖境相当于今广东省肇庆市四会市。训导：古代学官名，明清于府、州、县学均置训导，辅助教授、学正、教谕教诲生徒。

16. 通山：古代县名，辖境相当于今湖北省咸宁市通山县。教谕：古代学官名，元、明、清县学设教谕，掌文庙祭祀和教诲所属生员。

17. 素性：本性。

18. 诏事：报请王者授予职事；这里指廖谨不会阿谀上司而得到职务。

19. 泥古不通：拘泥于古代的成规或古人的说法而不知变通。泥古：拘泥于古代的成规或古人的说法。

20. 南安：古代府名，辖境相当于今福建省泉州市南安市。教授：宋代中央和地方的学校开始设教授。元代各路州府儒学及明清两代的府学都设教授，教诲所属生徒。

21. 致仕：交还官职，退休。

22. 执礼：执守礼制，依据礼制。

23. 群从兄弟：指堂兄弟及侄子辈。从（音 zòng）：在宗族关系上，从子比族子近。受学：从师学习。

24. 终身不敢与雁行立：指廖谨本与兄弟同辈，位当平等；其兄弟因受廖谨教导，故都尊敬他，不敢以同辈相处。雁行：原指排列飞行的雁的行列，因为雁的迁徙总是结队成行；这里指兄弟同辈。行（音 háng）：行列。

25. 从子：侄儿。

26. 通显：身居要职，官位高、名声大。

27. "事谨"句：指廖恂像仆人一样地侍奉廖谨。服役：供役使，指仆人的工作。

28. 宏博：宏伟，博大。

29. 洪武：见［13］《孙蕡》注释16。辟：见［2］《黄恭》注释11。

30. 陈添佐（生卒年不详），江西行省广东道广州路新会县（今广东省江门市新会区)人,元末明初遗民诗人,洪武初辟为孝廉,以母亲年老不就职,曾以事戍辽阳三年。

31. 王公亮:即王亮(生卒年不详),南直隶松江府华亭县(今上海市松江区)人,明代学者,以能书举任吏科给事中,官至四川右布政使。

【传主简介】

廖谨(生卒年不详,1400年前后在世),广东布政司广州府南海县葛岸堡(今广东省佛山市顺德区乐从镇葛岸)人,明代岭南名儒。生性恬静,交际谨慎,博览群书,学识渊博,以教书撰述为主,教学成绩显著。著有《淡交集》。

[15] 梁 轸

梁轸,号端溪,新生乡人。少卓立[1],有经济[2]志。兼精行、楷书,为时推重。充肇庆府庠[3]。永乐二年(1404),选送文渊阁,与修书籍[4]。九年(1411),回籍领乡荐[5],会试不第[6],请入太学肄业[7]。十二年(1414),奉使浙江。回京,连丁内、外艰[8]。十七年(1419),起复[9]。宣德三年(1428),由国子监除行在山西道监察御史[10]。历巡浙、直、陕西等处。正统[11]间,又巡江西、湖广、四川、云南等处。正统十年(1445),劾奏楚藩僭用礼乐[12],忤旨[13],回籍。当其按山西时,有指挥陈抵法[14]托同乡苏都事馈金砚一方、明珠五颗,求末减[15],轸叱却[16]之。按湖广时,清法司[17]匿贼赃,毫无假贷[18]。按云南时,有旧都阃当籍没家赀百万[19],一内使欲为之地[20]。轸固争曰:"有一于此,是欺罔[21]也。"内使愧服。其刚直类如此。故谪籍[22]之行,咸谓以忌见构[23]云。都院王鏊疏荐有"凛八道之风霜,正一朝之纲纪"等语[24]。轸固辞不出。家居,无担石储,布衣疏食,不异寒士[25]。尝手书"孝弟 忠信 勤俭"六字,刊布乡间[26]。成宏间[27]犹有存者,谓之"御史书"。生平以贞白[28]自励,遂别号曰贞白。万历元年(1573),崇祀[29]本学乡贤。

【传记来源】

《梁轸传》选自清嘉庆二十四年《三水县志》卷十一《人物·忠侃》。

【辑注参阅】

本辑注参阅清康熙四十九年《三水县志》卷十二《人物·忠侃·梁轸传》，清道光二年《广东通志》卷二百七十二《列传五·梁轸传》，清光绪五年《广州府志》卷一百二十七《列传十六·梁轸传》。

【注释】

1. 卓立：独立，耸立。
2. 经济：关于国家经世济民的事。
3. 肇庆：见［12］《王佐》注释8。庠（音 xiáng）：古代学校称"庠"，故学生称"庠生"，庠生为明清科举制度中府、州、县学生员的别称；梁轸曾为肇庆府学生员。
4. 修书籍：编写书籍；其实梁轸在文渊阁主要是管理书籍。
5. 领乡荐：指乡试中举。乡荐：明清两代指童生由州县荐举，考取生员，进入府、县学读书。
6. 不第：又称"下第、落第"，科举时代考试不中者曰"不第"。第：指科举考试录取列榜的甲乙次第。
7. 太学：见［9］《区仕衡》注释7。肄业：指课程修业或学习。
8. 丁内、外艰：古代丧制名。丁内艰：凡子遭逢母亲去世或孙子遭逢祖母去世，子或孙子要守孝三年，称"丁内艰"。丁外艰：凡子遭逢父亲去世或孙子遭逢祖父去世，子或孙子要守孝三年，称"丁外艰"。
9. 起复：古代官员父母去世时必须离职服丧，服丧期未满而应召任职称为"起复"。
10. 国子监：隋唐以后的中央官学，为古代教育体系的最高学府。除：见［3］《刘删》注释10。行在：见［9］《区仕衡》注释29。监察御史：见［5］《李文孺》注释10。
11. 正统：明英宗朱祁镇的年号（1436—1449）。
12. 劾奏：向皇帝检举官吏的过失或罪行。僭用：越分使用。僭（音 jiàn）：超越本分，古代指地位在下的冒用地位在上的名义或礼仪、器物。礼乐：古代帝王用兴礼乐为手段，以求达到尊卑有序、远近和合的统治目的的文化传统。礼乐始自夏商，到周朝初期周公制礼作乐，形成独有的文化体系，后经孔子和孟子承前启后，聚合前人的精髓创建以礼乐仁义为核心的儒学文化系统，从而得以传承发展至今，成为中国古代文明的重要组成部分。礼：指各种礼节规范。乐：包括音乐和舞蹈。
13. 忤旨：违背了皇帝的心意。

14. 抵法：抵罪。

15. 末减：从轻论罪或减等处刑。

16. 叱却：怒斥拒绝。

17. 法司：古代掌司法刑狱的官署及执法官员。

18. 假贷：宽容，饶恕。

19. 阃阈：指统兵在外的将帅。阃（音 kǔn）：特指城郭的门槛。籍没：没收财物入官。赀：见［9］《区仕衡》注释33。

20. 内使：传达皇帝诏令的内监。欲为之地：这里指内使想替他留有余地，不要全部没收。

21. 欺罔：欺骗蒙蔽。

22. 谪籍：撤销官籍。

23. 见构：被陷害。

24. 王鏊（1450—1524），字济之，南直隶苏州府吴县（今江苏省苏州市）人，明代文学家，成化十一年（1475）进士，学者称其为"震泽先生"，著有《震泽集》；传记底稿原作"王鳌"，据清乾隆四年《明史》卷一百八十一《列传第六十九·王鏊传》改为"王鏊（音 ào）"。八道：这里指梁轸曾巡按的山西、浙江、直隶、陕西、江西、湖广、四川、云南等八个道。

25. 寒士：指出身低微的读书人。

26. 刊布：刻版或排版印刷，通过印刷品来公布。乡间：见［10］《区适》注释4。

27. 成宏：明代年号成化、弘治的并称。成：指成化，明宪宗朱见深的年号（1465—1487）。宏：指弘治，明孝宗朱祐樘的年号（1488—1505）；传记底稿原作"宏"，为了避乾隆皇帝（弘历）的讳，清代文献往往以"宏"代"弘"。

28. 贞白：守正清白。

29. 崇祀：崇拜奉祀。

【传主简介】

梁轸（生卒年不详，1440年前后在世），广东布政司肇庆府高要县利琼都新生乡（今广东省佛山市三水区白坭镇上梁村）人，明代岭南书法家。清贫自守，耿介刚直，卓有政绩。精于行、楷书法，为时人推重。

[16] 梁　储

梁储，字叔厚[1]，广东顺德人[2]。受业陈献章[3]。举成化十四年（1478）会试第一，选庶吉士[4]，授编修，寻兼司经局校书。

弘治四年（1491），进侍讲。改洗马，侍武宗于东宫。册封安南[5]，却其馈。久之，擢翰林学士，同修《会典》，迁少詹事，拜吏部右侍郎。正德[6]初，改左，进尚书，专典诰敕，掌詹事府。刘瑾摘《会典》小疵[7]，储坐降右侍郎。《孝宗实录》成，复尚书，寻加太子少保，调南京吏部。瑾诛，以吏部尚书兼文渊阁大学士，入参机务。屡加少傅、太子太傅，进建极殿。

十年（1515），杨廷和遭丧[8]去，储为首辅[9]。进少师、太子太师、华盖殿大学士。时方建乾清、坤宁宫，又营太素殿、天鹅房、船坞，储偕同官靳贵、杨一清切谏[10]。明年春，以国本[11]未定，请择宗室贤者居京师，备储贰[12]之选，皆不报[13]。其秋，一清罢，蒋冕[14]代之。至明年，贵亦罢，毛纪[15]入阁。

帝好微行[16]，尝出西安门，经宿返。储等谏，不听，然犹虑外廷[17]知。是春，从近幸[18]言召百官至左顺门，明告以郊祀[19]毕，幸南海子观猎[20]。储等暨廷臣谏，皆不纳。八月朔[21]，微服从数十骑幸昌平。次日，储、冕、纪始觉，追至沙河不及，连疏请回銮[22]。越十有三日乃旋。储等以国无储副[23]，而帝盘游不息，中外危疑[24]，力申建储之请，亦不报。九月，帝驰出居庸关，幸宣府，命谷大用[25]守关，无纵廷臣出。遂由宣府抵大同，遇寇于应州，几殆[26]。储等忧惧，请回銮益急。章十余上，帝不为动，岁除[27]竟驻宣府。当是时，帝失德弥甚。群小[28]窃权，浊乱朝政，人情惶惶。储惧不克任[29]，以廷和服阕[30]，屡请召之。廷和还朝，储遂让而处其下。凤阳守备中官丘德及镇守延绥、宁夏、大同、宣府诸中官皆乞更敕书兼理民事[31]，帝许之。储等极言不可，弗听。

十三年七月，帝从江彬[32]言，将遍游塞上。托言边关多警，命总督军务、威武大将军、总兵官朱寿[33]统六师往征，令内阁草敕。阁臣不可，帝复集百官左顺门面谕[34]。廷和、冕在告[35]，储、纪泣谏，众亦泣，帝意不可回。已而纪亦引疾[36]，储独廷争[37]累日，帝竟不听。逾月，帝以大将军寿肃清边境，令加封镇国公[38]。储、纪上言："公虽贵，人臣耳。陛下承祖宗业，为天下君，奈何谬自贬损。既封国公，则将授以诰券[39]，追封三代。祖宗在天之灵亦肯如陛下贬损否？况铁券必有免死之文，陛下寿福无疆，何甘自菲薄，蒙此不祥之辞。名既不正，言自不顺。臣等断不敢阿意苟从[40]，取他日戮身亡家之祸也。"不报。帝遂历宣府、大同，直抵延绥。储等疏数十上，悉置不省[41]。

秦王请关中闲田为牧地，江彬、钱宁、张忠等皆为之请[42]。帝排群议许之，命阁臣草制。廷和、冕引疾，帝怒甚。储度不可争，乃上制草曰："太祖高皇帝著令[43]，兹土不畀藩封[44]。非吝也，念其土广饶，藩封得之，多蓄士马，富而且骄，奸人诱为不轨，不利宗社[45]。王今得地，宜益谨。毋收聚奸人，毋多蓄士马，毋听狂人谋不轨，震及边方，危我社稷，是时虽欲保亲亲不可得已。"帝骇曰："若是其可虞！"事遂寝[46]。明年，帝将南巡。言官伏阙谏[47]，储、冕、纪亦以为言。会诸曹[48]多谏者，乃止。

宁王宸濠[49]反，帝南征，储、冕扈从[50]。在道闻贼灭，连疏请驾旋。抵扬州，帝议南京行郊礼[51]。储、冕计此议行，则回銮益无日，极陈不可，疏三上始得请。帝以宸濠械将至，问处置之宜。储等请如宣宗征高煦故事[52]，罪人既得，即日班师。又因郊期改卜[53]，四方灾异、边警，乞还乘舆[54]。疏八九上，帝殊无还意。是秋，行在[55]有物若豕首堕帝前，色碧，又进御[56]妇人室中，若悬人首状，人情益惊。储、冕危言谏，帝颇心动。而群小犹欲导帝游浙西[57]，泛江汉。储、冕益惧，手疏跪泣行宫门外，历未至西[58]。帝遣人取疏入，谕之起。叩头言："未奉俞旨，不敢起也。"帝不得已，许不日还京，乃叩头出。

帝崩，杨廷和等定策迎兴世子[59]。故事，当以内阁一人与中贵勋戚偕礼官往[60]。廷和欲留蒋冕自助，而虑储老或惮[61]行，乃佯惜储惫老[62]，阻其行。储奋曰："事孰有大于此者，敢以惫辞！"遂与定国公徐光祚[63]等迎世子安陆邸。既即位，给事中张九叙等劾储结纳权奸、持禄固宠[64]。储三疏求去，命赐敕驰传[65]，遣行人[66]护行，岁给廪隶[67]如制。卒，子钧奏请赠谥[68]。吏部侍郎桂萼[69]等言，储立身辅政，有干公议[70]，因录上两京言官弹章[71]。帝念先朝旧臣，特赠太师，谥"文康"。

先是储子次摅为锦衣百户[72]。居家与富人杨端争民田[73]，端杀田主[74]，次摅遂灭端家二百余人。事发，武宗以储故，仅发边卫[75]立功。后还职，累冒功[76]至广东都指挥佥事。

【传记来源】
《梁储传》选自《明史》卷一百九十《列传第七十八》。

【辑注参阅】
本辑注参阅（清）仇巨川著《羊城古钞》卷六《人物·梁储传》，清咸丰三年《顺德县志》卷二十三《列传三·梁储传》，清光绪五年《广州府志》卷一百二十一《列传十·梁储传》。

【注释】
1. 字叔厚：梁储又字藏用，号厚斋，晚号郁洲。
2. 广东顺德人：梁储本籍广东布政司广州府顺德县石硝堡巷口坊。1452年，石硝由南海县划归顺德县（今广东省佛山市顺德区）；1952年，石硝划归南海县（今广东省佛山市南海区）。
3. 受业：跟从老师学习。陈献章（1428—1500），字公甫，号石斋，别号碧玉老人，广东布政司广州府新会县（今广东省江门市新会区）人，明代思想家、教育家、书法家、诗人，正统十三年（1448）副榜进士，居新会县白沙里，数年不出户，世称"白沙先生"，著有《白沙全集》。
4. 庶吉士：明清科举制规定，参加殿试考取了的读书人，为进士，一甲前三名（状元、榜眼、探花）分别授翰林院修撰或编修，其余的进士再参加朝考，选取擅长文学、书法的进士为庶吉士；清代以庶常为庶吉士的代称。
5. 册封：宣读授给封爵位号的册文，连同印玺一齐授给被封人，称为"册封"。安南：越南的古称。梁储曾以正使身份出使越南朝廷册封。
6. 正德：明武宗朱厚照的年号（1506—1521）。
7. 刘瑾（1451—1510），陕西布政司西安府兴平县（今陕西省咸阳市兴平市）人，明代大宦官。瑾本姓谈，六岁时被太监刘顺收养，后净身入宫当了太监，从此改姓刘。摘《会典》小疵：指刘瑾专权，梁储素不附于刘瑾，刘瑾指责《会典》坏祖宗制，书杂以新例。
8. 杨廷和（1459—1529），字介夫，号石斋，四川布政司成都府新都

（今四川省成都市新都区）人，明成化十四年（1478）进士，官至首辅，著有《杨文忠公三录》。遭丧：遭遇丧事；这里指正德十一年（1516）杨廷和回乡服丧。

9. 首辅：古代官名，明代的首辅是指首席内阁大学士，有宰相之权而无宰相之名。

10. 同官：常用作在同一官署任职的人，同僚的意思。靳贵（1464—1520），字充遂，号戒庵，南直隶镇江府丹徒县（今江苏省镇江市丹徒区）人，明弘治三年（1490）进士，官至文渊阁大学士，著有《戒庵文集》。杨一清（1454—1530），字应宁，号邃庵，别号石淙，云南布政司安宁州（今云南省昆明市安宁市）人，明成化八年（1472）进士，官至内阁首辅，著有《石淙类稿》。切谏：直言极力规劝。

11. 国本：古代特指确定皇位继承人，建立太子为国本。

12. 储贰：太子；语自葛洪《抱朴子·释滞》："昔子晋舍视膳之役，弃储贰之重，而灵王不责之以不孝。"

13. 不报：见［9］《区仕衡》注释11。

14. 蒋冕（1462—1532），字敬之、敬所，号湘皋，广西布政司桂林府全州（今广西壮族自治区桂林市全州县）人，明成化二十三年（1487）进士，官至内阁首辅，著有《湘皋集》《琼台诗话》。

15. 毛纪（1463—1545），字维之，号鳌峰逸叟，山东布政司莱州府掖县（今山东省烟台市莱州市）人，明成化末年进士，官至内阁首辅，著有《密勿稿》。

16. 微行：帝王或高官便服私访。

17. 外廷：群臣等待上朝和办公议事的地方；这里代指群臣。

18. 近幸：指帝王宠爱的人。

19. 郊祀：古代帝王在郊外祭天或祭地。郊祀为国之大礼，一般需要天子亲自主持，方能表示诚意。

20. 南海子：辽、金、元、明、清五朝皇家猎场和明、清两朝皇家苑囿，位于北京市大兴区南苑附近。

21. 朔：即朔日，见［6］《区册》注释29。

22. 回銮：君王出巡后还宫。

23. 储副：国之副君；这里指太子。

24. 危疑：怀疑，不信任。

25. 谷大用（生卒年不详），明代宦官，武宗朝内侍"八虎"之一，主管西厂，专横跋扈。

26. 几殆：危殆，危险。

27. 岁除：除夕。

28. 群小：众小人。

29. 克任：胜任。

30. 服阕：见［2］《黄恭》注释8。

31. 中官：见［11］《张镇孙》注释21。敕书：皇帝任官封爵和告诫臣僚的文书。

32. 江彬（？—1521），字文宜，北直隶宣府（今河北省张家口宣化区）人，明武宗朱厚照义子，曾任宣府、大同、辽东、延绥四镇的统帅。

33. 朱寿：即朱厚照（1491—1521），明代第十位皇帝武宗，在位十七年，年号正德。朱厚照好武，到宣府后自封为总督军务威武大将军，统帅六军，给自己起了个新名字朱寿。

34. 面谕：当面给予训示或下达命令。

35. 在告：官吏在休假期中。

36. 引疾：托病辞官。

37. 廷争：在朝廷上向皇帝极力谏诤。

38. 镇国公：明代宗室爵位不存在镇国公，只有镇国将军；这里指朱厚照自封为镇国公。国公，中国古代爵位的一种，为公爵第一等。

39. 诰券：皇帝赐封臣下所颁发的文书。

40. 苟从：指盲从，无原则地依从。

41. 不省（音 xǐng）：不察看。

42. 钱宁（？—1521），广西布政司镇安府（今广西壮族自治区百色市德保县）人，明武宗朱厚照义子，官至锦衣亲军都指挥使。张忠（生卒年不详），北直隶顺天府霸州（今河北省廊坊市霸州市）人，明宦官，正德年间曾任御马太监。

43. 著令：书面写定的规章制度。

44. 畀（音 bì）：给予。藩封：古代帝王分封诸侯的制度，帝王为了巩固统治，泽惠他的子孙后代，采取封王建藩的制度。

45. 宗社：宗庙和社稷，泛指国家。

46. 寝：停止。

47. 言官：古代负责给皇帝提意见，监督朝廷工作的官员。伏阙：拜伏于宫阙下，多指直接向皇帝上书奏事。

48. 诸曹：犹言各部；这里借指各部的官员。

49. 宸濠：即朱宸濠（1479—1520），为明代宁王朱权的第四代继承人，弘治十年（1497）袭封宁王。正德十四年（1519）六月十四日借口明武宗荒淫无道，集兵号称十万造反，失败后被诛。

50. 扈从：这里指随从帝王的车驾。

51. 郊礼：即郊祀之礼。

52. 高煦：即朱高煦（1380—1426），明永乐二年（1404）封为汉王，建私兵，借用乘舆器物。宣德元年（1426）八月起兵造反，宣宗亲征讨伐，高煦降。故事：旧例，以往惯例。

53. 改卜：重新占卜，另行选择。

54. 乘（音 shèng）舆：指皇帝或诸侯所用的车舆，借指帝王。

55. 行在：见 [9]《区仕衡》注释29。

56. 进御：进呈，为君王所御幸；这里指恭敬地献上。

57. 浙西：浙江西路的简称，古代钱塘江以北简称浙西，包括今天浙江省杭州市、嘉兴市、湖州市等。

58. 历未至酉：从未时到酉时。未时为下午一时正至下午三时正，酉时为下午五时正至下午七时正。

59. 兴世子：指朱厚熜（音 cōng）（1507—1567），号天池钓叟、雷轩、尧斋，出生于湖广布政司安陆州兴王府（今湖北省荆门市钟祥市），兴献王朱祐杬之子，明代第十一位皇帝，年号嘉靖（1522—1566）。世子：这里指天子之嫡子中的储君称谓。

60. 中贵：即中官，见 [11]《张镇孙》注释21。勋戚：有功勋的皇亲国戚。礼官：主管礼仪的官。

61. 惮（音 dàn）：怕，畏惧。

62. 耄老：衰老。

63. 徐光祚（？—1526），北直隶顺天府宛平县门头沟（今北京市门头沟区）人，明代将领，弘治十七年（1504）袭定国公爵位。

64. 张九叙（生卒年不详），字禹功，号桐冈，山东布政司济南府商河县（今山东省济南市商河县）人，明弘治十八年（1505）进士，官至兵部左侍郎加少司马。持禄固宠：保持官职和俸禄，共同巩固宠信；这里指张九叙等大臣不行正道。

65. 赐敕：下诏令。驰传：驾驭驿站车马疾行。

66. 行人：古代官名，掌接待诸侯及诸侯之上卿之礼。大行人掌接待诸侯及诸侯的上卿之礼；小行人掌接待诸侯使者之礼，并奉使前往四方诸侯。

67. 廪隶：即月廪岁隶，古代每月每年发给官吏的禄米和薪水。

68. 赠谥：古代帝王、官员死后，根据其生前事迹赠给一个表示褒贬的称号。

69. 桂萼（？—1531），字子实，号见山，江西布政司饶州府安仁县

（今江西省鹰潭市余江县）人，明正德六年（1511）进士，曾任礼部侍郎，官至太子少保兼武英殿大学士，代表作有《历代地理指掌》《明舆地指掌图》。

70. 公议：众人的评论、公断。

71. 弹章：弹劾官吏的奏章。

72. 先是：在此以前。次摅：即梁次摅（1477—1525），梁储长子，官至广东都指挥佥事。锦衣百户：明代特务机构锦衣卫官名，正六品。

73. 民田：旧时民家私有的田地，与官田对称。

74. 端杀田主：指当时南海县民谭观海犯罪被杀，留下田产百余顷，陆续被当地富户杨端等人借故侵占。谭观海的儿子谭振痛恨家产被占，但身为罪犯家属，也不敢强行夺回，于是决定借势报复。他将这一百多顷地送给大学士梁储的儿子锦衣百户梁次摅等，在分割田产时，故意将杨端等人的部分田产也划入其中，自称是自家田地，一起送了人情。杨端等人吃了哑巴亏，又不敢跟当权的官二代们争，于是移怨到谭家身上，就带着家丁佃户和谭氏械斗，杀死谭振及其家族四人。

75. 边卫：明清边境地区的哨所。

76. 冒功：假冒功绩。

【传主简介】

梁储（1451—1527），广东布政司广州府顺德县石硝堡巷口坊（今广东省佛山市南海区桂城街道石硝）人，明代学者。为人坚持正气，敢于直谏，不与宦官同流合污，政治上很有作为。梁储嗜书好文，其诗文不慕浮华，简明扼要，呈现雄浑雅健的风格，但其诗数量不多，而且太过于直白，修饰炼句并不精深，缺乏意境。深受儒学思想影响，由其奏疏可见他忠诚国事、忧国爱民的从政经历，能够感动人心。擅长书法，其书法劲健古拙。著有《郁洲遗稿》十卷。

[17] 胡 澧

胡澧，字伯钟，三江人，彊力有干[1]。领成化庚子（1480）贤书[2]，登宏治[3]癸丑（1493）进士，授刑部主事，迁员外郎，以病免。正德庚午（1510），起为工部员外，迁郎中。督治济宁河道[4]有功，迁知叙州府，转四川松潘副使[5]。先是番夷作逆[6]，官兵不能克。澧至，制神机箭[7]讨之。箭所及越三百步，人马遇之，莫不焦毁。遂焚其营帐积聚[8]，一日而五寨俱平。番人震惧，送款[9]。督府胡世宁[10]疏其功。以忤柄臣[11]，弃官归。都御史吴廷举[12]疏荐，不起。尝游西樵山。时霍韬[13]以詹事山居，素闻澧名，倒履[14]迎之。因试澧箭，惊以为神。与论理学[15]，益见称赏[16]。后韬起为吏部侍郎，值大同兵变杀都御史张文锦[17]，韬荐澧，并进澧箭。诏征[18]赴京，命兵部传其技，拟授佥都御史，开府[19]西北。命未下而澧卒。澧有才不究于用，世咸惜之。祀郡城英德两学乡贤[20]。

【传记来源】
《胡澧传》选自清嘉庆二十四年《三水县志》卷十一《人物·贤良》。

【辑注参阅】
本辑注参阅清康熙三十年《南海县志》卷十一《人物·名臣·胡澧传》，清雍正九年《广东通志》卷四十五《人物·文苑·胡澧传》，清光绪五年《广州府志》卷一百十五《列传四·胡澧传》。

【注释】
1. 彊力有干：有魄力，有才干。彊：强大；传记底稿原作"疆"，据清康熙三十年《南海县志》卷十一《人物·名臣·胡澧传》改为"彊"。
2. 贤书：本指举荐贤能的文书；科举时代称乡试考中为"登贤书"。
3. 宏治：即弘治，见［15］《梁材》注释27。
4. 济宁河道：济宁古运河，俗称济州河、运粮河，是鲁运河的一部分。京杭大运河流经济宁约二百三十公里。济宁是调控中国南北大动脉的枢纽，建有运河上最为先进和知名的水利工程——南旺分水工程，号称"北方都江堰"，堪称世界水利史上的奇迹。元、明、清均设有最高司运机构河道总督衙门，使济宁成为声名显赫的"运河之都"。
5. "迁知"二句：指胡澧升任叙州知府，转任四川松潘地区军事副长官。叙州：古代府名，辖境相当于今四川省宜宾市。松潘：古代地名，明代曾设松州、潘州二卫，不久合并为松潘卫，辖境相当于今四川省阿坝藏族羌族自治州松潘县。
6. "先是"句：指前不久的少数民族骚乱事件。先是：见［16］《梁储》注释72。番夷：指少数民族。作逆：骚乱。
7. 神机箭：指胡澧发明的带火药的弓箭。
8. 积聚：积累聚集；这里指积累聚集起来的物资。

9. 番人：中国古代对周边少数民族和外国的称呼。震惧：震惊，惧怕。送款：指投降。

10. 胡世宁（1469—1530），字永清，号静庵，浙江布政司杭州府仁和县（今浙江省杭州市余杭区）人，明弘治六年（1493）进士，官至兵部尚书，代表作有《胡端敏奏议》。

11. 忤：见［5］《李文孺》注释13。柄臣：当权的权臣。

12. 吴廷举（1459—1525），字献臣，号东湖，祖籍湖广布政司武昌府嘉鱼县（今湖北省咸宁市嘉鱼县），生于广西布政司梧州府（今广西壮族自治区梧州市），明成化二十三年（1487）进士，曾任广东顺德知县，官至成都同知，著有《东湖集》。

13. 霍韬（1487—1540），字渭先，号兀崖，广东布政司广州府南海县石头乡（今广东省佛山市禅城区石湾街道）人，明正德九年（1514）进士，官至太子少保，著有《霍文敏公全集》。

14. 倒履：急于出迎，把鞋子左右穿反；形容热情迎客。

15. 理学：见［9］《区仕衡》注释35。

16. 称赏：称赞赏识；语出《南史》卷七十二《刘昭传》："及长，勤学善属文，外兄江淹早相称赏。"

17. 大同兵变：指明嘉靖元年（1522），右副都御史张文锦巡抚大同，在城外大筑碉堡，士卒劳累怨恨；后又派参将驱使士兵二千五百户迁往碉堡屯驻，一面耕田，一面防敌，并鞭打其队长，激起以郭鉴、柳忠为首的兵变。张文锦（？—1524），山东布政司青州府安丘县（今山东省安丘市）人，明弘治十二年（1499）进士，官至右副都御史，巡抚大同。

18. 诏征：皇帝下令征召。

19. 开府：见［9］《区仕衡》注释21。

20. 郡城：郡治的城垣，即郡治所在地。英德：古代县名，辖境相当于今广东省清远市英德市。两学：指当地郡学、县学。

【传主简介】

胡澧（约1460—1522），广东布政司广州府南海县三江都三江圩（今广东省佛山市三水区乐平镇三江村古灶）人，明代诗人。博学多才，是明代兵器制造专家，曾发明一种带有火药的弓箭——神机箭，用于平定地方叛乱。文才出众，其诗雄伟俊逸，清新华美，充满诗情画意。著有《平蛮志》。

[18] 伦文叙

伦文叙，字伯畴，长身玉立，头颅大二尺许[1]。五岁时与群儿戏，有术者[2]独指之曰："是儿当大魁[3]天下。"弘治己酉（1489），以儒士小试[4]，御史周南得其卷于遗才中[5]，嗟异[6]之。入棘闱，果中高等[7]。己未（1499），会试、殿试皆第一[8]，授翰林修撰。学行才器[9]为世所推重。乙丑（1505），武宗登极，使颁朔安南[10]，会丁外艰[11]，不果。庚午（1510），起复[12]，为经筵讲官[13]，寻超右春坊右谕德[14]。壬申（1512），进讲《舜有臣五人而天下治》[15]，多规讽语。癸酉（1513），进修《玉牒》[16]。是秋，主应天试[17]。事竣，卒于京师，年四十有七。文叙天性纯厚，笃于孝友[18]，仗义恤孤，室无私财，器量恢弘[19]，人皆以台辅[20]期之。居常[21]手不释卷，尤善教子，三子以谅、以训、以诜皆成进士[22]，而以谅乡试第一，以训会试第一、廷试第二。父子四元[23]，海内传为盛事[24]。

【传记来源】
《伦文叙传》选自清康熙三十年《南海县志》卷十一《人物·名臣》。

【辑注参阅】
本辑注参阅清雍正九年《广东通志》卷四十五《人物·文苑·伦文叙传》，（清）仇巨川著《羊城古钞》卷六《人物·伦文叙传》，清道光十年《佛山忠义乡志》卷九《人物·文苑·伦文叙传》。

【注释】
1. 头颅大二尺许：指伦文叙生有异相，头颅大二尺；古代的一尺指男人伸展的拇指和中指之间的距离，大约是20厘米。伦文叙长得瘦，显得头更大。
2. 术者：这里指会相面的人。
3. 大魁：见［11］《张镇孙》注释8。
4. 以儒士就试：指没有经过乡试，而由贤达直接举荐赴京应试；这里指明弘治二年（1489），伦文叙以儒士赴省应试。儒士：崇奉孔子学说的人;后泛指读书人。

5. 周南(1448—1528),字文化,号知白,晚号天和老人,浙江布政司处州府缙云县(今浙江省丽水市缙云县)人,明成化十四年(1478)进士,官至广东巡按御史,著有《白斋稿》《盘错集》。遗才:荐举、科举遗漏的人才;秀才参加乡试,先要经过学道的科考录送,临时添补核准的,称为"遗才"。

6. 嗟异:赞叹称异。

7. 棘闱:科举时代的考场,在考场周围布上荆棘,以防止闲人擅自进入,也防放榜时应试的读书人喧噪。高等:科举术语,指古代举官选士、政绩学业获优良者。

8. 会试、殿试皆第一:指明弘治十二年(1499)会试,李东阳和程敏政为主考官。据传,程敏政的家僮将试题漏给了徐经和同年解元唐寅,事后被给事中弹劾,程敏政、徐经、唐寅均被下狱,伦文叙会试第一。又有记载说,廷对时,主考大臣李东阳原拟丰熙为状元,伦文叙名列第四;但孝宗皇帝见伦文叙头巨貌伟、洁白凝重,而丰熙却微有脚跛,便朱笔一挥,亲点伦文叙为状元,丰熙名列第二。

9. 学行:学问品行。才器:才能和器局。

10. "武宗"二句:指明弘治十八年(1505),明孝宗去世后,十五岁的武宗即位,(伦文叙以文学侍臣身份)被任命为出使越南的正使。武宗:即朱厚照(1491—1521),明代第十位皇帝,年号正德。安南:见[16]《梁储》注释5。

11. 丁外艰:见[15]《梁轸》注释8;这里指正德元年(1506),伦文叙受命赴越南充正使,途中因父丧折回。

12. 起复:见[15]《梁轸》注释9。

13. 经筵讲官:古代官职,为皇帝讲读经史,阐析文义,兼剖析朝政,为皇帝提供治国方略。经筵:唐代以来帝王为讲论经史而特设的御前讲席,宋代始称"经筵",元、明、清沿用此制,而明代尤为重视。

14. 春坊:魏晋以来称太子宫为"春坊"。谕德:古代官名,教导、劝谏皇太子道德的官员。

15. "进讲"句:指明正德七年(1512)九月,伦文叙对皇帝朱厚照讲《论语·泰伯第八》的《舜有臣五人而天下治》篇,引用舜善用大臣五人而把天下治理得很好的历史故事,阐明为君之道。进讲:为帝王讲解诗书文史等。

16. 《玉牒》:皇室族谱。伦文叙曾纂修皇室族谱,记载精窍,文辞丰蔚豪宕。

17. 主应天试：指明正德八年（1513）秋，伦文叙出任南直隶应天府乡试主考，选取者多为有用之才，如唐皋等。

18. 孝友：事父母孝顺、对兄弟友爱。

19. 器量：宽容人的限度。恢弘：博大。

20. 台辅：三公宰辅。

21. 居常：平常。

22. 以谅：即伦以谅（生卒年不详），字彦周，伦文叙长子，明代文学家，正德十五年（1520）乡试解元，官至南京通政司右参议，著有《右溪集》。以训：即伦以训，见［21］《伦以训》。以诜：即伦以诜（生卒年不详），字彦群，号穗石，伦文叙三子，明代诗人，嘉靖十七年（1538）进士，官至南京兵部武选司郎中，著有《穗石集》。

23. 父子四元：指伦文叙和他的三个儿子都考取了进士，父子四人连中乡试的解元、会试的会元和殿试的状元，故为"四元"。

24. 海内传为盛事：指伦氏族人在南海县忠义乡黎水村（今佛山市禅城区石湾街道黎涌村）中建起南伦世祠，祠门前置石刻对联"文章四海无双士，翰苑中原第一家"。今牌坊已毁，石额已断，仅存"世祠"两字和"吴日升敬书"及印记，现收藏于佛山市城市建设规划展览馆内。明正德皇帝御赐玉旨在南伦世祠前建牌坊，御书"中原第一家"；此牌坊在"文化大革命"时期被人盗走。

【传主简介】

伦文叙（1467—1513），广东布政司广州府南海县忠义乡黎水村（今广东省佛山市禅城区石湾街道黎涌）人，明代岭南著名鬼才，广东历史上第四个状元。生性聪明，过目不忘，学问广博，才气横溢，吟诗作对，名噪一时。其诗文有理致，重辞藻，其文充满生活气息，明白流畅，文采斐然，丰蔚豪宕，自成一家；其《及第》诗把个人科举与岭南文运结合起来，为岭南文运壮色。著有《迁冈集》十卷。

[19] 李义壮

李义壮，字稚大，春芳子也，胥江人。正德庚午（1510）举人，嘉靖癸未（1523）进士。初令仁和，政在锄治[1]豪强，矜恤茕独[2]。三年（1524），迁户部主事[3]，临清钞关[4]，以进羡余七万受旌[5]，改礼部仪制司。义壮尚古文、词，其时，诸郎田汝成、王慎中、屠应埈悉负俊名[6]，而独严事[7]义壮，以为益友。历员外郎，出[8]为广西督学佥事，转湖广副使[9]，备兵辰沅[10]。先是苗人不靖[11]，都御史万镗[12]以为忧。义壮至，督兵直走卢溪[13]，急攻其为梗者[14]，以次[15]歼焉。诸寨遂望风降附[16]，境内以平。诏赐白金、文绮[17]，加俸一级。历四川参政、福建按察使。革冗弊，清吏蠹，杜请托[18]，缙绅大夫莫敢干以私[19]。转右布政，擢佥都御史，巡抚贵州。时方征苗，所规画多与总制张岳相左[20]，遂乞休[21]。

既归，有司造请[22]，辄不报[23]。日简阅百家之书[24]，为文宏博[25]，浩瀚[26]有则。诗亦壮丽，无卑琐之态。性刚方，于人过必嫚骂不能容[27]。至砥砺名节[28]者，则交欢无忤[29]，以故士论归焉[30]。著述最富，多散佚。所存《三洲初稿》十五卷行世，从祀[31]乡贤。子成性，领乡试第一，未仕而卒。

【传记来源】
《李义壮传》选自清嘉庆二十四年《三水县志》卷十一《人物·贤良》。

【辑注参阅】
本辑注参阅清康熙十二年《三水县志》卷十二《人物·文学·李义壮传》，清道光二年《广东通志》卷二百七十九《列传十二·李义壮传》，清光绪五年《广州府志》卷一百十八《列传七·李义壮传》。

【注释】
1. 锄治：耕锄整治，引申为铲除、消灭。
2. 矜恤：怜悯抚恤。茕独：鳏寡孤独。茕（音qióng）：无兄弟；这里泛指没有劳动力而又没有亲属供养的人。
3. 户部主事：户部的正六品官员，主要管理土地相关的事务。
4. 临清：古代县名，辖境相当于今山东省聊城市临清市。钞关：明代内地征税的关卡，是明政府为疏通钞法而设，因起初系以钞（纸币）交税，故称"钞关"。设置钞关的目的在征收船税，临清、杭州两关也兼收货税。
5. 进羡余：这里指多征税收。羡余：余剩。受旌：受到表扬。
6. 田汝成（1503—1557），字叔禾，别号豫阳，浙江布政司杭州府钱塘县（今浙江省杭州市）人，明代文学家，嘉靖五年进士，官至福建提学副使，著有《西湖游览志》《炎徼纪闻》《武夷游咏》。王慎中（1509—

1559），字道思，号遵岩居士，后号南江，福建布政司泉州府晋江县（今福建省泉州市晋江市）人，明代诗人、散文家，嘉靖五年（1526）进士，官至河南参政，著有《遵岩集》。屠应埈（1502—1546），字文升，号渐山，浙江布政司嘉兴府平湖县（今浙江省嘉兴市平湖市）人，明代文学家，嘉靖五年进士，官至右谕德，著有《兰晖堂集》；传记底稿原作"屠应峻"，据《明史》卷二百八十七《屠应埈传》改为"屠应埈"。

7. 严事：拜某人为师或以师礼相待。

8. 出：见［13］《孙赟》注释8。

9. 副使：指节度使或三司使的副职。

10. 备兵：驻守军队。辰沅：指辰沅永靖兵备道，作为湘西最高的军事机关，治所在今湖南省怀化市芷江县。

11. "先是"句：指不久前的苗族人骚乱事件。先是：见［16］《梁储》注释72。苗人：指蜡尔山区的苗民。靖：安定。

12. 万镗（1485—1565），字仕鸣，江西布政司洪都府进贤县（今江西省南昌市进贤县）人，明弘治十八年（1505）进士，官至吏部尚书，著有《治斋集》。

13. 卢溪：古代县名，辖境相当于今湖南省湘西土家族苗族自治州卢溪县。

14. 为梗者：指作乱的主要者。梗：妨碍。

15. 以次：按次序。

16. 降附：投降归附。

17. 文绮：华丽的丝织物；这里指华服。

18. "革"三句：精简政府冗员，清除官场积弊，杜绝以私事相托。

19. 缙绅：古代官宦的装束——插笏于绅带间，借指有官职的或做过官的人。干：请求。

20. 规画：指平苗的筹划、谋划。张岳（1492—1553），字维乔，号净峰，福建省泉州府惠安县（福建省泉州市惠安县）人，明正德十二年（1517）进士，官至右都御史，著有《小山类稿》。相左：违逆，抵触，不一致。

21. 乞休：自请辞去官职。李义壮因为平苗策略与总制意见相悖，被密告平乱不力，坐误战机，于是辞官归里。

22. 有司：见［1］《王范》注释7。造请：登门晋见。

23. 不报：见［9］《区仕衡》注释11。

24. 简阅：考察，察看。百家：即经史百家，见［14］《廖谨》注释2。

25. 宏博：见［14］《廖谨》注释28。

26. 浩瀚：本义为水盛大貌；这里形容知识和艺术方面的博大精深。

27. 过：过失、过错。嫚骂：书面语，意即谩骂、漫骂等。

28. 砥砺名节：磨炼自己，以保持清廉名誉与节操。砥砺：本义为磨刀石，也可以表示相互之间勉励；这里是磨炼、锻炼。

29. 交欢无忤：与人交往态度随和，无所抵触。交欢：指与朋友一齐欢乐。忤：见［5］《李文孺》注释13。

30. 以故：因此。士论：读书人间的评论、舆论。

31. 从祀：配享，附祭。

【传主简介】

李义壮（生卒年不详，1510年前后在世），广东布政司广州府南海县胥江都李温村（今佛山市三水区芦苞镇上塘村李温）人，明代岭南文学家。为官清正，不畏权势，锄强扶弱，平苗有功。其文学成就比较突出，能文能诗，长于古文、词，其文内容广博，其诗雄伟壮丽。著有《三洲初稿》十五卷、《三洲续稿》五卷。

［20］ 林　钟

林钟，字太和，利琼人，江州照磨[1] 林高子也。幼慧敏，经史过目成诵[2]。领正德己卯（1519）乡举，登嘉靖癸未（1523）进士，授浙江西安[3] 令。持廉奉公，劝农兴学，濯枯奸胥[4]，歼除豪猾[5]，士振其德，民安其业。监司屡行旌异[6]。或有他邑难谳[7] 之狱，辄委钟白焉[8]。考积[9] 北上，士民设主祀之，员外徐璁为之赞。迨迁之日[10]，载道遮留[11]，立感思碑。江山郑骝[12]称钟"宽而有立，严而不虐。遇士以礼，字民[13]以仁，而先持之以廉明公恕，故狱讼平而民不冤，租庸减而役不扰"。诚定评哉！转南刑曹[14]，动廑钦恤[15]，不怵祸福。狱有干涉权贵者，诸司或踧踖推逊[16]，悉以属钟，钟一断以法。太宰许赞[17]，以钟廉能，为时所推，乃特转民部郎，督大同兵饷。钟抚诸叛卒，咸有经略[18]。寻丁内艰[19]，家居三年，足不致城邑[20]。服阕[21]，迁安庆[22]守，清操愈励[23]。询民利病，与之更始[24]。综理[25]大纲，不事琐屑，故能自处整暇[26]，而百废具兴[27]。尝建怀宁学，表余忠宣墓[28]，旌徐孝子间[29]，皖城风教为之丕振[30]。御史钱籍[31]特疏荐之。己亥（1539），圣母祔郢[32]，综理精密[33]。梓宫[34]乘潦江行，得以利涉而民不苦劳[35]。抚按上其最[36]，有白金、文绮[37]之赐。以劳瘁[38]卒于官，阖邑如丧私亲[39]。生平好吟咏，多不存稿，有《砚山集》十卷藏于家。次子樑，嘉靖丙午（1546），举于乡，历官大冶令，有道学惠政[40]。孙承芳[41]，钟第四子所出，登万历丙戌（1586）进士，官翰林编修，以文学见重[42]于世。

【传记来源】
《林钟传》选自清嘉庆二十四年《三水县志》卷十一《人物·贤良》。

【辑注参阅】
本辑注参阅清康熙十二年《三水县志》卷十二《人物·忠良·林钟传》，清康熙四十九年《三水县志》卷十二《人物·贤良·林钟传》，清光绪五年《广州府志》卷一百二十七《列传十六·林钟传》。

【注释】
1. 江州：古代州名，辖境相当于今江西省九江市。照磨：古代官名，元代以后设置的掌管宗卷、钱粮的官吏，正八品。
2. 经史：见［10］《区适子》注释2。过目成诵：看过一遍就能背下来，形容记忆力强。成诵：能背诵。
3. 西安：古代县名，辖境相当于今浙江省衢州市衢江区。
4. 濯栉：洗涤，洗沐，引申为清除。奸胥：古代指官府中巧于舞弊的小吏、衙役。
5. 豪猾：强横狡诈不守法纪的人。
6. 监司：古代官名，有监察州县之权的地方长官简称，明代布政使、按察使有督察所属州县之权，故称"监司"。旌异：褒奖，表彰。
7. 谳（音 yàn）：谳狱，审理诉讼，审问案情。
8. 委钟白焉：指委托林钟查办明白。
9. 考积：考核工作成绩。
10. 迨（音 dài）：等到。迁：见［6］《区册》注释38。
11. 载道：充满道路。遮留：拦阻挽留。感思碑：古代社会地方读书人和百姓因为某任官员在位时对地方社会发展做出过巨大贡献，为之树碑立传，加以纪念。

12. 郑骦（生卒年不详），字德夫，浙江布政司衢州府江山县（今浙江省衢州市江山市）人，明嘉靖十二年（1533）进士，官至云南按察司副使。

13. 字民：抚治、管理百姓。

14. 南：这里指南京。刑曹：分管刑事的官署或属官。

15. 厪（音 jǐn）：小屋之居。钦恤：慎重，体恤。

16. 跼蹐：亦作"局蹐"，形容谨慎恐惧的样子。推逊：推让，推避。

17. 太宰：明清时一般称吏部尚书为"太宰"。许赞（1473—1548），字廷美，号松皋，河南布政司陕州灵宝县（今河南省三门峡市灵宝市）人，明弘治九年（1496）进士，嘉靖十五年（1536）进吏部尚书，后入阁，兼文渊阁大学士。

18. 经略：筹划，谋划。

19. 丁内艰：见［15］《梁轸》注释8。

20. 城邑：城和邑，泛指城镇。

21. 服阕：见［2］《黄恭》注释8。

22. 安庆：古代府名，辖境相当于今安徽省安庆市。

23. 清操：高尚的节操。愈励：更加励精图治。

24. 更始：除旧布新。

25. 综理：总揽，管理。

26. 整暇：形容既严谨而又从容不迫。

27. 百废具兴：各种被废置的或该办未办的事业都兴办起来。具：通"俱"，都，全。

28. 余忠宣：即余阙（1303—1358），字廷心，一字天心，河南江北行省庐州路（今安徽省合肥市）人，元末学者，官至监察御史，谥号"忠宣"，著有《青阳集》。表墓：指在死者墓前刻石，以彰其善。

29. 徐孝子：即徐元芳（生卒年不详），字植，南直隶安庆府河阳（今安徽省安庆市）人，明代大孝子。据清康熙年间《永庆寺志》载：芳父彦达，于永乐间指挥粮运，黄河壅塞，耽误漕运，元芳挺身代父受刑，感动乡里，被称为大孝子。旌间，即旌表门间。指朝廷对忠孝节义的人，赐给匾额，挂于门庭之上，或树立牌坊，以示表彰。

30. "皖城"句：皖城民风文教因此大为振兴。皖城：古代皖国都城，辖境相当于今安徽省安庆市潜山县。丕：大。

31. 钱籍（生卒年不详），字汝载，南直隶苏州府常熟县（今江苏省张家港市）人，明嘉靖十一年（1532）赐同进士出身，官至监察御史，著有《海山集》。

32. 圣母：指太后。祔：即祔葬，葬在先茔之旁边；语自《礼记·丧礼小记》："祔葬者不筮宅。"孙希旦集解："祔葬，谓葬于祖之旁也。"郢：古代地名，辖境相当于今湖北省荆州市江陵县北。

33. 精密：精确周密；语自（汉）王符《潜夫论·相列》："非聪明慧智，用心精密，孰能以中。"

34. 梓宫：指帝后所用以梓木制的棺材。

35. "得以"句：指明嘉靖十八年（1539），皇太后灵柩由水路运往湖北江陵先王墓地安葬，途经安庆，林钟细致筹划，使船行顺利而不劳民伤财。

36. 抚按：明清巡抚和巡按的合称。最：这里指（做官考核时）列为最上等。

37. 文绮：见［19］《李义壮》注释17。

38. 以劳瘁：指因辛劳过度而致身体衰弱。

39. 阖邑：全县。私亲：自己的亲属，与自己关系亲密的人。

40. 惠政：仁政，德政。

41. 承芳：即林承芳，见［29］《林承芳》。

42. 见重：见［6］《区册》注释31。

【传主简介】

林钟（生卒年不详，1520年前后在世），广东布政司广州府三水县利琼都岗头村（今广东省佛山市三水区白坭镇岗头）人，明代文学家。为官励精图治，廉洁奉公，革除陋习，惩治豪霸，劝学兴农，重视文化教育。擅长诗词歌赋，著有《砚山集》十卷。

[21] 伦以训

伦以训，字彦式，文叙次子。自幼颖悟绝人[1]。稍长，通六经、子史百家[2]。正德癸酉（1513）乡试第六人，年十六。寻丁父忧[3]。丁丑（1517），会试擢第一，廷试第二，授翰林院编修。予告毕婚侍母养七年[4]。癸未（1523），出[5]供职。乙酉（1525），纂修《武宗实录》，成，晋[6]修撰，赐白金、文绮。己丑（1529）、壬辰（1532）预考会试[7]，充经筵讲官。甲午（1534），进右春坊右谕德，主试南畿[8]。丙申（1536），出为南京国子监祭酒[9]。毅然以斯道[10]为己任，士习一时丕变[11]。迎母就养[12]。母忽思归，即疏请奉母还[13]，人多其孝。平生俭约雅淡，不苟取予。熟于昭代[14]典章；有问，条答无遗。其发为文词，意畅神适，非人所能及。壬辰会试，《文质》一策究极古今循环之迹，而变通[15]以道，上大奖异[16]。后建崇质殿，盖取其意云。所著诗文八十卷、《国朝彝宪[17]》二百卷。四十有八卒。未究厥用[18]，士林[19]惜之。

【传记来源】
《伦以训传》选自清康熙三十年《南海县志》卷十一《人物·名臣》。

【辑注参阅】
本辑注参阅清雍正九年《广东通志》卷四十五《人物·文苑·伦以训传》，（清）仇巨川著《羊城古钞》卷六《人物·伦以训传》，清光绪五年《广州府志》卷一百十五《列传四·伦以训传》。

【注释】
1. 颖悟绝人：聪明过人；语自（宋）苏轼《东坡志林》卷一："安常虽聋，而颖悟绝人，以纸画字，书不数字，辄深了人意。"颖悟：聪慧，悟性强。绝人：超过同辈。
2. 六经：是指儒家学派创始人孔子晚年整理的六部先秦古籍，包括《诗经》《尚书》《仪礼》《乐经》《周易》《春秋》，后人称之为"六经"。子史百家：即经史百家，见[14]《廖谨》注释2。
3. 丁父忧：古代丧制，子遭逢父亲去世，子要守孝三年，称"丁父忧"；这里指正德八年（1513），伦文叙病逝，伦以训守孝三年。
4. 予告：古代官吏休假制度，官吏休假称"告"；二千石以上官吏经考课居最，法令可带职休假，则称"予告"，予告不得归家，但居官不视事。毕婚：古代指男子娶妻。
5. 出：见[13]《孙蕡》注释8。
6. 晋：升职，升级。
7. 预考会试：会试之前的考试，选拔参加会试的人员。
8. 南畿：指南京及其郊属地区；南京于明初曾为国都，故有"南畿"之称。畿：即京畿，古代指国都和国都周围的地方。
9. 国子监：见[15]《梁轸》注释10。祭酒：古代官名，祭酒是国子监的领导，掌儒学训导之政。

10. 斯道：指按儒家的仁义标准去立身行事。
11. 士习：读书人的风气。丕变：大变。丕：见［20］《林钟》注释30。
12. 就养：侍奉父母。
13. "母忽思归"二句：指伦以训是有名的孝子，因母在南京思归，伦以训便上疏请辞，陪母亲回南海。
14. 昭代：政治清明的时代，常用以称颂本朝或当时。这里指清廷。
15. 变通：依据不同情况，作非原则性的变动，不拘泥成规。
16. 奖异：以为卓异而予以勉励。
17. 国朝：指当前朝代，本朝。彝宪：常法。
18. 究：谋划。厥：他的。
19. 士林：指文人士大夫阶层，知识界。

【传主简介】

伦以训（1497—1540），伦文叙次子，明代文学家、学者。博览群书，读书过目不忘，熟悉朝廷典章。擅长古文、词，以诗文名世，曾主持广州越山诗社。著有《白山集》八十卷（其中文集四十八卷，诗集三十二卷）。

[22] 何维柏

何维柏，字乔仲，号古林。闭户读书，玩绎周程诸子[1]，得其大旨。尝见同舍生临祭而谑[2]，辄引避，以为辱己，众皆严惮[3]之。尝慕西樵[4]泉石，负笈[5]读书其中。时湛若水、霍韬、方献夫亦山栖[6]，与语多默契。嘉靖十年辛卯（1531），举于乡。下第[7]归，复入西樵古梅洞，澄心[8]静坐，日读《白沙集》[9]，思见端倪[10]。嘉靖十四年乙未（1535），成进士，选庶吉士[11]，授御史。雷震谨身殿[12]，维柏言："四海困竭，所在流移，而所司议加赋，民不为，盗不止。请罢沙河行宫、金山功德寺工作及安南问罪之师[13]。"帝颇嘉纳[14]。寻引疾[15]归，复入西樵，与刘模、王渐逵、陈激衷为莫逆交[16]。门人[17]从远方来者，屦[18]常满。久之，起，巡按福建，值岁大祲，福、兴、漳、泉为甚[19]，条救荒十余策。发仓廪馀羡[20]，亲率郡邑长吏[21]分行之。民赖全活者数十万。二十四年乙巳（1545）五月，疏劾大学士严嵩奸贪罪[22]，比之李林甫、卢杞[23]。

且言嵩进顾可学、盛端明修合方药[24]，邪媚要宠。帝震怒，遣官逮治。士民遮道号哭[25]，维柏意气自如，赋"孤臣尚有生还日，圣德真同宇宙宽"之句。民间矢为歌谣数十百章[26]，有《诚徵录》以传。下诏狱，廷杖，仅存余息[27]，备极考掠[28]，语不变。下狱，与杨斛山、周讷谿、刘晴川三人聚首[29]，甚惬。上一日于宫中扶鸾[30]，判曰："养身莫要于寡欲，治国莫先于惜才。"上悟，维柏乃削籍[31]。家居二十余年，教其弟，维楮[32]举隆庆二年戊辰（1568）进士。四方从游[33]日众，大会于广孝寺[34]。发明白沙宗旨[35]，名其居为天山草堂[36]。又辟河南[37]胜地为天山书院，以处从游之士。隆庆改元（1567），召复官，擢大理少卿。迁左佥都御史。疏请日御便殿[38]，召执政大臣谋政事，并择大臣有才德者与讲读儒臣更番入直[39]。宫中燕居[40]，慎选谨厚内侍调护圣躬[41]，俾[42]游处有常，幸御[43]有节。非隆冬盛寒，毋辍朝讲。报闻[44]。进左副都御史。母忧[45]归，庐墓侧。万历初，还朝。历吏部左、右侍郎，极论鬻官之害。上修圣德、勤圣学、饬群工[46]诸疏，多觉语[47]，忤大学士张居正意[48]。会御史刘台[49]亦劾居正，居正乞罢[50]，维柏倡九卿留之[51]。及居正遭父丧，诏吏部谕留。尚书张瀚[52]叩维柏，维柏曰："天经地义，何可废也[53]？"瀚从之而止。居正怒，取旨罢瀚，停维柏俸三月，旋出为南京礼部尚书[54]。考察[55]自陈，居正从中罢之。年七十七卒。讣闻，上恻然[56]，赐祭[57]，谥"端恪"。所著有《易义》[58]、《礼经辨》《太极图解》《天山草堂存稿》及编《陈子言行录》，传于世，学者称"古林先生"。子崇亨，以经荫历南京都督府经历[59]。（据《明史》本传、《粤大记》、《三水志》修）

【传记来源】

《何维柏传》选自清光绪五年《广州府志》卷一百十六《列传五》。

【辑注参阅】

本辑注参阅清康熙三十年《南海县志》卷十一《人物·名臣·何维柏传》，清嘉庆二十四年《三水县志》卷十一《人物·忠侃·何维柏传》，清道光二年《广东通志》卷二百七十九《列传十二·何维柏传》。

【注释】

1. 玩绎：玩味探求。周程诸子：指周敦颐、程颢、程颐等北宋理学代表人物；这里代指理学著作。

2. 同舍生：见［4］《卢宗回》注释1。谑：戏谑，恶作剧。

3. 严惮：畏惧，害怕。

4. 西樵：即西樵山，见［14］《廖谨》注释4。

5. 负笈：背着书箱；这里指游学外地。

6. 湛若水（1466—1560），字元明，号甘泉，广东布政司广州府增城县（今广东省广州市增城区），明代哲学家、教育家、书法家，弘治十八年（1505）进士，历南京礼、吏、兵三部尚书，著有《湛甘泉集》。湛若水致力于在南京、扬州、番禺、增城、南海等地开设书院，讲授理学。霍韬：见［17］《胡泺》注释13。方献夫（1485—1544），字叔贤，号西樵，初名献科，广东布政司广州府南海县大同乡（今广东省佛山市南海区西樵镇大同）人，明弘治十八年进士，官至武英殿大学士，入阁辅政，著有《西樵山石泉书院记》。

7. 下第：见［15］《梁轸》注释6。

8. 澄心：静心。

9. 《白沙集》：陈献章撰，其弟子湛若水校定，包括文四卷、诗五卷，《行状》《墓志》等附于质。

10. 端倪：事情的来龙去脉，事物的始末。

11. 庶吉士：见［16］《梁储》注释4。

12. 雷震谨身殿：雷击震坏了谨身殿；指明嘉靖十六年（1537），世宗听信大学士严嵩谗言，不顾国库空虚，下令在河北沙河大修行宫，兴建金山功德寺。行宫动工后，逢雷击谨身殿，当时人认为这是上天示警。谨身殿：南京故宫前三殿之一，为皇帝上朝更换朝服，册立皇后、皇太子之处，皇帝在此殿受贺。

13. "请罢"句：指嘉靖十六年（1537），皇帝听信大学士严嵩谗言，不顾国库空虚，下令在河北沙河大修行宫，兴建金山功德寺，还要发动征讨越南的战事；何维柏毅然上书，劝谏皇帝停止这些劳民伤财的工程和战事。安南：见［16］《梁储》注释5。

14. 嘉纳：赞许并采纳；这里指皇帝一度接受了何维柏的进谏，但为权臣所阻，不久又再次发动了长达三年的征讨越南的战事。

15. 引疾：见［16］《梁储》注释36。指何维柏对朝廷的决策深感失望，遂称病辞官，返回家乡。何维柏原籍南海县登云堡沙滘村，寄籍当时的三水县南岸堡。《明史》《南海县志》《粤大记》等认为何维柏是南海人，而《三水县志》谓何维柏为三水人，因明嘉靖五年（1526）三水建县时南海县沙滘村划归三水，何维柏嘉靖十年选三水县贡生，何维柏曾为第一部《三水县志》作序，也自称是三水人。

16. 刘模（生卒年不详），字叔宪，号素予，江西布政司吉安府安成（今属江西省吉安市安福县）人，明代诗人，嘉靖十四年进士，曾任南海知县，著有《春王正月辩》。王渐逵（生卒年不详），字用仪，号青萝子，广东布政司广州府番禺县（今广东省广州市番禺区），明代诗人，正德十二年（1517）进士，官至刑部主事，著有《青萝文集》。陈激衷（生卒年不详），字元诚，号尧山，广东布政司广州府南海县（今广东省佛山市南海区）人，明嘉靖年间进士，官至建宁教谕。

17. 门人：见〔13〕《孙蕡》注释31。

18. 屦（音 jù）：用麻、葛等制成的单底鞋；古代最早称"屦"，汉以后称"履"，现在称"鞋"。

19. 岁大祲：即岁祲，一年到头妖气弥漫；这里指自然灾害导致农业收成不好。祲（音 jìn）：不祥之气。福、兴、漳、泉为甚：这里指福建布政司福州、兴化、漳州、泉州四府的灾情最重。明代福建的建、延、邵、汀为上四府，福、兴、漳、泉为下四府，所以有"八闽"之称。

20. 馀羡：多余的粮食。馀：用餐后剩下的食物。羡：多余。

21. 郡邑：见〔9〕《区仕衡》注释36。长吏：见〔9〕《区仕衡》注释34。

22. 疏劾：指（何维柏在福建）上疏弹劾。严嵩（1480—1567），字惟中，号勉庵、介溪、分宜，江西布政司袁州府分宜县（今江西省新余市分宜县）人，明代六大奸臣之一，弘治十八年进士，官至武英殿大学士、内阁首辅，著有《钤山堂集》。

23. 李林甫（683—753），小字哥奴，陇右道秦州都督府陇西县（今甘肃省定西市陇西县）人，担任宰相十九年，大权独揽，蔽塞言路，排斥贤才，导致纲纪紊乱，被认为是使唐代由盛转衰的关键人物之一，著有《唐六典》。卢杞（？—785），字子良，河南布政司滑州灵昌（今河南省安阳市滑县西南）人，唐代奸相，为人阴险狡诈，妒贤嫉能。

24. 顾可学（1482—1560），字舆成，南直隶苏州府无锡县（今江苏省无锡市）人，明弘治十八年进士，官至礼部尚书，著有《覆瓿集》。明世宗好求长生，顾可学说自己会延年术，世宗为顾可学延年术所惑，采芝求药，宦官四出，大为民害，《明史》归其为佞幸之类。盛端明（1476—1556），字希道，号程斋，又号玉华子，广东布政司潮州府海阳县滦洲都

（今广东省梅州市大埔县大麻）人，明弘治十五年（1502）进士，官至礼部尚书加太子太保衔，平生爱药石，潜心研究，著有《程斋医钞撮要》《诗集类稿》。修合：是一个有关中药采制过程的术语。修：指对未加工药材的炮制；合：指对药材的取舍、搭配、组合。方药：中医药方中开的药，也指方剂。

25. 士民：这里泛指老百姓。遮道：遮挡道路，意即拦路；这里指地方百姓拦路挽留政绩卓著、深得民心的官吏。

26. 矢：正直（的人）。歌谣：这里指挽留何维柏的歌谣，其中最有名的歌谣："三水凤，参天柏，穷谷深山被恩泽。官谷重重赈饥，奸弊时时痛革。今日去，民心恻。报答无由控诉天，但愿天心眷忠益。"

27. 仅存余息：指何维柏被递解至京锦衣卫，打了一百廷杖，幸得时任职锦衣卫的番禺人陶凤仪暗嘱行杖人曲意呵护，杖何维柏至皮开肉绽而不致死命。

28. 考掠：拷打，拷问。

29. 杨斛山：即杨爵（1493—1549），字伯修，号斛山，陕西布政司西安府富平县（今陕西省渭南市富平县）人，明代学者，嘉靖八年（1529）进士，著有《周易辨录》《中庸解》。周讷谿，即周怡（1505—1569），字顺之，号讷谿，南直隶宁国府太平县（今安徽省黄山市黄山区）人，明嘉靖十七年（1538）进士，官至吏科给事中，著有《讷谿集》。刘晴川，即刘魁（1487—1553），字焕吾，号晴川，江西布政司吉安府泰和县（今江西省吉安市泰和县）人，明正德二年（1507）举人，官至工部员外郎，著有《晴川集》。

30. 扶鸾：中国道教的一种占卜方法，有人扮演被神明附身的鸾生，神明会附身在鸾生身上，写出一些字迹，以传达神明的想法。信徒通过这种方式与神灵沟通，以了解神灵的意思。

31. 削籍：革职。

32. 维椅：何维椅（生卒年不详），何维柏之弟，明隆庆二年进士，曾任吏科给谏，官至春官祠祭司主政。

33. 从游：见［6］《区册》注释7。

34. 大会：指多人聚会，聚会往往有一定的主题。广孝寺：即光孝寺，广东著名古建筑群之一，位于广东省广州市越秀区光孝路北端近净慧路处。

35. 发明：见［2］《黄恭》注释10。白沙：即陈献章，见［16］《梁储》注释3。

36. 天山草堂：何维柏隐居于广州南郊晓港（今广州市海珠区前进路

一带），以天山自勉，给居所起名天山草堂，聚徒讲学，宣讲白沙学说。后人铭记这位南粤先贤，把天山草堂改名为尚书祠。

37. 河南：见［11］《张镇孙》注释4。

38. 便殿：正殿以外的别殿，供古代帝王休息消闲之处。

39. 儒臣：泛指读书人出身的或有学问的大臣。入直：亦作"入值"，官员入宫值班供职。直：通"值"，值班。

40. 燕居：退朝而处，闲居。

41. 圣躬：即圣体，臣下称皇帝的身体；这里代指皇帝。

42. 俾（音 bǐ）：使。

43. 幸御：指帝王巡游时驻跸，也指与帝王同房。

44. 报闻：封建时代，天子批答臣下奏章时，书一"闻"字，谓之"报闻"，意谓所奏之事已知。

45. 母忧：母丧的婉辞，指母亲去世。

46. 饬：整顿，整治。群工：群臣。

47. 谠语：直言。

48. 忤：见［5］《李文孺》注释13。张居正（1525—1582），字叔大，号太岳，湖广布政司荆州府江陵县（今湖北省荆州市江陵县）人，明代中后期政治家、改革家，嘉靖二十六年（1547）进士，官至吏部尚书、中极殿大学士，著有《张文忠公全集》。

49. 刘台（生卒年不详），字子畏，江西布政司吉安府安福县（江西省吉安市安福县）人，明隆庆五年（1571）进士，官至广东提学。万历四年（1576）正月，刘台上疏劾辅臣张居正。

50. 乞罢：自请引退。

51. 维柏倡九卿留之：指何维柏认为张居正功大于过，上书挽留。九卿：古代中央部分行政长官的总称。明代以六部尚书与都察院都御史、大理寺卿、通政司使为"大九卿"，太常寺卿、太仆寺卿、光禄寺卿、詹事府詹事、翰林学士、鸿胪寺卿、国子监祭酒、苑马寺卿、尚宝寺卿为"小九卿"。清代上谕常用九卿字样，实无明确规定，通常指都察院、大理寺、太常寺、光禄寺、鸿胪寺、太仆寺、通政使司、宗人府、銮仪卫的长官。

52. 张瀚（1510—1593），字子文，浙江布政司杭州府仁和县（今浙江省杭州市余杭区）人，明嘉靖十四年（1535）进士，官至吏部尚书，著有《松窗梦语》。

53. "天经"二句：指万历六年（1578），张居正父亲去世，按制度张居正应辞官丁忧守丧，但张居正留恋官位，何维柏以"国事一时可支，纲常万古不易，不可疏留"而不再挽留。

54. "居正怒"四句：指何维柏得罪了张居正，停俸三个月，调离京师权力中心，外放南京礼部尚书。出：见［13］《孙蕡》注释8。南京礼部尚书：当时南京是陪都，这个礼部尚书是虚职。

55. 考察：明代考核文官政绩的制度，分京察、外察两种。

56. 恻然：哀怜、悲伤的样子。

57. 赐祭：大臣身故，皇帝敕使往祭。这里指皇帝给何维柏赐牌坊，额表为"清朝柱石""名世儒宗"，万历二十八年（1600），赐葬三水金本芹坑村罗盘岗。

58. 《易义》：关于解《易》的方法和宗旨的专著；这里指何维柏关于解《易》的专著。

59. 荫：庇荫，封建时代子孙靠先辈功绩而得到封赏或免罪。经历：见［13］《孙蕡》注释24。

【传主简介】

何维柏（1510—1587），本籍广东布政司广州府南海县登云堡沙滘村（今佛山市南海区丹灶镇沙滘），寄籍广州府三水县南岸堡（今广东省佛山市三水区西南街道南岸），明代著名学者、岭南教育家。其学说以陈献章无欲之教为宗，倡导以纲常社稷为立学主体；其教育主要是把学生培养成有学问、明事理、品格高的有用之才；其诗文多夹杂讲学之语，含有说理成分。著有《天山草堂存稿》八卷。

[23] 吴　旦

吴旦，字而待，号兰臬，沙头堡人。父章，正德庚辰（1520）进士，都察院左副都御史，为官有风节[1]。旦幼聪悟，十岁能属文[2]。嘉靖丁酉（1537）科举人。官归州知州，治行第一[3]，擢山西按察司佥事。为诸生[4]时，师事黄泰泉[5]，与欧大任、黎民表、梁有誉为友[6]，结社南园[7]，世称"南园后五先生[8]"之一。著有《兰臬集》。崇祀[9]乡贤，又祀抗风轩[10]。朱彝尊[11]谓而待"诗格清新俊逸"。惜其稿多失传耳。（据《南园后五先生诗集》《小传》《明诗综》修）

【传记来源】

《吴旦传》选自清道光十五年《南海县志》卷三十六《列传五》。

【辑注参阅】

本辑注参阅清道光二年《广东通志》卷二百八十《列传十三·吴旦传》,清光绪五年《广州府志》卷一百十六《列传五·吴旦传》。

【注释】

1. 风节:风骨节操。
2. 属文:撰写文章。
3. 归州:古代州名,辖境相当于今湖北省宜昌市秭归县。知州:古代官名,明清知州为各州行政长官,直隶州知州地位与知府平行,散州知州地位相当于知县。治行:为政的成绩,亦指为政有成绩。
4. 诸生:见[9]《区仕衡》注释9。
5. 黄泰泉:即黄佐(1490—1566),字才伯,号希斋,晚号泰泉,广东布政司广州府香山县(今广东省中山市)人,明代岭南著名学者,正德十六年(1521)进士。黄佐改白云山景泰寺为泰泉书院,广收弟子,学者称之为"泰泉先生",官至少詹事兼侍读学士,著有《泰泉集》。
6. 欧大任:见[25]《欧大任》。黎民表(1515—1581),字惟敬,号瑶石、罗浮山樵、瑶石山人,广东布政司广州府从化县(今广东省广州市从化区)人,嘉靖十三年(1534)举人,官至河南布政参议,以古体诗著名,著有《瑶石山人稿》。梁有誉:见[26]《梁有誉》。
7. 南园:见[12]《王佐》注释3。
8. 南园后五先生:明代嘉靖年间,欧大任、梁有誉、吴旦、黎民表、李时行等五位岭南诗人,追慕"南园五子"嘉行懿德,再度结诗社于南园抗风轩,继南园诗社之故事,续南园诗社之风雅。后人为区别前后两次结南园诗社之诗人,将元末明初之五诗人称为"南园前五先生",明中叶之五诗人称为"南园后五先生"或"南园后五子"。
9. 崇祀:见[15]《梁轸》注释29。
10. 抗风轩:见[12]《王佐》注释4。
11. 朱彝尊(1629—1709),字锡鬯,号竹垞,浙江布政司嘉兴府秀水县(今浙江省嘉兴市秀洲区)人,清代词人、学者、藏书家,康熙十八年(1679)举博学鸿词科,曾授翰林院检讨,官至江南乡试副考官,著有《曝书亭集》。

【传主简介】

吴旦(约1510—?),广东布政司广州府南海县沙头堡(今广东省佛山市南海区九江镇沙头）人，明代诗画家，"南园后五子"之一。吴旦工诗善画，其画所存不多，《游西樵图长卷》留存至今。擅长赋诗，诗的内容与画境相得益彰，诗中有画，情景相生，浑然天成，其诗歌创作受晚唐律诗的影响，才藻俊丽，诗风清逸婉约。著有诗集《兰皋集》。

[24] 区 益

区益，字叔谦。少颖异[1]，淹贯[2]群籍。举嘉靖庚子（1540）乡试。授都昌[3]知县，有善政。以忤使者[4]，改泰顺[5]。是时倭寇[6]蹂闽、浙。甫下车[7]，贼五千突至。邑在万山中，素无备，人人惴恐，以为无泰顺矣。益纳城外居民，而焚其庐舍、盖藏[8]，毋令资[9]寇。率士卒乘[10]城，缮楼橹雉堞[11]，击刁斗[12]自卫。募壮士数百，乘间[13]袭击，斩首三百有奇[14]，贼乃遁去。是时贼所向无坚城，以泰顺挫其锋，东瓯得不殆[15]，益之力也。上功，幕府觊千金为最[16]，益无以应[17]，止迁庆远府同知[18]。是时朝庭忧倭贼甚，越常法，出高爵以待有功。奈何千金失士哉！益至庆远，有古田之役[19]，督西路兵有功，会以忧[20]去。服除[21]，补温州[22]。士民喜曰："是向挫岛贼泰顺公也。"无何，又以忤当路[23]，赋之田归[24]，文多不录。益性孝友[25]，居丧骨立[26]，忌日必哭；兄弟蚤丧，抚诸孤犹子也[27]。四仕郡邑[28]，皆有惠政[29]，直道而行辄不合[30]，民亦辄祠之。生平好左氏、两汉文、杜诗[31]，撰述亦富，有《阮溪草堂集》。卒，祀温州、泰顺名宦，郡邑乡贤。子大枢、大相、大伦皆以理学、文词世其家[32]。（《通志》《府志》）

【传记来源】
《区益传》选自清光绪二十年《高明县志》卷十三《列传一·人物》。

【辑注参阅】
本辑注参阅清雍正九年《广东通志》卷四十六《人物·文苑·区益传》，清道光二年《广东通志》卷二百九十七《列传三十·区益传》。

【注释】
1. 颖异：见[9]《区仕衡》注释2。

2. 淹贯：见［14］《廖谨》注释3。

3. 都昌：古代县名，辖境相当于今江西省九江市都昌县。

4. 忤：见［5］《李文孺》注释13。使者：见［12］《王佐》注释14。

5. 泰顺：古代县名，辖境相当于今浙江省温州市泰顺县。

6. 倭寇：十四至十六世纪劫掠我国和朝鲜沿海地区的日本海盗集团。明嘉靖三十一年（1552）以后的三四年间，江浙军民被倭寇杀害达数十万人。

7. 甫下车：指官吏初到任所。

8. 盖藏：储藏。

9. 资：以（财物）帮助。

10. 乘：登。

11. 楼橹：用以侦察、防御的高台。雉堞：城墙。

12. 刁斗：古代军中用具，铜质，有柄，能容一斗，军队白天用来烧饭，夜晚击之以巡更。

13. 乘间：找机会，找空隙。

14. 有奇（音jī）：有余，有多。

15. 东瓯：古代地名，越王都所在地，辖境相当于今浙江温州及以南一带。殆：危险。

16. 幕府：本指将帅在外的营帐，后亦泛指军政大吏的府署。觊：希望得到。最：见［20］《林钟》注释36；这里指军功之最高者，即给区益请"最"级功。

17. 无以应：没有能力办到；这里指区益没有巨金交纳给幕府官员。

18. 庆远：古代府名，辖境相当于今广西壮族自治区河池市宜州区及其周边。同知：明清官名。同知为知府的副职，正五品，因事而设，每府设一二人。同知负责分掌地方盐、粮、捕盗、江防、海疆、河工、水利以及清理军籍、抚绥民夷等事务。

19. 古田之役：指明隆庆末万历初，张居正等阁臣推行积极拓展的边疆政策，对岭西、两广交界的瑶壮叛乱采取强力征伐手段，在广西古田发动的战役。

20. 忧：这里指父母去世，当官的要离职，归家守丧三年。参见［21］《伦以训》注释3。

21. 服除：服丧期满，除掉丧服。

22. 补：见［2］《黄恭》注释12。温州：古代府名，辖境相当于今浙江省温州市及永嘉、泰顺、乐清等县。

23. 以：因为。忤：见［5］《李文孺》注释13。当路：掌握政权的大官。

24. 赋之田归：辞官归乡。
25. 孝友：见［18］《伦文叙》注释18。
26. 骨立：形容人消瘦到极点。
27. 蚤：通"早"，年少的时候。犹子：如同儿子，指侄子或侄女。
28. 郡邑：见［9］《区仕衡》注释34。
29. 惠政：见［20］《林钟》注释40。
30. 直道而行：沿着直的道路走，比喻办事公正；语自《论语·卫灵公》："斯民也，三代之所以直道而行也。"不合：没有迎合、巴结上司。
31. 左氏：这里指《左氏春秋传》，是中国第一部叙事详细的编年史著作，相传是春秋末年鲁国史官左丘明根据鲁国国史《春秋》编成，记叙范围起自鲁隐公元年（前722），迄于鲁哀公二十七年（前468）。两汉文：这里指东汉、西汉散文。两汉散文以历史散文和政论散文最为著名，如司马迁《史记》、班固《汉书》、贾谊《过秦论》等。杜：指杜甫（712—770），字子美，自号少陵野老，河南布政司洛州巩县（今河南省郑州市巩义市）人，唐代伟大的现实主义诗人，曾任左拾遗，故世称"杜拾遗"，官至检校工部员外郎，后人又称"杜工部"，著有《杜工部集》。
32. 理学：见［9］《区仕衡》注释35。世其家：使其家族世代有禄秩（做官）。

【传主简介】

区益（1513—1583），广东布政司广州府高明县依仁乡阮埇（今广东省佛山市高明区荷城街道三洲阮埇）人，明代理学家、诗词名家。教子有方，其一家"两朝四进士，一榜四文魁"。博通经史，擅长诗文，生平喜欢《左传》和两汉文章、杜甫诗篇。著有《阮溪草堂集》。

［25］欧大任

欧大任，字桢伯，号苍山，陈村人。少隽颖。家多藏书，博涉经史[1]，工古文辞、诗赋。年十四补弟子员[2]。督学林云同、张希举尝合十郡异等士[3]，三试，皆列第一，名噪诸生[4]间。时与梁有誉、黎民表、梁绍震同学于黄佐[5]。八应举[6]，弗录。由岁贡生试大廷[7]，瞿景淳[8]得大任卷，惊曰："一代才也！"进御[9]列第一，由是海内知名。隆庆四年庚午（1570），授江都训导[10]。会纂修《实录》[11]，捧檄[12]至都。事竣，漕运中丞方濂荐转光州学正[13]，迁邵武教授[14]。万历三年乙亥（1575），升国子监[15]助教。尝应诏上封事[16]：一曰率讲习以明实学[17]，二曰申法制以广生徒[18]，三曰修载籍以重掌故[19]，四曰崇实学以表贤才。历下、琅琊诸词坛[20]见大任，争相推毂[21]。名益起，与"七才子[22]"并驱，才或过焉。上幸太学[23]，大任以国学官序得左右侍。上亦先闻大任名，御书"不二[24]"二字赐之。筑宝翰楼，藏于家。献《临雍颂》，赐衣一袭。寻改大理寺左评事。黄太监侄杀人，司寇以小火者抵罪[25]，驳正[26]之。一日奉封事入奏，其一许戚畹家人论绞事也，中贵[27]自内出受封事，却之，大呼曰："御前封事，谁敢阻却？"竟上。同上者，为吐舌。尝扈从[28]南郊，命赐果饼，回囤[29]贡马，不受，大任为作《天马篇》以颂。历官南京工部郎中，庶务具举[30]，督修孝陵[31]，有白金、文绮之赐。十二年（1584），以老乞休[32]。年八十而终。著有《平阳家乘》[33]二十卷，《百越先贤志》四卷，《广陵十先生传》一卷，《思玄[34]》《旅燕》《浮淮》《游梁》《韶中》《雍馆》《西署》《诏归》《秣陵》《南纛》《北辕》《蘧园集》共六十卷，《虞部集》[35]七十卷，行世。（据《西樵游览记》《粤大记》《明史·黄佐传》《顺德志》修）

【传记来源】
《欧大任传》选自清光绪五年《广州府志》卷一百二十二《列传十一》。

【辑注参阅】
本辑注参阅清雍正九年《广东通志》卷四十七《人物·文苑·欧大任传》，（清）仇巨川著《羊城古钞》卷六《人物·欧大任传》，清咸丰三年《顺德县志》卷二十四《列传四·欧大任传》。

【注释】
1. "家多"二句：指欧大任父亲欧世元能诗善文，家富三千卷藏书，欧大任幼受庭训，好学不倦。经史：见［10］《区适子》注释2。
2. 弟子员：汉代对太学生、明清对县学生员的称谓。
3. 林云同（1491—1570），字汝雨，号退斋，福建布政司兴化府莆田县城关后埭（今福建省莆田市城厢区英龙街）人，明嘉靖五年（1526）进士，曾任广东提学副使，官至南京刑部尚书，著有《读书园诗集》。张希举（生卒年不详），江西布政司龙兴府南昌县（今江西省南昌市）人，明嘉靖二十六年（1547）进士，官至礼部郎中、广东提学。

4. 诸生：见［9］《区仕衡》注释9。

5. 梁有誉：见［26］《梁有誉》。黎民表：见［23］《吴旦》注释6。梁绍震（生卒年不详），字原东，广东布政司广州府顺德县桂林堡（今广东省佛山市顺德区北滘镇林头）人，明隆庆五年（1571）进士，官至平乐佐郡，著有《绪昌堂集》。黄佐：见［23］《吴旦》注释5。

6. 应举：参加科举考试。欧大任科场不得意，连续参加八次乡试，都落第。

7. 岁贡生：贡生的一种。明代有岁贡、选贡、恩贡和细贡，每年或二三年从各府、州、县学中选送生员升入国子监就读。欧大任直到四十七岁才被选为岁贡生。大廷：指朝廷。

8. 瞿景淳（1507—1569），字师道，号昆湖，浙江布政司苏州府常熟县（今江苏省苏州市常熟市）人，明代学者，嘉靖二十三年（1544）进士（榜眼），官至礼部左侍郎，总校《永乐大典》，著有《瞿文懿制敕稿》。

9. 进御：见［16］《梁储》注释48。

10. 江都：古代县名，辖境相当于今江苏省扬州市江都区。训导：见［14］《廖谨》注释15。

11. 《实录》：指《明世宗实录》。

12. 捧檄：为母出仕的典故；典出《后汉书·刘平等传序》：东汉人毛义有孝名。张奉去拜访他，刚好府檄至，要毛义去任守令。毛义拿到檄，表现出高兴的样子，张奉因此看不起他。后来毛义母死，毛义终于不再出去做官，张奉才知道毛义不过是为母出仕，感叹自己知毛义不深。这里指欧大任接到委任官职文书，不得不离家当官。

13. 光州：古代州名，辖境相当于今河南省信阳市潢川县一带。学正：古代学官名，明清州学设学正，掌教育所属生员。

14. 邵武：古代府名，辖境相当于今福建省南平市邵武市。教授：见［14］《廖谨》注释20。

15. 国子监：见［15］《梁轸》注释10。

16. 封事：密封的奏章。古代臣子上书奏事，防有泄漏，用皂囊封缄，故称"封事"。

17. 实学：切实有用的学问；后来发展成为儒家的一个学派，主张经世致用，认为学问必须有益于国事，代表人物有顾炎武、黄宗羲、王夫之等。

18. 生徒：见［2］《黄恭》注释9。

19. 掌故：历史上的人物事迹、制度沿革等史实或传说。

20. 历下：古代邑名，辖境相当于今山东省济南一带。琅琊：古代郡名，辖境相当于今山东省临沂、青岛、诸城、日照一带。历下和琅琊连用，这里是用地名指代人名，指明代以历下人为代表的主盟词坛的人。

21. 推毂：推车前进，本意为古代帝王任命将帅时的隆重礼遇；这里是荐举、援引的意思。

22. 七才子：明代嘉靖、隆庆年间，李攀龙、王世贞、谢榛、宗臣、梁有誉、吴国伦和徐中行等人共结诗社，倡导文学复古运动，认为"文必秦汉、诗必盛唐"，风靡一时，被世人合称为"七才子"。由于"七才子"的文学主张、作品风格与弘治、正德年间的李梦阳、何景明等"前七子"相似，故文学史称他们为"后七子"。

23. 上：这里指明神宗朱翊钧（1563—1620），明代第十三位皇帝，在位四十八年，是明代在位时间最长的皇帝，年号万历。幸：巡幸。太学：见［9］《区仕衡》注释7。

24. 不二：谓举世无双。

25. 司寇：刑部掌管刑狱的官员。

26. 驳正：批驳纠正。

27. 中贵：即中官，见［11］《张镇孙》注释21。

28. 扈从：见［16］《梁储》注释50。

29. 囷：古代用竹篾、荆条等编织成的或用席箔等围成的存放粮食等农产品的器物；传记底稿原作"国"，据清雍正九年《广东通志》卷四十七《人物·文苑》改为"囷"。

30. 庶务：古代指各种政务。具：见［20］《林钟》注释27。举：兴办。

31. 孝陵：是明代开国皇帝朱元璋和皇后马氏的合葬陵墓，因皇后谥号"孝慈"，故名"孝陵"。

32. 乞休：见［19］《李义壮》注释21；这里指万历十二年，欧大任告老还乡，在顺德县赤花洲凿池开径，建清朗阁，遍植杞菊以待客，检点毕生搜购典籍，每天著述不辍。

33. 《平阳家乘》：见［6］《区册》注释41。

34. 玄：传记底稿原作"元"，为了避康熙皇帝玄烨的讳，清代文献往往以"元"代"玄"。

35. 《虞部集》：欧大任曾任南京工部虞衡郎中，别称欧虞部，后人将其著述汇刻为《欧虞部诗文全集》,简称《虞部集》。

【传主简介】
欧大任(1516—1596),广东布政司广州府顺德县龙津堡陈村(今广东省佛山市顺德区陈村镇赤花)人,明代中叶文学家、史志家,"南园后五子"之首。出身于书香之家,学识渊博,才气充沛,不免受当时文坛复古主义影响,不少作品貌似正大典雅,但缺乏个性。其最大的成就主要体现在诗歌方面,传世之作有千余首,不少诗作力祛浮靡,内容充实,气韵沉雄,自抒胸臆,沉郁老健,保持岭南诗派的雄直诗风。欧大任重振南园诗社,对岭南诗歌的健康发展起了较大的促进作用。著有《欧虞部诗文全集》二十二卷。

[26] 梁有誉

梁有誉,字公实,乾滘人。父世骠[1],正德癸酉(1513)乡荐[2],庚辰(1520)进士,由监察御史转福建按察佥事,有风裁[3]。有誉秀颖[4],童时日诵数千言。长益湛思百氏[5],所为诗文绝工。弱冠补弟子员[6]。厌帖括[7]。与欧大任、陈绍文、吴旦、黎民表、民衷、民怀、陈冕、梁孜、梁柱臣九人者同学于香山黄佐[8],以古诗文相劘切[9],尤砥砺行谊[10]。领嘉靖癸卯(1543)乡荐,成庚戌(1550)进士,授刑部主事。有某甲少陷房中,乘防懈逃还,中道为侦者所执,械送[11]至部,有誉廉得其情,遂释之。先是李攀龙与李先芳辈开诗社于都门[12],王世贞释褐入[13],而先芳以官外出[14]。有誉继之,既而徐中行、吴国伦亦至[15],于是"五子""七子"先后皆有有誉[16]。皆年少才高,睥睨当世[17],而"七才子"之名最显。有誉在刑部[18]三年,萧然[19]一室。严嵩柄国[20],子世蕃数致殷勤[21],有誉耻且畏焉,遂以养母归[22],筑拙清楼[23],杜门读书。大吏至,必辞避。偶挐舟游罗浮,遭飓,感寒,归,遽卒,年三十六[24]。祀乡贤。有誉善相人,谓同社宗臣[25]曰:"子甚贵,而无年[26]已。"又自叹曰:"吾亦不久于人世。"有誉死六年,宗臣果死,得年[27]同。有誉著有《兰汀集》[28]。弟有兆、有贞并有诗名。有贞,嘉靖壬子(1552)举人,积官绵州守[29]。子逢登,郡学诸生[30]，清标邃养[31]，诗文有矩矱[32]。(《明史稿》、黄《通志》、《粤大记》、姚《志》、欧大任撰《传》、《五山志林》)

【传记来源】
《梁有誉传》选自清咸丰三年《顺德县志》卷二十三《列传三》。

【辑注参阅】
本辑注参阅《明史》卷二百八十七《列传第一百七十五·文苑三·梁有誉传》，(清)仇巨川著《羊城古钞》卷六《人物·梁有誉传》，清光绪五年《广州府志》卷一百二十二《列传十一·梁有誉传》。

【注释】
1. 世骠：即梁世骠(1491—1544)，字应房，一字远之，号南皋，明正德十五年(1520)进士，官至漳南道兵备佥事。
2. 乡荐：见[15]《梁轸》注释5。
3. 风裁：指刚正不阿的品格。
4. 秀颖：优异聪颖；优异聪颖的人。
5. 湛思：沉思。百氏：即诸子百家，诸子百家是对春秋、战国、秦汉时期各种学术派别的总称，据《汉书·艺文志》记载，数得上名字的一共有一百八十九家。
6. 弱冠：男子年满二十岁称为"弱冠"。弱：古代男人二十岁行冠礼，戴上表示已成人的帽子，以示成年，但体犹未壮，还比较年少，故称"弱"。冠：帽子，指代成年。补：见[2]《黄恭》注释12。弟子员：见[25]《欧大任》注释2。
7. 帖括：唐制，明经科以帖经试士，把经文贴去若干字，令应试者对答。后考生因帖经难记，于是总括经文编成歌诀，便于记诵应时，称"帖括"。明清时专指八股文。这里泛指科举应试文章。
8. 欧大任：见[25]《欧大任》。陈绍文(生卒年不详)，字公载，广东布政司广州府南海县(今广东省佛山市南海区)人，明代岭南诗人，嘉靖十六年(1537)举人，官至通判，著有《中阁集》。吴旦：见[23]《吴旦》。黎民表：见[23]《吴旦》注释6。民衷：即黎民衷(1517—1564)，字惟和，黎民表之弟，明代岭南诗人，嘉靖三十五年(1556)进士，官至广西参政，著有《司封集》。民怀：即黎民怀(1519—1600)，字惟仁，自号白泉山人，黎民表之弟，明代诗人，嘉靖四十四年(1565)贡生，著有《清居集》。陈冕(生卒年不详)，广东布政司肇庆府高要县白坭

（今广东省佛山市三水区白坭镇）人，理学家陈献章的学生，明代三水乡贤，肇庆府端州庠生，曾任清远县教谕。梁孜（生卒年不详），字思伯，号罗浮山人，梁储之孙，岭南名士，好书画，官至中书舍人客部主事，著有《梁中舍集》。梁柱臣（生卒年不详），广东布政司广州府顺德县（今广东省佛山市顺德区）人，嘉靖二十五年（1546）举人，官至寺正，曾参修万历《顺德县志》。黄佐：见［23］《吴旦》注释5。

9. 劘切：切磋。劘（音 mó）：切削。

10. 砥砺：见［19］《李义壮》注释28。行谊：品行、道义。

11. 械送：加刑具押送。

12. 先是：见［16］《梁储》注释72。李攀龙（1514—1570），字于鳞，号沧溟，山东布政司济南府历城县（今山东省济南市历城区）人，明代著名文学家，"后七子"之首，嘉靖二十三年（1544）进士，官至河南按察使，著有《沧溟集》。先芳：即李先芳（1510—1594），字伯承，号北山，祖籍湖广布政司荆州府监利县（今湖北省荆州市监利县），寄籍山东布政司东昌府濮州（今山东省菏泽市鄄城县），明代著名文学家，嘉靖二十六年（1547）进士，官至尚宝司少卿，著有《东岱山房稿》。都门：见［13］《孙蕡》注释21；这里指京城。

13. 王世贞（1526—1590），字元美，号凤洲，又号弇州山人，南直隶苏州府太仓州（今江苏省苏州市太仓市）人，明代著名文学家，"后七子"领袖之一，嘉靖二十六年进士，官至南京刑部尚书，著有诗文集《弇州山人四部稿》。释褐：本义是脱去平民衣服，比喻始任官职。入：见［6］《区册》注释39。

14. 出：见［13］《孙蕡》注释8。

15. 徐中行（1517—1578），字子舆，一作子与，号龙湾，又号天目山人，浙江布政司湖州府长兴县（今浙江省湖州市长兴县）人，明代文学家，嘉靖二十九年（1550）进士，官至江西布政使，著有《天目山堂集》《青萝馆诗》。吴国伦（1524—1593），字明卿，号川楼、惟楚山人、南岳山人，湖广布政司武昌府兴国州（今湖北省黄石市阳新县）人，明代著名文学家，嘉靖二十九年进士，官至河南左参政，著有《藏甲岩稿》。

16. 五子：即南园后五子，见［23］《吴旦》注释8。七子：即七才子，见［25］《欧大任》注释22。

17. 睥睨（音 pìnì）：傲视一切。当世：指当权者、执政者。

18. 刑部：掌管刑法、狱讼事务的官署，属中央六部之一。

19. 萧然：潇洒、坦然的样子。

20. 严嵩：见［22］《何维柏》注释22。柄国：执掌国政。

21. 世蕃：即严世蕃（1513—1565），字德球，号东楼，严嵩独子，明嘉靖年间第一鬼才。严世蕃借助严嵩势力，先入国子监读书，后做官，官至尚宝司少卿和工部左侍郎。殷勤：这里表示巴结讨好。

22. 以养母归：指奸臣严嵩把权，其子严世蕃多方拉拢，纠缠不休，梁有誉不愿与严嵩、严世蕃父子沆瀣一气，嘉靖三十一年（1552）以奉养母亲为名辞官回到佛山。

23. 筑拙清楼：指梁有誉在家于北门外建一小园，取名北园，修建一楼，命名拙清楼，寓意守拙自清，傲视权贵，不与官场同流合污。

24. "偶挐舟"五句：指明嘉靖三十五年（1556），梁有誉与黎民表相约游罗浮山看沧海日出，在东江中大塘洲遇海上台风暴雨，衣衫尽湿，得寒病而死，年仅三十六岁，作绝命诗《游罗浮阻风大唐田舍》。挐舟：撑船。挐（音 ná）：牵引。罗浮：指罗浮山，是罗山与浮山的合体，岭南名山，中国十大道教名山之一，位于广东省惠州市博罗县东江北岸，山区广大，与广东省佛山市南海区境内的西樵山并称为"南粤二樵"，故它又有"东樵山"之称。遽：古代送信的快车或快马，引申为急、急速、仓猝、匆忙。

25. 宗臣（1525—1560），字子相，号方城山人，南直隶扬州府高邮州兴化县（今江苏省泰州市兴化市）人，明代文学家，嘉靖二十九年进士，官至福建提学副使，著有《宗子相集》。

26. 无年：无年寿；这里指寿命不长。

27. 得年：敬称死去的人曾经活的岁数。

28. 《兰汀集》：梁有誉著。梁有誉号兰汀，学者称之为"兰汀先生"，故其著述名为《兰汀集》；梁有誉曾任刑部主事，世称"梁比部"，故《兰汀集》又名《比部集》。

29. 积官：累积官衔和爵位。绵州：古代州名，辖境相当于今四川省绵竹、德阳、梓潼一带；传记底稿原作"棉州"，据清咸丰三年《顺德县志·刊误》改为"绵州"。

30. 郡学：郡国的最高学府，汉代立太学和郡学，讲授五经，太学与郡学成为全国的大小文化中心；后指地方的最高学府。诸生：见［9］《区仕衡》注释9。

31. 邃养：精深的学养。

32. 矩矱：本指画直角或方形的曲尺，比喻规矩法度。

【传主简介】

梁有誉（1521—1556），广东布政司广州府顺德县桂林堡乾滘（今广东省佛山市顺德区北滘镇广教）人，明代中叶著名诗人，"南园后五子"之一，"后七子"之一。提倡博采众长的复古，其古体诗摹拟"选体"（指《昭明文选》中的五言诗），成就不高；其近体诗尤其是七律，多能描绘各地的山川风貌和社会习俗，并寄寓到处奔波的无限感慨和怀念乡土的悠悠情思。其诗歌内容敦厚，感情真挚，婉约清新，颇有情致，继承了岭南诗派现实主义的传统。著有《兰汀存稿》八卷。

[27] 区大枢

区大枢，字用环。嗜学博古。蚤举孝廉[1]，谒选得郡丞[2]，不就。赵兰溪[3]作相，辟内阁中书[4]，亦不就。晚年令安远[5]，爱民守洁。转岳倅督饷[6]，九永[7]清净不扰。数月，卒于官。故里所携囊，不赢[8]一钱。性喜佳山水，两附叔弟大相使车[9]，多题咏[10]。有《振雅堂廉江岳阳稿》若干，编列《岭南文献》[11]。（《府志》）

【传记来源】
《区大枢传》选自清光绪二十年《高明县志》卷十三《列传一·人物》。

【辑注参阅】
本辑注参阅明崇祯六年《肇庆府志》卷二十二《人物·区大枢传》，清雍正九年《广东通志》卷四十七《人物·文苑·区大枢传》，清道光二年《广东通志》卷二百九十七《列传三十·区大枢传》。

【注释】
1. 蚤：见[24]《区益》注释27。孝廉：见[2]《黄恭》注释6。
2. 谒选：官吏赴吏部应选。郡丞：古代官名，郡守的佐官。
3. 赵兰溪：即赵志皋（1524—1601），字汝迈，号瀼阳，浙江布政司金华府兰溪县（今浙江省金华市兰溪市）人，明隆庆二年（1568）进士，曾任广东副使，官至内阁首辅，著有《四游稿》《灵洞山房集》。
4. 辟：见[2]《黄恭》注释11。内阁中书：缮写诏敕文书之类的低级官员。
5. 安远：古代县名，辖境相当于今江西省赣州市安远县。
6. 转岳倅督饷：指区大枢转任岳州太守副官，协助征收军饷。岳：即岳州，古代府名，辖境相当于今湖南洞庭湖东、南、北沿岸各地。倅（音

cuì）：副职，辅助。

7. 九永：古代府名，辖境相当于今湖南省东南一带。

8. 赢：余，多出。

9. "两附"句：指区大枢两次搭乘三弟区大相的使车。叔弟：三弟，兄弟的排行是伯、仲、叔、季。大相：即区大相，见［30］《区大相》。使车：使者所乘之车；这里指区大相作为皇帝使者封赠外地藩王的专车。

10. 题咏：中国文化特有的一种表现形式，凡名山大川、古画法帖、名园遗址、古刹名寺，都有文人雅士的诗联题刻，因为以诗歌颂扬为主，故名"题咏"。

11. 《岭南文献》：（明）张邦翼编纂，第一部古代粤人诗文总集，该书共三十二卷，全书收自唐张九龄至明万历年间三百一十五位粤人诗文，其中收录明代诗人著述最为齐全。该书是首部广东诗文总集，对了解和研究古代广东的政治、历史、文学、学术等方面有一定的作用。

【传主简介】

区大枢（1542—1621），区益次子，明代诗人。嗜学博古，喜山水，多题咏，以律诗见长，尤其擅长五言律诗。著有《振雅堂廉江岳阳稿》。

［28］梁鹤鸣

梁鹤鸣，字体诚，龙池人。登万历癸酉（1573）乡书[1]，再请春官[2]，乞恩受闽县训，视篆罗源[3]，政声[4]大著。己卯（1579），应聘两浙[5]分试，转阳朔[6]令，因民赋重，酌丈量法以宽之。溯民苦于鬻粟以输税[7]为艰，鸣许纳禾米而为之[8]转变，请免朔人岁加差马仆夫及省刑简讼[9]。诸善政，一皆出于爱民实心。与前贤令钟昌并称"召社"焉[10]。升判常州，偏署剧邑[11]，所至去思[12]。课最[13]，晋户曹郎，奉仓场[14]差，有成劳[15]，出守浔州[16]。浔故僻瘴郡，鸣至，免勾摄之扰，禁毒赖之俗[17]。以轻折代浮粮，以小艇代马差[18]。笃行[19]乡约，重修学宫[20]，皆一时所忽略者，而鸣具举[21]焉。有税监[22]者，虎而翼[23]，罪连无辜。鸣力雪之，并除积棍之为权爪者[24]，即祸患不恤也。武靖夷目[25]，拾怨仇杀，鸣镇抚[26]有方，赖以安息[27]。考几满[28]，慨然告致[29]。夷民数千竖旗通衢[30]，告庙陈请[31]，环府衙攀辕不肯散，院司委曲[32]劝留。凡五上书[33]，称"三宜休，十不当留"，乃得归。浔人思之，即城隍庙左为祠祀之。后张二守洪典为之记曰："公辛丑去浔，浔人以乙巳祠公。"谓其以真诚之心运平易之政云。鸣既归，筑"后乐园[34]"以老，与族党觞咏[35]为乐，有二疏[36]风。仿家礼[37]，立族规，四方仪之。陈文烛、吴中行皆谓其自身而家国[38]为政有本云。著有《梁氏家规》《后乐园集》。从祀[39]乡贤。

【传记来源】
《梁鹤鸣传》选自清嘉庆二十四年《三水县志》卷十一《人物·贤良》。

【辑注参阅】
本辑注参阅清康熙十二年《三水县志》卷十二《人物·忠良·梁鹤鸣传》，清康熙四十九年《三水县志》卷十二《人物·贤良·梁鹤鸣传》，清光绪五年《广州府志》卷一百二十七《列传十六·梁鹤鸣传》。

【注释】
1. 乡书：周制乡学三年大比，乡老与乡大夫荐乡中贤能之书于王，谓之"乡书"。后世科举因以乡书代指乡试中式。明万历元年（1573），梁鹤鸣乡试中式成为举人。
2. 请春官：指举人进京殿试。春官：古代官名，颛顼氏时五官之一。唐光宅元年（684）曾改礼部为春官，春官遂为礼部的别称。
3. 视篆：掌印视事；官印例用篆文，故称"视篆"。罗源：古代县名，辖境相当于今福建省福州市罗源县。
4. 政声：官吏的政治声誉。
5. 两浙：古代浙东和浙西的合称。唐代江南东道分为浙江东路和浙江西路，钱塘江以南简称浙东，钱塘江以北简称浙西。宋代有两浙路，辖境相当于今浙江省全境、江苏省南部的苏锡常镇四市和上海市。明代已改成浙江布政使司，这里沿用宋代的说法。
6. 阳朔：古代县名，辖境相当于今广西壮族自治区桂林市阳朔县。
7. 鬻粟以输税：卖粮食换钱来缴纳租税。输税：缴纳租税。
8. 纳禾米而为之：指直接交纳粮食来缴纳租税。这样既省去农民的麻烦，又免除商人的中间剥削。
9. 请免朔人岁加差马仆夫：指请求上级免去阳朔百姓每年加派的额外差役。省刑简讼：少用刑罚，简化诉讼。

10. 钟昌（生卒年不详），字继文，广东布政司广州府东莞县北栅（今广东省东莞市凤岗镇）人，明隆庆五年（1571）进士，官至云南布政使。钟昌曾任阳朔知县，明神宗下诏征贤，吏部举荐钟昌的就有二十一人，故称"贤令"。召社：召公姓姬名奭（音 shì），周代政治家，因其采邑在召，故称召公。召公辅佐周成王理政，据《史记》记载："召公巡行乡邑，有棠树，决狱政事其下，自侯伯至庶人各得其所，无失职者。召公卒，而民人思召公之政，怀棠树不敢伐，歌咏之，作《甘棠》之诗。"后人立祠祀之，故称"召社"。

11. 常州：古代州名，辖境相当于今江苏省常州市。署：办理公务。剧：见[13]《孙蕡》注释25。

12. 去思：地方士民对离职官吏的怀念。

13. 课最：指做官考核时列为最上等。课，考查，考核。最：见[20]《林钟》注释36。

14. 仓场：古代官府收纳粮食或其他物质的场所。

15. 成劳：成功。

16. 出：见[13]《孙蕡》注释8。浔州：古代府名，辖境相当于今广西壮族自治区桂平县、大宾县、皇化县等。

17. "免勾摄"二句：免除差人抓捕罪犯时加给老百姓的负担，禁止甘愿受毒打以抵偿债务的坏风俗。

18. 马差：专门骑马传送文件的差役。

19. 笃行：切实履行，专心实行。

20. 学宫：学习的地方，也就是我们现在所讲的学校。

21. 具：见[20]《林钟》注释27。举：见[25]《欧大任》注释30。

22. 税监：明太祖朱元璋用于管理税务部门而特设的职务，类似于如今的税务所设有的某个岗位。

23. 虎而翼：即如虎添翼；这里指恶人的势力更加强大。

24. 积棍：指作恶的歹徒。榷爪：指税务中的恶棍和爪牙。

25. 夷目：少数民族的头子。

26. 镇抚：安抚。

27. 安息：安居生息。

28. 考几满：即考满，旧时指官吏的考绩期限满；一考或数考为一任，故考满即为官吏任满。

29. 告致：官员告老退休。

30. 通衢：四通八达的大道。

31. 告庙：古代天子或诸侯出巡或遇兵戎等重大事件而祭告祖庙，称

"告庙";这里指向官府正式报告(挽留梁鹤鸣)。陈请:陈述理由以请求(挽留梁鹤鸣)。

32. 委曲:文词转折而含蓄。

33. 五上书:指梁鹤鸣五次上书(请辞)。

34. 后乐园:取"后天下之乐而乐"之意。

35. 族党:聚居的同族亲属。觞咏:饮酒赋诗。

36. 二疏:汉代疏广为太傅,其侄疏受为少傅,因年老同时辞官,后来封建文人以此为美谈。

37. 家礼:这里指大夫之家的礼仪。

38. 陈文烛(1525—?),字玉叔,号五岳山人,湖广布政司承天府沔阳州(今湖北省仙桃市)人,明代文学家,嘉靖四十四(1565)年进士,官至南京大理寺卿,著有《二酉园诗文集》。吴中行(1540—1594),字子道,号复庵,浙江布政司常州武进县(今江苏省常州市武进区)人,明代文学家,隆庆五年进士,官至侍讲学士,著有《赐余堂集》。

39. 从祀:见[19]《李义壮》注释31。

【传主简介】

梁鹤鸣(生卒年不详,1590年前后在世),广东布政司广州府三水县龙池都龙池村(今广东省佛山市三水区白坭镇周村龙池)人,明代岭南文学家。历官闽县训、阳朔令、浔州知府等,政绩卓著。提倡儒学,注重修身治家,体恤民艰,严格教育族中子弟,制定乡规民约,在家乡三水树立良好的社会风尚。著有《后乐园集》。

[29] 林承芳

林承芳,字开先,钟[1]之孙也。幼颖悟,文过目成诵,下笔惊人,坟典无不究览[2]。工诗文,精翰墨[3]。中万历丙戌(1586)会榜。廷试奏策,缅缅万言,咸有经济才[4],已定第一人,三日因错一字,遂置二甲第一。选读中秘书,授翰林院编修,当时推服[5]。受知神庙[6],命书中极殿额,甚嘉赏[7]之。尤见重[8]于张、王两相公。未几[9],以名高见妒,左迁[10]江西参议。归,怡情山水,遇景辄吟咏。所著有《文峰集》《竹窗存稿》。今士人[11]有得其翰墨者,辄如获宝玩[12]云。

【传记来源】

《林承芳传》选自清嘉庆二十四年《三水县志》卷十一《人物·文学》。

【辑注参阅】

本辑注参阅清康熙十二年《三水县志》卷十二《人物·文学·林承芳传》，清道光二年《广东通志》卷二百八十二《列传十五·林承芳传》，清光绪五年《广州府志》卷一百二十七《列传十六·林承芳传》。

【注释】

1. 钟：即林钟，见［20］《林钟》。
2. 坟典：《三坟》《五典》的并称，伏羲、神农、黄帝的书谓《三坟》，少昊、颛顼、高辛、尧、舜的书谓《五典》。"坟典"后转为古代典籍的通称。究览：遍阅，悉见。
3. 翰墨：原指文辞，后泛指书法和中国画。
4. 缁缁（音 sǎsǎ）：飘舞飞扬的样子。经济：见［15］《梁輈》注释2。
5. 推服：推重佩服。
6. 受知：受到他人的知遇，受到他人的赏识。神庙：这里指明神宗朱翊钧，见［25］《欧大任》注释23。
7. 嘉赏：赞赏。
8. 见重：见［6］《区册》注释31。
9. 未几：没有多久。
10. 左迁：降低官职调动，古代贵右贱左，故将贬官、降职称为"左迁"。
11. 士人：古代指读书人。
12. 宝玩：珍贵的赏玩品。

【传主简介】

林承芳（生卒年不详，1590 年前后在世），林钟之孙，明代文学家、书法家。赞赏汉儒经世致用的治学态度，主张科举取士的内容应从"宋儒传注"转向"汉儒训诂"。对儒家学术转型的贡献很大，是推动宋学向汉学转型的先驱。林承芳精通书法，擅长篆、隶、行等书体。擅长诗文，其文学成就超过书法成就，其诗文内容丰富。著有《文峰集》。

[30] 区大相

区大相,字用孺。为文有奇气[1],援笔[2]数千言。万历癸酉(1573),举于乡。己丑(1589),成进士[3],选庶吉士[4],授检讨[5],同修国史[6],经筵展书[7]。历赞善、中允[8],掌制诰[9],居词垣[10]十五年。赵兰溪、张新建、沈四明先后当道[11]。兰溪忤江陵[12],迁岭表[13],以古文、词受知[14],及居政府,引避不轻谒[15]。尝肄业南雍[16],新建为大司成[17]深赏重。后柄政欲汲引[18],托所知谕意,不答,以是东宫讲官、京省典试一无所与[19]。四明移居比邻,竟鬻宅迁避,四明以是为憾。拾遗调南仆丞[20],二年。移疾归里[21],居八年,卒。明季,"前后七子"称诗[22],号翰林为"馆阁体[23]"。大相始力祛浮靡[24],还之风雅三百篇[25],以至汉魏盛唐,各造其极,陈言习气为之一变。再奉剸桐命[26],历齐晋、吴越、嵩洛、衡湘,土风遗迹,民瘼[27]国计,咸著篇咏,馆阁以来所未有也。天性至孝,追远若孺子慕[28]。生平耻干谒[29],公论侃侃[30],义形于色[31]。积俸置祭田[32]外,悉周亲友急。六经微言奥旨[33],皆笺传[34]未发。所著《太史诗集》《使集》《图南集》《濠上集》《制诰馆课杂文》行于世。(《府志》)

【传记来源】
《区大相传》选自清光绪二十年《高明县志》卷十三《列传一·人物》。

【辑注参阅】
本辑注参阅明崇祯六年《肇庆府志》卷二十二《人物·区大相传》,清雍正九年《广东通志》卷四十七《人物·文苑·区大相传》,清道光二年《广东通志》卷二百九十七《列传三十·区大相传》。

【注释】
1. 奇气:不平凡的气势或气象。
2. 援笔:执笔。
3. 成进士:指明万历十七年(1589),区大相、区大伦兄弟双双同榜考中了进士。虽然区大相进士榜排名较后(第三甲第一百五十一名),但在随后的选拔庶吉士考试中却脱颖而出，以第七名当选。兄弟同登科甲，成为美谈。

4. 庶吉士：见［16］《梁储》注释4。

5. 检讨：古代官名，宋代有史馆检讨，明代始属翰林院，其地位次于编修，与修撰同谓曰史官。

6. 同修国史：指明万历二十二年（1594）二月，万历皇帝批准了礼部尚书陈于陛修当朝史的奏请，命内阁大学士王赐爵、赵志皋、张位充任总裁，礼部尚书陈于陛等任副总裁，区大相充任纂修官。国史：原指当代人修纂的本朝实录和本朝历史，后泛指一个朝代的历史。

7. 经筵展书：古代官名，为皇帝讲解经传史鉴特设的讲席，负责给皇帝上课时展示书籍。

8. 赞善：古代官名，起源于唐龙朔二年（662），辅导太子的官员，掌记注、纂修之事，明代赞善为从六品官。中允：古代官名，全称为太子中允，朝廷之门下侍郎，明代左、右春坊皆称中允，有左中允、右中允之别，均为正六品官。

9. 制诰：为皇帝草拟、书写诏令文书。

10. 词垣：亦称"词苑"，宋翰林学士院的别称，元以后沿用此称翰林院。

11. 赵兰溪：见［27］《区大枢》注释3。张新建：即张位（1538—1605），字明成，号洪阳，江西布政司南昌府新建县（今江西省南昌市新建区）人，明代学者、诗人，隆庆二年（1568）进士，官至文渊阁大学士，著有《闲云馆集钞》。沈四明：即沈一贯（1531—1615），字肩吾、不疑、子唯，号蛟门、龙江，浙江布政司宁波府鄞县（今浙江省宁波市鄞州区）人，明代诗人，隆庆二年进士，官至首辅，著有《喙鸣集》。当道：比喻居于政府中的主要地位、执掌政权的人；这里指执宰大臣。

12. 兰溪忤江陵：指明万历初年，赵兰溪与张位、习孔教等人解救吴中行、赵用贤而冒犯张居正。忤：见［5］《李文孺》注释13。江陵：代指张居正，见［22］《何维柏》注释48；因张居正是湖广布政司荆州府江陵县（今湖北省荆州市江陵区）人，故称张居正为"江陵"。

13. 迁：见［6］《区册》注释38。岭表：见［13］《孙蕡》注释34。

14. 受知：见［29］《林承芳》注释6；这里指区大相受到赵兰溪的赏识。

15. 引避：避开（赵兰溪）。谒：拜见。

16. 肄业南雍：在南京国子监学习。肄业：见［15］《梁轸》注释7。南雍：明代称设在南京的国子监为"南雍"。

17. 大司成：古代官名，负责教导贵族子弟。

18. 柄政：掌握政权，执政，把持权柄、治理朝政；这里指当政者。汲引：汲取水流，引申为引荐，提拔。

19. 东宫讲官：为太子讲经之官。东宫：借指太子，因太子居东宫。典试：主持明清乡试、会试的考试。一无所与：指全没有（区大相的）份儿。

20. 拾遗：补缺职。南仆丞：南京太仆寺丞。区大相因弹劾权贵被调任南京太仆寺丞，正六品，替皇帝掌管马政，这是个闲散之职。

21. 移疾：即移病，古代官员上书称病，多为居官者求退的婉辞。归里：指区大相不愿巴结权贵，他称病带着两个儿子区怀瑞、区怀年返回广州定居。区大相居乡期间，创办了清溪书院、南蓬书院，父子三人终日吟咏唱和，最终成就了在岭南诗坛的地位。

22. 前后七子：出现于明代，分别以李梦阳和何景明、李攀龙和王世贞等为领袖，称为"前七子"和"后七子"的十四人，标榜所谓的复古，并且提出"文必秦汉，诗必盛唐"的口号。在复古的旗帜下，"前后七子"重新审视文学现状，寻求文学出路，尤其是针对明初以来受理学风气及台阁体创作影响所形成的委靡不振的文学局面，他们重新构筑文学的主情理论。称诗：称霸诗坛。

23. 馆阁体：亦称"台阁体"。明代永乐至成化年间，文坛上出现一种所谓"台阁体"诗。台阁主要指当时的内阁与翰林院，又称为"馆阁"；台阁体是指以当时馆阁文臣杨士奇、杨荣、杨溥等（号称"三杨"）为代表的一种文学创作风格，追求典雅庄重，对明代"前后七子"诗风影响甚大。

24. 力祛浮靡：指（区大相）努力排除馆阁体内容空洞狭窄、辞藻华丽的诗风。

25. 风雅三百篇：《诗经》有《国风》《大雅》《小雅》等部分，共三百零五篇。风雅：后来泛指诗文方面的事。

26. 再奉剪桐命：指（区大相）两次作为皇帝使者出京到外地封赠藩王。剪：通"剪"，用周成王剪桐叶封弟的故事，指代明皇朝对诸藩王的封赠。

27. 民瘼：民众的疾苦。瘼（音 mò）：疾，疾苦。

28. 追远：追思远祖（恩德）。孺子慕：小孩思念父母，也就是时时怀念之意；传记原作"孺慕"，脱"子"字，今补。

29. 干谒：有所企图或要求（主要为求名利）而求见（显达的人）。

30. 侃侃：刚直貌。

31. 义形于色：义愤的情绪反映在脸上。
32. 祭田：古代族田中用于祭祀的土地。
33. 六经：见［21］《伦以训》注释2。奥旨：奥义，要旨。
34. 笺传：注释，解说文义。笺（音jiān）：注释。

【传主简介】

区大相（1549—1616），区益第三子，明代后期岭南杰出诗人，力祛当时文坛内容空洞狭窄而辞藻华丽的浮靡习气，其诗取材必新，说理能妙，内容充实，感慨深沉，反映了明代政权在日益衰落过程中的风土人情和民间疾苦，关切社会现实，忧国忧民，把岭南诗歌的现实主义传统推向一个新的高度。自此，岭南诗派完全摆脱了复古主义的影响，向着更健康的道路发展，终于出现了明末岭南诗坛的繁荣局面。著有《区太史诗集》二十七卷。

[31] 区大伦

区大伦，字孝先。少负气节[1]。举孝廉[2]。与兄大相肄业南雍[3]，时海忠介在留台[4]，直声[5]震天下，大伦与之甚洽。己丑（1589），成进士。宰东明[6]，爱民如子，劝农桑，教孝让[7]。岁歉鬻子女者，悉为赎还[8]；出税契羡买牛数百，以给贫乏[9]。入觐[10]，策蹇[11]数千里，面目黧黑。授御史，草疏[12]必焚香涕泣，期于诚感[13]。神宗[14]朝，谏不亲郊祀[15]，夺职归[16]。筑烟霞圃，为往役书辞优免[17]。一褐衣[18]二十年，坐处皆穿。灌园读书晏如[19]也。郡邑[20]不识其面，有欲周其乏[21]，却之以诗。潜心学脉[22]，梦陈江门[23]赠以诗句，遂更透悟，直标明明德[24]为宗旨。曾集诃林[25]，与士大夫明辨[26]。居数年，四方从者愈众，共建蓬山、沧溪二书院为会讲[27]。光宗[28]即位，起光禄丞，转尚宝南太常少卿，署南祭酒[29]，掌翰林院事。恢拓湛甘泉[30]书院，讲学留都[31]。其学抑狂进狷，以挽颓风[32]；辟禅伪[33]，绝党徇[34]，以卫圣真[35]，禅实用[36]。熹宗[37]初，进《圣学三札》，保乂圣躬[38]，规切[39]时政。上嘉纳[40]，以大理左少卿入侍经筵，党人侧目[41]，由太仆卿改南户部侍郎。时珰焰方炽[42]，郎属附离之者[43]，悉纠弹[44]无所避。附离者恨欲中[45]

之,复夺职,归。崇祯[46]即位,还原职需用。未几[47],疾终于家,及门士执心丧凡若干人[48]。常曰:"吾生为二事:一崇正学[49],一佐太平。今耄矣,将寄撰述以俟知者[50]。"疾且革[51],犹惓切后学[52],言不及家事。所著有《大学定本》《四书翼》《南都会讲录》《端溪日录》《崇正辟邪录》《端溪诗稿》《江门游稿》《江洲存稿》诸书。(《通志》《府志》)

【传记来源】

《区大伦传》选自清光绪二十年《高明县志》卷十三《列传一·人物》。

【辑注参阅】

本辑注参阅明崇祯六年《肇庆府志》卷二十二《人物·区大伦传》,清雍正九年《广东通志》卷四十六《人物·文苑·区大伦传》,清道光二年《广东通志》卷二百九十七《列传三十·区大伦传》。

【注释】

1. 气节:志气,节操。
2. 孝廉:见[2]《黄恭》注释6。
3. 大相:即区大相,见[30]《区大相》。肄业南雍:见[30]《区大相》注释16。
4. 海忠介:即海瑞(1514—1587),字汝贤,号刚峰,广东布政司琼州府琼山县(今海南省海口市琼山区)人,明嘉靖二十八年(1549)举人,官至南京右佥都御史。在任时严惩贪污,打击官僚不法,平反一些冤狱,人称"海青天",谥号"忠介",著有《海瑞集》。留台:指古代帝王因故离京,奉命留守京师之官及其机构,古称禁城为台城,故称"留台"。
5. 直声:忠直的名声。
6. 宰:掌管,主管;这里指任知县。东明:古代县名,辖境相当于今山东省菏泽市东明县。
7. "劝"二句:指(区大伦)劝导农民勤奋耕作,教育年轻人孝顺谦让。
8. "岁歉"二句:指因荒年而被迫卖了子女的,都替他们赎回来。
9. 税契:旧时不动产买卖典当时,新业主持白契请官府加印所要交纳的税项;一经税契,白契就可换成红契,并办理过户手续。羡:指(官府办税契的收入)节余。给贫乏:分发给无耕牛者使用。

10. 入觐：入京城朝见皇帝。

11. 策蹇：鞭策（骑）驽马（劣马）。蹇：指行动迟缓，困苦的意思；这里特指驽马、劣马。

12. 草疏：拟写奏章。

13. 诚感：指精诚感动神祇，因而出现奇迹。

14. 神宗：见［25］《欧大任》注释23。

15. 亲：亲自（参与）。郊祀：见［16］《梁储》注释19；这里指万历二十三年（1595），神宗皇帝派徐文璧代祭。作为御史的区大伦连上两篇疏奏，劝神宗皇帝亲自主持祭祀典礼。

16. 夺职：被革职；这里指作为御史的区大伦因上疏，导致神宗不高兴，被革职为民。归：还乡；这里指区大伦回到家乡高明县阮埇。

17. "筑烟霞圃"二句：指区大伦回到家乡后，建了一个小屋，取名为烟霞圃。区大伦耕田读书，使自己从以往辛苦写文章中得到休息、解脱。

18. 褐衣：粗布衣；最早用葛、兽毛，后通常指用大麻、兽毛织就的粗布衣物，是古时贫贱人或地位卑贱人的穿着。褐：粗布或粗布衣服。

19. 晏如：安然。

20. 郡邑：见［9］《区仕衡》注释36；这里指府县的人。

21. 周其乏：帮助解决区大伦的生活困难。

22. 学脉：学派；这里指陈白沙学派的真传。

23. 陈江门：即陈献章，见［16］《梁储》注释3。

24. 明明德：弘扬光明正大的品德；语自《礼记·大学》："大学之道，在明明德。"郑玄注："谓显明其至德也。"

25. 集：指参与集会。诃林：广州城西北的光孝寺别称诃林，这里指诃林净社诗社。明代中叶，梁有誉、黎民表、欧大任等人在光孝寺西廊结诃林净社。

26. 士大夫：古代指官吏或较有声望、地位的知识分子。辨：通"辩"，说明是非或争论真假。

27. 蓬山：即南蓬山，在广东省佛山市高明区富湾镇内，西江的旁边。沧溪：高明河的古称，珠江水系三角洲河流，发源于高明区西部老香山托盘顶，全河横贯高明区域东西，干流流经合水、更楼、新圩、明城、人和、西安、三洲、荷城等镇（街），在石岩头汇入西江三角洲水道，全长八十二千米。会讲：中国古代书院聚会讲学的教学形式，由两位或两位以上的老师共同讲学。除了本书院自己的学生外，其他书院的学生和一些非正式的学生也前来聆听大师们的讲解。

28. 光宗：指朱常洛（1582—1620），明代第十四位皇帝。万历四十八年（1620）七月，明神宗朱翊钧驾崩。同年八月，皇太子朱常洛即皇帝位，改元泰昌，在位仅一个月即病逝，庙号光宗。

29. 祭酒：见［21］《伦以训》注释9。

30. 恢拓：恢复拓展。湛甘泉：即湛若水，见［22］《何维柏》注释5。

31. 留都：古代王朝迁都以后，旧都仍置官留守，故称"留都"；这里指南京，明成祖朱棣迁都北京，南京仍保留了中央机构组织。

32. 抑狂进狷：批判狂放的夸夸其谈的空谈者，鼓励坚持操守干实事者。挽颓风：指挽救日益败坏的社会风气。

33. 禅伪：儒佛结合的非正统的儒家学说；这里指当时的理学。

34. 绝：制止、刹绝。党狥：即阉党，指当时宦官与官僚互相勾结的魏忠贤集团。

35. 卫：保卫。圣真：正统儒家学说。

36. 裨：有助于。实用：实际应用；这里指经世致用。

37. 熹宗：即朱由校（1605—1627），明代第十五位皇帝，年号天启（1621—1627）。

38. 保乂圣躬：帮助皇帝治理国家，巩固皇位。乂（音 yì）：治理、安定。圣躬：见［22］《何维柏》注释41。

39. 规切：劝戒谏正。

40. 嘉纳：见［22］《何维柏》注释14。

41. 党人：朋党；这里指魏忠贤等阉党。侧目：既畏惧，又忌恨。

42. 珰焰方炽：指阉党气焰正盛。珰：玉制耳饰，宦者常戴，借指宦官。

43. 郎属：户部的高级属官。附离：附着，依附。

44. 纠弹：检举弹劾。

45. 中：中伤。

46. 崇祯：明思宗朱由检的年号（1628—1644）；传记底稿原作"崇正"，据清道光二年《广东通志》卷二百九十七《列传三十·区大伦传》改为"崇祯"。

47. 未几：见［29］《林承芳》注释9。

48. 及门士：弟子。及门：正式登门拜师受业。执心丧：老师死后，弟子不穿丧服，只在心里悼念，称"心丧"。

49. 正学：合乎正道的学说；西汉武帝时，排斥百家，独尊儒术，始以儒学为正学。

50. 俟：等待。知者：能了解某人的人。
51. 疾且革：即疾革，病情危急。疾：病，身体不舒适。革：危急。
52. 惓切：恳切（关注）。后学：后进的学者或读书人，常用做谦辞。

【传主简介】

区大伦（1551—1631），区益第四子，明代学者、教育家。提倡学习的宗旨是明德，主张经世致用，批判狂放的夸夸其谈的空谈者，鼓励坚持操守的实干者；排斥儒佛结合的非正统的儒家学说，以保卫正统儒家学说。擅长诗歌，有"岭南才子"之美称，但他更多是为皇帝起草诏令文书。著有《区罗阳集》。

[32] 朱 完

朱完，字季美，晚自号白岳山人。姿敏好学，年十七由顺德学充廪膳生[1]。父执欧工部大任、黎参议民表以文学负重望[2]。折行辈[3]交之，称"小友"。父谟，宦成[4]后，移居省垣[5]。完与兄樵于北郭筑虹冈别业、环谷山庄及清晖、师古、巢云诸精舍[6]，备极花竹池台之胜；复精购古书、名画、吉金、乐石[7]，日枕籍[8]其中。以故辞藻、翰墨名顷海内[9]。自两台、监司、郡守、令长至[10]，外来使客冠盖日络绎于门[11]。尝为陈尚书大科聘修《粤乘》及许氏《说文》、徐氏《初学记》[12]，李太仆开芳[13]聘修《石室志》，胡方伯心得聘修《草堂诗余》诸书[14]。顾完性好游，尝渡岭，历衡湘，泛洞庭，寻荆襄、江汉争战故墟[15]，凭吊兴亡之迹，浮江逾淮至广陵钟吾[16]，反观金陵宫阙，南访姑苏台探禹穴[17]，观潮于钱塘，遍览浙东[18]山水，括苍天姥、雁荡龙湫、天台石梁[19]，一一穷其幽胜[20]，逡巡循闽峤而返[21]，足迹半天下。到处巨卿、名彦争逢迎交欢[22]。京山尚书李维桢声华盖[23]，代淮上倾盖[24]，谓完兼名士所长。永嘉布衣何白[25]气高无所让，独推挹完笔花墨沈宝贵[26]，一时山陬海澨、骆越鸡林，莫不争求手迹[27]。完自倦游，归，遂弃举业[28]，不复试。有司选贡国学[29]，谢不赴，时以为高而非其本指[30]也。乃为友人邓虞一作《啬如园赋》以见志焉。粤东诗社自南园前后五先生[31]外，惟越山社、浮邱社最著名，自后风流[32]稍歇。完乃与顺德潘子朋辈继踵而起，推襟送抱[33]，社事复倡，粤台风雅[34]得以不坠，完之力为多。完秀眉目，扬声玉色[35]，谈笑有酝藉[36]。敦内行[37]，庭闱色养[38]，宗党[39]咸曰有子。兄宏早殁，与仲兄挚爱，出入必偕。嗜朋友如性命，倾倒曲尽[40]，故为四方人士所归。性尤任侠，当盛年车马杂沓，岁费数千金而缓急[41]，时有家人或数米而炊，门人林穆七丧不举，罄赀襄事[42]，戚故待举火者恒伯什家[43]。为文刻意新裁，诗以自然为宗，书赅[44]众体，八分[45]肃整清劲，独步端州石室、罗浮逃庵诸石刻[46]，海宇拊拓[47]，照耀自今画理[48]，人能品墨竹[49]，与万国桢[50]齐名，自谓得玉局遗法[51]。卒，年五十九。（曾中立据《县志》、《续县志》、黎《志》、《朱氏家谱》参修）

【传记来源】
《朱完传》选自清光绪九年《九江儒林乡志》卷十三《列传·文学》。

【辑注参阅】
本辑注参阅清同治十一年《续修南海县志》卷十八《列传·文学·朱完传》，清光绪五年《广州府志》卷一百三十九《列传二十八·方伎·朱完传》。

【注释】
1. 廪膳生：即廪膳生员，简称廪生，科举制度中生员名目之一。明代府、州、县学生员最初每月都给廪膳，补助生活，名额有定数，明初府学四十人，州学三十人，县学二十人，每人月给廪米六斗。清代沿明制，经岁、科两试一等前列者，每年发廪饩银四两。明万历三年（1575），朱完由广州府顺德县学选充廪膳生员。
2. 欧工部大任：即欧大任，见［25］《欧大任》。黎参议民表：即黎民表，见［23］《吴旦》注释6。
3. 行（音 háng）辈：亦称"辈行"或"辈份"，意即排行与辈分，以世代为标准对亲属关系的区分。
4. 宦成：谓登上显贵之位。
5. 省垣：省行政机关所在地；这里指广州。
6. 精舍：儒生、道士、僧人、玄士修行者的住处。

7. 吉金：古以祭祀为吉礼，故称铜铸之祭器为"吉金"；以后作为钟鼎彝器的统称。乐石：泛指碑石或碑碣。

8. 枕藉：枕头与垫席，引申为沉溺、埋头。

9. 以故：见［19］《李义壮》注释30。辞藻：诗文的辞采，常指用以藻饰文辞的典故或古人著作中的现成辞句；这里借指文辞。翰墨：见［29］《林承芳》注释3。

10. 两台：藩台和臬台的合称；这里指地方最高行政长官承宣布政使和提刑按察使。监司：古代官名，有监察州县之权的地方长官。郡守：见［6］《区册》注释12。令长：秦汉时治万户以上县者称为"令"，不足万户者称为"长"；后以"令长"泛指县令。

11. 使客：即使者，见［12］《王佐》注释14。冠盖：古代官吏的帽子和车盖；这里借指官吏。冠：礼帽。盖：车盖。

12. 陈尚书大科：即陈大科（1534—1601），字思进，号如冈，南直隶扬州府通州（今江苏省南通市通州区）人，明代文学家、刻书家，隆庆五年（1571）进士，曾任两广总督，官至兵部尚书，其主要文化成就在于编纂地方志、校勘、刊刻古籍，著有《陈如冈文集》。《粤乘》：官方的广东地理总志。《说文》：即《说文解字》，（汉）许慎撰，是中国第一部系统地分析汉字字形和考究字源的字书。《初学记》：（唐）徐坚撰，古代综合性类书。此书的编撰原为唐玄宗诸子作文时检查事类之用，故名《初学记》。

13. 李太仆开芳：即李开芳（生卒年不详），字伯东，别号还素，福建布政司泉州市永春县（今福建省泉州市永春县）人，明万历十一年（1583）进士，官至南太仆卿，著有《农乐图歌》。

14. 胡方伯心得：即胡心得（1537—1614），字元静，号襟寰，浙江布政司杭州府仁和县（今浙江省杭州市余杭区）人，明嘉靖四十四年（1565）进士，官至广东按察使、广东左布政使，著有《郧阳奏疏》。诗余：词的别称，因词是由诗发展而来并被认为是诗的降一格的文学式样，元代以后，文人称词为"诗余"。

15. 故墟：遗址。

16. 广陵：古代地名，扬州的古称。钟吾：宿迁的古称。

17. 禹穴：夏禹的葬地。

18. 浙东：浙江东路的简称，古代钱塘江以南简称浙东，包括今天浙江省绍兴市、台州市、温州市、丽水市、舟山市、金华市、衢州市等。

19. 括苍天姥：指浙东名山天姥山，位于绍兴市新昌县儒岙镇。雁荡龙湫：指浙江省雁荡山响头岭大龙湫。天台石梁：指浙江天台山中方广寺东侧山腰间一块横空架在溪上的天然巨石,其形状宛如屋梁,故名"石梁"。

20. 幽胜:幽静而优美,幽静的胜地。

21. 逡巡:想走又不走的样子。闽峤:福建境内的山地。

22. 巨卿:大官。名彦:名人才士。逢迎:迎合。交欢:见[19]《李义壮》注释29。

23. 李维桢(1547—1626),字本宁,湖广布政司承天府京山县(今湖北省荆门市京山县)人,明代历史学家,隆庆二年(1568)进士,官至南京礼部尚书,著有《大泌山房集》。华盖:本意是帝王车驾的伞形顶盖,泛指高贵者所乘之车;这里指朝廷。

24. 倾盖:指途中相遇,停车交谈,双方车盖往一起倾斜;形容一见如故。

25. 何白(1562—1642),字无咎,浙江布政司温州府乐清县(今浙江省温州市乐清市)人,明末布衣诗人,家贫而致力于学习,孜孜不倦,著有《汲古堂集》。

26. 推挹:推辞揖让。笔花:即笔生花,相传李白少时,梦见所用笔头上生花,后来文才横逸,名闻天下;后用"笔生花"谓才思俊逸,文笔优美。墨渖:墨汁,这里指学问。

27. 山陬海澨:山隅和海边;泛指荒远的地方。骆越:古代部落名,是古代越族人最集中的分布地区,辖境相当于今越南北部至广西南部一带。鸡林:古代新罗王国,辖境相当于今韩国庆州中部一带。

28. 举业:为应科举考试而准备的学业,明清时专指八股文。

29. 有司:见[1]《王范》注释7。选贡:科举制度中贡入国子监生员的一种;明代在岁贡之外考选学行兼优者充贡,称选贡。

30. 本指:即本旨,原意。

31. 南园前后五先生:南园前五先生,见[12]《王佐》注释3;南园后五先生,见[23]《吴旦》注释8。

32. 风流:犹遗风,流风余韵。

33. 推襟送抱:向对方表示殷勤心意的意思;语自《南史·张充传》:"所可通梦交魂,推襟送抱者,唯丈人而已。"

34. 风雅:见[30]《区大相》注释25。

35. 扬声:声誉传扬。玉色:玉的颜色,比喻坚贞的操守。

36. 酝藉:藏在其内,隐藏而不外露的意思,多形容君子气质。

37. 内行:平日家居的操行。

38. 庭闱:内舍,多指父母居住处。色养:作为人子,和颜悦色奉养父母或孝顺父母，称为"色养"。

39. 宗党：宗族，乡党。

40. 倾倒：极端赏识感佩。曲尽：见［13］《孙蕡》注释6。

41. 缓急：急迫、困难的事，这里指朱完帮人解决困难的事。

42. 赀：见［9］《区仕衡》注释33。襄：辅助。

43. 戚故：亲朋好友。举火：点火，引申为过生活，维持生计。

44. 赅（音gāi）：包括，兼。

45. 八分：古代汉字一种书体的名称，亦称"楷隶"，指东汉中期出现的新体隶书。

46. 端州石室：指《端州石室记》石刻，（唐）李邕撰，清初刻在广东肇庆七星岩石室洞外，素有"镇岩之宝"的美誉，属国家重点保护文物；传记底稿原作"端舟"，应为"端州"。逃庵：这里指明代地方志专家叶春及在广东省罗浮山石洞山房的《逃庵记》摩崖石刻。叶春及曾归隐罗浮山，筑逃庵阁以居，自称逃庵主人，他留下很多题记，其中最出名的就是《逃庵记》石刻。

47. 海宇：即海内、宇内，指国境以内之地。抚拓：在刻铸有文字或图像的器物上，涂上墨，蒙上一层纸，捶打后使凹凸分明，显出文字图像来。

48. 画理：绘画的原理。

49. 墨竹：墨画的竹子，相传始于唐代吴道子，北宋的文同、清代的郑板桥都是画墨竹的名家。朱完随父在广州北郊筑虹冈别业、环谷山庄及清晖、师古、巢云等舍，种植几万竿竹子。朱完临竹泼墨，求墨竹画者几乎踏破门槛。

50. 万国桢（生卒年不详），字伯文，广东布政司广州府南海县（属今广东省广州市）人，明代书画家，万历末年贡生，擅长水墨花卉。

51. 玉局：指苏轼（1037—1101），字子瞻，又字和仲，号东坡居士，自号铁冠道人，西川路眉州眉山县（今四川省眉山市）人，北宋著名文学家、书画家，"唐宋八大家"之一，其诗、词、赋、散文均成就极高，且善书法和绘画，后代文人称其为"坡公""大苏"，著有《东坡七集》《东坡乐府》。苏轼曾任玉局观提举，后人遂以"玉局"称之。遗法：前代遗留下来的典章法则。

【传主简介】

朱完（1558—1617），广东布政司广州府南海县九江堡（今广东省佛山市南海区九江镇）人，明末岭南诗画家。平生厌弃科名，爱游名山大川。擅长墨竹，精于隶书，其隶书严整清劲，独步当时。擅长诗文，以文名著于当时，其文构思别出一格，其诗以自然为宗，遒劲清雄。著有《白岳山人全集》。

[33] 区怀瑞

区怀瑞，字启图。少负大才，好读汉唐书。未弱冠[1]，从父大相玉署[2]中，赋《秋雁》诗，为首辅赵公志皋[3]器重。举天启丁卯（1627）孝廉[4]，以文章节义自勖[5]，未尝轻履公庭[6]。郡守陆鏊[7]慕其才，聘辑《府志》[8]。精核大备[9]，蔚然成一郡良书。授湖广当阳知县，值流寇[10]残破之余，力行抚字[11]，招集逃亡，民始安堵[12]。兴学校，设义仓，维新百度[13]。直指使者[14]余公首荐。未几[15]，以内艰[16]去。后补直隶平山[17]令，流寇益肆。不二年，挂冠[18]归里。日以崇正学、砥末流为己任[19]。生平多所著述，有《趋庭稿》《游燕吴草》《游滁草》《玉阳稿》《琅玕巢稿》[20]行于世。（旧《志》）

【传记来源】
《区怀瑞传》选自清光绪二十年《高明县志》卷十三《列传一·人物》。

【辑注参阅】
本辑注参阅清雍正九年《广东通志》卷四十七《人物·文苑·区怀瑞传》，清道光二年《广东通志》卷二百九十七《列传三十·区怀瑞传》。

【注释】
1. 弱冠：见[26]《梁有誉》注释6。
2. 从：跟随。玉署：指翰林院，亦称"玉堂"。区怀瑞父亲区大相曾居翰林院十五年。
3. 首辅：见[16]《梁储》注释9。赵公志皋：即赵兰溪，见[27]《区大枢》注释3。
4. 孝廉：见[2]《黄恭》注释6。
5. 文章节义：不仅文字优美，还充满忠君爱国的正气。勖（音xù）：勉励。
6. 轻履公庭：轻易地到官衙去做官。

7. 郡守：见［6］《区册》注释12。陆鏊（生卒年不详），字味道，号廉石，明天启五年（1625）进士，曾任肇庆知府，主持组织纂修《肇庆府志》。后官至广东右布政使。

8. 辑《府志》：指明崇祯二年（1629），区怀瑞以肇庆府高要县举人身份参加纂修《肇庆府志》。

9. 精核：精辟翔实。大备：一切具备，完备。

10. 流寇：到处流窜的盗匪，流动不定的叛乱者；这里指李自成的起义军。

11. 抚字：对百姓的安抚体恤之意。

12. 安堵：安居。

13. 维新百度：多方面进行革新。

14. 直指使者：特派使者。直：通"特"，单，单一。指：派。使者：见［12］《王佐》注释14。

15. 未几：见［29］《林承芳》注释9。

16. 内艰：见［15］《梁轸》注释8。

17. 直隶平山：古代县名，辖境相当于今河北省石家庄市平山县。

18. 挂冠：即辞官，除下官帽。

19. 正学：见［31］《区大伦》注释49。末流：等级或质量低的；这里指颓风弊俗。

20. 《琅玕巢稿》：区怀瑞撰，明天启崇祯间刻本，属于集部的别集类；传记底稿原作"《琅玕巢稿》"，据清雍正九年《广东通志》卷四十七《人物·文苑》改为"《琅玕巢稿》"。

【传主简介】

区怀瑞（1589—1646），区大相长子，明末诗人、地方史志家，"南园十二子"之一。出生于官宦诗书之家，大器晚成，尊崇儒学，博文善治。屈大均对区怀瑞的诗歌作出颇高的评价，谓怀瑞"雄才绝力"，可以自成一家。著有《碧山草堂稿》。

［34］区怀年

区怀年，字叔永，大相之仲子[1]。幼而聪颖，十岁能诗，官寮[2]咸器重焉。英年应恩选[3]，历太学[4]，考通判职[5]。丙子（1636），入都候选[6]，以内艰[7]回籍。后授翰林院孔目[8]。归[9]，卧云石，学赤松[10]游，日以赓和[11]撰述为事。有《楚乡亭》《石洞游》《一啸集》《击筑吟》《燕邸旅言》《玄[12]超堂稿》诸书传世。社中推怀年诗文有馆阁气[13]，与伯兄怀瑞齐名[14]。（旧《志》）

【传记来源】
《区怀年传》选自清光绪二十年《高明县志》卷十三《列传一·人物》。

【辑注参阅】
（清）温汝能《粤东诗海》卷四十五《区怀年小传》。

【注释】
1. 大相：即区大相，见［30］《区大相》。仲子：次子。
2. 官寮：即官僚，指官员。寮：通"僚"，古代指同在一起做官的同事。
3. 英年：盛壮之年。恩选：因父兄的官爵得以有资格应选官职；区怀年是明天启元年（1621）贡生。
4. 太学：见［9］《区仕衡》注释7。
5. 考通判职：指区怀年参与考核通判任职情况。
6. 候选：古代自道员以下官员，初由考试或捐纳出身，及官员因服丧期未满而应召，皆须赴吏部报到，开具履历，呈送保结，吏部查验属实，允许登记后，听候依法选用，称"候选"；这里指明崇祯九年（1636），区怀年入京听候选用。
7. 内艰：见［15］《梁轸》注释8。
8. 孔目：原指档案目录，后称掌文书之吏员。
9. 归：指区怀年在清初拒绝与清廷合作，归隐故里，从事诗词创作和学术研究。
10. 赤松：即赤松子，古代神话中的仙人，前承炎黄，后启尧舜，奠定华夏万世基业的中华帝师；语自《汉书·张良传》："愿弃人间事，欲从赤松子游耳。"
11. 赓和：续用他人原韵或题意唱和。
12. 玄：传记底稿原作"元"，应为"玄"；参［25］《欧大任》注释34。
13. 馆阁气：指文章像馆阁体那样庄重典雅。
14. 伯兄：长兄；兄弟排行是伯、仲、叔、季。怀瑞：即区怀瑞，见［33］《区怀瑞》。

【传主简介】

区怀年（1592—1667），区大相次子，明末诗人、书法家，"南园十二子"之一。出生于官宦诗书之家，以山水为乐，以撰述为事。其诗歌感伤时事，充满抑郁之气；其文庄重典雅。著有《玄超堂稿》。

[35] 李孝问

李孝问，字懿衷，赠尚书[1]，畅仲子[2]。生有异质，端严简重[3]。十岁通《易》[4]，能文，铮铮有声。俄以诸生食饩[5]。皂阳方郡守造士会城[6]，推为高足，每评其文，曰："是语，非是人不能道。"畿[7]省十一战，两登乙榜[8]，为姚瀛曙司李、袁越畸邑令所知[9]。俄收俄失[10]。姚公每叹曰："不及收此名士。"光宗御极[11]，诏选士[12]一人，蔡质凡学使[13]首举，以应成均[14]。事竣，部试[15]，署邑令，未及受官[16]而卒。生平识高才朗，留心时务。省中濠境之备御[17]，定弓[18]之减免，蒿目持筹[19]，曲中[20]事情，而里门营兵之设[21]，建营料饷，多出其经画[22]。乡人贴席[23]，至今赖之。与弟尚书待问[24]同祀乡贤。（陈《志》）

【传记来源】

《李孝问传》选自民国十二年《佛山忠义乡志》卷十四《人物·文苑》。

【辑注参阅】

本辑注参阅清康熙三十年《南海县志》卷十二《人物·文学·李孝问传》，清雍正九年《广东通志》卷四十五《人物·文苑·李孝问传》，清道光十年《佛山忠义乡志》卷九《人物·文苑·李孝问传》。

【注释】

1. 赠尚书：指李孝问死后因其弟李待问曾出任户部尚书而获封赠尚书。

2. 畅：即李畅（1501—1582），字若无，明代学者，官至韶州司仓，著有《蜩笑集》。仲子：见 [34]《区怀年》注释1。

3. 端严：端庄严谨。简重：庄严持重，严肃郑重。

4. 《易》：即《周易》，中国古代指导人们认识和利用自然规律、社会发展规律的哲学典藉。

5. 诸生：见［9］《区仕衡》注释9。食饩：亦称"食廪饩"或"食廪"，明清经考试取得廪生资格的生员享受廪膳补贴。饩（音 xì）：赠送的食物。

6. 郡守：见［6］《区册》注释12。造士：造就学业有成就的读书人。会城：省城；这里指广州。

7. 畿：见［21］《伦以训》注释8。

8. 乙榜：科举制度中考取举人的别称。考试后揭晓名次的公告称为"榜"。乙与甲相对而言，中进士称"甲榜"或"两榜"，中举人则称"乙榜"或"一榜"。

9. 姚瀛曙（生卒年不详），浙江布政司绍兴府会稽县（今浙江省绍兴市越城区）人，明万历二十九年（1601）进士，官至潮州府推官。司李：即司理，古代官名，掌狱讼之官，明至清初对推官的习称。邑令：县令。

10. 佹收佹失：即佹得佹失，指得失出于偶然。佹（音 guǐ）：背离。

11. 光宗：见［31］《区大伦》注释28。御极：登极，皇帝即位；语自（梁）刘勰《文心雕龙·时序》："明帝秉哲，雅好文会，升储御极，孳孳讲艺。"

12. 选士：古代选拔人才的一种制度，录取乡人中德业有成者。

13. 学使：古代学官名，管教育科举；清雍正年间改称"学政"，每省设一人，按期到所属各府、县考试童生和生员。

14. 成均：古代的大学，后泛指官设的最高学府。

15. 部试：指礼部举办的考试。

16. 受官：授与官职。受：通"授"，给，与。

17. 濠境：即澳门；明代史书称澳门为"蠔镜""蚝镜"，清代文献称澳门为"濠镜"。备御：防备。

18. 定弓：即定弓田，土地制度用语，经过政府勘测丈量后所定之田。明清时丈量土地以弓为量具，经丈量后确定该地段的长与阔，由此核定该土地的实际面积，老百姓就按照勘实亩数交纳赋税。

19. 蒿目：即蒿目时艰，指对时事忧虑不安。持筹：手持算筹，多指理财或经商。

20. 曲中：全都符合。

21. 里门营兵之设：指明万历四十二年（1614），李孝问弟弟尚书李待问以郎中归里身份，倡议建立忠义营保卫佛山。

22. 经画：经营筹划。

23. 乡人：乡里乡亲。贴席：安卧于席，比喻安稳。

24. 李待问（1582—1642），字葵孺，号献衷，明代学者，佛山民间慈善的启蒙者，万历三十二年（1604）进士，官至户部尚书，著有《松石轩诗集文集》。

【传主简介】
李孝问（？—1620），广东布政司广州府南海县佛山堡栅下铺天官坊（今广东省佛山市禅城区祖庙街道新风路）人，晚明史志家。见识远大，热心家乡公益事业，与其弟李待问一起，对修建佛山的灵应祠、通济桥、文昌书院、羊城古道等乐捐不倦。其文章贯通时务，言词刚劲，文采出众。

[36] 黄士俊

黄士俊，字亮垣，号玉崟，曰碧滩钓叟者，则予告后所自署也[1]，甘竹人。曾祖斌，教读邻县，撤帐[2]归，遇失金投水者，尽所携脩脯[3]与以救之，不以语人。诸从阅，至酿命，被累及，自投狱，谓己赀尚可苟延待白[4]。诸从贫，难任讼也。祖廷玑，号翠屏，捐产与兄廷瑾、廷珣，白父，累横逆不校[5]。好吟咏，为师乡里，称"祭酒"。著有《淑里集》《伦谊编》。父镐，字建周，博学能文，不求闻达，能以文验人修短[6]。尝以田宅让兄弟，焚黄[7]号泣，甘露降松柏。筑石围捍水，人称"黄公堤"。出必携钱给贫者。百龄卒，祀乡贤。

士俊生七岁能文词，读书鹅山绿竹亭，多异征。万历癸卯（1603），举乡书，既捷[8]，闻伯兄客高凉者方病[9]，曰："安有急科名[10]而缓友于乎？"亟奔赴，视汤药，扶榇[11]以归，不复北。万历丁未（1607），第进士，廷对第一[12]。旋丁嫡母忧[13]，亲觅葬地，倒植松竹识其界。越月，松竹俱生，盖孝感[14]云。服阕，赴京，补国史修撰[15]。李廷机、叶向高当国[16]，每朝廷大典，必相咨询。两出典试[17]，所取多知名士。尝奉差册封肃藩[18]，归绘所历晋、楚、豫诸省地图，详载地方官民利病[19]。以进，帝嘉纳[20]焉。庚申（1620），迁太子洗马，历诸坊官。天启癸亥（1623），升詹事兼侍读学士[21]，日讲，旋进礼部右侍郎。时魏阉与客氏表里为奸[22]，朝政日替，遽[23]假归。同年杨涟、左光斗、周顺昌送之[24]，兴叹以为能知先几[25]。崇祯初元戊辰（1628），庄烈帝[26]召授吏部右侍郎。明年，擢礼部尚书，掌詹事，纂修神宗、光宗两朝《实录》[27]，充玉牒馆总裁、起居记注、经筵讲官。考满加恩封赠如例[28]，九卿首推大拜[29]，以亲老[30]辞。庚午（1630），父镐已百岁，乞归省视，得旨赐金币，驰驿南还，仍给"熙朝人瑞"额，建坊里门[31]，皆异数也。与季弟士俶同居[32]，事父如未达时。甲戌（1634），还，仍掌大宗伯，知无不言，清理宗勋恤典皆称旨[33]。会考选御医，向惟厂卫权要主之[34]，士俊不为挠，当时内侍有"清正黄尚书"之目。御医库被盗事，在禁中人多畏缩，士俊勘讯如法，至追复宗才援授等例，皆手定。迭奉温旨如往例行[35]。明世故事[36]，阁臣缺，必会九卿推上。丙子（1636），帝以时事孔亟[37]，密书诸臣名，斋沐告天，得三人：孔贞运、贺逢圣、士俊与焉[38]。六月，命下，举朝庆得人[39]。是冬，以守城功，逾年，以筹边功，晋阶光禄，加太子太保、户部尚书，封赠至曾祖，如其秩子荫。廷对为读卷官，取刘同升[40]，以文卜其事业可大，其后同升果以大魁浠至阁部，论者谓其知人[41]。岁谳狱[42]三法司定决，呈阁辅磨勘[43]，前但虚应故事[44]。有县令某狱词可疑，士俊再三为平反，几忤旨，廷争之，得减成。同官悚慄相劝[45]，士俊曰："磨勘何事，人命至重，可坐视耶？"时议加辽饷，士俊力争之，条上四事：曰选举，曰政令，曰察官，曰弭盗。与权相意左，遂以病乞骸骨[46]，拂袖归。有旨赐彩币路费，予驰驿，仍敕抚按官，俟其病痊，即报召用。十一年戊寅（1638）正月也，道经西湖，与其门人许誉卿辈同游[47]阅月[48]，自言去国甚轻而忧国甚重，山林非息影地也。既抵里，疏陈求治太急、进退颇轻、民力已竭、筹边尚疏、饷务过繁、内防宜密六事，俞旨嘉答[49]有"朕当首纪御屏，以称卿山林廊庙至意"语。明年己卯（1639），遣中书舍人陈春辉就其家存问[50]，赐以羊、酒、俸币，敦趣入直，以老恳辞[51]。甲申（1644）正月，加柱国、太子太师、武英殿大学士，遣趣召尤急。未几，闯贼陷都城，帝殉社稷[52]。士俊闻，号恸几绝。既鼎革[53]，凡平昔章奏著作悉聚烧之，曰："埋名待尽，安用此为？"自是楼居不下[54]。

国朝顺治三年丙戌（1646），唐王自立于广州⁵⁵，以原官召之，不赴。先一月，永明王自立于肇庆⁵⁶，改元以伪永历。三年（1649）正月朔⁵⁷，罢其阁臣朱天麟⁵⁸，召士俊与何吾驺入辅台省⁵⁹。以士俊耄不能决事，数为论列⁶¹，乞罢⁶²，不许。逾年正月，南韶破于大兵，王仓皇西上，廷臣多乘间逃者。士俊坐阁中不去，王濒行，念其老不能从，令回籍听召。归，乃居楼上⁶³。阅数载⁶⁴，惛不知人，随卒，年八十五。

子昌祯，字符昇。十二补诸生，崇祯丙子（1636），举于乡⁶⁵。考授⁶⁶左军都督府都司，转科中书⁶⁷礼部主客主事，出使册封，加太常卿。善书，好吟咏。著有《赍园诗集》。昌祺，字符鼎，以荫官工部虞衡主事，督造军器，尽瘁卒，赠光禄寺卿，予祭葬⁶⁸，与弟昌禧皆早卒。昌禧子承珣，字公谋，生性慧而孝，祖母潘爱之。奉事⁶⁹备至，疾，亲涤器，衣不解带。潘死，一恸而亡。（按：姚《志》昌祯、昌祺皆先卒。昌禧以荫为中书舍人，进礼部、工部主事异，今从《采访册》）（《明史》、《史稿》、《人谱》、姚《志》、《五山志林》、《风倒梧桐记》、《所知录》、《行在阳秋》、《采访册》）

按：《风倒梧桐记》平、靖二王⁷⁰攻陷羊城，旧辅何吾驺、黄士俊及杨邦翰、李贞、吴以连等各各投诚。今考国朝《贰臣传》，无士俊名，则语属子虚可知。

【传记来源】
《黄士俊传》选自清咸丰三年《顺德县志》卷二十四《列传四》。

【辑注参阅】
本辑注参阅《明史》卷二百五十三《列传第一百四十一·黄士俊传》，清道光二年《广东通志》卷二百八十三《列传十六·黄士俊传》，清光绪五年《广州府志》卷一百二十二《列传十一·黄士俊传》。

【注释】
1. 予告：见[21]《伦以训》注释4。自署：自己给自己署名，也就是自称的意思；明崇祯十一年（1638），黄士俊在朝为官，见国是日非，乱机四伏，自己又处处受到台阁首辅张至发等人掣肘，慨然辞官，自号碧滩钓叟。

2. 撤帐：塾师停止授课，称"撤帐"；这里指黄士俊曾祖黄斌私塾停课。

3. 脩脯：古代私塾学生送给老师的礼物或酬金。脩：通"修"，干肉。

4. 诸从：古代同一宗族次于至亲者，称"从"，如从父、从兄、从子等；这里指黄斌的各位从兄弟。阋（音 xì）：争吵，争斗。赀：见［9］《区仕衡》注释33。苟延：这里指勉强维持生存。

5. 白父：这里指黄廷玑替父亲洗清冤屈。横逆：横暴的行为。不校：不计较。

6. 修短：长短，本指物的长度；这里指人的优点缺点。

7. 焚黄：古代祭告家庙祖墓，告文用黄纸书写，祭毕即焚去，谓之"焚黄"；后亦称祭告祝文为"焚黄"。

8. 既捷：这里指黄士俊乡试中举。

9. 伯兄：见［34］《区怀年》注释14。高凉：古代县名，辖境相当于今广东省茂名市高州长坡一带。

10. 科名：科举考中而取得的功名。

11. 扶榇：即扶柩，护送灵柩。榇（音 chèn）：棺材。

12. "第进士"二句：指明万历三十五年（1607），黄士俊再度赴京，参加会试，榜上有名；殿试时，黄士俊以条对符合皇帝心意，被明神宗擢为第一甲第一名。廷对：见［11］《张镇孙》注释2。

13. 嫡母：妾生的子女称父亲的正妻为"嫡母"。丁母忧：古代丧制，子遭逢母亲去世，子要守孝三年，称"丁母忧"。

14. 孝感：即孝感动天，《二十四孝》中第一个故事。相传，舜的父亲瞽叟及其弟象，多次想害死舜：让舜修补谷仓仓顶时，从谷仓下纵火，舜手持两个斗笠跳下逃脱；让舜掘井时，瞽叟与象却落土填井，舜掘地道逃脱。事后舜毫不嫉恨，仍对父亲恭顺，对弟弟慈爱。舜的孝行感动了天帝，舜在历山耕种，大象替他耕地，鸟代他锄草。这里指黄士俊的孝感动上天，松竹生长茂盛。

15. 服阕：见［2］《黄恭》注释8。补国史修撰：这里指黄士俊登第后任翰林修撰，主要负责修国史。补：见［2］《黄恭》注释12。国史：见［30］《区大相》注释6。

16. 李廷机（1542—1616），字尔张，号九我，福建布政司泉州府晋江县（今福建省泉州市晋江市）人，明万历十一年（1583）进士（榜眼），官至礼部尚书兼东阁大学士，著有《李文节文集》。叶向高（1559—1627），字进卿，号台山，晚年自号福庐山人，福建布政司福州府福清县

（今福建省福州市福清市）人，明万历十一年进士，官至内阁首辅，著有《玉堂纲鉴》《苍霞余草》。当国：执政，主持国事。

17. 出：见［13］《孙蕡》注释8。典试：见［30］《区大相》注释19。

18. 册封：见［16］《梁储》注释5。肃藩：指兰州肃王。明洪武十一年（1378），朱元璋将其庶十四子朱楧封为汉王；二十五年（1392），改封肃王，驻平凉；二十八年（1395），设藩于甘州（今张掖市）；惠帝建文元年（1399年），肃王迁兰州修筑肃王府。

19. 利病：利弊，利害。

20. 嘉纳：见［22］《何维柏》注释14。

21. 侍读学士：明清中央政府官职之一，品等为从四品，职责是为皇帝及太子讲读经史，备顾问应对。

22. 魏阉：即魏忠贤（1568—1627），字完吾，原名李进忠，北直隶河间府肃宁县（今河北省沧州市肃宁县）人，明代末期宦官。明熹宗时期，出任司礼秉笔太监，极受宠信，排除异己，专断国政。客（音 qiě）氏（？—1627），名客巴巴，又名客印月，北直隶保定府定兴县（今河北省保定市定兴县）人，十八岁入宫成为皇孙朱由校的乳母；朱由校即位（是为熹宗）后，封客氏为奉圣夫人。客氏依仗熹宗的眷顾，与魏忠贤勾结，作恶多端，把持朝政十余年。

23. 遽：见［26］《梁有誉》注释24。

24. 同年：指同科中举的进士。杨涟（1572—1625），字文孺，号大洪，湖广布政司德安府应山县（今湖北省随州市广水市）人，明末忠臣，东林党领袖，万历三十五年进士，官至左副都御史，终身致力于反阉党以遏止魏忠贤，被诬下狱，惨死，后追赠太子太保、兵部尚书，著有《杨忠烈公文集》；传记底稿原作"杨琏"，据清乾隆四年《明史》卷一百三十二《列传第二十·杨涟传》改为"杨涟"。左光斗（1575—1625），字遗直，一字共之，号苍屿，南直隶安庆府桐城（今安徽省桐城市枞阳县）人，明万历三十五年进士，官至内阁大臣，亦因弹劾魏忠贤被诬下狱，惨死，著有《左忠毅公集》。周顺昌（1584—1626），字景文，号蓼洲，南直隶苏州府吴县（今江苏省苏州市）人，明万历四十一年（1613）进士，官至福州推官、文选员外郎，为魏忠贤党害，死于狱中，著有《烬余集》。

25. 先几：预先洞知细微。

26. 庄烈帝：指明亡国之君朱由检（1611—1644），明代第十六位皇帝，年号崇祯（1628—1644）。朱由检死后，南明弘光帝上庙号思宗，旋改毅宗，隆武帝上庙号威宗；清上庙号怀宗，谥号"守道敬俭宽文襄武体仁致孝庄烈愍皇帝",清代史书多简称为庄烈帝。

27. 神宗:见[25]《欧大任》注释23。光宗:见[31]《区大伦》注释28。

28. 考满:见[28]《梁鹤鸣》注释28。封赠:又称"封典",古代一品官曾祖父母以下均有封典,以封典给官员本身称为"授",封典给官员的曾祖父母、祖父母、父母和妻室、存者称为"封",已死的称为"赠"。

29. 九卿:见[22]《何维柏》注释51。大拜:指拜相。

30. 亲老:父母双亲年老。

31. "庚午"七句:指崇祯三年(1630),黄士俊父亲黄镐百岁大寿,崇祯皇帝封黄士俊父为尚书衔,并下旨为黄士俊父亲兴建牌坊,赐名"熙朝人瑞",书"一品百龄"牌匾。驰驿:驾乘驿马疾行。

32. 季弟:见[27]《区大枢》注释9。同居:古代指未分家的亲属共同居住;语自《汉书·惠帝纪》:"今吏六百石以上父母妻子与同居,……家唯给军赋,他无有所与。"颜师古注:"同居,谓父母妻子之外若兄弟及兄弟之子等见与同居业者,若今言同籍及同财也。"

33. 恤典:帝王对臣属规定的丧葬善后礼式。称旨:符合皇帝心意。

34. 厂卫:明代内廷的侦察机构。厂:指东厂、西厂、内行厂。卫:指锦衣卫。权要:指权贵。

35. 迭:屡次。温旨:温和恳切的诏谕,对帝王诏谕的敬称。

36. 故事:见[16]《梁储》注释52。

37. 孔亟:很紧急,很急迫。

38. 斋沐:古人在祭祀前沐浴更衣,整洁身心,以示虔诚。告天:祭告上天。孔贞运(1574—1644),字开仲,号玉横,南直隶池州府建德县(今安徽省池州市东至县)人,明代诗文家,万历四十七年(1619)进士(榜眼),官至首辅,著有《行余草》《古今奇文品胜》。贺逢圣(1587—1643),字克繇,一字对扬,湖广布政司武昌府江夏县(今湖北省武汉市)人,万历四十四年(1616)进士(榜眼),官至礼部尚书兼东阁大学士。

39. 得人:得到德才兼备的人。

40. 刘同升(1587—1646),字晋卿,又字孝则,江西布政司吉安府吉水县(今江西省吉安市吉水县)人,明崇祯十年(1637)进士(状元),官至兵部左侍郎。刘同升生不逢时,无力回天,便以文为伴,著有《锦鳞诗集》。

41. 大魁:见[11]《张镇孙》注释8。洊至:再至,相继而至。阁部:明清时内阁的别称。知人:通过平时的言行,真正了解人的内心。

42. 谳狱:见[20]《林钟》注释7。

43. 磨勘：反复琢磨，查核。

44. 虚应故事：照例应付，敷衍了事，指用敷衍的态度应付工作。

45. 廷争：见［16］《梁储》注释37。同官：见［16］《梁储》注释10。悚栗：恐惧、战栗。

46. 乞骸骨：见［12］《王佐》注释19。

47. 门人：见［13］《孙蕡》注释31。许誉卿（生卒年不详），字公实，南直隶松江府华亭县（今上海市松江区）人，明万历四十四年（1616）进士，官至吏部给事中，明亡为僧，著有《三垣疏稿》。

48. 阅月：经过一月。

49. 俞旨：意思是表示同意的圣旨。嘉答：意思是表示赞许的答复。

50. 舍人：古代官名。明清内阁中书科设中书舍人，掌书写诰敕文书之类。存问：慰问，慰劳；多指尊对卑，上对下。

51. 敦趣：敦促。入直：见［22］《何维柏》注释39。老惫：年老体衰。

52. "未几"三句：指崇祯十七年（1644）三月，李自成领导的农民起义军攻占北京，崇祯帝吊死煤山。未几：见［29］《林承芳》注释9。

53. 鼎革：建立新的，革除旧的；这里特指改朝换代。

54. 楼居不下：指黄士俊听闻南明灭亡之后，不下楼出门，以示志节。

55. "国朝"二句：指南明隆武二年（1646）十一月初五，大学士苏观生和广东布政使顾元镜等在广州拥立唐王朱聿鐭（音yuè）为帝，建立南明第三个朝廷——绍武政权。国朝：见［21］《伦以训》注释17。

56. 永明王自立于肇庆：指南明隆武二年十一月十八，明两广总督丁魁楚、广西巡抚瞿式耜、湖广总督何腾蛟等拥戴桂王朱由榔在广东肇庆称帝，建立南明的第四个朝庭——永历政权，以次年为永历元年。肇庆：见［12］《王佐》注释8。

57. 朔：即朔日，见［6］《区册》注释29。

58. 朱天麟（？—1652），又名沈天英，字游初，号震青，南直隶苏州府吴县（今江苏省苏州市吴江区），明崇祯元年（1628）进士，官至礼部尚书、东阁大学士，著有《七观斋集》《一弦草》。

59. 何吾驺（音zōu）（1581—1651），字瑞虎、龙友，号象冈，晚号闲足道人，广东布政司广州府香山县小榄乡（今广东省中山市小榄镇）人，明万历四十七年（1619）进士，官至大学士兼代理首辅，著有《元气堂诗集》《元气堂文集》。台省：汉代的尚书台，三国魏的中书省，都是代表皇帝发布政令的中枢机关，唐高宗时以尚书省为中台，门下省为东台，中书省为西台，总称为"台省"；后来指朝廷的中央机构。

60. 耄（音 mào）：年老，八九十岁的年纪。

61. 论列：议论的范围；这里指当时黄士俊因年近八十岁，难以任事，多次受到同僚讥讽。

62. 乞罢：见［22］《何维柏》注释50。

63. 居楼上：指黄士俊足不下楼。南明绍武政权成立不到三个月，便被降清的明将李成栋攻灭，绍武帝、苏观生等死难，黄士俊则投奔李成栋。后因李成栋不满清廷封赐，又与黄士俊一起归附永历。黄士俊因曾经剃发易服，变节降清，备受责难。永历四年（1650）清军破广州，永历帝遁走云桂，黄士俊因年迈回乡隐居。黄士俊回乡后尽焚其著，几年足不下楼，誓言不踏入清廷地面，以明其志。后人为纪念黄士俊居楼上，所居楼取名留芬阁，现为广东四大名园之一清晖园的最高建筑物。

64. 阅数载：时间经过几年。

65. 举于乡：传记底稿有误，黄昌祯没有科名，据清咸丰三年《顺德县志·刊误》改。

66. 考授：明清授官方法之一，即通过考试始授给官职。某些学官及经办文字事务之额缺，须通过考试才授职。

67. 科中书：即中书科中书，古代一种嘉奖的称号，承办中书省的书写事务。

68. 祭葬：对死者进行追悼、安葬的仪式和活动。

69. 奉事：侍候，侍奉。

70. 平、靖二王：平王指尚可喜（1604—1676），字元吉，号震阳，北直隶深州衡水县（今河北省衡水市）人，寓居辽东都指挥使司海州卫（今辽宁省鞍山市海城市），康熙年间晋封为平南王。靖王指耿继茂（？—1671），辽东都指挥使司盖州卫（今辽宁省营口市盖州市）人，清顺治八年（1651）承袭其父耿仲明的靖南王位。清顺治七年（1650），平南王尚可喜和耿继茂指挥清军在围城近十个月后，终于攻破广州城，随后对据城死守的广州居民进行了长达十二天的大屠杀。

【传主简介】

黄士俊（1570—1655），广东布政司广州府顺德县甘竹堡右滩村（今广东省佛山市顺德区杏坛镇右滩）人，明末书法家，顺德建县后第一个状元。一生为官秉公严正，不畏权势，有"清正黄尚书"之美誉。学识渊博，治学严谨，文思出众，才气过人，尤其擅对对联。其文章引经据典，论述精确，不偏不倚。其书法风骨俊美，神韵秀异，墨色丰润。著述颇丰，可惜几乎散失殆尽。

[37] 欧必元

必元，字子建。聪敏而淹博[1]，与何相国吾驺、李宗伯孙宸同学[2]。十五为诸生，试辄[3]第一。尝以时事多艰，慷慨诣巡抚，上书条陈急务[4]，善之而不能用，当时缙绅[5]称之曰"岭南端士"。六十方岁荐与修府县志乘[6]，颇餍士论[7]。晚游山水，兴[8]到千言立就。著有《勾漏草》《罗浮草》《溪上草》《璚玉斋集》。国朝康熙中[9]，行取大任文[10]，遂及必元遗集上之。子宠贤、思贤同为唐王监纪推官，死赣州之难[11]。同族永禄亦与焉。有同县李英[12]字少芝者，为大任仆。颇知声律[13]，楚楚有致[14]，朋从诗酒之会[15]，每令步和[16]。既而遂用为记室[17]，宦游[18]所至，恒得其力，人称之曰"李生[19]"。海内多知其名，士夫[20]有诵所为诗者。王世贞[21]辈每遇大任，必问："君家青衣[22]安否？"大任卒，无所依，遂卖酒于小洞村口，所家也，与佣保杂作[23]，啸歌[24]自得，居然隐者。著《餐霞》《历游》诸集，天目徐中行[25]序之，与《当垆集》附大任书[25]以行。（《明史》、《粤大记》、郝《通志》、《沙洲先生传》、《南园后五先生集》、《西樵游览记》、《行状》、《家传》、《五山志林》）

【传记来源】
《欧必元传》选自清咸丰三年《顺德县志》卷二十四《列传四》。

【辑注参阅】
本辑注参阅清康熙二十六年《顺德县志》卷六《列传·欧必元传》，清光绪五年《广州府志》卷一百二十二《列传十一·欧必元传》。

【注释】
1. 聪敏：聪明，反应敏捷。淹博：（学问）渊博。
2. 何相国吾驺：即何吾驺，见［36］《黄士俊》注释59。李宗伯孙宸：即李孙宸（1579—1634），字伯襄，广东布政司广州府香山县小榄乡（今广东省中山市小榄镇）人，明万历四十一年（1613）进士，官至南京礼部尚书，著有《建霞楼集》。
3. 辄：就，总是。

4. 急务：指（匡救时弊）紧急重要的事务。

5. 缙绅：见［19］《李义壮》注释19；这里指穆御史。

6. 岁荐：每年荐举。与：参与。志乘：志书。

7. 餍（音 yàn）：满足。士论：见［19］《李义壮》注释30。

8. 兴：兴致。

9. 国朝：见［21］《伦以训》注释17。康熙：清圣祖爱新觉罗·玄烨的年号（1662—1722）。

10. 行取：明代授官制度，地方官知县、推官，科目出身三年考满者，经地方高级官员保举和考选，由吏部、都察院协同注拟授职，称为"行取"；这里指结集刊印官员的文章。大任：指欧大任，见［25］《欧大任》。

11. 死赣州之难：指欧必元的两个儿子欧宠贤、欧思贤后来都随黎遂球守赣州，战死在抗清战场上。赣州：古代府名，辖境相当于今江西省赣州市。

12. 李英（生卒年不详），字少芝，欧大任的书僮，广东布政司广州府顺德县龙津堡（今广东省佛山市顺德区陈村镇）人，明代文士，有诗才，人称"青衣李生"，著有《历游集》《餐霞集》。

13. 声律：古代对诗和骈文在声调、音韵、格律等方面的要求。

14. 楚楚有致：纤细柔弱的样子，多形容娇柔妩媚，惹人爱怜。

15. 朋从：朋辈。诗酒：吟诗与饮酒。

16. 步和：步韵和诗。

17. 记室：见［2］《黄恭》注释2。

18. 宦游：古代指离乡求官奔波在外。

19. 李生：即"青衣李生"，这里是对李英的尊称。李英平生随大任游历，为主人整理诗文，因耳闻目染，终自学成才；一位仆人能如此为诗界所重视，实属罕见。

20. 士夫：这里指读书人。

21. 王世贞：见［26］《梁有誉》注释13。

22. 青衣：自汉以后以青衣为卑贱者之服，故称婢为"青衣"；这里指李英。

23. 佣保：雇工。杂作：一起劳动。

24. 啸歌：一种歌吟方式，不承担切实的内容，不遵守既定的格式，只随心所欲地吐露出一派风致、一腔心曲，因此特别适合于名士，体现出名士高雅闲淡、超拔脱俗的气质。

25. 徐中行：见［26］《梁有誉》注释15。

26. 附大任书：指后人编欧大任《欧虞部文集》时，亦将李英诗集

《餐霞集》附于其后。

【传主简介】
　　欧必元（1573—1642），欧大任从孙，广东布政司广州府顺德县龙津堡陈村（今广东省佛山市顺德区陈村镇赤花）人，明末诗人，"南园十二子"之一。能诗文，善吟咏，兴至落笔，千言立成；其诗文指陈时弊，大义凛然，不乏爱国忧民之作。擅长章草书法，体势古雅。著有《欧子建集》十卷。

[38] 李希孔

　　李希孔，字子铸。祖白吾，有还金厚德。父大遇，为柳州卫幕。孔生而颖悟，八岁能属文[1]，十三补邑弟子员。于书无所不读，每求明体达用[2]，不为口耳之学[3]，兼好为古文辞。笃于孝友[4]，慷慨有大志。为诸生，倡建魁冈塔、尊经阁[5]。九踬棘闱而志益励[6]。越万历己酉（1609）、庚戌（1610）年，乃联魁两榜[7]，观吏部政[8]。忽心动告归[9]，归数日而经历公[10]卒。居丧不饮酒茹荤者三年[11]。

　　服阕[12]，授中书舍人。奉命册封[13]陕藩，悉屏绝馈遗[14]。考选南道御史[15]，值辽左经抚失和[16]，致误封疆[17]。阅科姚宗文前后独挤经略熊廷弼[18]。孔甫拜命[19]，即疏纠之。举其可骇者二，揭其不解者三。疏再三上，纠其阻抑考选[20]，以"令旨[21]"二字抗言缴还，遏抑先帝非常之德[22]。一时人心大快，咸谓海瑞[23]复出。周冢宰嘉谟扬言于属云[24]："近数十年不见如许章疏[25]，李侍御气节棱棱，大有担当人也！"

　　泰昌元年（1620）冬，陛辞[26]而南，另条陈时务七款，以裨熹庙新政[27]。明年夏，驰疏奏府臣邵辅忠影匿之奸[28]。又明年，奉京营[29]差。因白莲作孽，留都震邻[30]。疏条四策，以戒不虞。抵京城，有最急七事之陈，必期实行。诸如讽去沈㴶辅淮，请速刘赞画[31]，时俊乞正邹之麟造书倾陷之罪[32]，凡皆侃侃[33]劲概，凛不可夺。而其大者，因修万历、泰昌两朝《实录》[34]，巨奸变乱是非，疏辨宫闱三大事[35]。天子嘉其忠，宣付[36]史馆。又疏请保姆出宫[37]，请诛崔文昇[38]，皆言人所不敢言者。金壬切齿[39]，几为主察者所中，幸正人[40]相扶得免。京营差满，旋差屯马[41]，未拜命而卒于邸[42]，举朝咸惜其大志之未毕也。所汇《南台疏草》具载家集中[43]，从祀[44]乡贤。次弟希孟，以恩贡授漳平县令[45]，有善政。

【传记来源】
《李希孔传》选自清嘉庆二十四年《三水县志》卷十一《人物·忠侃》。

【辑注参阅】
本辑注参阅清康熙十二年《三水县志》卷十二《人物·忠侃·李希孔传》，清雍正九年《广东通志》卷四十五《人物·文苑·李希孔传》，清光绪五年《广州府志》卷一百二十七《列传十六·李希孔传》。

【注释】
1. 属文：见［23］《吴旦》注释2。
2. 明体达用：是古代实学的一个重要概念，宋、元、明、清以来的实学思潮肇始于二程，程颢、程颐的实学概念的提出首先是从经学导入，并明确地提出了"治经，实学也"的命题。
3. 口耳之学：指只知道耳朵进口里出的一些皮毛之见，而没有真正的学识；后也指从道听途说中获取的片断知识。
4. 孝友：见［18］《伦文叙》注释18。
5. 魁冈塔：即魁岗文塔，位于佛山市三水区河口镇东南约一公里的魁岗，始建于明万历三十年（1602）。1984年被列为佛山市重点文物保护单位。尊经阁：始建于明万历三十五年（1607）的藏书之所，用以贮藏儒家重要经典及百家子史诸书，以供学宫生员博览经籍，阅读研求。
6. 踬：跌，落；这里指落第，即考试不中。棘闱：见［18］《伦文叙》注释7。
7. 联魁两榜：先通过乡试中得乙榜（举人），再通过殿试中得甲榜（进士）；这里指李希孔在明万历三十七年（1609）考中举人，第二年又考中进士。联魁：科举时代在乡试、会试中接连考取。两榜：甲榜、乙榜的合称，见［35］《李孝问》注释8。
8. 观……政：明代进士观政制度，士子进士及第后并不立即授官，而是被派遣至六部、九卿等衙门实习政事。
9. 告归：见［4］《卢宗回》注释6。
10. 经历公：指李希孔父亲李大遇，李大遇曾任柳州卫经历，故称

"经历公"。经历：见［13］《孙蕡》注释24。

11. 居丧：处在直系尊亲的丧期之中，要守孝。茹荤：本指吃葱韭等辛辣的蔬菜，后指吃鱼肉等。

12. 服阕：见［2］《黄恭》注释8。

13. 册封：见［16］《梁储》注释5。

14. 屏绝：屏弃、断绝；传记底稿原作"屏"，脱"绝"字，今补。馈遗（音wèi）：馈赠。

15. 考选：中国古代的官吏选拔制度，隋代以前主要是荐举，唐代以后主要是科举考试。南道：指南京江西道；传记底稿原作"南遭"，应为"南道"，据清雍正九年《广东通志》卷四十五《人物·文苑》改。御史：见［5］《李文孺》注释10。

16. 经抚失和：这里指明天启年间，辽东经略熊廷弼主守，巡抚王化贞主攻，意见分歧而不和。

17. 封疆：分封土地的疆界，引申为将某一地区全权交给某官吏管理。

18. "姚宗文"句：指户科给事中姚宗文联合辽东巡抚王化贞排挤经略熊廷弼。姚宗文（生卒年不详），浙江布政司宁波府慈谿县（今浙江省宁波市慈溪市）人，明万历三十五年（1607）进士，官至吏部给事中，著有《益城集》。熊廷弼（1569—1625），字飞白，号芝冈，湖广布政司江夏县（今湖北省武汉市江夏区）人，明万历二十六年（1598）进士，万历三十六年（1608），熊廷弼受命巡按辽东，著有《熊襄愍公集》；传记原文空了三个字位，应为"熊廷弼"，据清光绪五年《广州府志》卷一百二十七《列传十六·李希孔传》补。

19. 孔甫拜命：指（李希孔）刚刚任职。甫：见［13］《孙蕡》注释11。拜命：受命，多指拜官任职。

20. 其阻抑考选：姚宗文阻抑朝廷考选遴才。

21. 令旨：指当时皇太后之令。

22. 遏抑：阻止，抑制。先帝：前代已故的帝王。

23. 海瑞：见［31］《区大伦》注释4。

24. 周冢宰嘉谟：即周嘉谟（1545—1629），字明卿，祖籍湖广布政司汉阳府汉川县（今湖北省孝感市汉川市），世居湖广布政司承天府景陵县（今湖北省天门市），明隆庆五年（1571）进士，官至南京吏部尚书。周嘉谟对三水水利有过贡献，县人为立永赖祠纪念他，祠址在今广东省佛山市三水区人民二路旧文化馆址。冢宰：古代官名，吏部尚书称为"冢宰"。属：下属，部下。

25. 章疏：古代臣下向君上进呈的言事文书。

26. 陛辞：见［12］《王佐》注释20。

27. 裨：见［31］《区大伦》注释36。熹庙新政：指明熹宗即位后令东林党人主掌内阁、都察院及六部，杨涟、左光斗、赵南星、高攀龙、孙承宗、袁可立等许多正直之士在朝中担任重要职务，方从哲等奸臣已逐渐被排挤出去，吏制稍显清明。

28. 邵辅忠（生卒年不详），字广益，号上葵，浙江布政司宁波府定海县人（今浙江省宁波市北仑区）人，明万历三十三年（1605）进士，官至兵部尚书，著有《补陀山志》《舟山志》。影匿之奸：这里指邵辅忠与太监勾结。

29. 京营：明代京军编制，洪武初即设，隶大都督府。

30. 孽：恶事；传记底稿原作"尊"，据清光绪五年《广州府志》卷一百二十七《列传十六·李希孔传》改为"孽"。震邻：震慑左右。

31. 讽去：请求革除（职务）。沈揆辅漼：即沈漼（音què）（生卒年不详），浙江布政司湖州府乌程县（今浙江省湖州市吴兴区）人，明万历二十年（1592）进士，官至礼部尚书、太子少保。揆辅：即首辅，见［16］《梁储》注释9。刘赞画：即刘国缙（生卒年不详），山东布政司辽东都司复州卫（今辽宁省大连市瓦房店市）人，明万历二十三年（1595）进士，官至山东按察副使。刘国缙曾以兵部主事赞画军务，与姚宗义勾结攻击熊廷弼。

32. 时俊：当时的贤俊。乞正：乞求修正。邹之麟（生卒年不详），字臣虎，号衣白，自号逸老，又号昧庵，南直隶常州府武进县（今江苏省常州市武进区）人，明代画家，万历三十八年进士，诗文辞赋颇有古风，书学颜真卿，画学黄公望；传记原文空了三个字位，应为"邹之麟"，据清光绪五年《广州府志》卷一百二十七《列传十六·李希孔传》补。

33. 侃侃：指理直气壮、从容不迫地说话，形容人善于交谈，有风度。

34. 万历：见［22］《何维柏》注释45。泰昌：见［31］《区大伦》注释28。

35. 疏辨宫闱三大事：指李希孔在天启三年（1623）呈《上修两朝实录公论疏》中对封后遗诏、红丸、移宫等宫闱三大案提出严正处理意见。

36. 宣付：指皇帝的诏令交付外廷官署办理。

37. 保姆出宫：指熹宗婚后，其乳母客氏依例迁出宫去，熹宗不愿离开她，又要召回宫来。李希孔上《奏请出客氏疏》，请熹宗不要将已迁出宫的乳母客氏再迁回来。保姆：这里指客氏，见［36］《黄士俊》注释22。

38. 请诛崔文昇：指明天启元年（1621），李希孔上书请求诛斩在

"红丸案"中与郑贵妃勾结的崔文昇。泰昌元年（1620），泰昌帝病重，内侍崔文昇进泻药，鸿胪寺丞李可灼进献红丸，自称仙丹，泰昌帝服后死去。有人怀疑是郑贵妃唆使下毒，旋即展开了一系列的追查元凶的举动。因药丸是红色，故称"红丸案"。因误用药罪，崔文昇被贬南京。

39. 佥壬：小人。佥（音 qiān）：奸邪不正。切齿：齿相磨切，表示极端愤怒。

40. 正人：见［9］《区仕衡》注释9。

41. 屯马：聚集马匹的差事。

42. 邸：旅舍，客寓。

43. 具：见［20］《林钟》注释27。家集：私家之著述。

44. 从祀：见［19］《李义壮》注释31。

45. 恩贡：科举制度中由地方贡入国子监的生员之一种。明清定制，每年由府、州、县选送廪生入京都国子监学习，称为"岁贡"；凡遇皇帝登极或其他庆典而颁布恩诏之年，除岁贡外再加选一次，称为"恩贡"。漳平：古代县名，辖境相当于今福建省龙岩市漳平县。

【传主简介】

李希孔（约1575—?），广东布政司广州府三水县平田都金本乡洲边（今广东省佛山市三水区西南街道洲边）人，明末学者。为人慷慨有大志，为官不畏权势，直言忠谏。读书必求明理实用，尤爱好古文辞。著有《南台疏草》。

［39］欧主遇

欧主遇，字嘉可，号壶公，陈村人。……主遇质敏博学，笃孝友[1]，十赴秋闱，不售[2]。丁卯（1627），中副榜[3]贡，太学祭酒孔贞运赏异之[4]。时缙绅多属以文[5]。戊子（1648）饥，倡赈，存活数百家，人戴其德。居平，客来问字[6]，履满户外。晚年荐秘书，以病辞免[7]，优游林壑[8]，绝迹公门[9]。著有《西游》、《北游》两集，《醉吟草》，《自耕篇》。（姚《志》）

【传记来源】

《欧主遇传》节选自清咸丰三年《顺德县志》卷二十四《列传四》。

【注释】

1. 孝友：见［18］《伦文叙》注释18。
2. "十赴"二句：指欧主遇参加十次科举考试，都没有考中。秋闱：秋天举行考试的场院；特指科举制度在秋季举行的乡试。不售：本义卖不出去；这里指考试不中。售：指科举考试中榜。
3. 副榜：科举考试中会试或乡试取士，除正榜外另取若干名，列为副榜。
4. 太学：见［9］《区仕衡》注释7。祭酒：见［21］《伦以训》注释9。孔贞运：见［36］《黄士俊》注释38。赏异：赞赏称异。
5. 缙绅：见［19］《李义壮》注释19。属以文：即属文，见［23］《吴旦》注释2。
6. 问字：跟人学习，向人请教。
7. 辞免：请求辞官免职。
8. 优游：见［10］《区适子》注释15。林壑：树林和山谷。
9. 公门：衙门、官署。

【传主简介】

欧主遇（生卒年不详，1640年前后在世）欧必元从弟，明末诗人，"南园十二子"之一。工诗善书，参与倡复南园诗社。关心国事，参与政治，忧愤朝政，深感明末政局不稳，以诗明志。其诗抒发国破家亡的悲愤，表达自己苟全性命于乱世的矛盾和痛苦，悲歌慷慨，雄健有力。著有《自耕轩集》。

[40] 梁元柱

梁元柱，字仲玉，又字森琅，伦教人，系出宋招讨使起[1]。祖梦雷[2]，字明森，嘉靖辛酉（1561）举人。历官荆州[3]通判，政多奇迹。万历甲午（1594）亢旱，荆尤甚。有旨，令所在虔祷，梦雷祷雨。晨出遇道士，不避，自称能召风雨，亟下车揖之，携至东郊，偕登坛。须臾，雷雨大作，问："足乎？"梦雷曰："足矣，愿暂息。"果晴霁[4]。因与入城，中途道士私谓曰："公德及人多，但仙召[5]有日矣，可速归，当令异人生尔家。"言讫，忽自去。城中民欢呼以迎，上官特荐梦雷，坚辞，弃官归。抵家百日而元柱生。梦雷旋卒。父士芳，诸生。

元柱貌殊端秀，聪颖绝伦。稍长，有大志。外恂谨而中持刚介[6]。尝观竞渡[7]，溺，族父[8]援就己舍，勖[9]之学。元柱感奋力读，无寒暑间。万历戊午（1618），由副榜领乡荐[10]。天启壬戌（1622），成进士，授庶吉士，改御史，掌陕西道[11]。是时厂监魏忠贤结奉圣夫人客氏[12]，交煽[13]内外，权势赫灼，宰执[14]皆软靡听命，廷臣稍有声者，率罗致[15]而计去其异己。会所识某愿为介以见，辄峻拒之[16]。某曰："履虎尾，不畏咥人耶[17]？"不答，索笔大书二十字示之，曰："不忧不惧，君子乃能遁世；患得患失，鄙夫安可事君[18]？"某以为不识时，逡巡[19]去。甫入台，条上七事[20]，侃侃数千言，皆切中时弊。勋贵子弟得荫者[21]，辄用郡守部郎[22]，往往骄佚不习吏事，疏请改用闲散。光禄典簿许以忠倚要路[23]，巧营户缺，侵剥官物[24]，并论罢之。四年（1624），汪文言[25]狱兴，忠贤藉以罗织[26]，人人自危。左副都御史杨涟抗疏[27]，列二十四大罪，下旨切责，元柱与台省诤臣[28]合疏，继言不纳。会六月，京畿[29]大雨雹，独上《穹苍告变疏》[30]。……疏入，忠贤衔[31]之，削籍[32]去。归隐五羊，筑园城北粤秀山南。浚[33]池得奇石，移古树为配，谓皆偶得也，署堂曰偶然。日与其姻旧邝露、黎遂球、陈子壮、赵焞夫、梁继善辈诗酒高会[34]，醉后画山水人物神鬼，无不精绝，好事者得片楮[35]争宝焉。独不喜与当事[36]往还。值上元[37]，露跨马抵南海令前驱[38]，令怒，将拘辱之，元柱为缓颊[39]，不可。

崇祯改元（1628），诏戮忠贤尸[40]，复诸臣被冤陷者，元柱以原职召还。二年（1629）十月，大兵分三道入大安口，进龙井、马兰[41]。军官周镇战没，张安德、王纯臣遁[42]，张万春降，遂围蓟州，破遵化，京师戒严。既而大兵将越蓟州，拒于袁崇焕[43]，遂破玉田、顺义诸县，向德胜门，攻南城[44]。时元柱行抵河间[45]，同召诸臣闻警，皆迟疑不敢进，元柱慨然曰："主忧臣辱，此时恨不飞入都门[46]，稽首殿阶[47]，以筹画策上前[48]，为国家三百年养士报耳！泄泄[49]留此，意且奚为？"闻者咸愧服[50]，悉随之行，无逗留者。至京，补福建道御史，监顺天乡试，出巡清坝[51]。旋按云南[52]，自审理举劾，以迄清厘[53]钱谷，一矢公平，积弊顿清。差峻，请便道归省，连丁内、外艰[54]，守制六年如一日。设祭田[55]，由始祖而本支，而分支，祖庙均焉。初元柱少时，族有忌者，辱之，不能堪。至贵，诣门谢[56]，置弗校[57]。服阕[58]，迁陕西参议，未赴。病卒，年四十八。国朝雍正[59]中祀乡贤。著有《疏要》四卷、《偶然堂集》四卷。子泰臣、庄臣、莲臣并庠生[60]。（《明史》、《明纪事本末》、金《通志》、陈《志》、《邝海雪集》、《偶然堂集》、《家传》）

【传记来源】
《梁元柱传》节选自清咸丰三年《顺德县志》卷二十四《列传四》。

【辑注参阅】
本辑注参阅清道光二年《广东通志》卷二百八十三《列传十六·梁元柱传》；清光绪五年《广州府志》一百二十二《列传十一·梁元柱传》。

【注释】
1. 宋招讨使起：即梁起（1243—1304），字起莘，号定山，京畿路汴梁（今河南省开封市）人，宋咸淳三年（1267）举人。宋末元兵南下，朝廷拜梁起为忠顺大夫、岭南招讨使，挥师南下。宋亡后，梁起隐居江西行省广东道南海县逢简水乡（今广东省佛山市顺德区杏坛镇逢简村），为顺德梁氏始祖。

2. 梁梦雷（生卒年不详），字明森，广东布政司广州府顺德县（今广东省佛山市顺德区）人，明代诗人，嘉靖四十年（1561）举人，官至荆州府通判，著有《荆州集》。

3. 荆州：古代地名，辖境相当于今湖北省荆州市。

4. 晴霁：晴朗。霁（音 jì）：雨止。

5. 仙召：神仙召唤，称人死的婉辞。

6. 恂谨：恭顺谨慎。刚介：刚强耿介。

7. 竞渡：指划船比赛。相传战国楚屈原于农历五月五日投汨罗江而死，民间在这一天日举行龙舟竞渡，以示纪念。

8. 族父：同族兄弟之父，亦泛指同族伯叔父。

9. 勋：见［33］《区怀瑞》注释5。

10. 副榜：见［39］《欧主遇》注释3。乡荐：见［15］《梁轸》注释5。

11. 陕西道：机构名，都察院所属十五道之一，掌察核陕西、甘肃、新疆三省的刑事案件。

12. 厂监：明代锦衣卫、东厂、西厂的总管。魏忠贤、客氏：均见[36]《黄士俊》注释22。

13. 交煽：结交奉承。

14. 宰执：左右丞相为宰相，以参知政事、门下侍郎、中书侍郎、尚书左右丞、枢密使、知枢密院事、同知枢密院事、枢密副使为执政，合称"宰执"。

15. 罗致：用网捕捉鸟类；这里指罗织罪名。

16. 峻拒：严加拒绝。之：代指顺德人梁梦环，是魏忠贤的心腹，曾劝说梁元柱拜谒魏忠贤。

17. 履虎尾：踩踏虎尾，比喻身蹈危境。咥（音dié）：陕西关中的方言土音，是吃的一种方式，吃到极致称为"咥"。

18. 遁世：避世隐居。鄙夫：庸俗浅陋的人。

19. 逡巡：见[32]《朱完》注释21。

20. "甫入台"二句：指梁元柱刚进入监察院，就上疏例举了监察方面的七大弊病。甫：见[13]《孙蕡》注释11。台：监察御史的别称。

21. 勋贵：功臣权贵。荫：见[22]《何维柏》注释59。

22. 郡守：见[6]《区册》注释12。部：即六部，指吏、户、礼、兵、刑、工等六部。郎：泛指部里的中下级官员。

23. 许以忠（生卒年不详），字君信，南直隶宁国府南陵县（今安徽省芜湖市南陵县）人，明代诗人，官至户部主事，著有《爱目斋诗集》。要路：重要的道路，比喻显要的地位。

24. 侵剥：侵害盘剥。官物：官家的财物。

25. 汪文言（生卒年不详），别名汪守泰，南直隶徽州府歙县（今安徽省黄山市歙县）人，明东林党两大智囊之一，官至中书舍人。汪文言以布衣出身，投靠东林党，被魏忠贤下狱。锦衣卫指挥使许显纯拷打审讯，逼迫汪文言诬陷杨涟等人收受熊廷弼贿赂。汪文言坚不承认，至死不屈，被杀害。魏忠贤构织汪文言案的目的是罗织杨涟等人的罪名，置之死地；以汪文言案为序幕，魏忠贤开始了一场大屠杀。

26. 藉以：凭借某种事物或手段以达到某一目的。罗织：无中生有地编造构陷。

27. 杨涟：见[36]《黄士俊》注释24。抗疏：向皇帝上书直言。

28. 台省：见[36]《黄士俊》注释59。诤臣：谏诤之臣。

29. 京畿：见[21]《伦以训》注释8。

30. 《穹苍告变疏》：梁元柱撰写的弹劾魏忠贤的疏章，指责魏忠贤"罪恶惯盈，无君无天，人神共愤"；这些内容与文苑的关系不是很大，且篇幅过长，故省略。

31. 衔：存在心里。

32. 削籍：见［22］《何维柏》注释31。

33. 浚：疏通，挖深，清理。

34. 姻旧：姻戚故旧。黎遂球（1602—1646），字美周，别号莲须道人，广东布政司广州府番禺县板桥乡（今广东省广州市番禺区南村镇板桥村）人，明末广东著名诗人，天启七年（1627）举人，善诗文，工画山水，官至南明隆武朝兵部职方司主事，著有《莲须阁诗文集》。陈子壮：见［41］《陈子壮》。赵焞（音 tuī）夫（1578—1665），字裕子，一字意子，广东布政司广州府番禺县（今广东省广州市）人，明末文人画家，绘画以花卉为主，尤其擅画牡丹，著有《草亭稿》。梁继善（生卒年不详），字子才，号木公，广东布政司广州府顺德县桂林堡（今广东省佛山市顺德区北滘镇林头）人，明代岭南学者，万历四十六年（1618）举人，精通经史、算术，擅长绘画，官至大理寺卿，著有《易韵》《易摩》。诗酒：见［37］《欧必元》注释15。高会：盛会。

35. 片楮：片纸。

36. 当事：指当局，当政者。

37. 上元：即元宵节，农历正月十五日为上元节。

38. 露：即邝露，见［43］《邝露》。前驱：前导；这里指县令的侍卫。

39. 缓颊：为人求情或婉言劝解。

40. 戮忠贤尸：指明崇祯元年，崇祯即位，乘嘉兴贡生钱嘉征弹劾魏忠贤十大罪，将魏忠贤安置到凤阳，不久下令逮捕法办。魏忠贤途中闻讯自缢而死，后被碎尸万段、悬首示众。忠贤：即魏忠贤，见［36］《黄士俊》注释22。

41. "二年"三句：指明崇祯二年十月二十六日，皇太极率数十万八旗军分东、西两路，分别进攻长城关隘大安口、龙井关等。十月二十七日，清军突破大安口。大兵：指清兵，清代文人撰文称清兵必作此称，以示尊敬。

42. 张安德（生卒年不详），福建布政司延平府南平县（今福建省南平市南平区）人，明代参将，崇祯二年龙井关抗清失败，弃关而逃后，被削职为民；传记底稿原作"张安"，脱"德"字，今补。王纯臣（生卒年不详），北直隶省顺天府固安县（今河北省廊坊市固安县）人，明代将领，武进士,官至游击。

43. 袁崇焕(1584—1630),字元素,号自如,广东布政司广州府东莞县水南乡(今广东省东莞市石碣镇水南村)人,明末抗清名将,万历四十七年(1619)进士,官至辽东巡抚、蓟辽督师。

44. "遂破玉田"三句:指明崇祯二年十一月初五,遵化城陷落,皇太极命留兵八百守遵化,统军继续南下,逼近蓟州。袁崇焕先命保定总兵曹鸣雷等驻蓟州遏敌,又自率大军,以总兵祖大寿为先锋,驻蓟州,居中调度策应,阻截清军南进。皇太极曾两次败在袁崇焕手下,这次就没有同袁崇焕军队硬碰,而是从东北方向通过顺义往通州直奔北京。

45. 河间:古代府名,辖境相当于今河北省沧州市一带。

46. 都门:见[13]《孙蕡》注释21。

47. 殿阶:指宫殿的台阶,古代建筑是先筑台,然后再在台上盖宫殿;这里指宫殿基础部分的台阶。

48. 笏(音hù):古代大臣上朝拿着的手板,用玉、象牙或竹片制成,上面可以记事。画策:制定计划、策略。

49. 泄泄:闲散自得的样子。

50. 愧服:惭愧而心服。

51. 出:见[13]《孙蕡》注释8。清坝:清代时所建承德避暑山庄的防洪大坝,是我国现存规模最大的古代防洪工程之一。

52. 按云南:指梁元柱任云南按察使。

53. 清厘:清查,清理。

54. 丁内、外艰:见[15]《梁轸》注释8。

55. 祭田:见[30]《区大相》注释32。

56. 诣门谢:登门谢罪。

57. 置弗校:抛掷一边,不与其计较,意思是不放在心上。

58. 服阕:见[2]《黄恭》注释8。

59. 国朝:见[21]《伦以训》注释17。雍正:清世宗爱新觉罗·胤禛的年号,清代使用这个年号共十三年。

60. 庠生:见[15]《梁轸》注释3。

【传主简介】

梁元柱(1581—1628),广东布政司广州府顺德县伦教堡伦教村(今广东省佛山市顺德区伦教街道)人,明末诗画家。能诗文,善书画,擅长画山水、人物、松竹,尤以画竹石著名,笔墨清劲。擅长行草书法,清雄圆浑,沉着端重。其诗文洒脱清逸。著有诗文集《偶然堂集》四卷。

[41] 陈子壮

陈子壮，字集生，号秋涛。曾祖绍儒[1]，工部尚书。父熙昌[2]，吏科都给事中。世居会城之仙湖里[3]。少颖异绝伦，读书一览成诵[4]。万历乙卯（1615）举于乡。己未（1619）成进士，廷对及第第三[5]，授翰林院编修。时父熙昌任平湖令，以治行征为吏科给事[6]。内珰魏忠贤[7]窃权，熙昌劾其奸珰，怒讽其党。摭子壮甲子（1624）典试浙江试录中语，以为诽谤[8]。于是父子同日夺官，归里。怀宗[9]立，逆珰伏诛[10]，诏起诸言事者，子壮以春坊谕德召，熙昌亦迁吏科都给事中。会熙昌病卒，诏赠太常少卿。子壮居忧[11]奉母，色养，服阕[12]，不入官。凡[13]五年（1632），转詹事府少詹。明年，迁礼部右侍郎兼侍读学士，充经筵日讲官。每进讲[14]，上动容倾听。常一日诏诸儒臣对便殿，给笔札[15]，令拟票疏，称旨[16]者凡九人，最属意子壮，且大用。寻署本部事，敏练掌故，奏对动合机宜[17]。崇祯八年（1635），流寇蹂中都[18]，毁皇陵。上素服召见廷臣问策。子壮倡言："今日当以收人心为急，宜下罪己诏[19]，以激发忠义，寇乃可灭。"因陈时务十一事，上说，诏行其十事焉。子壮感知遇，言无不尽。会宗藩唐王、周王皆以小故劾州、县、道、府官[20]，并下狱论治，子壮忧外藩势重[21]，有司不能制[22]，下民受虐，因具疏论救[23]。适有诏"宗室中具文武材者，许改秩[24]授职"，子壮复疏言不便[25]。上怒，下诏狱[26]。廷臣交章申救[27]，得减死放还[28]。自是杜门谢客，筑云淙书院[29]，啸咏其中。崇祯十五年（1642），台省[30]疏荐，不赴[31]。十七年（1644），京师陷[32]，子壮赴金陵为詹事兼礼部尚书。金陵破[33]，归，奉母，隐南海九江乡。丙戌（1646），国朝[34]兵入粤，子壮自念世受明恩，期以死报，乃破产招集流散。丁亥（1647）七月，遂率舟师千余艘攻广州[35]。战败，退保高明[36]。十二月，城破，被执[37]。杀之是日[38]，白昼黯晦[39]，大雨震电[40]，郡学[41]两楹无故自坏。子壮世历华胄[42]，弱冠即致身清要[43]，文章气节为海内所宗；其死也，粤人比之文信国[44]云。平生著撰多散失，所传有

《经济言》《南宫集》《礼部堂稿》《练要堂诸稿》。

【传记来源】
《陈子壮传》选自清康熙三十年《南海县志》卷十一《人物·名臣》。

【辑注参阅】
本辑注参阅清道光十五年《南海县志》卷三十八《列传七·陈子壮传》，清光绪五年《广州府志》卷一百十七《列传六·陈子壮传》，清光绪九年《九江儒林乡志》卷十一《列传·寓贤·陈子壮传》。

【注释】
1. 陈绍儒（生卒年不详），字师孔，号洛南，广东布政司广州府南海县恩州堡沙贝乡（今广东省广州市白云区金沙街道沙贝社区）人，明嘉靖十七年（1538）进士，官至南京工部尚书，著有《大司空遗稿》。

2. 陈熙昌（生卒年不详），字当时，号杲庵，陈子壮之父，明万历二十五年（1597）进士，官至吏科都给事中；陈熙昌入赘广东布政司广州府南海县九江堡（今广东省佛山市南海区九江镇）朱氏家族朱让家，为朱小华夫婿。

3. 会城：见［35］《李孝问》注释6。仙湖里：古代地名，在今广东省广州市增城市仙村镇境内。

4. 一览成诵：形容记忆力超群，看一下就能背诵。

5. 廷对：见［11］《张镇孙》注释2。及第：见［7］《简文会》注释10。

6. 治行：见［23］《吴旦》注释3。征：见［2］《黄恭》注释11。

7. 内珰：即太监。珰：见［31］《区大伦》注释42。魏忠贤：见［36］《黄士俊》注释22。

8. "摭子壮"二句：指（魏忠贤党羽）剔摘陈子壮在天启四年（1624）主持浙江乡试中的语句，断章取义，作为诽谤陈子壮的证据。摭（音zhí）：挑剔，指摘。试录中语：指陈子壮曾作为浙江乡试主考官，发策，问历代宦官之祸。《浙江乡试录》记载陈子壮有"庸主失权，英主揽权"等语。

9. 怀宗：见［36］《黄士俊》注释26。

10. 逆珰：这里指魏忠贤一伙。伏诛：指坏人被法律惩罚而受到死刑；这里指天启七年（1627），朱由检继承皇位后，打击惩治阉党，治魏忠贤十大罪，魏忠贤自缢而亡。

11. 居忧：处在直系尊亲的丧期之中。

12. 色养：见［32］《朱完》注释38。服阕：见［2］《黄恭》注释8。

13. 凡：疑属衍字。

14. 进讲：见［18］《伦文叙》注释15。

15. 儒臣：见［22］《何维柏》注释39。便殿：见［22］《何维柏》注释38。笔札：毛笔和简牍。

16. 称旨：见［36］《黄士俊》注释33。

17. 掌故：见［25］《欧大任》注释19。奏对：见［13］《孙蕡》注释14。动合机宜：古代常用语，指虑事决策合乎实际情况。

18. 中都：古代地名，辖境相当于今安徽省滁州市凤阳县；明洪武二年（1369），明太祖朱元璋定都凤阳，凤阳始称"中都"。

19. 罪己诏：古代帝王在朝廷出现问题、国家遭受天灾、政权处于安危时，自省或检讨自己过失、过错所发的一种口谕或文书，以示自责。

20. 宗藩：指受天子分封的宗室诸侯，因其拱卫王室，犹如藩篱，故称"宗藩"。唐王：明洪武二十四年（1391），太祖朱元璋封第二十三子朱桱为唐王，封地南阳，共传九世；这里指朱桱八世孙朱聿键，崇祯五年（1632）袭封唐王。周王：明洪武十一年（1378），太祖朱元璋封第五子朱橚为周王，封地开封；这里指末代周王朱恭枵（音 xiāo），天启元年（1621）袭封周王。

21. 外藩：原指有封地的诸侯，后泛指地方上的高级官吏。势重：指势力过大。

22. 有司：见［1］《王范》注释7。不：表示否定；传记底稿原作"步"，据清光绪五年《广州府志》卷一百一十七《列传六》改为"不"。

23. 论救：上书皇帝论事救人。

24. 改秩：改变官吏的职位或品级，多指升职；这里指明崇祯九年（1636），皇帝为了罗致人才，进一步扩大朱姓宗室的势力，下诏曰：凡宗室中如具文武才智者，许改秩授职。

25. 子壮复疏言不便：指陈子壮认为大量任用宗室子弟，会导致他们的横行不法，上疏提出三条"未必然"的事由和五条"不可行"的道理。

26. "上怒"二句：指众藩王合伙在皇帝前诋毁陈子壮，唐王最不满，指责陈子壮离间皇族。崇祯五年，崇祯皇帝下旨刑部，以"非祖间亲"的罪名将陈子壮投入监狱，陈子壮在狱中赋诗《狱中杂咏》十四首。

27. 廷臣交章申救：指提学御史徐之垣，六科颜继祖等，十三道林栋隆等，吏部尚书谢升，太常卿李日宣，户部给事中汪惟效，工部给事中郭九鼎，御史叶初春、詹尔选、金光宸，刑部主事钱启忠等群臣，先后上疏营救子壮。交章：官员交互向皇帝上书奏事。

28. 减死放还：指崇祯十年（1637）四月，陈子壮被减免死罪，放归广州。

29. 筑云淙书院：指陈子壮在广州城北白云山九龙泉上修建云淙书院，集杜甫诗句在门外自书一联"天下何曾有山水，老夫不出长蓬蒿"。崇祯十年，陈子壮与陈子升、区怀瑞、黄圣年、黎遂球等在此结云淙诗社。

30. 台省：见［36］《黄士俊》注释60。

31. 不赴：指明崇祯十五年，陈子壮服丧期满，皇帝召他任原职，同充会典总裁，陈子壮以母亲年老辞谢，不赴召。

32. 京师陷：指明崇祯十七年三月十七日，李自成率领起义军进攻京城，傍晚时分，守城总管、宦官曹化淳打开彰仪门（今广安门）献城投降，起义军进占京城。

33. 金陵破：指明崇祯十七年六月，南京被清兵攻陷，赵之龙、钱谦益等投降，陈子壮乔装逃回广东。

34. 国朝：见［21］《伦以训》注释17。

35. 攻广州：指陈子壮联络张家玉、陈邦彦及恩平、新会、阳春、新兴等地义军，号称骁骑三十万，誓师于九江，率战舰一千二百艘，兵驻五羊驿，合攻广州两个月。

36. 高明：古代县名，辖境相当于今广东省佛山市高明区。

37. "城破"二句：清军用大炮轰倒城墙，冲入城内，陈子壮表弟朱实莲（高明县代理知县）壮烈牺牲，陈子壮及其幼子被俘，被押回广州。

38. 杀之是日：指清顺治四年（1647）十一月初六，陈子壮在广州东较场被施以锯刑。陈子壮的骸骨后由广州大佛寺僧人慕义装殓，火化为灰，安放于僧房的地下室之中，其衣冠塚位于广州市白云区浔峰岗。

39. 黯晦：湮没，消失。

40. 大雨震电：大雨如注，电闪雷鸣。

41. 郡学：见［26］《梁有誉》注释30。

42. 华胈：美衣丰食。胈（音 wǔ）：古代祭祀用的大块鱼、肉。

43. 弱冠：见［26］《梁有誉》注释6。清要：古代称地位尊贵、司职重要的官职。

44. 文信国：指文天祥，见［9］《区仕衡》注释26；宋祥兴元年（1278），宋廷封文天祥为少保、信国公。

【传主简介】

陈子壮（1596—1647），本籍广东布政司广州府南海县恩洲堡沙贝乡

(今广东省广州市白云区金沙街道沙贝社区），在广州府南海县九江堡下西太平约（今佛山市南海区九江镇下西翔南）出生、成长，明末著名诗人、书法家，明末"岭南三忠"之首。长于近体诗，其诗注重词藻，情声蕴藉，风格高华，忧愤朝政，伤念民生，充满爱国主义激情，时常流露悲怆之气，有岭南诗派流风余韵。作为"南园十二子"之一，陈子壮是南园诗社的倡复者，对促成岭南诗坛的复苏有突出贡献。著有《陈文忠公遗集》十一卷。

[42] 陈邦彦

陈邦彦，字令斌，顺德人。为诸生，意气豪迈。福王[1]时，诣阙上政要三十二事[2]，格不用[3]，唐王聿键[4]读而伟之。既自立，即其家授监纪推官[5]。未任，举于乡[6]。以苏观生[7]荐，改职方主事，监广西狼兵，援赣州[8]。至岭，闻汀州变[9]，劝观生东保潮、惠，不听[10]。

会丁魁楚等已立永明王监国于肇庆[11]，观生遣邦彦入贺。王因赣州破，惧逼己，西走梧州[12]。邦彦甫入谒[13]，而观生别立唐王聿𨮁于广州[14]，邦彦不知也。夜二鼓，王遣中使[15]十余辈召入舟中。王太后垂帘坐，王西向坐，魁楚侍，语以广州事[16]。邦彦请急还肇庆，正大位以系人心。命南雄勍卒取韶[17]，制粤东[18]十郡之七，而委其三于唐王，代我受敌，从而乘其敝。王大悦，立擢兵科给事中，赍敕[19]还谕观生。抵广州，闻使臣彭燿[20]被杀，乃遣从人授观生敕[21]，而自以书晓利害。观生犹豫累日，欲议和，会闻永明王兵大败，不果。邦彦遂变姓名入高明山中。

顺治三年（1646）冬十二月，大兵破广州，观生死，列城悉下[22]，邦彦乃谋起兵。初赣州万元吉[23]遣族人万年募兵于广，得余龙等千余人，未行而赣州失。龙等无所归，聚甘竹滩[24]为盗，他溃卒多附，至二万余人。总督朱治𣽎招降之，既而噪归[25]。四年（1647）春，大兵定广州，克肇庆、梧州，败走治𣽎，杀魁楚，前驱[26]抵平乐。永明王方自梧道平乐，走桂林，势危甚。邦彦乃说龙乘间图广州，而己发高明兵由海道入珠江与龙会。且遗张家玉[27]书曰："桂林累卵，但得牵制毋西，浔、平间可完葺[28]，是我致力于此而收功于彼也[29]。"家玉以为然。然龙卒故无纪律,大兵自桂林还救,扬言取甘竹滩,龙等顾其家,辄退,邦彦亦却归。既,乃遣门人马应芳[30]会龙军取顺德。无何,大兵至,龙战败,应芳被执,赴水死。四月,龙再战黄连江,亦败殁。大兵攻家玉于新安。邦彦乃弃高明,收余众,徇下江门[31]据之。

初广州之围,大兵知谋出邦彦,求其家,获妾何氏及二子[32],厚遇之,为书招邦彦。邦彦判书尾曰:"妾辱之,子杀之。身为忠臣,义不顾妻子[33]。"七月与陈子壮密约,复攻广州。子壮先至,谋泄,将引退。邦彦军亦至,谋伏兵禺珠洲侧,伺大兵还救会城[34],而纵火以焚舟。子壮如其计,果焚舟数十。大兵引而西,邦彦尾之。会日暮,子壮不能辨旗帜,疑皆敌舟也,阵动。大兵顺风追击,遂大溃。子壮奔高明,邦彦奔三水。八月,清远指挥白常灿[35]以城迎邦彦。乃入清远,与诸生朱学熙婴城固守[36]。

邦彦自起兵,日一食,夜则坐而假寐[37],与其下同劳苦,故军最强,尝分兵救诸营之败者。至是精锐尽丧,外无援军。越数日,城破,常灿死。邦彦率数十人巷战,肩受三刃,不死,走朱氏园,见学熙缢[38],拜哭之[39]。旋被执,馈之食,不食,系狱五日,被戮[40]。邦彦死,子壮被执[41],逾月,家玉亦自沉[42]。永明王赠邦彦兵部尚书,谥"忠愍",荫子锦衣指挥[43]。

【传记来源】
《陈邦彦传》选自《明史》卷二百七十八《列传第一百六十六》。

【辑注参阅】
本辑注参阅清嘉庆十年《龙山乡志》卷八《人物·忠义·陈邦彦传》,清咸丰三年《顺德县志》卷二十四《列传四·陈邦彦传》,清道光二年《广东通志》卷二百八十五《列传十八·陈邦彦传》。

【注释】
1. 福王:指朱由崧(1607—1646),小字福八,崇祯十六年(1643)袭封福王。崇祯十七年(1644),李自成起义军攻破北京,留都南京的诸臣于五月拥立福王朱由崧为帝,建立弘光政权,揭开了南明王朝的历史。
2. 诣阙上政要三十二事:指崇祯十七年秋,陈邦彦写下一万七千余言的《中兴政要》，具体开列三十二条抗敌救国方略，离开广州北上南京，向南明弘光帝献复明之策。陈邦彦这次北上上书，受到许多人非议，因为当时陈邦彦不过是顺德诸生，根本没有向皇帝献书、议论国家大事的资格。阙：宫殿前红色的双柱；这里借指皇宫、朝廷。

3. 格不用：都不接受使用；指陈邦彦上疏，弘光帝轻蔑一句"褐衣徒步一迂儒"而弃疏如秕草。

4. 聿键：即朱聿键（1602—1646），崇祯五年（1632），袭封唐王。清顺治二年（1645）五月，清军攻占南京；六月二十七日，朱聿键于福州称帝，建立隆武政权。隆武二年（1646）八月二十八日，朱聿键与曾妃在汀州被俘，押至福州被害。

5. 监纪：监察统理。推官：见［5］《李文孺》注释5。

6. 举于乡：指隆武二年，陈邦彦参加南明隆武朝广东乡试，考中第七名举人。

7. 苏观生（1599—1647），原名时泽，字宇霖，一作汝临，广东布政司广州府东莞县篁村（今广东省东莞市南城街道）人，明崇祯七年（1634）国子监肄业，官至隆武政权大学士。

8. "改职"三句：指隆武二年，陈邦彦擢升兵部职方司主事，监督广西一万士兵援救赣州，协助苏观生防守北线。狼兵：又叫"俍兵"，明代中期壮族土司组建的地方武装。赣州：见［37］《欧必元》注释11。

9. 汀州变：指隆武二年，清兵南下，隆武帝败死汀州。汀州：古代府名，辖境相当于今福建省龙岩市和三明市的宁化、清流、明溪、永安一带。

10. "劝观生"二句：指陈邦彦促请苏观生应凭借五岭和韩江天险抵挡北、东两面来敌，守卫潮州和惠州，建立巩固根据地，救援尚在苦撑的泉州、漳州等前线守军。但苏观生急于回广州拥立新主，不听陈邦彦建议，下令全军撤防。

11. 丁魁楚（？—1647），字中翘，号光三，河南布政司归德州永城（今河南省商丘市永城市）人，明万历四十四年（1616）进士，官至河北巡抚、永历政权首辅大臣。监国于肇庆：见［36］《黄士俊》注释56。

12. "王因"三句：隆武二年十月十六日，赣州失守的消息传到肇庆，司礼监太监王坤迫使朱由榔十月二十日逃往梧州。

13. 甫：见［13］《孙蕡》注释11。入谒：进见，请见，一般用于臣对君、下对上、幼对长。

14. "观生别立"二句：指苏观生觉得与其随人拥立，不如独自拥立，自己可以稳坐台阁首辅的第一把交椅。隆武二年十一月初二，苏观生在朱由榔宣布监国十八天后，在广州拥戴唐王朱聿镄为监国。为了争取获得正统的时间，在宣布监国仅三天之后，就宣布朱聿镄继皇帝位，改元绍武，南明第三个朝廷——绍武政权正式成立。朱聿镄（1605—1647），隆武帝朱聿键之弟，隆武帝死后，他在广州称帝，年号绍武，与肇庆的永历政权互相抗衡。不久亡于清兵，自缢而死（一说被杀）。

15. 中使：宫中派出的使者，多指宦官。

16. 广州事：指大学士苏观生派陈邦彦到梧州劝桂王到广州即帝位。但此事尚未有下文，苏观生就和广东布政使顾元镜、前明阁臣黄士俊等在广州拥立朱聿镄为帝，建立南明绍武政权。

17. 南雄：见［12］《王佐》注释24。勍（音qíng）：强，强大；这里指强师劲旅。韶：即韶州，见［9］《区仕衡》注释1。

18. 粤东：广东东部地区的简称，辖境相当于今广东省汕头市、潮州市、揭阳市、汕尾市、梅州市一带。

19. 赍敕：携持诏书。赍（音jī）：怀抱着，带着。

20. 彭燿（生卒年不详），字著卿，陈邦彦的学生，广东布政司广州府顺德县龙江（今广东省佛山市顺德区龙江镇）人，明末诗人、散文家，崇祯庚辰（1640）进士，任职给事。彭燿作为特使赴广州，劝谕唐王，同心协力，共图复兴，成功之后，先入关者为王。

21. 乃遣从人授观生敕：指陈邦彦派随从彭燿作为特使到广州见苏观生，宣召苏观生到肇庆归朝。

23. 万元吉（1603—1646），字吉人，江西布政司洪都府南昌县（今江西省南昌市）人，天启五年（1625）进士，官至赣州提督，主导了赣南地区的抗清斗争，赣州失陷后投水殉国，著有《墨山草堂诗文集》。

24. 甘竹滩：古代地名，位于今广东省佛山市顺德区杏坛镇右滩村。

25. "总督"二句：指肇庆总督朱治悝使监军邓研聪招降余龙。余龙归降后，与督标不和，发生内讧，回到顺德杏坛甘竹滩。朱治悝（生卒年不详），南直隶苏州府常熟县（今江苏省苏州市常熟）人，南明守将。

26. 前驱：见［40］《梁元柱》注释38。

27. 张家玉（1615—1647），字符子，号芷园，广东布政司东莞县城西北村（今广东省东莞市万江街道）人，南明抗清名将，"岭南三忠"之一，崇祯十六年进士，官至兵部尚书，著有《张文烈公遗集》。

28. 累卵：堆叠的蛋，比喻极其危险。浔：即浔州，见［28］《梁鹤鸣》注释16。完葺：修缮，修葺。

29. 此：指广州。彼：指在广西的永历朝廷。

30. 门人：见［13］《孙蕡》注释31。马应芳（1612—1647），字子

龙，广东布政司广州府顺德县黎村堡鸡洲乡（今广东省佛山市顺德区伦教街道鸡洲村）人，陈邦彦的学生，明末清初抗清志士。

31. 徇：疾，快。江门：古代墟镇名，辖境相当于今广东省江门市蓬江区。

32. "大兵知"三句：清军知道围攻广州是陈邦彦的主意，便将陈邦彦的侍妾何氏及子陈和尹、陈虞尹捕去，关押在肇庆，以胁迫陈邦彦投降。陈邦彦不降，妾、子被杀。

33. 妻子：老婆和孩子；这里指陈邦彦侍妾何氏及子陈和尹、陈虞尹。

34. 会城：见［35］《李孝问》注释6。

35. 白常灿（？—1647），字灿玉，广东布政司广州府清远县（今广东省清远市清新区）人，明末清初抗清志士，官至清远卫指挥佥事，主持编修《中宿文献录》。

36. 诸生：见［9］《区仕衡》注释9。朱学熙（？—1647），字叔子，广东布政司广州府清远县（今广东省清远市清新区）人，明末清初抗清志士，太学生，善诗文，好游山水，著有《南越广艾》。婴城固守：据守城池，牢固设防。婴城：环绕城池。固守：坚决地守卫。

37. 假寐：和衣打盹。

38. 学熙缢：指朱学熙自缢于其家青林草堂的图书、琴剑间。

39. 拜哭之：指陈邦彦身受重创，来到朱学熙家的青林草堂，见朱学熙已死，在池亭壁上题诗："无拳无勇，无饷无兵。联络山海，矢助中兴。天命不祐，祸患是婴。千秋而下，鉴此孤贞！"并说："吾与叔子同饮清泉矣。"跳入池塘，以求自尽。不料水浅，被追兵救起，陈邦彦仰天大笑道："我是陈兵科陈邦彦！"

40. "系狱"二句：指陈邦彦在狱中绝食五日，学习文天祥，写《狱中步文丞相韵》以言志："生涯少壮但传经，通籍才周两岁星。乡国愁看成陨箨，室家宁计问飘萍。万言旧疏还谁乙，五木严刑拼备丁。泉路若逢文信国，不知双眼可谁青？"永历元年（1647）九月二十八日，陈邦彦在广州四牌楼（今广州市解放南路）被凌迟处死。刑前慷慨写下《狱中五日不食临命歌》："天造兮多艰，臣也江之浒。书生漫谈兵，时哉不我与。我后兮何之？我躬兮独苦！崖山多忠魂，先后照千古！"从容就义。系狱：囚禁于牢狱。

41. 子壮被执：指永历元年九月，陈子壮在高明被执，不久在广州东较场被施以锯刑。

42. 家玉亦自沉：指永历元年十月，增城战役中，张家玉身中九箭，身负重伤，不愿作俘虏，遂投塘而死。

43. "永明王"三句：指永历二年（1648），陈恭尹由广州到肇庆，向永历帝上表陈述陈邦彦抗清殉难始末，为抗清牺牲的父亲请求恤典。永历帝下诏追封陈邦彦为兵部尚书，赐谥"忠愍"。陈恭尹得授世袭锦衣卫指挥佥事之职，并给假归家治丧。荫：见［22］《何维柏》注释59。

【传主简介】

陈邦彦（1603—1647），广东布政司广州府顺德县龙山堡小圃村（今广东省佛山市顺德区龙江镇华西莲塘）人，明末著名诗人、散文家，明末"岭南三忠"之首。作为开门办学的鸿儒名师，陈邦彦在国破之际，毅然投军从戎，成为明末岭南抗清志士。其诗文成就引人瞩目，其诗意气豪迈，气魄宏大，笔力雄健，深沉悲壮，成为岭南诗派的重要传承者，被誉为"粤中杜甫"。遗著《雪声堂集》十卷（后来温汝能重刊，易名《陈岩野先生全集》四卷）。

[43] 邝 露

邝露，字湛若，进士彭龄[1]曾孙也。生而甘露降庭，因名露[2]。幼聪慧绝伦，年十三游泮[3]。慕坟典、左氏、庄骚古文[4]，不沾沾举子业[5]。古诗[6]宗汉魏，近体[7]法盛唐，篆隶[8]效先秦，行草效王张[9]。举动风致摹拟竹林[10]，绝口不言阿堵物[11]。尝上元与陈、潘诸公子联骑遨游[12]，值邑侯黄熙孕出，弗及避，令衔之，通详削其名[13]。侍御梁元柱代为请罪[14]，不释。露遂曳裾遍游[15]燕、齐、吴、楚，所至，名人巨公[16]，莫不倾盖延誉[17]。开府张镜心筑馆崧台[18]，延露读书其中，晚躭《琴操》[19]，诗益工。庚寅（1650），城破，殉难死[20]。有《峤雅集》[21]行世。

【传记来源】

《邝露传》选自清康熙三十年《南海县志》卷十二《人物·文学》。

【辑注参阅】

本辑注参阅（清）仇巨川著《羊城古钞》卷六《人物·邝湛若传》，清道光二年《广东通志》卷二百八十五《列传十八·邝露传》，清光绪五年《广州府志》卷一百十七《列传六·邝露传》。

【注释】

1. 彭龄：即邝彭龄（生卒年不详），广东布政司广州府南海县（今广东省佛山市南海区）人，明隆庆五年（1571）进士，官至松江府上海县知县。

2. 名露：邝露初名瑞露，后改名露，号海雪，后将其住处命名为海雪堂。

3. 游泮：周朝诸侯的学校前有半圆形的池，名曰泮水，学校曰泮宫；明清科举制度，经州县考试录取为生员者须入学宫拜谒孔子，因称入学为"游泮"。

4. 坟典：见［29］《林承芳》注释2。左氏：见［24］《区益》注释31。庄骚：战国庄子的《庄子》和屈原的《离骚》的合称。

5. 沾沾：执着。举子业：即举业，见［32］《朱完》注释28。

6. 古诗：这里指古体诗，一种押韵较宽，格律自由，不拘对仗、平仄，也没有字数、句数限制的中国古代诗体。

7. 近体：这里指近体诗，唐代形成的律诗和绝句的通称，句数、字数和平仄、用韵等都有比较严格的规定。

8. 篆隶：篆书和隶书；语自（梁）刘勰《文心雕龙·练字》："篆隶相镕，苍雅品训。"

9. 王：指王羲之（303—361），字逸少，原籍琅琊郡临沂县（今山东省临沂市兰山区），后迁居会稽郡山阴县（今浙江省绍兴市），东晋著名书法家。王羲之代表行书的最高境界，有"书圣"之称，官至右军将军，人称"王右军"。王羲之及其子王献之，曾提倡书法革新，合称"二王"。张：指张芝（？—192），字伯英，河西敦煌郡渊泉县（今甘肃省酒泉市瓜州县）人，东汉书法家，是草书（今草体）的创始人，被誉为"草圣"。

10. 风致：情趣，韵味。竹林：指竹林七贤。三国时期曹魏正始年间（240—249），嵇康、阮籍、山涛、向秀、刘伶、王戎、阮咸等七人，在竹林之下，喝酒、纵歌、肆意酣畅，世谓"竹林七贤"。

11. 阿（音ē）堵物：西晋的一些士族阶层人士自命清高，耻于言钱，钱被称为"阿堵物"；后人用以指钱的别称，有讽刺意义。

12. 上元：见［40］《梁元柱》注释37。联骑：并乘。

13. 邑侯：县令。黄熙孕（1575—1653），字维敬，一字恭庭，福建布政司泉州府晋江县（今福建省泉州市晋江市）人，明崇祯五年（1632）进士，曾任南海知县，入清后官至刑部侍郎；传记底稿原作"黄熙印"，有误，应为"黄熙孕"，据清道光十年《晋江县志》卷四十五《人物志·黄熙孕》改。崇祯七年（1634）正月十五元宵佳节，邝露在广州与朋友乘醉策马，纵游花灯夜市。适逢知县黄熙孕出巡，邝露来不及回避，衙役大声呵斥，邝露也不下马。黄熙孕很生气，叫人把邝露抓起来，夺掉他的马，邝露吟诗句有"骑驴适值华阴令，失马还同塞上翁"句，一副旁若无人的样子。衔：存在心里。通详：旧时下级向上级申报文书。

14. "侍御"句：指梁元柱为邝露求情。侍御：梁元柱曾任陕西道御史。梁元柱：见［40］《梁元柱》。

15. 遍游：周游各处。

16. 巨公：王公大臣；巨匠，大师。

17. 倾盖：见［32］《朱完》注释24。延誉：传扬好名声。

18. 开府：见［9］《区仕衡》注释21。张镜心（1590—1656），字孝仲，号湛虚，晚号晦臣，自号云隐居士，河南布政司彰德府磁州（今河北省邯郸市磁县）人，明天启二年（1622）进士，官至兵部尚书，著有《云隐堂集》。崧台：指崧台书院，在今广东省肇庆市高要区境内，明宣德中肇庆知府王莹以城东石头庵改建而成。

19. 躭：通"耽"，沉溺，入迷。《琴操》：东汉蔡邕所撰介绍早期琴曲作品最为丰富而详尽的专著，原书已佚，经后人辑录成书；这里代指琴曲。

20. 殉难死：指永历四年（1650），邝露奉命回到广州，值清兵攻广州。城破时，邝露戴头巾，抱琴出门，遇清骑兵以白刃相向。邝露笑问："此何物？可相戏耶？"骑兵亦笑。邝露回到五仙观附近的住处海雪堂，将南风、绿绮两琴及珍玩图书环列身旁，不食，抱琴而死。

21. 《峤雅集》：邝露自编诗集，收诗二百五十四首，按体例编，同一体的诗排列没有一定的次序；屈大均赞云："虽《小雅》之怨诽，《离骚》之忠爱，无以尚之。"

【传主简介】

邝露（1604—1650），广东布政司广州府南海县大历堡大镇乡（今广东省佛山市南海区大沥镇大镇村）人，明末著名诗人、书法家，"岭南前三家"之首。多才多艺，负才不羁。其成就最高的当属文学，而文学成就以诗为最。其诗歌在幽深凄婉中有慷慨之气，继承了楚辞的优良传统，忧天悯人，哀时伤事，汪洋恣肆，意境深邃，格调高雅，成为岭南诗派承前启后的重要诗人。邝露在地方志上的成就引人瞩目，其杂记《赤雅》记录广西瑶族地区的见闻，内容丰富，文字奇瑰，有人比之《山海经》，是历来受人重视的笔记之一。还长于琴乐，精于书法。邝露是中国传统文人的一个典型,他抱琴而亡也带着诗人的浪漫主义色彩,被誉为"粤中屈原"。遗著《邝海雪集》。

[44] 李侍问

李侍问,字謇衷,邑诸生。性强记,著录甚富。康熙初,创修《乡志》[1],其母问故,曰:"阐幽光[2],扶名教[3],使一乡故事[4],无任遗佚[5]而已。"母喜,出簪珥,劝付梓[6],遂独任刊费[7]。书成[8],至今赖之。明季,待问[9]弟兄有声于朝。侍问以著作显,与孝问齐名。"三不朽[10]"聚于一门,可谓盛矣。(旧阙[11],今补)

【传记来源】
《李侍问传》选自民国十五年《佛山忠义乡志》卷十四《人物·文苑》。

【辑注参阅】
本辑注参阅清康熙三十年《南海县志》卷十二《人物·文学·李侍问传》,清道光十一年《佛山忠义乡志》卷九《人物·文苑·李侍问传》,清道光十五年《南海县志》卷三十八《列传七·李侍问传》。

【注释】
1.《乡志》:即《佛山忠义乡志》,李侍问十分注意搜集和整理地方史料,并且早就有修志的愿望,写了不少文稿。他的朋友梁锡植看了文稿,认为已具乡志雏形,鼓励他继续编修成《佛山忠义乡志》。

2. 幽光:潜隐的光辉,用以指人的品德。

3. 名教:以"正名分"为中心的封建礼教,是为维护和加强封建制度,古代统治者对人们思想行为设置的一整套规范。

4. 故事:见[16]《梁储》注释52;这里指真实的或虚构的旧事情。

5. 遗佚:指散失之物,多指遗文散籍、遗事逸闻。

6. 付梓:把稿件交付排印;传记底稿原作"附梓",应为"付梓"。

7. 独任刊费:指李侍问母亲把头簪、耳环、手镯等饰物捐了出来,独自承担乡志的刊印费用。

8. 书成:指李侍问主持编修的《佛山忠义乡志》,成书于清康熙五年(1666),这是佛山第一部地方志,俗称"李《志》",序言由同乡先辈霍得之撰写,校阅工作由李侍问的儿子李象漉、李象锦、李象铛,李侍问的弟子梁胤昌等完成。李《志》在吴《志》、冼《志》成书之前已经散失，现存李《志》的一篇小引、一篇序文。

9. 待问：即李待问，见[35]《李孝问》注释24。

10. 三不朽：中国伦理思想史上的一个命题，春秋时鲁国大夫叔孙豹称立德、立功、立言为"三不朽"；语自《左传·襄公二十四年》载穆叔曰："豹闻之：'太上有立德，其次有立功，其次有立言'，虽久不废，此之谓'三不朽'。"

11. 阙：通"缺"，缺少。

【传主简介】

李待问（生卒年不详，1660年前后在世），广东布政司广州府南海县佛山堡栅下铺天官坊（今广东省佛山市禅城区祖庙街道新风路）人，明末清初佛山著名史志家。博闻强记，读书必做笔记，尤其注重搜集、整理地方史料，有关著述很多。主持编修的《佛山忠义乡志》，是佛山第一部地方志。著有《松柏轩稿》。

[45] 陈子升

陈子升，字乔生，子壮[1]弟也。寓居吾乡中洲，构中洲草堂以宅，遂自号中洲。年十五应童子试[2]，郡司[3]赏其文，拔冠。一郡目曰："十六邑之奇童。"遂为郡弟子员[4]，后以明经[5]举第一。隆武改元于闽，赴闽，除中书科中书舍人[6]。使粤，而闽陷[7]。奔邕州[8]，擢吏科给事中，迁兵科右给事中。子壮殉难死，籍其家[9]，子升奉母流落山泽间[10]。为诗多悲慨[11]，论者以为三闾泽畔、拾遗夔州[12]，不是过矣。著有《中洲草堂集》，屡题咏九江风物[13]。（关增寿据《县志》《中洲草堂集》参修）

【传记来源】

《陈子升传》选自清光绪九年《九江儒林乡志》卷十一《列传·寓贤》。

【辑注参阅】

本辑注参阅清道光十五年《南海县志》卷三十八《列传七·陈子升传》，《清史列传》卷七十《文苑传一·陈子升传》。

【注释】

1. 子壮：即陈子壮，见［41］《陈子壮》。

2. 童子试：又称"童试"，科举时代参加科考的资格考试，在唐宋时称为"州县试"，在明清时称为"郡试"，包括县试、府试和院试三个阶段的考试。

3. 郡司：这里指郡守颜俊彦（生卒年不详），字开美，号雪臞，浙江布政司嘉兴府桐乡县（今浙江省嘉兴市桐乡市）人，明崇祯元年（1628）进士，同年被任命为广州府推官，著有《盟水斋存牍》。

4. 弟子员：见［25］《欧大任》注释2。

5. 明经：见［10］《区适子》注释28。

6. "隆武"三句：指隆武元年（1645）六月，福州唐王朱聿键建立隆武政权，陈子升经张家玉推荐，赴闽追随，被拜为中书舍人。除：见［3］《刘删》注释10。中书科中书：见［36］《黄士俊》注释67。舍人：见［36］《黄士俊》注释50。

7. "使粤"二句：指隆武二年（1646）八月，陈子升奉命入粤征集军饷，完成任务后，奔赴闽中复命。但汀洲陷落，隆武帝败死汀州。

8. 邕州：古代州名，辖境相当于今广西壮族自治区南宁市。

9. 籍其家：就是在犯人判处某种刑罚时还同时将其妻子、儿女等家属没收为官奴；这里指陈子壮受锯刑而死，清将李成栋侵占陈子壮家产及其妾张氏，陈子壮一家人都被列入清政府追杀名单。

10. "子升"句：指陈子升携母在深山四处藏匿，艰辛万难，得知陈子壮殉国，其母自缢身亡；入清后陈子升不仕，晚年过着隐居生活，最后皈依佛门，在庐山出家。

11. 为诗多悲慨：指国破家亡、劫后余生的陈子升已知反清复明无望，终日以泪洗面，常与遗民陈恭尹、梁佩兰、屈大均、薛始亨以诗歌发胸中怨愤，追忆前朝。

12. 三闾：指屈原（前340—前278），芈姓，屈氏，名平，字原，字灵均，楚国丹阳归乡（今湖北省宜昌市秭归县）人，战国时期楚国诗人、政治家，中国浪漫主义文学的奠基人，官至楚国左徒。屈原被贬后就曾任三闾大夫，掌管三个大姓的宗族事务，因此，后世用三闾代指屈原。屈原曾在洞庭湖旁吟颂被贬失意的忧愤，代表作有《离骚》《九歌》《九章》《天问》等。拾遗：指杜甫，见［24］《区益》注释31，因为杜甫曾任左拾遗，故而被称为"杜拾遗"。杜甫在夔州写下了许多抒发病老迟暮情怀、回顾个人坎坷经历的诗歌。

13. 题咏：见［27］《区大枢》注释10。九江：这里指广州府南海县九江堡（今佛山市南海区九江镇）。风物：风光景物，风俗物产。

【传主简介】

陈子升（1614—1692），陈子壮之弟，明末清初诗人、书法家，"南园十二子"之一。能书法，其行楷书迹瘦中带润，优雅脱俗。工于诗歌，入清不仕，以诗自娱，擅长近体，注重词藻。由于中年经历国变，其诗多抒发国破家亡之痛，表现了鲜明的爱国思想和民族情感，悲壮慷慨。著有《中洲草堂集》二十三卷。

清

[46] 程可则

程可则，字周量、伯淳，程子[1]十八世孙。其先世[2]迁至南海，卜居鼎安大同里[3]。可则之父曰僎，治毛诗[4]，教授生徒[5]，常语人曰："学究先生受人子弟[6]，责亦非轻，安可不砥砺文行[7]使成佳士？"既困于诸生[8]，思训子以成其志。可则五岁读书，过目不忘；十岁能文，有神童之称；弱冠下笔如云涌泉流，千言立就。顺治辛卯（1651），以《诗经》荐，与陈彩同出槜李王庭之门[9]。壬辰（1652）会试，举礼部第一[10]，旋以首义征失注旨，奉旨削除，不得与殿试之列[11]。而程会元文名噪海内矣。庚子（1660）春，应阁试，授内阁撰文中书[12]，寻改内秘书院撰文。丁外艰，服阕[13]，补原职。己酉（1669），晋户部主事[14]。八月，分校北闱，得士[15]十五人，三捷[16]。庚戌（1670），一选庶常，时称得人[17]。晋本部员外，督理左翼仓务，出入会计，公慎[18]称职。辛亥（1671），升兵部职方正郎，奉旨同吏刑、二部郎官往山西，勘问总兵赵良栋[19]，卒白其冤。复命，召见便殿[20]，备陈情状，言辞畅达。上喜悦，既而语大司马曰："不差人往审，赵良栋冤死矣。"癸丑（1673），出知桂林府，会撤藩部，归京师。甫下车[21]，羽檄交驰[22]，机务猬集[23]，可则心计手画，咄嗟立办，人服其才。然遭时艰难，轗轲[24]忧郁，竟卒于官[25]。闻者惜之。可则既负绝人[26]之资，亦酣经史，手不释卷。其为诗，取材于《选》，取法于唐，与颖川刘体仁、长洲汪琬、新城王士正并以大家称[27]，所著有《海日楼诗文集》《遥集楼诗草》《萍花草》。

可则原大同堡人，晚居佛山[28]，故采入。

【传记来源】
《程可则传》选自清乾隆十七年《佛山忠义乡志》卷八《人物·文苑》。

【辑注参阅】
本辑注参阅清道光十五年《南海县志》卷三十九《列传八·程可则传》，清光绪五年《广州府志》卷一百二十八《列传十七·程可则传》，民国十二年《佛山忠义乡志》卷十四《人物·流寓·程可则传》。

【注释】
1. 程子：即程颐（1033—1107），字正叔，京西路河南府伊阳县（今河南省洛阳市伊川县）人，北宋理学家、教育家，嘉祐四年（1059）赐同进士出身，官至西京国子监教授，世称"伊川先生"，著有《程颐文集》。
2. 先世：见［9］《区仕衡》注释9。
3. 卜居鼎安大同里：指程姓先祖原居河南，北宋末靖康二年（1127），金兵入侵，程昂携家属南奔，旅居广东南雄珠玑巷，后移居南海鼎安坊。据成克巩《程仙墓志铭》记载："南渡时，程氏携家谱及妻避乱珠玑巷，后迁南海鼎安坊大同里家焉。"卜居：择地居住。
4. 毛诗：指西汉鲁国毛亨和赵国毛苌所辑注的《诗》，也就是现在流行于世的《诗经》。
5. 生徒：见［2］《黄恭》注释9。
6. 学究：唐代科举制度有学究一经科（专门研究一种经书），应这一科考试的称为"学究"，后来泛指读书人。先生：本义是出生比自己早、年龄比自己大的人，后引申为对有一定地位、学识、资格的人的尊称。受：通"授"，教书育人。
7. 砥砺：见［19］《李义壮》注释28。文行：文章和德行。
8. 困于诸生：指程偲经考试录取为诸生之后，屡次参加乡试，却一直没有中举。诸生：见［9］《区仕衡》注释9。

9. 陈彩（生卒年不详），字美公，广东省广州府南海县平步堡（今广东省佛山市顺德区乐从镇平步）人，清初南海学者，顺治九年（1652）进士，官至湖北盐法道，著有《鸣笑轩集》。槜李：古代地名，在今浙江省嘉兴市境内。槜（音 zuì）：李子的一种品种，果皮鲜红，汁多，味甜，槜李是见证嘉兴历史的活化石，一般认为先有槜李后有嘉兴。王庭（1607—1693），字言远，号迈人，浙江布政司嘉兴府桐乡县（今浙江省嘉兴市桐乡市）人，顺治己丑（1649）进士，曾任广州知府，官至山西布政使，著有《秋闲词》。

10. 礼部第一：这里指程可则参加会试获得第一名，成为会元。礼部：古代官署名，南北朝北周时开始设立，管理全国学校事务、科举考试及藩属和外国之往来事。

11. "旋以"三句：指顺治九年，由于许多贵人子弟落选，清廷也认为广东的抗清运动激烈持久，因此不能让广东人做榜魁，对乡试、会试试卷进行复核，以"悖戾经旨"为由将程可则除名，不得参与殿试，考官胡统虞等因此获罪。首义：揭示要旨。

12. 阁试：明代翰林院对庶吉士的考试。内阁撰文中书：即内阁中书，见［27］《区大枢》注释4。

13. 丁外艰：见［15］《梁轸》注释8。服阕：见［2］《黄恭》注释8。

14. 户部主事：见［19］《李义壮》注释3。

15. 得士：见［12］《王佐》注释13。

16. 三捷：科举考试中三科，接连及第。

17. 得人：见［36］《黄士俊》注释39。

18. 公慎：公正谨慎。

19. 勘问：审问。赵良栋（1621—1697），字擎之，号西华，甘肃省宁夏府府城（今宁夏回族自治区银川市）人，清代名将，原是陕西绿营守备，后随洪承畴经略云贵，官至云贵总督，代表作有《赵忠襄奏疏存稿》。康熙八年（1669）赵良栋任大同总兵，任上严于军政，清除地方积弊，得罪了一些地方军政要员，有官吏叩谒皇帝，呈奏章弹劾赵良栋。康熙十年（1671）十二月十一日，清廷派郎中程可则、宜昌阿、宜桑阿前往大同审问叩阍一事。结案后，康熙十一年（1672），赵良栋转调天津总兵。

20. 便殿：见［22］《何维柏》注释38。

21. 甫下车：见［24］《区益》注释7。

22. 羽檄交驰：比喻军情紧急。羽檄：古代军事文书插上雉羽以示紧急，必须迅速传递。交驰：交相奔走，往来不断。

23. 猬集：像刺猬的硬刺那样聚在一起，比喻事情繁多且集中。传记原作"蝟集"，据清光绪五年《广州府志》卷一百二十八《列传十七》改为"猬集"。

24. 辙轲：即坎坷，道路不平，比喻人生曲折多艰或不得志。

25. 卒于官：指清康熙十五年（1676），程可则因操劳过度（时任桂林知府）死于全州。

26. 绝人：见［21］《伦以训》注释1。

27. 刘体仁（1624—1684），字公㦷、公㥣、公勋，号蒲庵，江南省凤阳府颍州卫（今安徽省阜阳市阜南县）人，清初诗人，顺治十二年（1655）进士，官至吏部主事，著有《七颂堂诗集》《七颂堂文集》。汪琬（1624—1691），字苕文，小字液仙，号钝庵，初号玉遮山樵，晚号尧峰，江南省苏州府长洲县（今江苏省苏州市长洲）人，清初学者，顺治十二年进士，官至户部主事、刑部郎中，著有《尧峰诗文钞》。王士正（1634—1711），即王士禛，原名王士禛，字子真，一字贻上，号阮亭，又号渔洋山人，山东省济南府新城县（今山东省淄博市桓台县）人，清初诗人、诗论家，顺治十五年（1658）进士，官至刑部尚书，与朱彝尊并称"南朱北王"，他所标举的神韵说，风靡当时诗坛，著有《渔洋山人菁华录》《池北偶谈》《古夫于亭杂录》《香祖笔记》。

28. 佛山：这里指广东省广州府南海县佛山堡（今广东省佛山市禅城区祖庙街道）。

【传主简介】

程可则（1627—1676），广东布政司广州府南海县大同堡（今广东省佛山市南海区西樵镇大同）人，迁居广州府南海县佛山堡潘涌铺（今佛山市禅城区祖庙街道松风路松桂里），清初著名诗人，"岭南七子"之一。主张诗歌应有性情，有寄托，言之有物，反对把诗歌作为应酬交际的工具，反对诗歌就事论事而无寄意。其诗歌回避了明清易代之际尖锐的民族矛盾，但其诗俊秀雄伟，起跌回荡，激情丰沛，意象新奇，善用典故，秉承了岭南诗派雄直的诗风。著有《海日堂集》十卷。

［47］何 绛

何绛，字不偕，号孟门，羊额人。性英爽。族叔献将生徒数百人[1]，令高足转相传授[2]。绛为都讲[3]，每有论说，简要明通，听者惬意。值明末多故[4]，乃自放废[5]，徜徉罗浮、西樵山。既乃纵游吴越，足迹几半天下。复与陶㠍、陈恭尹、梁槤暨其兄衡隐[6]，称"北田五子[7]"，声著[8]甚。居乡，善规劝，有所教责，微刺婉讽，闻者皆服。有闽客寄以三百金，二十年不至，绛老且贫，独居破室。一日，客子至，询所寄金，绛偕至古井旁，指其下曰："在是，自取之。"出，则封识宛然[9]。素工诗，论诗最宗张文献、王右丞[10]，著有《不去庐集》。孙滨，好吟咏，如其祖，著有《寄亭诗稿》。衡，字左工，号罗峰。好学，能文词。隐居教读，举动循礼[11]。宁都魏叔子[12]著论，称"北田五子"衡为最。㠍携母与居，而游于外，母死，衡主其丧。里病疫者多死，所亲[13]或畏避，衡径至其家，为经纪。有病中梦衡沃其背、得汗而愈者，自是病即书衡姓名，揭侧辄瘥[14]。严鹤年，字会万，大良人。性恂谨[15]，少嗜学，多读书。弱冠补邑庠[16]，试辄优。与兄会五、会伯从陈岩野游[17]，称"凤山三严"。后讲学会城[18]，门下多达者。尝馆会城仙湖，有奔女[19]，拒之。因赋巫神，既以绮语[20]当戒，焚之。为方伯冼宪祖[21]所礼。族叔若培，富而无子，欲择为后，辞曰："吾何忍舍父父他人哉！"族多讼继产者，闻之，少变。居恒自奉约，而祀先丰。岁歉，盗起，贷粟以赈。邑有黄氏子，以事出亡[22]，托以三百金，乱后空乏，独所托金埋井旁，发以还之。晚岁筑钓矶于城东海湄，诗酒自娱。著有《峡游草》。子仕忠，孙大昌、大琛，皆有声庠序[23]。大昌自有传。绛同族非池，字改颠。能举业[24]，弃而言兵。崇祯[25]末，游西粤[26]，既而永明[27]授以金事道衔，随揭重熙[28]援赣。李成栋[29]死，遂逃山中，号双真子。庚子（1660），土人缚献。与陈奇策同日死。有持其诗扇归者，家人始知。（张《府志》、陈《志》、《五山志林》、《宁都三魏集》、《彭躬庵集》、《独漉集》、《采访册》）

按：石城王嘉靖二十七年（1548）已国除[30]，《采访册》云非池策干[31]石城王，可疑，故附此。

【传记来源】
《何绛传》选自清咸丰三年《顺德县志》卷二十五《列传五》。

【辑注参阅】
本辑注参阅清光绪五年《广州府志》卷一百三十二《列传二十一·何

绛传》。

【注释】

1. 族叔：同族中与父亲同辈份而年龄比父亲小的人。生徒：见［2］《黄恭》注释9。

2. 转相传授：先入学的学生直接跟老师学习，后入学的学生由先入学的学生进行教导，这样，先入学的学生称为"弟子"，由弟子教导出来的后入学学生称为"门生"。

3. 都讲：古代学舍中协助老师讲经的儒生，往往选择学习成绩突出的学生担任。

4. 明末多故：这里指明廷倾覆，清兵入关，战火燃烧到岭南。

5. 放废：放纵自弃。

6. 陶窳（音 yǔ）(1657—1719)，字甄夫，号楚江陶者，原籍湖南省岳州府巴陵县（今湖南省岳阳市岳阳楼区），占籍广东省广州府番禺县（今广东省广州市），清初诗画家，工诗文，精书画，能篆刻，著有《慨独斋遗稿》。(清) 张维屏《国朝诗人徵略》把陶窳和陶璜视为同一人，说陶璜曾居顺德北田，改名陶窳；(清) 温汝能《粤东诗海》中有两陶苦子，一名璜，番禺人，一名窳，顺德人。陈恭尹：见［49］《陈恭尹》。梁槤 (1628—1673)，字器圃，一作器甫，号寒塘居士、铁船道人，广东省广州府顺德县伦教堡（今广东省佛山市顺德区伦教街道）人，清初岭南诗画家，为诗力追中唐，冲淡自得，又工书画，著有《南樵集》。衡：即何衡 (1622—1687)，字左王，号萝峰，广东省广州府顺德县羊额堡（今广东省佛山市顺德区伦教街道）人，明末抗清志士，隐居村野，教书度日。

7. 北田五子：何绛回粤后隐居家乡，自号所居之地为"北田"。陈恭尹隐居于何绛家中，与陶窳、梁槤及何绛、何衡兄弟诗文唱酬，世称"北田五子"。北：指何绛多年奔走的北地山河。田：通"畋"，原义指游牧打猎，这里隐喻抗清，隐含有朝一日逐鹿中原、壮志未酬誓不甘的豪情。

8. 声著：声誉显著。

9. "有闽客"十二句：指曾有一位福建朋友来粤经商，因路途远、世道乱，便将三百两金子寄存在何绛那里。朋友一走便是二十年，期间何绛经历了丧子之痛，年老、孤独、贫困地住在一间破屋子里。突然有一天，那个福建朋友的儿子到访，提及当年其父寄存的金子。何绛将他带到屋外的一口水井旁，指着井底说，"就在这里，你自己去取吧。"朋友之子取出来一看，当年其父在金子上留下的封条还纹丝未动，金子分毫不少。从此何绛诚信还金的故事被当作美谈。为了表扬何绛对朋友的忠诚，乡亲们把这口井命名为还金井,并将这三个字刻在井台上,历久不废。封识(音zhì):封好的标记。

10. 张文献:即张九龄(678—740),字子寿,岭南道韶州曲江县(今广东省韶关市曲江区)人,唐代著名诗人,景龙元年(707)进士,官至宰相,著有《张曲江集》。王右丞:即王维(701—761),字摩诘,号摩诘居士,祖籍河东道太原府祁县(今山西省晋中市祁县),生于河东道河中府蒲州(今山西省运城市永济市),唐代诗人、画家,开元十九年(731)状元,官至尚书右丞,世称"王右丞",著有《王右丞集》。

11. 循礼:遵循礼法。

12. 魏叔子:即魏禧(1624—1681),字冰叔,一字凝叔,号裕斋,亦号勺庭先生,江西布政司赣州府宁都县(今江西省赣州市宁都县),与侯朝宗、汪琬并称"清初散文三大家",著有《魏叔子文集》。

13. 所亲:亲人,亲近的朋友。

14. 瘥(音 chài):病愈。

15. 恂谨:见[40]《梁元桂》注释6。

16. 弱冠:见[26]《梁有誉》注释6。邑庠:即县学,古代供生员读书的学校,读书人经童试第一关县试录取后准入州县主办的学校读书,以备参加高一级之考试,明清时称县学为"邑庠"。

17. 从陈岩野游:指(严鹤年、严会五、严会伯)师从陈邦彦。从……游:见[6]《区册》注释7。陈岩野:即陈邦彦,见[42]《陈邦彦》;陈邦彦在顺德大良锦岩山麓创办锦岩书院,开馆二十年,授徒逾千人,为当时南粤硕儒名师,人称"岩野先生"。

18. 会城:见[35]《李孝问》注释6。

19. 奔女:封建时代,婚姻要有父母之命、媒妁之言,不允许自由恋爱。如果女方因爱恋男性而主动跑去找男方,就称之为"奔女",有鄙夷之意。语出(汉)刘向《列女传·齐宿瘤女》:"使妾不受父母之教而随大王,是奔女也。"

20. 绮语:令人思邪之类的言语。

21. 方伯:各地方的长官,明清之布政使均称"方伯"。冼宪祖(生卒年不详),字懋章,广东布政司广州府南海县鹭洲堡(今广东省佛山市顺德区乐从镇)人,明万历三十八年(1610)进士,官至江西参政。

22. 出亡:出逃,逃亡。

23. 庠序:古代的地方学校,后亦泛指学校。

24. 举业:见[32]《朱完》注释28。

25. 崇祯:见[41]《陈子壮》注释9。

26. 西粤：指广西。

27. 永明：指朱由榔（1623—1662），崇祯时封为永明王，南明皇帝，年号永历。

28. 揭重熙（？—1651），字祝万，又字万年，号蒿庵，江西布政司抚州府临川县（今江西省抚州市临川区）人，明末清初诗人，崇祯十年（1637）进士，官至南明兵部尚书。隆武二年（1646）三月，清军攻闽，揭重熙坚持抗清，率兵主动出击，攻入江西，赣东人民纷纷响应，队伍发展到数万人。著有《揭蒿庵先生诗文集》。

29. 李成栋（？—1649），字廷桢，号虎子，陕西布政司宁夏卫（今宁夏回族自治区）人，原为李自成部将高杰的下属，随高杰降明，后又投降清廷，永历时反清归明，最后战败溺死。

30. 石城王：指朱统锜（？—1650），江西布政司洪都府南昌县（今江西省南昌市）人，自称江西宁王后裔。清顺治六年（1649）二月初四，朱统锜在大别山岳西县境内的飞旗寨称石城王，从事抗清复明的斗争。国除：指因为功勋而获得的爵位被剥除了，不可以再被继承；这里指明正德十四年（1519年），宁王朱宸濠在南昌发动叛乱，四十三天后被平定，宁王被灭族，王葆心《蕲黄四十八寨》将朱统锜列为明宗藩乙类（无封地、名号）第一名。

31. 策干：出主意，策划。

【传主简介】

何绛（1627—1712），广东布政司广州府顺德县羊额堡仁里坊（今广东省佛山市顺德区伦教街道羊额）人，清初岭南著名诗人，"北田五子"之首。善书法，尤擅行书。其诗歌沉雄悲凉，豪迈自如，以七律成就最高，其诗或叹时光易逝，或抒亡国之悲，或写乱离之苦，或述漂泊之思。著有《不去庐集》十三卷。

[48] 梁佩兰

佩兰，字芝五，南海人。童时日记数千言。顺治十四年（1657）乡试第一，又三十一年始成进士[1]，年六十矣。佩兰夙负诗名[2]。既选庶吉士[3]，馆中推为祭酒[4]。不一年假归，里居[5]十五载。会诏饬词臣就职[6]，复入都。逾月散馆[7]，以不习国书罢归[8]。结兰湖社[9]，与同邑程可则，番禺王邦畿、方殿元及恭尹等称"岭南七子"¹⁰。有《六莹堂集》。

【传记来源】
《梁佩兰传》选自《清史稿》卷四百八十四《列传二百七十一·文苑一》。

【辑注参阅】
本辑注参阅清道光二年《广东通志》卷二百八十六《列传十九·梁佩兰传》，清道光十五年《南海县志》卷三十九《列传八·梁佩兰传》，民国十八年《顺德县续志》卷二十二《列传七·寓贤·梁佩兰传》。

【注释】
1. 始成进士：指康熙二十七年（1688），徐乾学主持会试，使用通榜法录取大批名士，梁佩兰第七次赴考，考中二甲第三十七名进士。
2. 佩兰夙负诗名：指梁佩兰广泛结交海内诗界名流，尤其是与朱彝尊等共同主持金台诗社，使他声名鹊起，成为公认的诗坛宗匠；梁佩兰又与清廷贵戚纳兰性德共同编辑宋元词集。
3. 选庶吉士：指朝廷任命梁佩兰为知县，他以年老而不赴任，后被选授翰林院庶吉士。庶吉士：见［16］《梁储》注释4。
4. 祭酒：见［21］《伦以训》注释9。
5. 里居：古代指官吏告老或引退回乡居住；这里指梁佩兰考取进士后因年事渐高而无意仕途，康熙二十八年（1689）借故离开翰林院，隐居于广州丛桂坊（今广州市荔湾区丛桂路附近），以酒诗自娱，集骚人，结诗社，共吟诗。
6. 诏饬词臣就职：指为庆祝康熙五十寿辰，诏敕长期在外的庶吉士赴翰林院供职。词臣：古代指文学侍从之臣，如翰林之类。
7. 散馆：明清时翰林院设庶常馆，新进士朝考得庶吉士资格者入馆学习，三年期满举行考试后，成绩优良者留馆，授以编修、检讨之职，其余分发各部为给事中、御史、主事，或出为州县官，谓之"散馆"。
8. 以不习国书罢归：指散馆考试，梁佩兰等因不习满文而被革去庶吉士职，而他又不肯屈身赴选知县，翌年放归返乡。国书：国家间往来或共同议定的文书，国史，国字；这里指满文，清代以满文为官方语言文字。
9. 结兰湖社：指梁佩兰南归后与陈恭尹、陶窳、方殿元等在法性寺结兰湖诗社。诗社成立于康熙十九年（1680），由梁佩兰主持，是一个以明末遗民为主的诗社，辑有《兰湖倡和集》。

10. 程可则：见[46]《程可则》。王邦畿（1618—1668），字诚篚，广东布政司广州府番禺县（今广东省广州市）人，清初著名诗人，崇祯年间副贡生，明亡后出家为僧，著有《耳鸣集》。方殿元（生卒年不详），字蒙章，号九谷，广东布政司广州府番禺县（今广东省广州市）人，清初著名诗人，康熙三年（1664）进士，官至江宁知县，著有《九谷集》。恭尹：即陈恭尹，见[49]《陈恭尹》。岭南七子：梁佩兰、程可则、陈恭尹、王邦畿、方殿元、方还、方朝等七人以诗文并称，其籍贯均隶属岭南，世人合称为"岭南七子"。

【传主简介】

梁佩兰（1629—1705），广东布政司广州府南海县盐步堡西浦乡（南海县海心沙乡西浦村，1958年划入广州城西郊区鹤洞公社，广州市荔湾区东漖街道）人，寓居广州城西丛桂里（今广州市荔湾区丛桂路），清初著名诗人、书法家，"岭南三大家"之首，"岭南七子"之一。博学多才，善书画，其书法以行书见长，其画笔苍秀肃逸，但多被其诗名所掩。一生致力于创作诗歌，长期主持广东诗坛，被誉为诗坛盟主。其诗歌除了表达怀才不遇之作外，大多是游历应景、酬唱应和之作，诗歌各体俱佳，以七言古体诗成就最高；其诗气象雄阔，意境开阔，笔力雄健，使岭南诗派的雄直诗风持续发展。著有诗文集《六莹堂集》十六卷。

[49] 陈恭尹

陈恭尹，字元孝，顺德人。父邦彦，明末殉国难，赠尚书[1]。恭尹少孤[2]，能为诗，习闻忠孝大节。弃家出游，赋姑苏怀古诸篇[3]，倾动一时。留闽、浙者七年[4]。一日，父友遇诸涂[5]，责之曰："子不归葬[6]，奈何徒欲一死塞责耶！"恭尹泣谢之，乃归。既葬父增城[7]，遂渡铜鼓洋访故人于海外[8]。久之归，主何衡家[9]。与陶窳、梁无技及衡弟绛相砥砺[10]，世称"北田五子"[11]。已[12]，复游赣州，转泛洞庭，再游金陵，至汴梁，北渡黄河，徘徊大行之下[13]。于是南归[14]，筑室羊城之南[15]以诗文自娱，自称罗浮布衣[16]。

恭尹修髯伟貌，气干沉深[17]。其为诗激昂顿挫，足以发其哀怨之思。自言平生文辞多取诸胸臆，仆仆道涂[18]，稽古未遑[19]也。

卒，年七十一。著《独漉堂集》[20]。王隼取恭尹诗合屈大均、梁佩兰[21]共刻之，为《岭南三家集》[22]。

【传记来源】

《陈恭尹传》选自《清史稿》卷四百八十四《列传二百七十一·文苑一》。

【辑注参阅】

本辑注参阅清咸丰三年《顺德县志》卷二十五《列传五·陈恭尹传》，清嘉庆十年《龙山乡志》卷八《人物·文苑·陈恭尹传》，清光绪五年《广州府志》卷一百三十二《列传二十一·陈恭尹传》。

【注释】

1. "父邦彦"三句：指永历元年（1647）九月，清兵攻破清远，陈恭尹父亲陈邦彦被俘，不降，关押五日后被凌迟处死，后永历帝追授陈邦彦为兵部尚书。

2. 恭尹少孤：指明崇祯十六年（1643），陈恭尹母亲去世，永历元年，陈恭尹父亲陈邦彦抗清兵败死难，弟陈馨尹死于离乱，弟陈和尹、陈虞尹被清兵杀害，全家仅陈恭尹一人侥幸逃过大难。

3. 姑苏怀古诸篇：指陈恭尹《怀古》诗十首，为其成名作，其中一篇为《姑苏》。

4. "留"句：指清顺治八年（1651）秋开始，陈恭尹奔走于福建、江西、浙江、江苏一带，一是避难，二是寻找郑成功、张煌言等，力图联络朱明遗民，壮大抗清力量，但没有结果。

5. 父友：指罗炳汉（生卒年不详），字文昭，广东布政司广州府顺德县大良城北（今广东省佛山市顺德区大良街道环市北路）人，明末增生，陈邦彦少年时的好友。涂：通"途"，道路（上）。

6. 归葬：把遗体运回故乡埋葬在祖坟里。这里指陈邦彦被凌迟处死后，其友罗炳汉将其首与尸合殓，秘密带回顺德县大良城北门外（今顺德区大良环市北路津宁巷），暂时埋在罗家后花园。

7. 葬父增城：指清顺治十四年（1657）春，在陈邦彦遇害后十周年，陈恭尹将陈邦彦及彭夫人棺柩迁葬于增城新塘九龙山；暗示君子报仇，十年不晚，以表反清复明之心。

8. 铜鼓洋：指广东省珠江口九龙、尖沙嘴、大屿岛以北的洋面。访故人于海外：指陈恭尹与何绛结成生死之交，同趋澳门避难，随后到海岸各离岛，寻找明遗臣和抗清余部，没有结果。

9. 主何衡家：指清顺治十二年（1655），陈恭尹携眷返回顺德，寄居友人何衡家。何衡：见［47］《何绛》注释6。

10. 陶窳：见［47］《何绛》注释6。梁无技（生卒年不详），字王顾，号南樵，梁佩兰侄儿，《清史稿·文苑传》将梁无技与"北田五子"的梁桂混淆为一个人，误认为梁无技是梁桂。砥砺：见［19］《李义壮》注释28。绛：即何绛，见［47］《何绛》。

11. 北田五子：见［47］《何绛》注释7。

12. 已：后来，过了一些时间，不多时。

13. "复游"六句：指清顺治十五年（1658），陈恭尹和何绛打算西走云贵，投奔永历朝廷。行至湖南昭潭（今湖南省湘潭市），因清军严密封锁，两人被迫改道北上，转徙湖北、江苏、河南，北渡黄河，抵太行山下，沿途留心地形关隘，绘成《九边图》，以备他日之需。大行：即太行山，又名五行山、王母山、女娲山，位于山西省与华北平原之间，纵跨北京、河北、山西、河南四省市，是中国东部地区的重要山脉和地理分界线。大，通"太"。

14. 南归：指清康熙七年（1668）夏，陈恭尹之妻湛氏病逝，陈恭尹领着儿子陈励扶柩移居增城新塘；康熙十五年（1676）年，三藩之乱爆发，陈恭尹又举家搬回顺德，先后寓居顺德羊额和龙山。

15. 筑室羊城之南：指清康熙二十三年（1684），陈恭尹定居广州城南，在学宫西筑小禺山舍，后又迁居育贤坊明成堂（今广州市越秀区禺山路）。

16. 自称罗浮布衣：指陈恭尹身为明末逸民，不试不仕，一生踪迹大都往来罗浮山麓，或匿居村落为多，故晚号罗浮布衣。

17. 气干沉深：气魄和才干深藏不外露。

18. 仆仆道涂：奔走于道路。道涂：道途。

19. 稽古：考察古代的事迹，以明辨道理是非。遑：闲暇。

20. 《独漉堂集》：陈恭尹之父陈邦彦为清兵所杀，父仇难报，陈恭尹故自号独漉子，将其书斋取名为独漉堂，其著述取名《独漉堂集》。"独漉"取义于晋舞曲歌辞《独漉篇》："独漉独漉，水深泥浊。泥浊尚可，水深杀我。""刀鸣鞘中，倚床无施。父冤不报，欲活何为！"暗喻家仇未报，匡复之志未灭之意。

21. 王隼（1644—1700），字蒲衣，王邦畿之子，清初词人，明副贡生，明亡后为僧，隐居罗浮，著有《大樗堂集》。屈大均（1630—1696），初名邵龙，又名邵隆，字骚余，又字翁山、介子，号非池、菜圃，广东布政司广州府番禺县（今广东省广州市）人，清初著名学者、诗人，有"广东徐霞客"的美称。屈大均是明末遗民中抗清最坚决的学者、诗歌成就最高的遗民诗人，其著作多毁于雍正、乾隆两朝，后人辑有《翁山诗外》《翁山文外》《翁山易外》《广东新语》及《四朝成仁录》，合称"屈沱五书"。梁佩兰：见［48］《梁佩兰》。

22.《岭南三家集》：指清康熙三十一年（1692），王隼编选梁佩兰、屈大均、陈恭尹三家之诗成《岭南三家集》，认为梁佩兰七言古体、屈大均五言律诗、陈恭尹七言律诗为"三绝"。

【传主简介】

陈恭尹（1631—1700），陈邦彦长子，清初"岭南三大家"之一，著名遗民诗人。诗、文、书、琴都有建树。其隶书古朴深厚中别具洒脱高迈气概，被誉为清初广东隶书第一高手。陈恭尹以诗盛名于世，其诗各体俱佳，以七律成就最高，尤善怀古、咏史，大多感怀身世、矢志抗清以及描述岭南风物。其诗歌以郁勃沉酣的笔墨，融写景、议论、抒情于一体，抒发对国家民族危难的幽愤、悲慨之情，呈现出豪迈雄奇、悲愤凄凉、感慨深沉的壮美诗风，是岭南诗派雄直诗风的代表。著有诗文集《独漉堂集》二十三卷。

［50］梁为鹏

梁为鹏，字博斯，邓坑人。性颖悟。凡周髀、巫咸、青囊、赤雹之术[1]，罔不究心探索，抉其元奥[2]。积学[3]既富，发为诗文，宏博奇丽，为岭南诸名家所引重[4]。康熙戊子（1708），举于乡。庚寅（1710），考授内阁中书[5]。性刚直，胆识尤卓，能为人所不敢为。

朝制礼闱[6]取士，酌定进士额，合十八省，以南北分之[7]。湖广、江西、福建、四川、广东五省合江、浙、滇[8]、黔等省为南卷，而论卷取中焉。康熙五十一年（1712）会试，五省乡先生欲呈请别于江、浙等省，以免人多数少偏枯[9]之病，缮稿[10]既就，以叩阍[11]难，其人议久不决。鹏毅然身任。事闻[12]，得旨下礼部议。乃获于南卷[13]中，复分南左、南右以别之。当叩阍时，大臣叱问："抱牍[14]者为何省人？"鹏抗声[15]应对，不少[16]屈，章遂得达。未几，引疾归。邑有富宦，欲从祀[17]乡贤，令已徇其请矣。府檄邑绅签名结复[18]。腹党袒之，案几定。鹏闻之愤然曰："崇祀[19]大典，乌可以财房冒滥[20]，污我圣贤？"挺身攻击，卒赖以寝[21]。鹏初以叩阍得直，远近耳其名，至是人益敬惮[22]之。居乡，训子弟，敦齿让[23]，乐施与。晚年益自敛抑[24]，和平坦易，尤多长者风焉。

子逢年，恩贡[25]；熙年，邑庠[26]。孙文辉，举人。曾孙太举、元孙[27]瑞元，俱贡生[28]。

【传记来源】
《梁为鹏传》选自清嘉庆二十四年《三水县志》卷十一《人物·文学》。

【辑注参阅】
本辑注参阅清光绪五年《广州府志》卷一百三十六《列传二十五·梁为鹏传》。

【注释】
1. 周髀：古代算术。巫咸：上古神巫名医；这里指古代的占星术、筮卜。青囊：风水术的俗称，青囊本是黑袋子，因为风水师常以之装书，故民间以青囊代指风水术。赤雹：中药药材，以果实及块根入药；这里指医术。
2. 罔：没有。究心：专心研究。元奥：玄虚深奥的义理。
3. 积学：积累学问。
4. 引重：标榜，推重。
5. 考授：见［36］《黄士俊》注释66。内阁中书：见［27］《区大枢》注释4。
6. 礼闱：指古代科举考试之会试，因其由礼部主办，故称"礼闱"。
7. 以南北分之：起因是明洪武三十年（1397），明开国以来第九次科举会试，一榜所取的五十二名进士都是南方人；后朱元璋亲自阅卷，钦定六十一名进士，全是北方人。为了避免进士录取南北不均，洪熙元年（1425）会试实行南北分卷取士，还规定了各省的取士名额。
8. 滇：指云南布政司；传记底稿原作"填"，据（明）葛元声《滇史》改为"滇"。
9. 偏枯：原是病害半身不遂；这里指湖广、江西、福建、四川、广东等南方五省考生多，进士名额少，这样偏于一方，即轻重不匀之意。

10. 缮稿：统一口径的文稿；这里指湖广、江西、福建、四川、广东等五省先生共同拟定的奏章。

11. 叩阍：叩击宫门；这里指官吏到皇宫见皇帝呈奏章。阍：宫门。

12. 事闻：指五省乡先生所奏之事已被皇帝知道。

13. 南卷：这里指湖广、江西、福建、四川、广以及江、浙、滇、黔南方九省试卷。

14. 抱牍：抱持案牍；这里指上呈奏章。

15. 抗声：高声，大声。

16. 少：通"稍"，本义为禾末，引申为略微。

17. 从祀：见［19］《李义壮》注释 31。

18. 邑绅：地方上的绅士。结：这里指古代保证负责的字据。

19. 崇祀：见［15］《梁轸》注释 29。

20. 财房：财产和奴仆。冒滥：不合格而滥予任用。

21. 寝：见［16］《梁储》注释 46。

22. 敬惮：敬畏。

23. 齿让：以年岁大小相让，示长幼有序。

24. 敛抑：抑制。

25. 恩贡：见［38］《李希孔》注释 45。

26. 邑庠：见［47］《何绛》注释 16。

27. 元孙：即玄孙，指本人以下的第五代，即孙子的孙子。

28. 贡生：见［9］《区仕衡》注释 36。

【传主简介】

梁为鹏（生卒年不详，1710 年前后在世），广东省广州府三水县上白坭都邓坑（今广东省佛山市三水区白坭镇邓坑）人，清代文学家、术士。博学多才，有胆有识，敢为人先，为官耿直。其诗文内容广博，绮丽多姿。

[51] 潘衍泗

潘衍泗，字淑子，大峰人。少嗜学。长益湛深经术[1]，工诗文，书善真草。弱冠为诸生[2]，缙绅迭延主西席[3]。康熙壬午（1702）乡荐，下第[4]归，主讲凤山书院[5]。前后及门[6]者千余人。端模范，谨操守，与生徒砥砺名节[7]，讲学论文数十年不倦。自以早失怙恃[8]，事世父[9]如父，脩脯[10]不以自私。世父没，弟幼，丧葬婚娶皆力任，举先世遗田归之[11]。外祖罗心宇，贫而乏嗣，无当为后者，为置田祔其家庙[12]。年六十，始官崖州学正[13]，抵任半月，卒。生平撰著多散佚，族三世孙兰皋葺其遗文，录存之。族孙大卿，字大书，号沗棠，诸生，能文，不售[14]。戊辰（1748）大疫，倡施材，殓道死者。兰皋，字澧翘，少失二亲，故号痛庐。菇苦力学，弱冠食饩[15]，有文名。乾隆[16]乡举，去衍泗捷年刚周甲[17]。庚戌（1790），出宰万年[18]，山区峣峢[19]，旷野旧树松竹乏收成。兰皋教以植梅及盐制诸法。不数年，所在成林获利无算[20]。尤善折狱[21]，随谳[22]随判，两造[23]皆贴服。关风化[24]者，辑刻成帙[25]，曰《政略》，示劝惩。历十二年，声绩茂著[26]。引病[27]归，迭主讲凤山书院、西淋义学。著有《九畹堂诗文集》《姚西政略》。（陈《志》《潘氏族谱》《采访册》）

【传记来源】
《潘衍泗传》选自清咸丰三年《顺德县志》卷二十五《列传五》。

【辑注参阅】
本辑注参阅清光绪五年《广州府志》卷一百三十二《列传二十一·潘衍泗传》。

【注释】
1. 湛深：深沉的意思，多指学问高深。经术：即经学，原本是泛指各家学说要义的学问，但在汉代独尊儒术后特指研究儒家经典，是一种解释儒家经典的字面意义，阐明其蕴含义理的学问。
2. 弱冠：见［26］《梁有誉》注释6。诸生：见［9］《区仕衡》注释9。
3. 缙绅：见［19］《李义壮》注释19。迭：见［36］《黄士俊》注释35。西席：古人席次尚右，右为宾师之位，故师曰西席，后尊称受业之师为"西席"；这里指家庭教师。
4. 乡荐：见［15］《梁轸》注释5。下第：见［15］《梁轸》注释6。
5. 凤山书院：古代书院，在今广东省佛山市顺德区大良街道境内，明代知县吴廷举创建于城西凤凰山麓，清光绪三十二年（1906）改设为高等小学堂。

6. 及门：见［31］《区大伦》注释48。

7. 生徒：见［2］《黄恭》注释9。砥砺名节：见［19］《李义壮》注释28。

8. 怙恃：父母的代称；语自《诗经·小雅·蓼莪》："无父何怙？无母何恃？"怙（音 hù）：依靠。

9. 世父：大伯父，后用作伯父的通称。

10. 脩脯：见［36］《黄士俊》注释3。

11. 先世：见［9］《区仕衡》注释1。遗田：死者留下的田产。

12. 祔：指后死者附祭于家庙。家庙：家族为祖先立的庙，庙中供奉神位等，依时祭祀。

13. 崖州：古代州名，辖境相当于今海南省三亚市崖州区。学正：见［25］《欧大任》注释13。

14. 不售：见［39］《欧主遇》注释2。

15. 食饩：见［35］《李孝问》注释5。

16. 乾隆：清高宗爱新觉罗·弘历的年号（1736—1795）。

17. 周甲：满六十年，干支纪年一甲子为六十年，故称"周甲"；这里指潘衍泗在康熙壬午中举，潘兰皋在乾隆二十七年中举，两者相距六十年，恰好一周甲。

18. 出：见［13］《孙蕡》注释8。宰：见［31］《区大伦》注释6。万年：古代县名，辖境相当于今江西省上饶市万年县。

19. 峣埆（音 yáoquè）：土地瘠薄。

20. 无算：无法算计，形容数目多。

21. 折狱：判决诉讼案件。

22. 谳：见［20］《林钟》注释7。

23. 两造：指原告与被告。

24. 风化：风俗教化。

25. 成帙：变成了一本书。帙（音 zhì）：指书画外面包着的套子；这里指线装书。

26. 声绩：声誉功绩。茂著：突出显著；语自《汉书·王莽传（上）》："功德茂著，宗庙以安。"

27. 引病：即引疾，见［16］《梁储》注释36。

【传主简介】

潘衍泗（生卒年不详，1720年前后在世），广东省广州府顺德县古楼堡大峈（今广东省佛山市顺德区大良街道大邑）人，清代顺德学者，书法家。学问渊博，一生专心教书著述。擅长写诗作文，书法长于真书和草书。

[52] 邓莫右

邓莫右，字作聘，南岸人。学植淹博[1]，少年能文章，声满黉序[2]。邑令樊翰见之，许以伟器[3]。数奇[4]，屡踬棘闱[5]。雍正癸卯（1723），由恩贡登贤书[6]，年已六十矣！每一艺出，人争购诵之，故其帖括[7]多梓行于世。为诸生时，龙岩郑玟、武进徐依先后宰肆[8]，耳其名，皆订文字交[9]。会举优行[10]之士，右以"敦伦笃学"[11]预其选。学使者[12]陈公手书此四字旌其门焉。天性孝友[13]，尤方严[14]，戚党不敢干以私[15]。授徒于乡，肫肫[16]以敦伦纪，崇正学，为士林倡[17]。举族正[18]，动必循礼[19]，子弟莫不矜式[20]之。年六十九，未仕，以孝廉[21]终。著有《四书贯珠》《礼记摘释》《诗易发挥》《纲鉴论纂》《古文评注》，藏于家。

【传记来源】
《邓莫右传》选自清嘉庆二十四年《三水县志》卷十一《人物·文学》。

【辑注参阅】
本辑注参阅清光绪五年《广州府志》卷一百三十六《列传二十五·邓莫右传》。

【注释】
1. 学植：原指学问的积累增进，后泛指学业、学问。淹博：见［37］《欧必元》注释1。
2. 黉（音 hóng）序：学校的古称。
3. 樊翰（生卒年不详），河南省南阳府桐柏县（今河南省南阳市桐柏县）人，清康熙二十五年（1686）举人，曾任三水知县。伟器：大器，堪任大事的人才。
4. 数奇：命运乖舛，指遭遇不顺。奇（音 jī）：单数，古人认为单数不吉。
5. 踬：见［38］《李希孔》注释6。棘闱：见［18］《伦文叙》注释7。

6. 恩贡：见［38］《李希孔》注释45。登贤书：见［17］《胡澧》注释2。

7. 帖括：见［26］《梁有誉》注释7。

8. 郑玫（生卒年不详），字文玉，号虚舟，福建省龙岩州（今福建省龙岩市）人，清康熙四十五年（1706）以举人身份到广东三水任知县，长达十一年。徐侬（1659—1727），字永念，号起弦，江苏省常州府武进县（今江苏省常州市武进区）人，清康熙壬辰（1712）进士，曾任广东三水知县。宰肄：主管当地教育。

9. 订文字交：以诗文相交的朋友。订……交：亦写作"订交"，彼此结为朋友。

10. 优行：不用参加科举制度的常规考试，由高级官员保荐学行特别优秀者直接参加廷试的取士途径。

11. 敦伦：又写作"敦伦纪"，这里指崇尚伦常纲纪，如人伦就是封建社会中人与人的关系，包括君臣、父子、夫妇、兄弟、朋友及各种尊卑长幼关系。笃学：见［1］《王范》注释21。

12. 学使若：即学使，见［35］《李孝问》注释13。

13. 孝友：见［18］《伦文叙》注释18。

14. 方严：方正严肃。

15. 戚党：亲族。戚：因婚姻联成的关系。干以私：古代文言句式，不以私心谋取（利益）。干：谋取，求取。

16. 肫肫（音 zhūnzhūn）：诚恳。

17. 正学：见［31］《区大伦》注释49。士林：见［21］《伦以训》注释19。

18. 族正：清代凡有聚族而居的，则选择族中有声望的人做族正，劾查本族中的不良分子。这是统治阶级利用宗族实行统治的措施之一。

19. 循礼：见［47］《何绛》注释11。

20. 矜式：敬重和取法。

21. 孝廉：见［2］《黄恭》注释6。

【传主简介】

邓莫右（1663—1731），广东省广州府三水县南岸堡（今广东省佛山市三水区西南街道南岸）人，清代经学家。终身不仕，在家乡授徒为业。邓莫右学识渊博，擅写文章。著有《古文评注》《诗易发挥》。

[53] 罗天尺

天尺，字履先，号石湖。少以淹博[1]闻。年十七试于有司[2]，日竟十三艺。得心悸[3]疾，祖母梁戒攻举子业[4]，闭置一室，使从容于经卷药炉间。丙辰[5]（1736），举于乡，益肆力事诗、古文、词。长洲陈学士璋、宣城张司马汝霖、眉山彭观察端淑、秀水郑学使虎文并与订交[6]。西蜀蔡太史时田、镇粤将军福增格则素未谋面[7]，亦倾倒而推挽之[8]。而督学惠士奇[9]知之尤深，手录其词赋示诸生。与同县苏珥、陈海六辈称"惠门八子[10]"。时天尺文名藉甚[11]，会开博学鸿词科[12]，巡抚傅泰将荐之，以母老辞。一上春官[13]，不再赴。不临深，不登高，养疴石湖而终[14]。著有《瘿晕山房诗删》十卷[15]，门人罗作屏所注诗集十卷、文钞若干卷、《五山志林》八卷[16]。（阮《通志》、陈《志》、《五山志林》、《道古堂文集》）

【传记来源】

《罗天尺传》选自清咸丰三年《顺德县志》卷二十五《列传五》。

【辑注参阅】

本辑注参阅清道光二年《广东通志》卷二百八十七《列传二十·罗天尺传》，清光绪五年《广州府志》卷一百三十二《列传二十一·罗天尺传》，《清史稿》卷四百八十五《列传二百七十二·文苑二·罗天尺传》。

【注释】

1. 淹博：见［37］《欧必元》注释1。
2. 有司：见［1］《王范》注释7。
3. 心悸：中医病证名，是指病人自觉心中悸动、惊惕不安，甚则不能自主的一种病症，多因体虚劳倦、情志内伤、外邪侵袭等，导致心神失宁而发病。
4. 祖母梁戒攻举子业：指（罗天尺）祖母梁氏爱孙心切，同意罗天尺不必研读经书和八股文章。举子业：见［43］《邝露》注释5。
5. 丙辰：指清乾隆元年（1736）；传记底稿原作"丙戌"，据清咸丰三年《顺德县志·刊误》改为"丙辰"。

6. 陈学士璋：即陈璋（生卒年不详），字镛庭，江南省苏州府长洲县（今江苏省苏州市）人，清初书法家，康熙三十三年（1694）进士，曾在广东潮州任职，咏韩愈庙，官至顺天学政，著有《清琏先生手稿》《东冶集》。张司马汝霖：即张汝霖（1709—?），字芸墅，号柏园，安徽省宁国府宣城县（今安徽省宣城市宣州区）人，清代文学家，雍正十三年（1735）贡生，曾在广东河源、香山、阳春诸县任知县，官至澳门同知，著有《诗文集》三十卷。彭观察端淑：即彭端淑（1699—1779），字乐斋，号仪一，四川省眉州丹棱县（今四川省眉山市丹棱县）人，清代文学家，名篇《为学》作者，雍正十一年（1733）进士，乾隆二十年（1755）任广东肇罗道署察使，官至吏部郎中，著有《白鹤堂文集》《雪夜诗谈》。郑学使虎文：即郑虎文（1714—1784），字炳也，号诚斋，浙江省嘉兴府秀水县（今浙江省嘉兴市秀城区）人，清代文学家，乾隆七年（1742）进士，官至广东学政，尤工诗文，著有《吞松阁集》。学使：见［35］《李孝问》注释13。订交：见［52］《邓莫右》注释9。

7. 蔡太史时田：即蔡时田（?—1752），字修莱，号雪南，四川省成都府崇宁县（今四川省成都市郫县）人，清代诗人，乾隆七年进士，官至山东道监察御史，诗文通达，尤长于诗，且对诗词有精深见解，著有《雪南集》。福增格（生卒年不详），字赞咸，号松岩，直隶省顺天府（今北京市）人，正黄旗，清代满族诗人，官至广州将军，善诗词，著有《酌雅斋诗集》。

8. 倾倒：见［32］《朱完》注释40。推挽：后面送叫"推"，前面拉叫"挽"，比喻推荐引进。

9. 惠士奇（1671—1741），字天牧，一字仲孺，晚号半农，人称"红豆先生"，江南省苏州府吴县（今江苏省苏州市）人，清代经学家，康熙四十八年（1709）进士，官至侍读学士，曾督学广东，著有《红豆斋诗文集》。

10. 惠门八子：指惠士奇任广东学政六年（1720—1726），一大批青年才俊被网罗其门下，惠士奇亲授学业。名师出高徒，其中何梦瑶、劳孝舆、吴世忠、罗天尺、苏珥、陈世和、陈海六、吴秋是惠士奇最得意的弟子，称为"惠门八子"，一时被学界传为佳话。苏珥：见［57］《苏珥》。陈海六（生卒年不详），字鳌山，广东省广州府顺德县熹涌（今广东省佛山市顺德区伦教街道）人，清代岭南诗人，雍正年间贡生，官至饶平训导。

11. 藉甚：盛大，卓著。

12. 博学鸿词科：即博学宏词科，古代科举考试制科之一，所试为诗、赋、论、经、史、制、策等，不限秀才、举人，不论已仕未仕，凡是督抚推荐的，都可以直接参加廷试，清代因避乾隆皇帝弘历的讳而改为博学鸿词科。

13. 春官：见［28］《梁鹤鸣》注释2。

14. 疴（音 kē）：病。石湖：即石湖别业，罗天尺祖父罗孙燿建造石湖别业，隐居于此，与陈恭尹等组织石湖诗社；罗天尺隐居于石湖别业，一边讲学，一边养病，故自号石湖。罗天尺一生体弱多病，别号百药居士，但他善调理，节制有方，故得享遐龄，活到八十岁。

15. 十卷：传记底稿原作"十四卷"，据清咸丰三年《顺德县志·刊误》改为"十卷"。

16. 若干卷：传记原文空了一个字位，应为"若干卷"，据清光绪五年《广州府志》卷一百三十二《列传二十一·罗天尺传》补。《五山志林》：罗天尺著，记录顺德地区从明代到清初的大量史料，从人物、政事、文物、著述到风土、物产、掌故、轶事，均广为收辑，富于知识性和趣味性。五山：指顺德大良城里城外登俊、拱北、安东、梯云、华盖五座山岗；罗天尺用五山代称顺德全境。

【传主简介】

罗天尺（1686—1766），广东省广州府顺德县大良堡大良村（今广东省佛山市顺德区大良街道）人，清代诗人、地方文献学者。博学多识，以诗名世，曾主持南香诗社。其学诗从宋诗入手，力矫清初以来竞尚神韵的流习，诗作努力追求杜甫、韩愈的神貌，同时吸取苏轼、陆游的特色，反映广泛深刻的社会现实内容，乃至表现民生疾苦。其诗风骨力刚劲，体现了岭南诗派的现实主义精神。著有《瘿晕山房诗钞》十卷、《瘿晕山房文钞》。

［54］何梦瑶

何梦瑶，字报之[1]，南海人。惠士奇视学广东[2]，一以通经学古[3]为教。梦瑶与同里劳孝舆、吴世忠[4]，顺德罗天尺、苏珥、陈世和、陈海六[5]，番禺吴秋[6]一时并起，有"惠门八子[7]"之目。雍正八年（1730）成进士，出宰粤西[8]，治狱明慎[9]。终奉天辽阳知州[10]。性长于诗[11]，兼通音律、算术[12]。谓蔡元定《律吕新书》本原《九章》[13],为之训释[14]。更取御制《律吕正义》[15]研究八音协律和声之用,述其大要[16]。参以曹廷栋《琴学》[17],为书一编[18]。时称其决择精当[19]。又著《算迪》[20],述梅氏之学[21],兼阐《数理精蕴》《历象考成》之旨[22]。江藩[23]谓近世为此学者,知有法,不知法之所以然;知之者,惟梦瑶也。

【传记来源】

《何梦瑶传》选自《清史稿》卷四百八十五《列传二百七十二·文苑二》。

【辑注参阅】

本辑注参阅清道光二年《广东通志》卷二百八十七《列传二十·何梦瑶传》,清光绪五年《广州府志》卷一百二十八《列传十七·何梦瑶传》,《清史列传》卷七十一《文苑传二·何梦瑶传》。

【注释】

1. 字报之:何梦瑶又字赞调,号西池,晚年自号研农。

2. 惠士奇视学广东:指清康熙六十年(1721),以经学称著的惠士奇提督广东学政,驻羊城九曜官署(今广州市教育路南方戏院内),在读书人中挑选一批高才生收为入室弟子。惠士奇曾以竹枝词试士,何梦瑶当即赋《卖花词》两首,初露锋芒。诗曰:"看月谁人得月多?湾船齐唱《浪花歌》。花田一片光如雪,照见卖花人过河。""卖花声最断人肠,花落花开枉自伤。莫向百花坟上过,阿乔命薄似真娘。"《卖花词》写意写景,情景交融,想象丰富,余味无穷;惠士奇赞不绝口,将何梦瑶收为入室弟子。清雍正二年(1724),惠士奇再度来粤督学,在对优秀学生进行考核时,特别免考何梦瑶,并赞称何梦瑶为"南海明珠"。惠士奇:见[53]《罗天尺》注释9。

3. 通经:通晓经学。学古:学习研究古代典籍。

4. 同里:同乡;这里指南海县。劳孝舆:见[55]《劳孝舆》。吴世忠(生卒年不详),字南圃,广东省广州府南海县(今广东省佛山市南海区)人,清代广东诗人,博览群书,少年即有诗名,著有《莱山堂集》。

5. 罗天尺:见[53]《罗天尺》。苏珥:见[57]《苏珥》。陈世和(1696—1733),字时一,陈恭尹之孙,清代广东诗人,雍正六年(1728)贡生,官至福建龙游县丞,著有《拾余子草》。陈海六:见[53]《罗天尺》注释10。

6. 吴秋（生卒年不详），字始亭，号竺泉，广东省广州府番禺县（今广东省广州市）人，清代广东诗人，师从其岳父胡方，诗笔独秀，是"惠门八子"中最年轻的诗人，但早卒。

7. 惠门八子：见［53］《罗天尺》注释10。

8. 出宰粤西：指何梦瑶历任广西的义宁、阳朔、岑溪、思恩等知县。出：见［13］《孙蕡》注释8。宰：见［31］《区大伦》注释6。粤西：这里指广西。

9. 明慎：明察审慎。

10. 终奉天辽阳知州：清乾隆十三年（1748），何梦瑶升任奉天辽阳知府。奉天：古代地名，辖境相当于今辽宁省以及内蒙古兴安盟、哲里木盟一部分和吉林省西南一部分。辽阳：古代地名，辖境相当于今辽宁省辽阳市。知州：见［23］《吴旦》注释3。

11. 长于诗：指何梦瑶诗文方面著述有《菊芳园诗抄》《庄子敬》《皇极经世易知录》《胡金竹梅花四体诗笺》《大沙古迹诗》《紫棉楼乐府》等。

12. 音律：音乐的律吕、宫调等；何梦瑶《赓和录》是音乐方面的著作。算术：数学中最古老、最基础和最初等的部分，研究数的性质及其运算；何梦瑶《三角辑要》是数学方面的专著。

13. 蔡元定（1135—1198），字季通，福建省建宁府建阳县（今福建省南平市建阳区）人，南宋著名理学家、律吕学家，朱熹理学的主要创建者之一，一生不涉仕途，潜心著书立说，精识博闻，著有《西山公集》。《律吕新书》：蔡元定著，中国古代音乐史上一部重要的乐律学文献。本原：根源，来源。《九章》：《楚辞》中一组叙述屈原身世和遭遇的抒情诗，包括《惜诵》《涉江》《哀郢》《抽思》《怀沙》《思美人》《惜往日》《橘颂》《悲回风》等九篇作品。

14. 为之训释：指（何梦瑶）为《律吕新书》作注。

15. 御制：指帝王所作之诗文书画乐曲。《律吕正义》：清代康熙、乾隆两朝宫廷敕撰的以乐律学为主要内容的音乐百科专著，分上、下、续编，后又增加了后编。

16. 大要：要旨，概要。

17. 曹廷栋（1699—1785），字楷人，号六圃，浙江省嘉兴府嘉善县（今浙江省嘉兴市嘉善县）人，清代著名养生学家，擅长弹琴赋诗，著有《琴学》（内篇、外篇）。

18. 编：成本的书按内容划分的部分。

19. 精当：精确恰当。

20. 《算迪》：又名《算法迪》，是何梦瑶撰写的数学著作，共八卷。

21. 梅氏：指梅文鼎（1633—1721），字定九，号勿庵，江南省宁国府宣城（今安徽省宣城市宣州区）人，清初著名天文学家、数学家，为清代历算第一名家，著有《勿庵历算书目》。

22. 《数理精蕴》：在清康熙皇帝的大力支持下编撰的一部大型数学著作，它总结了自1690年之后输入中国的西方数学的主要内容以及当时数学研究的主要成果。《历象考成》：清康熙年间编成的一部论述历法推算的著作。

23. 江藩（1761—1831），字子屏，号郑堂，晚号节甫，江苏省扬州府甘泉县（今江苏省扬州市邗江区甘泉镇）人，清代经学家、目录学家、藏书家，监生，曾任丽正书院山长，博综群经，著有《隶经文》《炳烛室杂文》《汉学师承记》《宋学渊源记》。

【传主简介】

何梦瑶（1693—1764），广东省广州府南海县云津堡大沙村（今广东省佛山市南海区西樵镇崇北下沙）人，清代岭南著名诗人、地方志专家。博学多才，旁通百家，在文学、数学、医学、音律、历法等方面均有很深造诣，尤以诗文著称。现存诗歌六百一十首，古代诗较少，近体诗较多，其诗取材广泛，清新雅隽，教化社会，凝重悲愁，炼不伤气，清不入佻，中藏变化，名贵卓炼，但用典过多。著有《匊芳园诗钞》《匊芳园文钞》《匊芳园文诗续钞》。

[55] 劳孝舆

劳孝舆，字阮斋，仁子，雍正乙卯（1735）拔贡生[1]。少好游，渡琼海，登罗浮绝顶，历览江河、衡岳诸胜，著作日富。受知学使惠士奇[2]，与何梦瑶、罗天尺、苏珥齐名，世称"惠门四君子[3]"，名大噪。雍正庚戌（1730），诏修《一统志》[4]，孝舆与纂《粤乘》[5]，发凡起例[6]多出其手。乾隆丙辰（1736），举博学宏词[7]，召试，未用。旋出为黔宰[8]。时苗乱初靖[9]，有屯田之役[10]。始经理三堡[11]，遂入山苗，由二领至山婆，逾圭翁、斗巴，直达琴台，措置八堡屯田，足茧[12]万山者七月。将去，屯之民蚁行盘路而下，攀辕曰："公衣食我，忍未及睹我饱暖[13]而去也？"孝舆以文学饰吏治[14],布政使陈公悳荣深与投契[15],所上劝民开垦[16]、养蚕种树条例,陈公多采纳,檄行诸郡,至今民以为便。初署锦屏、清镇,旋补龙泉,摄清溪。不欲以催科[17]见长,毁嘉靖[18]旧码,易以今制。输粮者获羡归。民大悦,为建劳公书院,尸祝之[19]。调繁[20]毕节,适岁饥,有纠众剽掠[21]者。孝舆方在省垣[22]闻之,驰拘其魁[23],以饥民报,薄惩治。邻邑有类此者,其邑令[24]以乱民报,多抵于法[25]。毕民皆感泣,曰"劳父实生我"云。再调镇远,卒于官,年五十。著有《阮斋文钞》四卷、《诗钞》六卷、《春秋诗话》《读杜识余》。(据《菊芳园文钞》、《词科掌录》、《粤台徵雅》、《鱼山文钞》、阮《通志》、《雁山文集》参修)

【传记来源】
《劳孝舆传》选自清道光十五年《南海县志》卷三十九《列传八》。

【辑注参阅】
本辑注参阅清道光二年《广东通志》卷二百八十七《列传二十·苏孝舆传》,清光绪五年《广州府志》卷一百二十八《列传十七·劳孝舆传》,《清史稿》卷四百八十五《列传二百七十二·文苑二·劳孝舆传》。

【注释】
1. 仁:即劳仁(?—1725),字元伯,岁贡生,官至广东乳源教谕。拔贡生:清代科举制度中国子监贡生名目之一,由各省学政每逢酉年从府、州、县学生员中考选,每府学二名优秀者,州、县学各一名优秀者,可以贡入国子监学习,称为"拔贡"。通过拔贡入国子监学习者称为"拔贡生"。如入京朝考合格,拔贡生可以任京官、知县或教职。
2. 受知:见[29]《林承芳》注释6。学使:见[35]《李孝问》注释13。惠士奇:见[53]《罗天尺》注释9。
3. 惠门四君子:即惠门四俊。惠士奇作为广东学史,力倡学经史,以治蜀之经验督学广东,广东学士趋之若鹜。"惠门八子"中罗天尺、何梦瑶、苏珥、劳孝舆诗名称盛一时,被称为"惠门四俊"。
4. 《一统志》:指封建王朝官方的全国性总志,这种志书首创于元,明清继之。按朝代来说,有《大元一统志》《大明一统志》《大清一统志》等。
5. 《粤乘》:见[32]《朱完》注释12。

6. 发凡：提示全书的要旨或体例。起例：定出体例，创立凡例。

7. 博学宏词：见［53］《罗天尺》注释12。

8. 出为黔宰：指清乾隆二年（1737），劳孝舆出任贵州地方官。出：见［13］《孙蕡》注释8。宰：见［31］《区大伦》注释6。

9. 苗乱：指清康熙乾隆年间的一次大规模的贵州、湖南苗族人民起义运动。靖：平定，使秩序安定。

10. 屯田之役：指苗乱初定后，清廷在少数民族地区推行屯田政策。

11. 始经理三堡：刚开始先经营三堡屯田工作。堡：即屯堡，是贵州特有的一种村落形式。朱元璋在洪武十四年（1381）派三十万大军进攻西南，消灭了元政府的残余势力，并把军队留在云贵地区，又下令将留成者的父母妻子儿女全部送到戍地。在当地，军队的居住地称为"屯"，移民的居住地称为"堡"，他们的后裔居住地就称为"屯堡"。

12. 足茧：脚掌因走路磨擦而生出的硬皮，比喻跋涉辛劳。

13. 饱暖：食饱衣暖。

14. 以文学饰吏治：是儒家文学思想融入吏治过程中的一种观念，文学服务于吏治。吏治：古代地方官吏的作风和治绩。

15. 陈悳（音dé）荣（？—1747），字廷彦，号密山，直隶保定府安州（今河北省保定市安新县）人，清康熙五十一年（1712）进士，曾任黔西知州。投契：意气或见解相合。

16. 垦：开辟荒地；传记底稿原作"恳"，有误，应为"垦"。

17. 催科：催收租税，租税有科条法规，故称"科"。

18. 嘉靖：明世宗朱厚熜（音cōng）的年号（1522—1566）。

19. 尸：祭祀时代表死者受祭的人。祝之：这里指以示不忘劳孝舆。

20. 调繁：这里指劳孝舆调任政务繁剧的州县。

21. 剽掠：抢劫掠夺。

22. 省垣：见［32］《朱完》注释5。

23. 魁：见［11］《张镇孙》注释8；这里指匪首。

24. 邑令：见［35］《李孝问》注释9。

25. 抵于法：即抵法，见［15］《梁轸》注释14。

【传主简介】

劳孝舆（1697—1746），广东省广州府南海县魁岗堡劳地（今广东省佛山市禅城区石湾街道番村）人，清代著名诗人。才气豪放，学问渊博，以振兴文教为己任。工诗文，长于歌行，其诗才锋朗映。其在文学上的最大贡献是诗话，其《春秋诗话》将《左传》中有关诗的古文字汇编成集。

著有《阮斋文钞》四卷、《阮斋诗钞》六卷。

[56] 陈炎宗

陈炎宗,字文樵,号云麓。父清杰[1],康熙甲午(1714)举人。炎宗少孤,聪颖迈伦[2]。乾隆辛酉(1741),领解额[3]。戊辰(1748),成进士,馆选[4]。越六月,即告归[5]。居家三十年,主讲岭南义学。性孤介恬淡[6],非公事无一刺及长吏[7]。大学士陈大受[8],戊辰会试总裁也,后节制两粤。炎宗一谒,不再至。所居乡曰佛山,搜罗文献,辑为《乡志》[9],识者[10]称其简而有章。生平为诗、古文、词,未尝属稿[11],挥成,辄为人持去,故多散佚。其卒也,大兴朱太傅珪[12]表其墓云。(《省志》)

陈云麓少时尝与李因斋、吴竹屏、左省轩结社汾江,称"懒圈四子",流连文酒[13]无虚日。其后因斋弟埴斋亦附焉,省轩以"懒圈小友"呼之,故亦称"五子"。因斋,名易简,字未林,番禺人,以青衿[14]终。埴斋,名松筠,字复林,癸酉(1753)副榜贡生[15]。省轩,名业光,字能甫,顺德人,界园副都宪之孙,太学[16]生。书法自成一家,得其片楮者珍若拱璧[17]。年未四十卒。

李、左皆世寓佛山,竹屏以就学甥馆[18],因移家侨居[19]者十余年。省轩既殁,竹屏亦返居五羊,而社事风流[20]云散矣。今懒圈之名,犹播艺林[21],资雅谈,然诸君子诗文未有编集之者。(《粤台徵雅录》)

自孙蕡、李德、王佐、赵介、黄哲结社于羊城南园[22],开抗风轩[23]以延一时名士,提唱词宗[24],称"南园前五子[25]"。嘉靖[26]间,欧大任、梁有誉、黎民表、吴旦、李时行复开抗风轩以振南园之风雅[27],称为"后五子[28]"。张太初河图[29]集十二人,倡西园十二堂吟社[30]。云麓陈太史称[31]"懒圈四子",宗主吟坛[32],盖一时之盛焉。而前此惠天牧督学所取南海知名士何梦瑶、罗天尺、苏珥、劳孝舆[33],称为"惠门四子[34]"。罗、苏亦尝与吾乡诸先辈唱和[35],而劳则吾乡人也。(按附传式例,见《儒林传》)

【传记来源】
《陈炎宗传》选自民国十二年《佛山忠义乡志》卷十四《人物·文苑》。

【辑注参阅】

本辑注参阅清道光二年《广东通志》卷二百八十七《列传二十·陈炎宗传》，清道光十五年《南海县志》卷三十九《列传八·陈炎宗传》，清光绪五年《广州府志》卷一百二十八《列传十七·陈炎宗传》。

【注释】

1. 陈清杰（生卒年不详），字适今，广东省广州府南海县佛山堡（今广东省佛山市禅城区祖庙街道）人，清康熙甲午（1714）举人，官至州丞，博学多才，擅长古文，著有《冰玉堂文集》《西游诗草》。

2. 迈伦：超过一般人。

3. 解额：科举考试中分配给各乡试地区的录取名额或数额。

4. 馆选：被选任馆职。明清进士一甲三人被授翰林院修撰和编修之职，二、三甲进士可参加翰林院庶吉士考试，称"馆选"。馆选考取后称"庶吉士"，在翰林院学习三年，学成后授职。

5. 告归：见［4］《卢宗回》注释6。

6. 孤介：耿直方正。恬淡：见［8］《刘镇》注释1。

7. 刺：名帖。长吏：见［9］《区仕衡》注释34。

8. 陈大受（1702—1751），字占咸，号可斋，湖南省衡州府祁阳县（今湖南省衡阳市祁东县）人，清雍正十一年（1733）进士，乾隆十三年（1748）会试总裁，是陈炎宗的座师，官至两广总督，代表作有《陈文肃奏议》。

9. 文献：见［1］《王范》注释23。《乡志》：即《佛山忠义乡志》。清乾隆皇帝诏令天下修志，各省、县等都设志局进行编纂。佛山自清康熙五年（1666）由李侍问第一次编修《佛山忠义乡志》以来，已有八十多年未修志。众乡绅商议重修乡志，想请李绍祖任总撰。但李绍祖年老有病，自知难以胜任，便推荐陈炎宗担任总撰之职。清乾隆十七年（1752），《佛山忠义乡志》编成，共分四册十一卷，计有乡域志、官典志、乡事志、选举志、乡俗志、乡学志、乡防志、名宦志、人物志、艺文志等，又称陈《志》。

10. 识者：见［11］《张镇孙》注释20。

11. 属稿：起草文稿。

12. 朱太傅珪：即朱珪（1731—1806），字石君，号南崖，晚号盘陀老人，直隶省顺天府大兴县（今北京市大兴区）人，清乾隆十三年进士，曾任两广总督，官至体仁阁大学士，著有《知不足斋诗文集》。

13. 省：传记底稿原作"肖"，应为"省"。结社汾江：指陈炎宗等四人在南海县佛山堡汾江边结懒圈诗社。汾江：佛山水道流经石湾及城区的一段，西起佛山市禅城区石湾街道沙口，东止禅城区祖庙街道中山桥，长约十一公里，宽五六十米，因其为北江支流东平水道在王借岗侧分出之水道，故原称"分江"；而佛山人喜合恶分，讲究意头，将"分"字添上三点水，称为"汾江"，既有水为财之意，也避讳分离、分开之嫌。文酒：饮酒赋诗。

14. 青衿：是周代学子的服装，借指学子；这里指普通读书人或学有所成但未得其位的文士。

15. 副榜：见［39］《欧主遇》注释3。贡生：见［9］《区仕衡》注释36。

16. 太学：见［9］《区仕衡》注释7。

17. 片楮：见［40］《梁元柱》注释35。拱璧：古代一种大型玉璧，用于祭祀，因其须双手拱执，故称"拱璧"，比喻极其珍贵之物。

18. 甥馆：指赘婿的住处或女婿家；语自《孟子·万章（下）》："舜尚见帝。帝馆甥于贰室。"

19. 侨居：寄居他乡。

20. 风流：见［32］《朱完》注释32。

21. 艺林：即艺苑，古代指文艺界或收藏汇集典籍图书的地方；这里指诗坛。

22. 孙蕡：见［13］《孙蕡》。李德（生卒年不详），字仲修，自号采真子，人称易庵先生，广东省广州府番禺县（今广东省广州市）人，明初岭南诗人、易学家，官至义宁知县，著有《易庵集》。王佐：见［12］《王佐》。赵介（1344—1389），字伯贞，人称临清先生，广东省广州府番禺县（今广东省广州市）人，明初岭南诗人，以布衣终老一生，著有《临清集》。黄哲（？—1375），字庸之，广东省广州府番禺县（今广东省广州市番禺区）人，元末明初诗人，通经能诗，官至东平府通判，著有《雪篷集》。南园：见［12］《王佐》注释3。

23. 抗风轩：见［12］《王佐》注释4。

24. 提唱：同"提倡"，由于人或物有好的因素而倡议。词宗：词坛泰斗，词章为众所宗仰的人。

25. 南园前五子：见［12］《王佐》注释3。

26. 嘉靖：见［55］《劳孝舆》注释18。

27. 欧大任：见［25］《欧大任》。梁有誉：见［26］《梁有誉》。黎民表：见［23］《吴旦》注释6。吴旦：见［23］《吴旦》。李时行（1514—

1569），字少偕，号青霞子，广东省广州府番禺县（今广东省广州市）人，明代文学家，嘉靖二十年（1541）进士，官至南京兵部车驾司主事，著有《驾部集》。风雅：见［30］《区大相》注释25。

28. 后五子：即南园后五先生，见［23］《吴旦》注释8。

29. 张太初河图：即张振堂（生卒年不详），字河图，广东省广州府南海县（今广东省佛山市南海区）人，清代岭南文士，康熙举人。

30. 西园十二堂吟社：清代的佛山诗社；语自罗元焕《粤台徵雅录》："昔人有为西园诗社以续浮邱遗响者，至张振堂前辈，复集十二人各取一字以名堂，即西园十二堂吟社。省堂诸子继起，亦仿之，为后十二堂云。"

31. 称：这里指称誉、称雄。

32. 宗主：众所景仰归依者，某一方面的代表与权威。吟坛：诗坛，诗人聚会之处；语自（唐）牟融《过蠡湖》："几度篝帘相对处，无边诗思到吟坛。"

33. 惠天牧：即惠士奇，见［53］《罗天尺》注释9。何梦瑶：见［54］《何梦瑶》。罗天尺：见［53］《罗天尺》。苏珥：见［57］《苏珥》。劳孝舆：见［55］《劳孝舆》。

34. 惠门四子：即惠门四君子，见［55］《劳孝舆》注释3。

35. 先辈：指尊称年龄或辈分较长的人，明清时科场以先得中者称为"先辈"，而不论长幼。吾乡：这里指佛山忠义乡。唱和：作诗与别人相酬和，唱和有两种不同的方式：一种是甲方赠乙方的诗词，乙方根据甲方所内外交赠诗词的原韵写来回答；另一种是乙方回答甲方所赠的诗词，只根据原作的意思而另自用韵。

【传主简介】

陈炎宗（生卒年不详，1750年前后在世)），广东省广州府南海县佛山堡明心铺金鱼塘（今广东省佛山市禅城区祖庙街道金鱼街）人，清代文词家、地方文献学家，"懒圈四子"之一。出生于书香之家，无意官场，安心学问，在岭南义学讲课授徒。精心修志，广泛搜集材料，并注意核实校正，遣词造句准确精炼。创作诗歌，兴之所至，一挥而就，其诗古朴有力，风行一时。著有《陈太史遗稿》。

[57] 苏　珥

苏珥，字瑞一，号古侪，晚号睡逸居士，碧江人。祖上遇，字允升，豁达好善，族党多受推解者[1]，家以是[2]贫。生平务成人善，不言人过，与兄弟友爱甚笃。其子士豪亦好异书、古刻。珥生七岁即能文，长博书史[3]。嗜饮，而丧亲则斥去杯杓[4]。雍正初，珥年十三受知督学吴县惠士奇[5]，旋食饩[6]。入幕与同县罗天尺、陈海六、南海何梦瑶襄校阅[7]，称"惠门四俊[8]"。督学邓钟岳以优行荐[9]，巡抚杨文乾以孝廉方正荐[10]，皆不就。缙绅、大吏至粤，耳其名，恒造庐与订交[11]，论文外无他言，又不诣答，群公转加礼重。乙卯（1735），开博学鸿词科[12]，刑部右侍郎杨超曾[13]以珥奏，诏下，有司[14]起送入都。时巡抚杨永斌[15]亦荐南海劳孝舆。素与珥交厚，约偕行，珥谢曰："予母八十矣，不畏碧玉老人哂耶[16]？"陈之疆吏[17]，以母老代请免试。戊午（1738），举于乡，不欲赴礼闱[18]，母促之再，乃行。至都，偕天尺谒[19]士奇，士奇笑曰："古侪不善揣摩，屡踬场屋[20]，今竟售[21]，南海明珠尽入贡矣[22]！"下第[23]，与江南沈德潜、夏之蓉唱和甚欢[24]。会士奇以事籍产[25]，随复官，珥率粤士酿金赎还红豆斋居焉[26]。乙丑（1745），南归乏赀[27]，德潜赠以金而后得治装[28]。既归，不复会试，家故中落[29]，以束脩[30]所入购书万卷，著述自娱。性既强记，又手录而点论之，札记月日。及门以古事质[31]，倦于缕答，则指架庋卷帙[32]篇页，使自捡阅，辄不爽[33]。生平最笃友谊。梦瑶[34]死，闻即挐舟[35]往哭。至，则已盖棺，遽令其属启而覆视，对尸大恸。刘铗邃子不率教[36]，将置之死。珥匿而教之，数年得乡举。父子感深刺骨。士奇子定宇[37]与弟纯楠重游粤，主于珥，出所注《渔洋精华录训纂》，属参订[38]，即为卒业[39]，就所见校之。为文光怪陆离，书亦负重名。有豪贵子以巨金请为文，珥怫然[40]曰："吾非鬻文，金奚[41]宜？"至与士夫[42]游，非所其善，不肯以诗词赠答。同族与人争地，馈千金借其名[43]为重，不可。居恒简脱[44]，不修容止，往往吟哦[45]市上，旁若无人。当道[46]欲一见，不可得。方物色[47]间，适袖果实行，且食而过，不顾也。著有《宏简录辨定》《笔山堂类书》《古侪杂钞》《明登科入仕考》、诗文集。（阮《通志》《楚庭稗珠录》《五山志林》《道古堂集》《瘿晕山房集》《妄舟集》《敬学轩集》）

【传记来源】

《苏珥传》选自清咸丰三年《顺德县志》卷二十五《列传五》。

【辑注参阅】

本辑注参阅清道光二年《广东通志》卷二百八十七《列传二十·苏珥传》，清光绪五年《广州府志》卷一百三十二《列传二十一·苏珥传》，《清史列传》卷七十一《文苑传二·苏珥传》。

【注释】

1. 族党：见〔28〕《梁鹤鸣》注释35。推解：推食解衣，指在生活上关心他人。

2. 以是：因此。

3. 书史：指经史一类典籍。

4. 丧亲：指父亲或母亲丧亡。斥去：排斥并使之离去。杯杓：亦作"杯勺"，酒杯和杓子；这里借指饮酒。

5. 受知：见〔29〕《林承芳》注释6。惠士奇：见〔53〕《罗天尺》注释9。

6. 食饩：见〔35〕《李孝问》注释5。

7. 入幕：入为幕僚。罗天尺：见〔53〕《罗天尺》。陈海六：见〔53〕《罗天尺》注释10。何梦瑶：见〔54〕《何梦瑶》。襄：见〔32〕《朱完》注释42。校阅：审阅校订。

8. 惠门四俊：见〔55〕《劳孝舆》注释3。

9. 邓钟岳（1674—1748），字东长，号悔庐，山东省东昌府聊城县（今山东省聊城市东昌府区）人，清代学者，康熙六十年（1721）进士（状元），曾任广东学政，官至礼部侍郎，著有《寒香阁诗集》。优行：见〔52〕《邓莫右》注释10。

10. 杨文乾（？—1741），字元统，汉军正白旗人，清代书法家，监生出身，官至广东巡抚。孝廉方正：清代特诏举行的制科之一。自清雍正时起，新帝嗣位，诏直省府、州、县、卫各举孝廉方正，赐六品章服，备召用。

11. 恒：经常的。造：前往访问。订交：见〔52〕《邓莫右》注释9。

12. 博学鸿词科：见〔53〕《罗天尺》注释12。

13. 杨超曾（1694—1742），字孟班，湖南省常德府武陵县（今湖南省常德市鼎城区）人，清康熙五十四年（1715）进士，官至吏部尚书，著有

《杨文敏集》。

14. 有司：见［1］《王范》注释7。

15. 杨永斌（？—1740），字寿廷，云南土司云南府（今云南省昆明市）人，清康熙三十八年（1699）举人，曾任广东巡抚，官至礼部侍郎。劳孝舆：见［55］《劳孝舆》。

16. 碧玉老人：即陈献章，见［16］《梁储》注释3；明宪宗以玉圭聘陈献章，陈献章在明成化年间建碧玉楼以藏之，故称陈献章为"碧玉老人"。哂（音 shěn）：讥笑。

17. 疆吏：负责镇守一方的高级地方官吏。

18. 礼闱：见［50］《梁为鹏》注释6。

19. 谒：见［30］《区大相》注释15。

20. 屡踬场屋：指多次科考失败。踬：见［38］《李希孔》注释6。场屋：科举时代试士的场所。

21. 售：见［39］《欧主遇》注释2。

22. 南海明珠：这里指岭南人才。入贡：指贡士入京参加会试。

23. 下第：见［15］《梁轸》注释6。

24. 沈德潜（1673—1769），字确（音 què）士，号归愚，江苏省苏州府长洲县（今江苏省苏州市）人，清代诗人，乾隆四年（1739）进士，官至内阁学士兼礼部侍郎，著有《沈归愚诗文全集》。夏之蓉（1697—1784），字芙裳，号醴谷，江苏省扬州府高邮州（今江苏省扬州市高邮市）人，清代书法家，雍正十一年（1732）进士，官至检讨，著有《半舫斋诗集》。唱和：见［56］《陈炎宗》注释35。

25. 籍产：（因犯罪）被没收所有的财产；这里指惠士奇因受人诬告而被没收家产。

26. 醵金：集资或凑钱。红豆斋：这里指惠士奇老屋。

27. 赍：见［9］《区仕衡》注释33。

28. 治装：准备行装。

29. 中落：中途衰落。

30. 束脩：古代学生与教师初见面时，必先奉赠礼物，表示敬意，称为"束脩"；这里指学生交的学费。

31. 及门：见［31］《区大伦》注释48。古事：旧事；这里指古代的典章制度、贤人及其诗文等。

32. 卷帙：指书籍，古代书籍可舒卷的叫"卷"，编次的叫"帙"。

33. 爽：差错。

34. 梦瑶：即何梦瑶，见［54］《何梦瑶》。

35. 拏舟：见［26］《梁有誉》注释24。

36. 刘镳篆（1700—？），浙江名门之后，苏珥的朋友，其子刘思甫不听父亲的管教，刘镳篆认为有辱家门，赶走了这个儿子，甚至想将其置于死地。率教：遵从教导。

37. 定宇：即惠栋（1697—1758），字定宇，号松崖，惠士奇之子，清代汉学家，汉学中吴派的代表人物，精于汉代《易》学，终身不仕，课徒著述，著有《九经古义》等。

38. 参订：参酌，评定。

39. 卒业：毕业。

40. 怫然：愤怒的样子。

41. 奚：何（用）。

42. 士夫：见［37］《欧必元》注释20。

43. 借其名：这里指与他人争夺田产的苏姓豪贵子要认苏珥为叔，企图借用苏珥的名声在争夺田产中占优势。

44. 简脱：放荡不羁。

45. 吟哦：写作诗词，推敲诗句，有节奏地诵读。

46. 当道：见［30］《区大相》注释11。

47. 物色：访求，寻找。

【传主简介】

苏珥（1699—1767），广东省广州府顺德县龙头堡碧江村（今广东省佛山市顺德区北滘镇碧江）人，清代岭南著名学者、书法家。不热衷功名，埋头诗书，教书著述，对岭南古籍整理研究作出了一定的贡献。喜爱诗文词赋，为文长于序、记，下笔牢笼万象，放言高论，情景相生，纵目今古；为诗风流倜傥，意气风发，追求情真味淡的境界。其书法以草书为最，疏拓秀媚，简朴旷达。著有《安舟遗稿》。

[58] 李殿苞

李殿苞，字桐君，号凤冈；弟殿华，字竹君；殿菖，字梅君。陈村人。殿苞称神童，年十六为诸生[1]。性孝友[2]，父文灿以五日卒[3]，终身不忍观竞渡[4]。丁酉（1777），将鬻谷筑室[5]，值饥，即罄[6]所积五百余石给赈，工遂寝[7]。居篁村[8]，辟碧梧园，语详《胜迹》。邻人侵其屋地，笑与之。尝以千金贷人，忽延致[9]，相与痛饮，焚其券[10]。舟行飓作，前舟覆，殿苞跃入洪波，拯溺者二人，载归，赠而遣之。捐金延师教族子弟，多成就。年七十三得贡[11]，卒。著有《碧梧园集》《凤冈诗文集》《大雅词钞》《醉余草》。子朗琯，字崇朴，号冬见，国子生[12]，博极[13]群书。因碧梧园广其池亭，为一篑[14]山房，聚书教子。招吟侣为文酒会[15]，酒后耳热狂歌，旁若无人，乡人目为李颠。著有《崇朴山书》八十二种、《贯珠诗文集》八卷。子大生、大作，皆庠生。杭世骏[16]称之。逢春，字崇瓒，年十三通诸经，见爱于父，出必携以行，寝必同榻，历二十三载，依依若赤子[17]。父病，刲祝神[18]，愿身代。及殁，哀毁骨立[19]，至吐血，犹居苦块[20]。服阕[21]后，卧所遗床簟，泪痕常渍，发病濒死者数。先产有田，名孝友坊。兄弟以让逢春，辞曰："田名受之有愧。"遂均之。生平刻苦，而未获寸进，每自歉然。年三十九死。知者惜之。（陈《志》）

【传记来源】
《李殿苞传》选自清咸丰三年《顺德县志》卷二十五《列传五》。

【辑注参阅】
本辑注参阅清光绪五年《广州府志》卷一百三十二《列传二十一·李殿苞传》。

【注释】
1. 诸生：见［9］《区仕衡》注释9。
2. 孝友：见［18］《伦文叙》注释18。
3. 李文灿（生卒年不详），字兴韬，号韫庵，清代岭南文人，康熙十五年（1676）进士，著有《天山草堂集》。五日：这里指农历五月初五端午节。
4. 竞渡：见［40］《梁元柱》注释7。
5. 鬻谷：卖粮食。筑室：建筑屋。
6. 罄：本义为器中空，引申为尽、用尽。
7. 寝：见［16］《梁储》注释46；这里指李殿苞倾其所有救济穷人而导致建房工程停止。
8. 篁村：古代村名，今属佛山市顺德区容桂街道。
9. 延致：招来，邀请。

10. 焚其券：指李殿苞将千两白银的借据当众烧毁。

11. 得贡：指作了贡生。

12. 国子生：指在国子监学习的学生，一般为官员子弟。

13. 博极：遍览群书，知识渊博。

14. 篑（音 kuì）：古代指盛土的筐子。

15. 招吟侣：指召集诗朋酒侣。文酒：见［56］《陈炎宗》注释13。

16. 杭世骏（1695—1773），字大宗，号堇甫，浙江省杭州府仁和县（今浙江省杭州市余杭区）人，清代文人、画家，雍正二年（1724）举人，乾隆元年（1736）举鸿博，晚年主讲广东粤秀书院，著有《道古堂集》《榕桂堂集》。

17. 赤子：刚生的婴儿。

18. 祝神：祝祷于神灵。

19. 哀毁骨立：指因为过分悲伤而异常消瘦，身体好像只剩下一副骨架子支撑着；形容孝子在守孝期间由于过分悲哀而损伤了身体。

20. 苫块："寝苫枕块"的省略语。苫（音 shān）：草席。块：指土块。古礼，居父母之丧，孝子以草荐为席，土块为枕。

21. 服阕：见［2］《黄恭》注释8。

【传主简介】

李殿苞（生卒年不详，1780年前后在世），广州府顺德县龙津堡陈村（今广东省佛山市顺德区陈村镇）人，清代文学家。出身书香门第，资质聪颖，幼承家学，博通经史词赋，热心文教，兴办义学。专心学问，以诗文著名。著有《碧梧园集》九卷、《凤冈诗文集》。

[59] 胡建伟

胡建伟，字式懋，三江人。少颖异[1]，励精为学[2]，自号勉亭。积劳得咯血病，犹攻苦弗辍[3]，卒以文学显。乾隆戊午（1738）举于乡。己未（1739），联捷[4]成进士。谒选得直隶无极县[5]，迁正定。母丧，去官。服阕，补福鼎[6]。鼎为闽之边界，邻于浙，当两者之冲[7]，冠盖[8]所经，辄借民舍栖止[9]，不堪其扰，前令沿以为常。伟为筑候馆[10]居之，公私称便。未几[11]，历永定，调闽县，所至以循卓[12]称。

有戴乙者,窜名司吏[13],颇骄横。因事倨见[14],怒立杖械之,一县詟伏[15]。大府[16]益器之。署福州粮捕通判,权竹崎关,廉平称职。荐擢[17]澎湖通判,署福州守,仍兼通判,复护粮驿道。时以一身绾三符[18],咸就理[19]。澎湖为海中孤岛,遥隶台湾。士子赴府道试[20],再渡重洋,风涛险恶,以故人鲜就学[21]。国朝茂才[22]仅三人。伟至,建文石书院,延名师启迪之,详定岁科二试[23],即由澎湖考送[24]学院。士咸乐之。终其任,得庠生[25]十三人。寻升漳州南胜同知,调台湾北路理番同知,卒于官。

伟为人干练精密,遇事辄办。尤嗜古,遇公余,即一卷弗释。历官南北,必载书簏[26]以行,故选士有人伦鉴识[27]。壬午(1762),分校闽闱,得张中丞岱宗、李方伯廓等六人,皆知名士。所著有《澎湖记略》十二卷、《江湄集》八卷[28],藏于家。子玶,官至甘肃河州知州[29],有循声[30]。

【传记来源】
《胡建伟传》选清嘉庆二十四年《三水县志》卷十一《人物·贤良》。

【辑注参阅】
本辑注参阅清光绪五年《广州府志》卷一百三十六《列传二十五·胡建伟传》。

【注释】
1. 颖异:见[9]《区仕衡》注释2。
2. 励精:振奋精神,致力于某种事业或工作。
3. "积劳"二句:指胡建伟因勤奋学习过度咯血,仍苦读不止。
4. 联捷:科举考试中两科或三科接连及第。
5. 谒选:见[27]《区大枢》注释2。无极:古代县名,辖境相当于今河北省石家庄市无极县。
6. 服阕:见[2]《黄恭》注释8。补:见[2]《黄恭》注释12。福鼎:古代县名,辖境相当于今福建省宁德市福鼎市;胡建伟曾任福鼎知县。
7. 当两者之冲:这里指福鼎县地处福建、浙江两省要冲。
8. 冠盖:见[32]《朱完》注释11;这里代指过往官员。
9. 栖止:寄居,停留。

10. 候馆：泛指接待过往官员的驿馆。

11. 未几：见［29］《林承芳》注释9。

12. 循卓：吏治清明，政绩卓著。

13. 窜名司吏：冒充官吏。

14. 倨见：傲慢地会见。

15. 詟伏：因恐惧不敢动弹。

16. 大府：古代官名；这里指代上级、上级官府。

17. 荐擢：推荐提拔。

18. 绾三符：一身任三个官职。绾：掌管，控制。

19. 就理：理事有条不紊。

20. 士子：学子，读书人。府道试：即府试，明清科举考试程序中童试的第二关，通过县试后的考生有资格参加府试。府试在管辖本县的府进行，由知府主持。

21. 以故：见［19］《李义壮》注释30。鲜：少。

22. 国朝：见［21］《伦以训》注释17。茂才：即秀才，东汉时，为了避讳光武帝刘秀的名字，将秀才改为茂才，后来有时也称秀才为茂才，明清专门用来指府、州、县的学生员。

23. 文石书院：清乾隆三十二年（1767）胡建伟在台湾县澎湖厅文澳西创建的书院，胡建伟曾自任山长，曾延请马琬主讲。岁科二试：指岁考和科考，依照南粤之例，由当地设局岁考，送院科考。

24. 考送：通过考试选送。

25. 庠生：见［15］《梁轸》注释3。

26. 书簏：指藏书用的竹箱子。

27. 选士：见［35］《李孝问》注释12。人伦鉴识：古代品鉴人物的专用术语。东汉末年以来，人伦鉴识之风大盛，人们在交往言谈中都喜欢对人物进行品评。传记底稿原作"人伦鉴"，脱"识"字，今补。

28. "所著"句：胡建伟认为澎湖为海疆重地，开辟已有百年，而无献无征，前任通判周于仕仅成《澎湖志略》一卷，且已失传，胡建伟便竭力搜集、整理、编辑、出版《澎湖纪略》十二卷。

29. 知州：见［23］《吴旦》注释3。

30. 循声：指为官有奉公守法的声誉。

【传主简介】

胡建伟（1718—1796），广东省广州府三水县三江都三江圩（今广东省佛山市三水区乐平镇三江村古灶）人，清代文学家。当官能为百姓谋福,特别是在台湾澎湖岛上创建文石书院,劝学课士,并将岁考和科考改在岛上举行,造福一方读书人。好读古文,著作丰富,以文学扬名于世。著有《江湄集》八卷。

[60] 劳 潼

　　劳潼,字润之,孝舆子[1]。乾隆乙酉(1765)举人,受知武进刘星炜、大兴翁方纲、余姚卢文弨[2]。得名最早。事母孝至[3],不肯再应礼闱[4]。以奖引[5]后进为己任。尝言:"读孔子书,得一言曰'务民之义'[6];读孟子书,得一言曰'强为善而已矣'[7];读朱子书,得一言曰'切己体察'[8]。"其敬恤宗亲[9],倡率乡党[10],备赈[11]义举皆有成绩。丙午(1786)、丁未(1787)荐饥[12],赖以全活无算[13]。著有《孝经考异选注》《救荒备览》《荷经堂古文诗稿》。(《省志》)

　　至论学[14],以立志居敬、穷理、笃行为的[15],而敬尤贯于三者之中。每训人,必欲以小学[16]立其根本,乃可由程朱窥孔孟[17]。始设教[18]本乡,继在羊城,及门知名之士指不胜屈[19],士林奉为圭臬[20]。吉制军曾延主越华讲席[21],以病未就。旋卒。生平著作极富,已梓者如《四礼翼》《人生必读》各书[22];未梓者备载[23]书目。冯太史敏昌、陈观察昌齐皆极推重焉[24]。

【传记来源】
《劳潼传》选自清道光十年《佛山忠义乡志》卷九《人物·文苑》。

【辑注参阅】
本辑注参阅清道光十五年《南海县志》卷三十九《列传八·劳潼传》,清光绪五年《广州府志》卷一百二十八《列传十七·劳潼传》,《清史稿》卷四百八十《列传二百六十七·儒林一·劳潼传》。

【注释】
1. 字润之:传记底稿原作"字莪野",应为"字润之"。劳潼,字润之,劳潼痛惜父亲劳孝舆去世时,自己不能躬视含殓,故以"莪野"自号。孝舆:即劳孝舆,见[55]《劳孝舆》。

2. 受知：见［29］《林承芳》注释6。刘星炜（1718—1772），字映榆，号圃三，江苏省常州府武进县（今江苏省常州市武进区）人，清代学者、骈文家，乾隆十三年（1748）进士，曾任广东学政，官至工部左侍郎，著有《思补斋文集》。翁方纲（1733—1818），字正三，号覃溪，晚号苏斋，直隶省顺天府大兴县（今北京市大兴区）人，清代书法家、诗人，乾隆十七年（1752）进士，精于金石考证、鉴定碑帖，曾任广东学政，官至内阁学士，著有《复初斋全集》。卢文弨（1717—1795），字召弓，号矶渔，又号抱经，晚年更号弓父，浙江省杭州府仁和县（今浙江省杭州市余杭区），清代校勘家、藏书家，乾隆十七年（1752）进士，曾任广东乡试主考官，官至提督湖南学政，著有《抱经堂文集》。

3. 事母孝至：指劳潼十三岁时父亲劳孝舆去世，劳潼以奉母为专事。卢文弨视学湖南，召劳潼去湖南；母亲十分思念劳潼，劳潼到了冬天才回佛山，到家时已是半夜三更，跪在母亲榻前，其母亲且泣且抚之说："其梦也耶？"劳潼悲不自胜，自是绝意进取，侍养母亲十六年，直至母亲去世。

4. 礼闱：见［50］《梁为鹏》注释6。

5. 奖引：奖掖提拔；传记原作"引奖"，有误，应为"奖引"。

6. 孔子（前551—前479），名丘，字仲尼，祖籍宋国栗邑（今河南省商丘市夏邑县），生于鲁国陬邑（今山东省曲阜市），春秋时期著名的思想家、教育家，儒家学说的创始人，编纂《春秋》。务民之义：专心致志于人民应该遵从的仁义道德；语自《论语·雍也》："樊迟问知，子曰：'务民之义，敬鬼神而远之，可谓知矣。'"

7. 孟子：见［6］《区册》注释15。强为善而已矣：只有努力推行善政罢了；语自《孟子·梁惠王》："若夫成功，则天也。君如彼何哉？强为善而已矣。"

8. 朱子：即朱熹（1130—1200），字元晦、仲晦，号晦庵，祖籍江南东路徽州府婺源县（今江西省上饶市婺源县），生于福建路南剑州尤溪县（今福建省三明市尤溪县）人，宋代著名理学家、思想家、哲学家、教育家、诗人，闽学派的代表人物，儒学集大成者，绍兴十八年（1148）赐同进士出身，官至焕章阁侍制兼侍讲，世尊称为"朱子"，著有《四书章句集注》《楚辞集注》。切己体察：朱熹一向推重、倡导的经典解读方法，即读书要与自己在生活的真切体悟相联系，或者说要通过自己切身生活来体察悟解书中的内容。

9. 宗亲：同宗的亲属。

10. 倡率：率先从事，引导。乡党：见［4］《卢宗回》注释4。

11. 备赈：准备救济（物质）。

12. 荐饥：连年灾荒，连续灾荒。

13. 无算：见［51］《潘衍泗》注释20。

14. 论学：论说学问。

15. 居敬：以恭敬自持；语自《论语·雍也》："居敬而行简。"穷理：穷究万物的道理；语自《周易·说卦》："穷理尽性以至于命。"笃行：见［28］《梁鹤鸣》注释19，这里指为学的最后阶段；语自《中庸》："博学之，审问之，慎思之，明辨之，笃行之。"意即既然学有所得，就要努力践履所学，使所学最终有所落实，做到知行合一。

16. 小学：清代小学主要指文字学，包括训诂、字书、韵书和清文四类。

17. 程朱：是北宋理学家程颢、程颐和南宋理学家朱熹的合称；这里指程朱理学思想。孔孟：是儒家孔子和孟子的合称，在儒家的传统中，孔孟总是形影相随，孔子的"成仁"和孟子的"取义"始终相配合；这里指孔孟儒家思想。

18. 设教：办学实施教化。

19. 及门：见［31］《区大伦》注释48。指不胜屈：扳着指头数也数不过来，形容为数很多。

20. 士林：见［21］《伦以训》注释19。圭臬：土圭和水臬，土圭是古代测日影器，水臬是古代测量水平的仪器，比喻准则或法度。

21. 吉制军：指吉庆（？—1802），爱新觉罗氏，满洲正白旗人，清嘉庆元年（1796）始任两广总督，官至协办大学士。制军：是清代对总督的称呼，因为总督有节制文武各官之权，故有此称。延：延请。越华：指越华书院，广东四大书院之一，清乾隆二十二年（1757），总督杨应琚、盐运使范时纪及诸商捐款在广州越华路兴建，培养对象以商人子弟为主，光绪二十九年（1903）十月废。

22. 《四礼翼》：（明）吕坤撰写的礼学著作，《四礼翼》起于蒙养，涉及成人、女子、侍疾、事生、睦族等礼，体现了吕坤"礼应贯彻人生始终"的思想。

23. 备载：详细记载。

24. 冯太史敏昌：即冯敏昌（1747—1807），字伯术，号鱼山，祖籍广东省广州府番禺县（今广东省广州市），生于广东省廉州府钦县长墩司南雅乡（今广西壮族自治区钦州市大寺镇马岗），清代诗人、教育家，乾隆四十三年（1778）进士，官至户部主事，曾主讲广东端溪、越华、粤秀三书院，著有《小罗浮草堂诗集》《小罗浮草堂文集》。陈观察昌齐：即陈昌齐(1743—1820),字宾臣,号观楼,广东省雷州府海康县(今广东省湛江市雷州市)人,清代考古学家、文学家,乾隆三十六年(1771)进士,官至刑部给事中,先后主讲雷阳、粤秀书院,著有诗文集《赐书堂集》等。

【传主简介】

劳潼(1733—1801),劳孝舆之子,清代岭南理学家、教育家。居家著书立说,以倡明正学、利济乡党为己任,一生服务家乡,是佛山义仓的倡建者。终身从事教育事业,读书致用,践行儒家学说,重实用,重施行,治学修身一致,以孝闻名。其道德学问备受时人推重。著有《荷经堂古文诗稿》四卷。

[61] 胡亦常

胡亦常,字同谦,号豸浦,所居乡也。张锦麟,字瑞夫,别字玉洲,龙江人。与兄锦芳同居会城。杨薳,字澧澄,桂洲人。亦常父杰,字而行,号槐园。雍正乙卯[1](1735)举人。明年,成进士,改庶常,习国书[2]。历吏部员外郎、记名御史[3]。忤某尚书,归,主丽泽书院[4]。初杰论婚,女家以貌寝[5]不许,改卜[6]而生亦常。著有《槐园集》。杰官都门[7],梦常遇春[8],会产子,因名焉。诗、古文、词皆承家学[9]。五岁随侍南归后,所过名山古迹,能为太父[10]述之。读书日千余言。十岁毕五经、三传[11]。父殁,益自奋励[12],与张锦芳、黄丹书、欧阳芬游[13],于锦麟尤深契[14]。辛卯(1771)乡举,房官益都李文藻亦名士[15],为书荐之。钱竹汀、纪文达[16]至,则旦夕过从[17],益知艺业[18]源流。既而与休宁戴东原震[19]同舟而南,得罄其蕴奥,手录所著天文律历书[20]。时值暑月,多啖瓜果,病胃寒,遂卒[21],年止三十有一。妾遗腹得子应科,亦殇[22]。竹汀闻,为铭墓。亦常性渊默[23],敦伦纪[24]。有田数十亩,悉供母甘旨[25],不敢私用。喜购书,无赀,妇拔钗偿之。年少即删存[26]诗集,手书、付梓[27]。生平善章草[28],尝以笔缚弓弦,悬而搦之,日数十纸[29]。嗜山蕻[30],饷以求书,无不应。尝访友误入他舟,抵岸,其人别去,旁皇[31]无投宿处,乃入一村塾,与塾师谈洽[32]，流连数日。偶乘月访苏膺瑞[33]，膺瑞送之返，则又送膺瑞，不觉东方竟白。国史馆修《文苑传》[34]，下郡县征取[35]所遗诗，时嘉庆癸酉（1813）也。著有《赐书楼诗》二卷。（阮《通志》《采访册》）

【传记来源】
《胡亦常传》选自清咸丰三年《顺德县志》卷二十六《列传六》。

【辑注参阅】
本辑注参阅清道光二年《广东通志》卷二百八十七《列传二十·胡亦常传》，清光绪五年《广州府志》卷一百三十二《列传二十一·胡亦常传》，《清史列传》卷七十二《文苑传三·胡亦常传》。

【注释】
1. 乙卯：传记底稿原作"己卯"，应为"乙卯"，因雍正朝无己卯，故改。
2. 庶常：即庶吉士，见［16］《梁储》注释4。国书：见［48］《梁佩兰》注释8。
3. 记名：清代制度，官吏有功绩，交吏部或军机处记名，以备提升。御史：见［5］《李文孺》注释10。
4. "忤"三句：指清乾隆十二年（1747），胡杰任监察御史时得罪权贵被黜，乃携眷南归，在均安豸浦村丽泽书院讲学。忤：见［5］《李文孺》注释13。
5. 貌寝：亦作"貌侵"，指外貌丑陋矮小。
6. 改卜：见［16］《梁储》注释53；这里指另娶妻。
7. 都门：见［13］《孙蕡》注释21；这里指京城。
8. 常遇春（1330—1369），字伯仁，号燕衡，南直隶凤阳府怀远县（今安徽省蚌埠市怀远县）人，元末红巾军杰出将领，明代开国名将。
9. 家学：家族世代相传之学。
10. 大父：祖父。
11. 五经：是《诗经》《尚书》《礼记》《周易》和《春秋》等五本儒家经典的合称。三传：即春秋三传，注释《春秋》的书，最有名的有左氏、公羊、穀梁三家，合称为"春秋三传"。
12. 奋励：奋发起来，激励自己。
13. 张锦芳：见［62］《张锦芳》。黄丹书：见［68］《黄丹书》。

14. 锦麟：即张锦麟（1749—1778），字瑞光，号玉洲，张锦芳之弟，清代中叶顺德诗人，乾隆三十三年（1768）举人，富于才情，文思敏捷，英年早逝，著有《少游草》。深契：深厚的交情。

15. 房官：明清举人、贡士对荐举自己试卷的同考官的尊称。李文藻（1730—1778），字素伯，号苣畹，晚号南涧，山东省青州府益都县（今山东省潍坊市青州市）人，清代文学家、藏书家、金石学家，乾隆二十六年（1761）进士，曾任广东恩平、新安、潮阳等县知县，官至桂林府同知，著有《南涧文集》。

16. 钱竹汀：即钱大昕（1728—1804），字晓徵，号竹汀、辛楣，江苏省苏州府嘉定县（今上海市嘉定区）人，清代史学家、文学家，乾隆十九年（1754）进士，以诗赋闻名江南，被推为一代儒宗，曾任广东学政，著有《十驾斋养新录》《二十二史考异》。纪文达：即纪昀（1724—1805），字晓岚，一字春帆，晚号石云，直隶省河间府献县（今河北省沧州市）人，清代文学家，乾隆二十年（1755）进士，曾任《四库全书》总纂修官，官至协办大学士，著有《纪文达公遗集》。

17. 过从：互相往来，交往。

18. 艺业：学业。

19. 戴东原震：即戴震（1724—1777），字东原，号杲溪，安徽省徽州府休宁县隆阜（今安徽省黄山市屯溪区）人，清代著名语言文字学家、哲学家、思想家，乾隆四十年（1775）赐同进士出身，治学广博，音韵、文字、历算、地理无不精通，著有《戴氏遗书》。

20. "得罄其"二句：指胡亦常深得戴震学问的宗旨精华，便详细抄录戴震所着的天文律历书稿，以便回家深研，拟刊之。罄：见［58］《李殿苞》注释6。蕴奥：精深的涵义。

21. "时值"三句：指时值盛夏，胡亦常为解渴多吃了瓜果，得胃寒疾病，抵家病卒。

22. "妾遗腹"二句：指胡亦常妾的遗腹子胡应科，出生不久也夭折了，亦常妻也没有再立嗣。

23. 渊默：深沉，不说话。

24. 敦伦纪：见［52］《邓莫右》注释16。

25. 甘旨：美味的食物。

26. 赘：见［9］《区仕衡》注释33。删存：经过删除保留下来。

27. 付梓：见［44］《李侍问》注释6。

28. 章草：书法的传统书体之一，是早期的草书，始于秦汉年间，由草写的隶书演变而成的标准草书。

29. "笔缚弓弦"三句：指胡亦常曾把手笔吊在弓弦上运腕，每天练字写几十张纸。

30. 山蓣：即山药、怀山、淮山，多年生草本植物，茎蔓生，常带紫色，块根圆柱形，叶子对生，卵形或椭圆形，花乳白色，雌雄异株；其块根含淀粉和蛋白质，可以吃。

31. 旁皇：因内心不安而徘徊不定。

32. 谈洽：交谈得很融洽。

33. 苏膺瑞（生卒年不详），字其詹，又字啸泉，广东省广州府顺德县龙渚堡（今广东省佛山市顺德区杏坛镇）人，清代岭南书画家，乾隆丙午（1786）举人，官至东安县教谕，著有《一篷诗钞》。

34. 国史馆：古代官署名，清代属翰林院，掌监修《明史》《清史》，1914年改为清史馆。《文苑传》：是我国古代正史的传统类传之一，自《史记》至《清史稿》的二十五部正史中就有十七部设有《文苑》，记载的主人公都是古代以文学显于世或以文学扬其名的文人。

35. 征取：征收索取。

【传主简介】

胡亦常（1743—1773），本籍广东省广州府顺德县云步堡豸浦村（今广东省佛山市顺德区均安镇豸浦），出生在直隶省顺天府（今北京市），清代诗人，与冯敏昌、张锦芳并称"岭南三子"。幼承家学，才思敏捷，才高薄命，短暂一生留下大量诗作，以五言诗最为出色。其诗敏悟高超，妙悟天成，苍深雄浑，于南园诸子外自成一家。著有《赐书楼诗草》。

[62] 张锦芳

张锦芳，字粲夫，一字花田[1]，龙江人。以优贡[2]入都试，嘉定钱竹汀、河间纪文达见而奇之[3]。举乾隆庚子（1780）乡试第一。己酉（1789）成进士，以庶常授编修。锦芳淹贯[4]群籍，通《说文》[5]，识籀篆、分隶[6]，深入汉人室以余事[7]。为山水花草，无不入妙。而于诗所造尤邃，与钦州冯敏昌、同县胡亦常称"岭南三子"[8]，合刻传播都下[9]，咸谓堪鼎足[10]。益都李文藻[11]官粤，又合黄丹书、黎简、吕坚为"岭南四家"[12]，皆以锦芳为弁冕[13]。天性孝友[14]，能测亲意指，恭畏爱慕，常若童稚。简不修边幅，与游，以父不喜不敢留，而交益厚。以兄某、弟锦麟并早世[15]，居恒泪盈眶睫。洎登第[16]，闻伯兄讣，益自伤[17]，遂乞归养[18]。未几[19]，卒，年四十七。著有《南雪轩文钞》二卷、《逃虚阁诗钞》六卷、《南雪轩诗余》。子思齐，优贡生，能诗，善书画，尤工墨梅[20]，得尺幅[21]者，恒珍之；思植亦能文，道光壬午（1822）岁贡[22]。自锦芳以书画名世[23]，其子姓之得诸濡染[24]，遂工六法者指不胜屈[25]。如芝[26]，字墨池，戊申（1848）举人。设帐会城[27]，生徒[28]日众，讲课之暇，惟以作画为事，自石谷、麓台老人而登元四家堂奥[29]。闻好事者得一古迹[30]，必诣观竟日[31]，会其神致[32]而后已，故所造益邃。子应秋，举人。（阮《通志》《采访册》）

【传记来源】
《张锦芳传》选自清咸丰三年《顺德县志》卷二十六《列传六》。

【辑注参阅】
本辑注参阅清道光二年《广东通志》卷二百八十七《列传二十·张锦芳传》，清光绪五年《广州府志》卷一百三十二《列传二十一·张锦芳传》，《清史列传》卷七十二《文苑传三·张锦芳传》。

【注释】
1. 一字花田：传记底稿原作"一字药房"，应为"一字花田"；张锦芳，字粲夫，一字花田，号药房。
2. 优贡：清制，每三年各省学政从府、州、县在学生员中考选一次，选拔文行俱优者，与督抚会考核定数名，贡入京师国子监。这种选拔方式称为"优贡"。通过优贡选拔的学生员称为"优贡生"，经朝考合格后可任职。
3. 钱竹汀：见［61］《胡亦常》注释16。纪文达：见［61］《胡亦常》注释16。
4. 淹贯：见［14］《廖谨》注释3。
5. 《说文》：见［32］《朱完》注释12。
6. 籀篆、分隶：中国书法由籀篆变分隶，由分隶变为章草、真书、行书，至汉末，中国汉字书体已基本齐备。
7. 深入汉人室：这里指张锦芳研究汉代文人的汉字书体等。余事：本职工作之外的事。

8. 冯敏昌：见［60］《劳潼》注释24。胡亦常：见［61］《胡亦常》。

9. 都下：京都，北京。

10. 鼎足：鼎有三足，比喻三方对立的情势。

11. 李文藻：见［61］《胡亦常》注释15。

12. 黄丹书：见［68］《黄丹书》。黎简：见［63］《黎简》。吕坚（1742—1813），字介卿，号石帆，广东省广州府番禺县（今广东省广州市）人，清代诗人，乾隆年间岁贡生，诗文幽艳陆离，奇情郁勃，著有《迟删集》。

13. 弁冕：魁首。弁（音 biàn）：古代的一种帽子。

14. 孝友：见［18］《伦文叙》注释18。

15. 张锦麟：见［61］《胡亦常》注释14。早世：过早地死去。

16. 迨：见［20］《林钟》注释10。登第：亦记作"登……第"，指科举考中。

17. "闻伯兄"二句：指张锦芳在京的第三年，传来大哥去世消息，张锦芳悲痛欲绝，哀伤成病。伯兄：见［34］《区怀年》注释14。

18. 归养：回家奉养父母。

19. 未几：见［29］《林承芳》注释9。

20. 思齐：即张思齐（生卒年不详），字贤仲，又字无山，张锦芳次子，清嘉庆十五年（1810）优贡生，擅长墨梅，官至镶红旗教习，著有《吟秋馆诗钞》。墨梅：水墨画的梅花。

21. 尺幅：指小幅的纸或绢，后泛指文章、画卷。

22. 岁贡：见［25］《欧大任》注释7。

23. 名世：见［12］《王佐》注释18。

24. 子姓：泛指子孙、后辈。濡染：沾染，受熏陶；这里指在张锦芳的影响下，其子张思齐，其侄张如葭，张如芝，张如芝之子张兰秋、张有秋、张鸿秋等习画成风。

25. 六法：古代绘画术语，指绘画以及品评绘画的六条标准：气韵生动、骨法用笔、应物象形、随类赋彩、经营置位、传移模写。指不胜屈：见［60］《劳潼》注释19。

26. 张如芝（？—1824），字默迟，号默道人、荷村鱼隐，张锦芳侄儿，清代画家，乾隆五十三年（1788）举人，善画，画作笔墨秀润，风格高雅，与黎简、谢兰生、罗天池并称为"粤东四大家"，官至海防同知，著有《秋香亭诗草》。

27. 设帐：指设馆授徒。会城：见［35］《李孝问》注释6。

28. 生徒：见［2］《黄恭》注释9。

29. 石谷：即王翚（音 huī）（1632—1717），字石谷，号耕烟散人、剑门樵客、乌目山人、清晖老人，江南省苏州府常熟县（今江苏省苏州市常熟市）人，清代著名画家，虞山画派代表人物，被誉为"清初画圣"，代表作有《清晖画跋》。麓台：即王原祁（1642—1715），字茂京，号麓台、石师道人，江南省苏州府太仓州（今江苏省苏州市太仓市）人，清代著名画家，康熙九年（1670）进士，娄东画派代表人物，以画供奉内廷，擅画山水，官至户部侍郎，代表作有《罨画楼集》。元四家：是元代山水画的四位代表画家的合称，主要有二说：一是指赵孟頫（音 fǔ）、吴镇、黄公望、王蒙四人，二是指黄公望、王蒙、倪瓒、吴镇四人，第二说流行较广。堂奥：厅堂和内室；这里指深奥之处。

30. 好事者：喜欢多事的人。古迹：这里指古人的法书墨迹。

31. 竟日：终日，整天。

32. 神致：神韵情致。

【传主简介】

张锦芳（1747—1792），广东省广州府顺德县龙江堡坦田乡（今广东省佛山市顺德区龙江镇坦西）人，清代中叶诗人、书画家，"岭南三子"之一，"岭南四家"之一。博览群书，博学多才，擅长画山水花卉，具有苍劲秀丽的风貌，尤以梅花最有名。其文思敏捷，文名远播，一生创作诗歌数百首，其诗才力富健，气韵深醇，温柔敦厚，尤其是七律诗格调一气流走，圆熟飞动。著有《逃虚阁诗钞》六卷、《南雪轩文钞》二卷、《南雪轩诗余》一卷。

[63] 黎 简

黎简，字简民，顺德[1]人。十岁能诗[2]。益都李文藻令潮阳[3]，见简诗，曰："必传之作也。"劝令就试。学使李调元得其拟昌黎石鼎联句[4]，奇赏之。补弟子员[5]，人号之曰黎石鼎[6]。久之，膺选拔[7]。寻丁外艰[8]，遂终于家，足不逾岭[9]。海内名流，钦其高节。袁枚[10]负盛名，游罗浮[11]，邀与相见，谢不往也[12]。著《五百四峰草堂诗文钞》[13]。所与交同邑张锦芳、黄丹书，番禺吕坚皆以诗名[14]。

【传记来源】

《黎简传》选自《清史稿》卷四百八十五《列传二七二·文苑二》。

【辑注参阅】

本辑注参阅清咸丰三年《顺德县志》卷二十六《列传六·黎简传》，民国十二年《佛山忠义乡志》卷十四《人物·流寓·黎简传》，《清史列传》卷七十二《文苑传三·黎简传》。

【注释】

1. 顺德：黎简本籍广东省广州府顺德县（今广东省佛山市顺德区），出生在广西省南宁府（今广西壮族自治区南宁市）。

2. 十岁能诗：黎简曾祖父和祖父都是国子监生，却没有考取什么功名。黎简父亲黎晴山改行经商，亦喜爱风雅，曾组织五花洲吟社。黎简十岁加入五花洲吟社，诗艺与日俱进。

3. 李文藻：见［61］《胡亦常》注释15。潮阳：古代县名，辖境相当于今广东省汕头市潮阳区；传记底稿原作"朝阳"，据清光绪十年《潮阳县志》改为"潮阳"。

4. 学使：见［35］《李孝问》注释13。李调元（1734—1802），字羹堂，号雨村，别署童山蠢翁，四川省成都府绵州罗江县（今四川省德阳市罗州区）人，清代戏曲理论家、诗人，乾隆二十八年（1763）进士，曾任广东学政，著有《万善堂诗》《童山全集》。石鼎联句：韩愈创作的联句诗共15首，其中《石鼎联句诗》奇句迭出，全似赋体。

5. 补：见［2］《黄恭》注释12。弟子员：见［25］《欧大任》注释2。

6. 石鼎：黎简号石鼎，又号二樵、狂简、樵夫、未道人、五百四峰长、百花村夫子、百花村长、香国花农、芗国老农、众香国土等。

7. 膺（音 yīng）：接受。选拔：这里指拔贡，见［55］《劳孝舆》注释1；黎简在清乾隆五十四年（1789）拔贡。

8. 丁外艰：见［15］《梁轸》注释8。

9. 足不逾岭：指黎简二十七岁回顺德之后，再没有离开广东，其足迹未出岭南。但黎简中年时诗画名气已远播中原。

10. 袁枚（1716—1797），字子才，号简斋，晚年自号仓山居士、随园主人、随园老人，浙江省杭州府钱塘县（今浙江省杭州市）人，乾嘉时期代表诗人、散文家、文学评论家，乾隆四年（1739）进士，授翰林院庶吉士，官至江宁府江宁县知县，著有《小仓山房诗文集》。

11. 罗浮：即罗浮山，见［26］《梁有誉》注释24。

12. 谢不往也：指袁枚晚年南游广东，慕名相访，但黎简向来不喜欢袁枚所倡导的"性灵"诗说主张，也不满袁枚指导女弟子写诗，于是拒不出见。

13. 《五百四峰草堂诗文钞》：黎简因爱罗浮山、西樵山的胜迹，自号二樵（罗浮山别称东樵山，古人有"南粤名山数二樵"之说），取东樵山四百三十二峰、西樵山七十二峰之意，把居室命名为"五百四峰堂"，将二千多首传世诗作刊刻为《五百四峰草堂诗文钞》。

14. 张锦芳：见［62］《张锦芳》。黄丹书：见［68］《黄丹书》。吕坚：见［62］《张锦芳》注释12。以诗名：指当时人按功名把岭南四大诗家排名为张（锦芳）、黄（丹书）、黎（简）、吕（坚）。黎简恃才傲物，素有狂名，本人亦以狂简自署，因此对自己屈居第三很不服气。

【传主简介】

黎简（1747—1799），本籍广东省广州府顺德县龙津堡百花村（今广东省佛山市顺德区陈村镇弼教村），出生在广西省南宁府（今广西壮族自治区南宁市），寓居广州府南海县佛山堡祖庙铺秋官坊（今佛山市禅城区祖庙街道岭南天地鲤鱼广场侧），清代中叶著名诗人、书画家。工诗、精画、善书、擅刻，以诗、书、画、印"四绝"著称于世。其画继承了中国古代文人画的传统，重视借鉴古人技法，但不为古人所局限；黎简善画山水，擅长以岭南特色的木棉入山水画，具有浓郁的地方特色。其诗歌成就最为突出，传世作品二千多首，除五言绝句外，各体皆工，尤长于七言，擅长写景，诗中有画，其诗沿着岭南诗派路径，博采众长，刻意求新，运用新奇语汇和创新笔法，创造曲折幽深的新意境，以境新、句奇、意深、情真而独树一帜，形成峻拔清峭的诗风。著有《五百四峰堂诗文钞》二十五卷。

［64］温汝能

温汝能，字希禹，龙山人。乾隆戊申（1788）举顺天乡试，官科中书[1]。未几[2]，归，以著述显。筑中斋莲溪上[3]，藏书数万卷，日事考索[4]。性好施急难，龙山有义仓，岁久弊生，倡而复之[5]，凡救荒、捕盗、养老、恤孤、劝学诸费皆出其中。嘉庆己巳

(1809),洋匪内扑[6],方募乡勇请铸炮,而贼已连樯[7]数百逼近黄连。汝能率勇救之,拒六昼夜,暂退。越二日又至,围六日,贼以防严,去。居恒广搜先哲[8]诗文,辑为书,皆以海名[9]。选择当而搜罗广,前此未尝有也。年六十四卒。著有《谦山诗钞》、《文钞》、《孝经约解》、《龙山乡志》、《粤东诗海》一百六卷、《文海》六十六卷。同乡庠生[10]陈汝楫,性慷慨。时洋匪张保[11]因封海口突入内河,围攻黄连,黄连绅士请救于诸乡。是时举人温汝成侨居黄连蕯埠[12],预借巨炮至。楫曰:"黄连唇齿之乡,不可不救。"乃挑勇壮三百训练,试炮于龙山大冈墟。遂率之与汝能同至黄连。黄连之乡壮及各乡之以勇来助者先到,咸推龙山勇壮为最劲。时有参将率官兵亦到,相与夹击。龙山乡兵用炮轰去贼船棚尾,贼遂退遁[13],乃返。仇巨川[14],字汇洲,号秦山,勒竹人。性潇洒,能文章,工吟咏,与汝能交甚投契[15]。尝馆其家,汝能所辑乡志,去取多宗其论,有传述先世[16]者,亦假手[17]为之。尝网罗散失,著为《羊城古钞》八卷。邱士超,字秀楠,号与凡,龙山诸生。学问淹博[18],于古今治乱兴废,与夫[19]制度典章,迄于声律杂艺[20],罔不畅通。为诗敏疾,而淡于进取。与卢桐川、张馨池两孝廉交,刻其遗集。季父尝让千金产于仲父[21],仲父欲卖之,使士超得半值。士超曰:"若是,则前人业虚矣。"乃捐半值与仲,业仍归焉。少游郁林,母长斋为资福。母死,念之甚,自是月以半戒荤。内治[22]素严,对家人俨若[23]师友。家仅中人[24],以赡母族、恤姑子,好客推解[25],遂中落[26]。绝口不言贫。取历朝诗赋汇刻一集,又辑其同时人诗,刳劂[27]无虚日。著有《伦常模楷》百六十卷、《稽古质疑》《晚香竹稿》《信芳馆四六集》。阮文达修《通志》征之[28],甫入局[29],遽[30]卒。(阮《通志》《晚香圃诗刻》《信芳馆集》《采访册》)

【传记来源】
《温汝能传》选自清咸丰三年《顺德县志》卷二十七《列传七》。

【辑注参阅】
本辑注参阅清道光二年《广东通志》卷二百八十七《列传二十·温汝能传》,清光绪五年《广州府志》卷一百三十二《列传二十一·温汝能传》。

【注释】

1. 科中书：见［36］《黄士俊》注释67。

2. 未几：见［29］《林承芳》注释9。

3. 筑中斋莲溪：指温汝能隐居广东省广州府顺德县莲溪（今广东省佛山市顺德区勒流镇黄莲），筑爱日楼藏书，埋头研读著述。

4. 考索：考查探究。

5. 倡而复之：温汝能带头修复龙山义仓，负担救灾恤贫义务。

6. 洋匪：指张保仔的红旗帮和郭婆带的黑旗帮等广东海盗。内扑：扑入内河劫掠。

7. 樯：帆船上挂风帆的桅杆；这里代指海盗船。

8. 先哲：尊称已经死去的有才德的人。

9. 皆以海名：指温汝能最喜欢搜集岭南历代诗文，经过长期深入钻研，钩沉抉隐，去芜存精，将岭南一千多家诗人学者的优秀诗文编辑成《粤东诗海》《粤东文海》两部大型集子刊刻行世，这对广东历代优秀诗文的保存及传播起了重要作用，至今仍然是研究岭南文苑不可不读的文献。

10. 庠生：见［15］《梁轸》注释3。

11. 张保（1786—1822），又名张保仔，广东省广州府新会县（今广东省江门市新会区）人，清代广东海盗。之后投诚，成为清海军军官。嘉庆十四年（1809），张保仔曾率海盗红旗帮洗劫沿海内河乡镇，顺德也大受骚扰。

12. 侨居：见［56］《陈炎宗》注释19。醝（音cuó）：盐的别名。

13. 退遁：败退逃跑。

14. 仇巨川（？—1800），字汇洲，又字竹屿，号池石，广东省广州府顺德县勒竹乡（今广东省佛山市顺德区陈村镇勒竹）人，清乾嘉年间广东文献学者，著有《勒竹斋诗草》《羊城古钞》。

15. 投契：见［55］《劳孝舆》注释15。

16. 先世：见［9］《区仕衡》注释1。

17. 假手：借助他人来达到自己的目的；这里指请人代笔。

18. 淹博：见［37］《欧必元》注释1。

19. 与夫：参与。夫：语气词。

20. 声律：见［37］《欧必元》注释13。杂艺：各种技艺。

21. 季父：最小的叔父，父亲的小弟。仲父：最大的叔父，父亲的大弟。

22. 内治：古代指对妇女进行的教育；这里指治理家务。
23. 俨若：宛若，好像。
24. 中人：这里指中等家境。
25. 推解：见［57］《苏珥》注释1。
26. 中落：见［57］《苏珥》注释29。
27. 剞劂（音 jī jué）：刻镂的刀具；这里指雕版、刻书。
28. 阮文达：即阮元（1764—1849），字伯元，号芸台、雷塘庵主，晚号怡性老人，江苏省扬州府仪征县（今江苏省扬州市仪征市）人，清代著名经学家，乾隆五十四年（1789）进士，一生官运亨通，学问渊博，长于治经，提倡实学，官至湖广、两广、云贵总督，谥号文达，著有诗文集《揅经室集》。《通志》：指《广东通志》，清嘉庆二十三年（1818），两广总督阮元修纂《广东通志》，道光二年（1822）完成，《广东通志》分三百三十四卷，共十九门六十八目，记载广东的事迹、气候、风俗、水利、人物、文化、艺术等。
29. 甫：见［13］《孙蕡》注释11。局：这里指广东修志局。
30. 遽：见［26］《梁有誉》注释24。

【传主简介】

温汝能（1748—1811），广东省广州府顺德县龙山堡陈涌村（今广东省佛山市顺德区龙江镇龙山小陈涌）人，清代中叶广东著名学者、岭南地方文献家。博学多识，对岭南古籍进行辨析考证，去伪存真，分类编纂，成绩斐然；其《粤东诗海》《粤东文海》对广东古代诗文的收集、整理，取材洽博，体例精当。还工书善画，尤其擅长画山石竹树。温汝能以诗文见长，对古人诗文的评论强调知人论世，由诗及心；其诗歌多感怀抒情，以幽淡见胜。著有《谦山诗文钞》八卷。

[65] 龙廷槐

龙廷槐，字沃堂，号春岩¹，大良人。父应时²，字懋之，乾隆辛未（1751）进士，令灵石，协济³豫粮六千余石。优商采费，为短站接运法纾夫力，辄先期至。地冲站供刍粟旧糜于蠹吏⁴，至即革之，岁可省二万有奇⁵。李四党至二百，通捕役害民⁶，责役自赎，雪夜挈而抵其巢，获魁⁷，置诸法。水旱坏民田宅，祷神责已，水遽退，遂浚[8]河流，以工代赈。调首县[9]，告养归[10]。岁饥，捐米数百石倡赈。九图沿开县故事派供官物[11]，偕城绅请禁，语具《罗礼琮传》[12]。会有丈溢田给旗民议[13]，以濒海风涛守候切陈，大府[14]遂止。著有《天章阁诗钞》五卷、《驿传要规》二卷、《赈恤纪略》二卷。廷槐颖而好学，少即朴俭端正，以廪生[15]领己亥（1779）乡举。丁未（1787），第进士。馆选[16]授编修，转赞善，大考三等左迁[17]，旋记名用御史[18]，入直[19]上书房，叠承恩赐。见和珅[20]势赫，思引退。会丁外艰[21]，南归，筑园奉母[22]，谢绝应酬。一出主越华书院讲[23]，未几[24]，辞去。家居，每手一编，萧然儒素[25]。遇乡里利病，则与当事委曲商行[26]。岁禨[27]，必力捐赈恤[28]。嘉庆己巳（1809），洋匪张保[29]连艓焚劫内河村堡。廷槐函约[30]乡自设备，首捐募勇，筑台县东拒贼，仓卒得神庙[31]入土旧炮，竭力防堵。筹备大良公费万金[32]，凡济贫、养士、拯荒皆赖焉。顺民田多在香山[33]，东海贼以歧[34]界，每扰及耕佃[35]，乃设《容桂公约》，计亩抽银[36]为船壮缉捕费。廷槐善之，言于大吏，至今得循守[37]。著有《敬学轩文集》。子元侃，号甓斋。少能体亲志[38]，友爱兄弟。弱冠以廪资就贡[39]，选教职，权乳源教谕[40]，继署德庆学。有积生田数十亩匿于佃，元侃丈实，以租为士子省试费[41]。州人祀于宾兴馆。己巳洋匪[42]之役，廷槐计定使元侃与诸绅实力巡防，遍历濠汉，知岁久淤塞，倡浚焉。旋领癸酉（1813）乡举，援就员外郎，发兵部，勤慎供职八载，归。会修庙塔，劝捐不辞溽暑[43]。辛卯（1831）、癸巳（1833）饥，捐洋银千、米百石为赈。生平虑事周密，见义勇为，大吏先后奖以额。元任[44]，字仰衡，号莘田。少以廪贡[45]援就教职，司训开平[46]。戊辰（1808）乡举，就中书，成丁丑（1817）进士，改庶常，以编修督山西学。上犹询及廷槐状，褒奖至再。元任感激，兢兢以剔弊厘奸[47]为务。差满，擢右中允。丁外艰，服除[48]，还都[49]，迁侍讲，转庶子，大考左迁中允。病未考，差命主河南试，还，卒官。元任能文章，工声律[50]，少善书画，摹仿元贤皆逼肖[51]。著有《诗钞》一卷、《律诗赋》三卷。元伟，诸生，太常典簿，养亲[52]不出，校刊廷槐遗书[53]，行之。元似，以刑部郎选平庆泾道[54]。（《行述》《敬学轩文集》《采访册》）

按：廷槐梦神示以巨炮所在，见所撰《神炮纪事》。精诚所感，理也。《采访册[55]》元任幼坠井，见朱衣者掖之而浮，今皆不以入传。

【传记来源】
《龙廷槐传》选自清咸丰三年《顺德县志》卷二十六《列传六》。

【辑注参阅】
本辑注参阅清光绪五年《广州府志》卷一百三十三《列传二十二·龙廷槐传》。

【注释】
1. 号春岩：传记底稿原作"又字春岩"，应为"号春岩"；龙廷槐，字沃堂，号春岩，又号亦谷居士、荫田居士。
2. 龙应时（1716—1800），字懋之，号云麓，清乾隆十六年（1751）进士，曾任山西省平阳府灵石县知县，长于书法和诗歌，著有《天章阁诗钞》。
3. 协济：友援，接济；这里指古代地方政府按朝廷命令将所征税款协助其他地方政府的部分。
4. 刍粟：喂牲畜的谷子。刍（音 chú）：喂牲畜（的食物）。粟：一年生草本植物，子实为圆形或椭圆小粒，北方通称叫谷子，去皮后称小米。縻（音 mí）：本义是指牛缰线；这里是束缚的意思。蠹吏：害民的官吏。
5. 有奇：见［24］《区益》注释14。
6. 通：沟通。捕役：古代州县官署中从事缉捕的差役。
7. 魁：见［11］《张镇孙》注释8；这里指李四。
8. 浚：见［40］《梁元柱》注释33。
9. 首县：古代州、府、行省、布政使司等高于县级行政单位治所所在的县。
10. 告养：古代称官吏因父母年高，告归奉养。
11. 九图：即梁九图，见［86］《梁九图》。故事：见［16］《梁储》注释52。
12. 城绅：县城有功名有势力的人。罗礼琮（生卒年不详），字镇玉，号峭岩，广东省广州府顺德县大良堡（今广东省佛山市顺德区大良街道）人，清乾隆甲午年（1774）举人，官至广西藩库使，著有《释来轩文稿》《芥舟诗存》。

13. 丈溢田：古代屯田征税制度。旗民：旗人与汉人；清朝统治者常常刻意避讳满、汉问题，故有"满汉一家""不分满汉，只有旗民"的用语。

14. 大府：见［59］《胡建伟》注释16。

15. 廪生：见［32］《朱完》注释1。

16. 馆选：见［56］《陈炎宗》注释4。

17. 大考：清代翰林、詹事的升职考试，凡翰林院侍读学士以下，詹事府少詹事以下，隔数年，不定期，临时被召集考试，考试结果分四等，分别予以超擢、升阶、罚俸、降调、休致、革职。左迁：见［29］《林承芳》注释10。

18. 记名：见［61］《胡亦常》注释3。御史：见［5］《李文孺》注释10。

19. 入直：见［22］《何维柏》注释39。

20. 和珅（1750—1799），原名善保，字致斋，自号嘉乐堂、十笏园、绿野亭主人，祖籍奉天省奉天府清原县（今辽宁省抚顺市清原满族自治县），生于直隶省顺天府西直门驴肉胡同（今北京市西城区西四北头条胡同），清代乾隆年间权臣、诗人，中国历史上的巨贪，曾主持编撰《四库全书》，著有《嘉乐堂诗集》。

21. 丁外艰：见［15］《梁轸》注释8；这里指清嘉庆五年（1800）龙廷槐父亲龙应时病逝。

22. 筑园奉母：指清嘉庆十年（1805），龙廷槐将父亲龙应时生前买下的明末状元黄士俊故园灵阿之阁的中心部分拓建为庄园，在园南建碧溪草堂奉养年迈的母亲，等其他园子建好后，取名清晖，取谢灵运"昏旦变气候，山水含清晖"之意，比喻母之恩德如日光和煦照耀，清晖园由此得名。清晖园与佛山梁园、番禺余荫园、东莞可园并称为"广东四大名园"。

23. "一出"句：指母亲去世后，龙廷槐一度出任广州越华书院主讲。

24. 未几：见［29］《林承芳》注释9。

25. 儒素：儒者的素质，符合儒家思想的品格德行。

26. 当事：见［40］《梁元柱》注释36。委曲：见［28］《梁鹤鸣》注释32。

27. 岁祲：见［22］《何维柏》注释19。

28. 赈恤：以钱物救济贫苦或受灾的人。

29. 张保：见［64］《温汝能》注释11。

30. 函约：用书信约定。

31. 神庙：这里指西山庙，位于广东省佛山市顺德区大良凤山（别称西山）东麓，本名关帝庙，明嘉靖四十三年（1564）建成。

32. "筹备"句：指龙廷槐曾四方奔走，为大良城筹集了上万两白银做公益金，对济贫救灾和养士起到很大作用。

33. 民田：见［16］《梁储》注释73。香山：古代县名，辖境相当于今广东省中山市。

34. 歧：古代镇名，辖境相当于今广东省中山市石岐街道。

35. 耕佃：耕田的佃户。

36. 抽银：指龙廷槐在《拟照旧雇募守沙议》明确每年招募护沙队员，且"备船只，具炮械，招伙伴，在沙防守，捕盗防偷，与正疆齐息争抢"，还规定"二月每亩收耕户米三升"，"七月八月又复每亩收耕户米三升"，计亩抽银保证护沙人员的正常收入，也保证了人们的土地使用安全。传记底稿原作"抽"，脱"银"字，据清光绪五年《广州府志》卷一百三十三《列传二十二·龙廷槐传》补。

37. 循守：恪守，遵守；这里指龙廷槐所订措施制度如计亩抽银等一直沿用至清末。

38. 亲志：这里指父母亲的意向。

39. 弱冠：见［26］《梁有誉》注释6。廪资：廪生资格。

40. 乳源：古代县名，辖境相当于今广东省韶关市乳源瑶族自治县。教谕：见［14］《廖谨》注释16。

41. 士子：见［59］《胡建伟》注释20。省试：科举中的礼部试，在唐、宋、金、元时叫省试，在明清时称会试，考试在京城举行，由尚书省的礼部主持，每三年一次。

42. 洋匪：见［64］《温汝能》注释6。

43. 溽暑：暑湿之气；这里指盛夏。

44. 元任：即龙元任（1778—1837），字仰衡，号莘田，龙廷槐次子，清嘉庆二十二年（1817）进士，能诗，工书画，官至翰林院侍讲，著有《春华诗集》。

45. 廪贡：指府、州、县的廪生被选拔为贡生。

46. 司训：明清时县学教谕的别称；这里指龙元任担任教谕之职。开平：古代县名，明代设置开平县，因县治在开平屯而得名，辖境相当于今广东省江门市开平市。

47. 剔弊厘奸：革除弊端，整治邪恶。

48. 服除：见［24］《区益》注释21。

49. 还都：回到都城；这里指龙元任服丧期满后返回北京继续做官。

50. 声律：见［37］《欧必元》注释13。

51. 元贤：这里指元代善书画者。逼肖：很相似。

52. 养亲：奉养父母。

53. 遗书：散佚的书，前期残存的书；这里指龙廷槐遗存下来没有刊刻的书。

54. 平庆泾道：古代道名，清康熙十四年（1675）置平庆道，乾隆四十二年（1777）增领泾州，更名为平庆泾道，辖境相当于今甘肃省平凉市、宁夏回族自治区固原市一带。

55. 采访册：传记底稿原作"采册"，脱"访"字，今补。

【传主简介】

龙廷槐（1749—1827），广东省广州府顺德县大良堡（今广东省佛山市顺德区大良街道）人，清代诗人，广东四大名园之一清晖园的创建人。龙廷槐的父亲是进士，龙廷槐自己为进士，其第二个儿子龙元任也是进士，创下祖孙三代同为进士的传奇，龙氏被誉为"翰林之家"，这在科举时代有着无比的荣耀。龙廷槐非常热心家乡的公益事业。擅书法，其楷书笔势谨严，间架结构纯熟，具有深厚的帖学功底。能诗善文，评诗论艺颇有见地，对岭南历代优秀诗作进行点评，颇受学界重视。著有诗文集《敬学轩集》。

[66] 温汝适

温汝适[1]，字步容，号篑坡，龙山人。父贤超，字登于，少好学，工诗文。随父适斋官都门[2]，游太学[3]，历试不售[4]，归而辟园教子[5]，以孝友[6]称。岁捐米数百石赈其族，并详为立法，俾[7]行久远。邑学[8]坏，倡修萃力[9]，士夫登堂捧觞[10]为寿。汝适生有异质，少即端凝[11]，肆力问学[12]，能文词。年十六领乾隆庚寅（1770）乡荐[13]。甲辰（1784），成进士，改庶常，授编修，入直[14]尚书房，擢赞善、洗马、侍讲、侍读，转左右庶子，迁祭酒、太仆、少卿、通政使。历典试[15]广西、四川、山东，得士多通显[16]。督学陕甘，屏绝供应故事[17]。童试、补弟子员有贽礼[18]，悉革[19]之。以地处僻远，士不知书[20]，捐购经史善本[21]置之书院，便多士诵读。寻迁副都御史。己巳（1809），监临京兆试[22]，临场条陈，左迁太仆卿，旋复副宪。癸酉（1813），擢兵部右侍郎[23]。汝适居官勤慎，朝中号正人[24]。每入对[25]，辄有所陈，皆切中民瘼[26]。尝奉命偕刑部侍郎穆克登额出谳[27]福建，海船水手苏花脸等私藏器械，扰害地方，讯实[28]按律惩治。旋有山东日照县民冯爱，控弟妇冯厉氏纠母族多人殴毙其弟冯爱，仍命汝适等往案之，讯实冯厉氏之弟厉廷选起意纠殴，冯厉氏未行喊救，俱问拟[29]如律。先是[30]嘉庆甲子（1804），洋匪[31]日渐猖獗，盐由海运者额设局艚二百七十有奇[32]，至是汝适奏陈洋盗情形，谓劫大洲场，烧船六七十，抢电白港船七十余，水东船二十余，语多剀切[33]。其后遂有陆运之议[34]。戊辰（1808），英夷窥西洋夷弱[35]，驶兵舶入澳门，欲夺而居之。时总督稍事因循[36]，汝适言："英夷但恃大炮巨舰，实不谙战，使募凿其船，或绝其薪米，皆足制胜，畏葸[37]反为所轻。宜声其带兵擅入之罪，厚集兵力驱之，必去。"已而[38]果然。己巳，洋匪以严断接济失食扑入内河。又言："断内匪之接济，必先行保甲[39]，使乡自编查，则接济自绝。沿海台兵因分见少，必随乡大小自为团练，使与台汛互为声援，师船脆小难用，当因地制宜，勿拘成见。炮台今昔不同，势难处处改建，宜择要隘添设碉楼。"皆下疆吏议行[40]。逾年，匪穷蹙，剿抚并施而尽。以母老，乞终养[41]，濒行，叠蒙温谕[42]。抵家，会西潦为灾，顺德、南海村落多恃桑园围捍障，而围基适在南地，坏则南围南修[43]。汝适以顺民故在围中，广劝同县输赀协济[44]，言于当事，奏借帑金八万，生息为岁修资[45]，两县田庐咸利赖焉。既而丁内艰[46]，哀毁成病。闻睿皇宾天[47]，力疾奔赴，至吉安遽卒。奉谕赏给子举人承悌[48]进士。汝适于嘉庆年间在上书房曾侍宣宗成皇帝藩邸书帷[49]，时有启沃[50]。殁后二十余年，同郡罗文俊[51]擢官侍郎，召见时，犹蒙垂谕，称其品学兼优，追悼者久之。汝适久居都门，不尚声气[52]，所交皆端士[53]，以朱文正、纪文达为师资[54]，故学问深邃[55]。居恒无他嗜好，惟以书卷自娱。昆弟[56]既多，皆处之翕然[57]，各选刻其诗为家集[58]。著有《咫闻录》二卷、《曲江[59]集考证》二卷、《曲江年谱》一卷、《携雪轩诗钞》八卷、《文钞》三卷、《韵学纪闻》二卷、《日下纪游略》二卷。祀乡贤。从兄[60]汝枢，字约斋，举孝廉方正[61]，不就。己亥（1779）乡举，由中书改刑部山西司员外。乐施予，戚友有待举火者[62]，其他赈饥旱，减租额,置义冢,汲汲行善[63]。过钱塘,出重金拯溺,不告姓名而去。弟汝遵,字旋矩,号竹堂,事母孝,恭兄,代理家务。汝适入直内廷[64],出奉使命,在公日多。汝遵晨夕不离母侧,母年老,安居京邸[65],忘乡土之遥。赋性明敏[66]。汝适尝与其议乡族[67]诸事,悉得其宜,故其殁,为诗哭之,有"才能助我"句。屡踬[68]京兆试,援例官詹事府主簿。公暇嗜学,于一切纷华靡丽[69]皆不顾,惟好吟咏,尝与都中士大夫唱和[70],为时所称。著有《竹堂诗钞》。汝遂[71]自有传。(阮《通志》《墓志》《龙山乡志》《采访册》)

按:南海吴荣光[72]撰《墓志》云:"嘉庆乙丑(1805)之秋,海盗入扰顺德、香山沿海村落,荣光陈之,公继具折[73]。"据《海防汇览》,洋匪扑入顺德内河,因己巳年总督百龄[74]至,首断接济[75]。乙丑,但游弋外洋,间扰香山海滨而已。奏复局艚被劫尚在丙寅(1806)吴熊光[76]督粤时先一年,总督那彦成[77]奏盐务与现年不符,已奉旨谕及汝适条奏盐船事[78],是乙丑之奏,洋匪尚未入内地也。《墓志》又云:"后洋盗劫掠,剀切折陈。"正入内地后,吴忆叙偶误耳。

【传记来源】
《温汝适传》选自清咸丰三年《顺德县志》卷二十七《列传七》。

【辑注参阅】
本辑注参阅清道光二年《广东通志》卷二百八十七《列传二十·温汝适传》,清光绪五年《广州府志》卷一百三十三《列传二十二·温汝适传》。

【注释】
1. 适:音 kuò。
2. 斋官:执掌斋祀的官员。都门:见[13]《孙蕡》注释21;这里借指京都。
3. 游太学:指温汝适的祖父温天诏曾在京为官,温汝适的父亲温贤超少年时随父就读国子监。太学:见[9]《区仕衡》注释7。
4. 不售:见[39]《欧主遇》注释2。
5. 辟园教子:指温贤超科运不济,干脆回老家顺德龙山筑园教子,在小陈涌鱼窖之畔建造了当时远近闻名的柳堂书院,订下读书三要:要志、要恒、要识。

6. 孝友:见［18］《伦文叙》注释18。

7. 俾:见［22］《何维柏》注释42。

8. 邑学:县学。

9. 萃力:聚集力量。

10. 士夫:见［37］《欧必元》注释20。捧觞:捧酒。觞(音shāng):古代酒器。

11. 端凝:端正且注意力集中。

12. 肆力问学:见［13］《孙蕡》注释22。

13. 乡荐:见［15］《梁轸》注释5。

14. 入直:见［22］《何维柏》注释39。

15. 典试:见［30］《区大相》注释19。

16. 得士:见［12］《王佐》注释13。通显:见［14］《廖谨》注释26。

17. 屏绝:见［38］《李希孔》注释14。故事:见［16］《梁储》注释17。

18. 童试:见［45］《陈子升》注释2。补:见［2］《黄恭》注释12。弟子员:见［25］《欧大任》注释2。贽礼:拜见时赠送的礼物。

19. 革:免除,除去。

20. 士:古代指读书人。知书:有知识,形容一个人有文化。

21. 经史:见［10］《区适子》注释2。善本:指经过严格校勘、无讹文脱字的古代书籍。

22. 监临:指科举制度中乡试的监考官。京兆:古代地名,辖境相当于今陕西省西安市及其附近。

23. 兵部右侍郎:兵部的副长官,仅次于兵部尚书。温汝适起先长期在宫廷中充任尚书房行走、侍讲、侍读一类文学侍臣之职,后来显露出文学以外的治才,由国子监祭酒、太仆、少卿递升为都察院副都御史,最后任兵部右侍郎。

24. 正人:见［9］《区仕衡》注释9;这里指温汝适为官清正廉明,处事正直严谨,待人宽厚儒雅,在朝廷上被誉为"正人"。

25. 入对:臣下进入皇宫回答皇帝提出的问题或质问。

26. 民瘼:见［30］《区大相》注释27。

27. 穆克登额(1743—1829),爱新觉罗氏,满洲镶黄旗人,曾任刑部侍郎,官至礼部尚书,续纂《大清通礼》。谳:见［20］《林钟》注释7。

28. 讯实：指审讯属实。

29. 问拟：审问罪犯，拟定罪刑。

30. 先是：见［16］《梁储》注释72。

31. 洋匪：见［64］《温汝能》注释6。

32. 艚：以舟船运送粮草，后来引申为载货的木船。有奇：见［24］《区益》注释14。

33. 剀切：与事理完全吻合。剀（音 kǎi）：中肯，切实。

34. 陆运之议：指温汝适向嘉庆皇帝建议，官盐海运改为陆运，以杜绝海盗抢掠的机会。

35. 英夷：这里指英国。西夷：即西洋，古代泛指欧洲；这里指澳葡当局。

36. 稍事因循：指两广总督吴熊光迟迟不采取有效措施，英军越来越嚣张，许多粤籍京官碍于情面，不愿得罪家乡的封疆大吏，大多私下议论纷纷，却不敢将实情向朝廷禀报。

37. 畏葸：畏惧，害怕。

38. 已而：不久，后来。

39. "断内匪"二句：温汝适提出推行保甲连环的户籍制度，以肃清内应。保甲：古代统治者通过户籍编制来统治人民的制度。若干家编作一甲，若干甲编作一保，保设保长，甲设甲长，以便统治者对人民实行层层管制。

40. 疆吏：见［57］《苏珥》注释17。议行：拟议施行。

41. 终养：奉养父母，以终其天年，多指辞官归家以终养年老亲人。

42. 温谕：皇帝谕旨的敬称。

43. "顺德"三句：桑园围决堤最大隐患的堤段是在上游的沙头堡，属南海县境责任堤段。该堤段虽然关系着顺德西部的安危，但历来修筑防洪归南海县负责，限于人力财力，堤段岁修质量难以保证。桑园围：珠江三角洲著名的大型堤围，位于广东省南海和顺德境内西江的下游，是西江、北江干流主要堤围，分东、西围，抵御西江、北江洪水，因围内有不少桑树园而得名。

44. "广劝"句：指温汝适认为财力较雄厚的龙山堡和龙江堡也可以承担相当一部分修堤费用，于是游说顺德头面人物赵梦槐、柯天伦等集资筹款，温汝适也将自己准备修葺老屋的白银三千九百两捐献出来，又联合南海名人组织桑园围董事会，两县三地合修桑园围。赀：见［9］《区仕衡》注释33。协济：见［65］《龙廷槐》注释3。

45. "言于"三句：指温汝适请求总督蒋攸铦将情况上奏嘉庆皇帝，

获准借用国库无息贷款八万两白银，转贷给两县商户，每年生息九千六百两，以五千两还本，四千六百两拨作桑园围岁修费用；待债务全部偿还后，每年的利息就全部用来修堤围。当事：见［40］《梁元柱》注释36。帑金：多指国库所藏钱币。帑（音tǎng）：古代指收藏钱财的府库或钱财。

46. 丁内艰：见［15］《梁轸》注释8。

47. 宾天：委婉语，谓帝王之死，亦泛指尊者之死。

48. 承悌：温承悌（？—1855），字怡可，号秋瀛，温汝适之子，清代诗人，嘉庆丙子年（1816）举人，因温汝适之死，道光元年（1821）加恩赐进士，擅长诗词书法，官至刑部主事，著有《泛香斋集》。

49. 藩邸：藩王的第宅。书帷：书斋的帷帐；这里指书斋。

50. 启沃：典故名，典出《尚书》卷十《商书·说命（上）》，商王武丁任用傅说为相时，命之曰："若岁大旱，用汝作霖雨。启乃心，沃朕心，若药弗瞑眩，厥疾弗瘳。"意即比如年岁大旱，要用你作霖雨，敞开你的心泉，来灌溉我的心吧！比如药物不猛烈，疾病就不会好。后来用启沃指竭诚开导、辅佐君王。

51. 罗文俊（1789—1850），字泰瞻，号萝村，广东省广州府南海县绿潭堡（今广东省佛山市禅城区南庄镇）人，清代诗人，道光二年（1822）进士，以探花及第授翰林院编修，记名以御史任用，著有《绿萝书屋文集》。

52. 声气：朋友间共同的旨趣和爱好。

53. 端士：即端人，正直的人。

54. 朱文正：即朱珪，见［56］《陈炎宗》注释12。纪文达：见［61］《胡亦常》注释16。

55. 深邃：深刻而透彻。

56. 昆弟：即昆仲，指兄和弟。

57. 翕然：安宁貌，和顺貌。

58. 家集：见［38］《李希孔》注释43。

59. 曲江：指张九龄，见［47］《何绛》注释10。

60. 从兄：堂兄。

61. 孝廉方正：见［57］《苏珥》注释10。

62. 戚友：亲戚朋友。举火：见［32］《朱完》注释43。

63. 义冢：古代收埋无主尸骨的坟场。汲汲：形容心情急切的样子，表示急于得到的意思。汲：本义是从井里打水，取水。

64. 内廷：指内朝，清代内廷指乾清门内，皇帝召见臣下、处理政务之所，军机处、南书房等重要机构均设于此。

65. 京邸：京都的府第。

66. 明敏：聪明机敏。

67. 乡族：家乡氏族。

68. 蹟：见[38]《李希孔》注释6。

69. 纷华靡丽：形容繁华富丽，奢侈讲究。纷华：繁华富丽。靡丽：奢侈，华丽。

70. 都中：京都，京城。士大夫：见[31]《区大伦》注释26。唱和：见[56]《陈宗炎》注释35。

71. 汝遂：即温汝遂，见[70]《温汝遂》。

72. 吴荣光（1773—1843），字伯荣，一字殿垣，号荷屋、可庵，晚号石云山人，别署拜经老人，广东省广州府南海县佛山堡（今广东省佛山市禅城区祖庙街道）人，清代著名书画家、鉴藏家、金石学家，嘉庆四年（1799）进士，官至湖南巡抚兼代理湖广总督，著有《石云山人文集》《石云山人诗集》《筠清馆金石录》。吴荣光为官政绩显赫，盖过其作为文人的光环，没有列入《佛山忠义乡志·文苑传》，本书依循。

73. 具折：即具摺，备拟奏摺。

74. 百龄：即张百龄（1748—1816），字菊溪，汉军正黄旗人，清代诗人，乾隆三十七年（1772）进士，曾任两广总督，官至协办学士，著有《守意龛诗集》。

75. 首断接济：指清政府为了对付海盗，厉行海禁，断绝接济海盗的水、米、弹药等。

76. 吴熊光（1750—1833），字槐江，江苏省苏州府昭文县（今江苏省苏州市常熟市）人，清乾隆三十七年登中正榜，官至两广总督，著有《荭溪笔录》。

77. 那彦成（1763—1833），字韶九，一字东甫，号绎堂，满洲正白旗人，清乾隆五十四年（1789）进士，曾任两广总督，官至内阁学士兼军机大臣，代表作有《青海奏议》。

78. 盐船事：指温汝适向嘉庆皇帝提出官盐海运改为陆运，以杜绝海盗抢掠的机会。

【传主简介】

温汝适（1754—1820），广东省广州府顺德县龙山堡陈涌村（今广东省佛山市顺德区龙江镇龙山小陈涌）人，清代学者、藏书家。博学多才，博览旁通，擅长书法，嗜好藏书，长于诗文。其诗歌效法白居易，参以杜牧、陆游各家，妙用联想，意蕴深厚，形成温厚平和、清新俊爽的诗风。

著有《携雪轩诗钞》八卷、《携雪轩文钞》三卷。

[67] 吴济运

吴济运，字崇阶，号和衷。生而谦谨自持，性勤俭，尤为其父所钟爱。同居子姓蕃衍[1]，处以友恭[2]，人无间言。补弟子员[3]，旋食廪饩[4]。由川楚例，捐授教谕[5]，不乐仕进[6]。养亲课子[7]外，不妄交游。布衣、蔬食，泰如也。尝极力营建祠宇以奉先祀。而于居宅之湫隘[8]，则以为先人所遗，不忍骤更。其为文根柢[9]，理要不屑屑苟合时态，以故困踬诸生中[10]。其训子弟，必曰："植品[11]励学，毋急功名、图倖进[12]。"长子荣光[13]应童子试[14]，县令某有欲罗致[15]门下，予以首选[16]者。济运峻拒[17]之，谓荣光曰："得失有命，士人进身之始即以干请[18]，他日何不可为？"迨荣光入翰林，改御史[19]，由刑曹入枢直[20]，以至外擢于陕、于闽、于浙、于黔[21]，迎终养[22]，未肯就。惟勉以勤职业、忠国事，毋念身家。至于通家世好[23]之为达官，因公过粤造访其庐者，固谢弗见，谓："某君等均以公事至，固无请托，亦当引嫌也。"道光乙酉（1825），荣光在贵州布政使任内蒙恩给假，归省[24]。丙戌（1826），还朝，蒙上垂询其父近状，至再、至三。荣光有《归省》（第三集）以纪恩遇[25]，可谓荣矣。生平恬退虚静[26]，所居曰澹和堂。有《澹和堂制义》二卷、《诗钞》二卷。卒，年七十八。子荣光，官至湖南巡抚，署总督，封赠[27]济运如其子之官。

按：旧《志》传末，载有其妻梁氏事。又注，节录高邮王引之[28]撰墓志，与列传不同。墓志叙及妻室，列传既分门类，则各为一传。今照通例，梁氏一段抽出，入《列女传·贤淑门》。

【传记来源】
《吴济运传》选自民国十二年《佛山忠义乡志》卷十四《人物·文苑》。

【辑注参阅】
本辑注参阅清道光十五年《南海县志》卷三十九《列传八·吴济运传》。

【注释】

1. 同居：见［36］《黄士俊》注释32。子姓：见［62］《张锦芳》注释24。蕃衍：繁盛众多。

2. 友恭：指兄弟间相处的准则——兄应友爱，弟应恭敬。

3. 补：见［2］《黄恭》注释12。弟子员：见［25］《欧大任》注释2。

4. 食廪饩：见［35］《李孝问》注释5。

5. 捐授：即捐纳授官，古代富人捐粟以取得官爵，也就是人们所说的卖官鬻爵。它通常由政府条订事例，定出价格，公开出售，并成为制度。捐纳制度是清政府选拔官吏的重大途径之一，它和科举制度等互相补充。教谕：见［14］《廖谨》注释16。

6. 仕进：在仕途中进取，做官而谋发展，常作书面语使用。

7. 养亲：见［65］《龙廷槐》注释52。课子：督教儿子读书。

8. 湫隘：低洼狭小。

9. 根柢：草木的根，比喻文章的根基。

10. 以故：见［19］《李义壮》注释30。困踬：困顿阻厄，指境遇艰难，不顺利。诸生：见［9］《区仕衡》注释9。

11. 植品：树立人品，培植好品行。

12. 倖进：因侥幸而当官或升级。

13. 吴荣光：见［66］《温汝适》注释72。

14. 童子试：见［45］《陈子升》注释2。

15. 罗致：见［40］《梁元柱》注释15。

16. 首选：科举时代以第一名登第的人。

17. 峻拒：见［40］《梁元柱》注释16。

18. 士人：见［29］《林承芳》注释11。进身：指被录用或提升；这里指入仕做官。干请：请托；语自《后汉书·清河孝王庆传》："及今口目尚能言视，冒昧干请。"

19. "迨荣光"二句：指清嘉庆四年（1799），吴荣光中进士后入庶常馆学习，充翰林院编修，嘉庆十四年（1809），吴荣光任通州粮仓和天津漕务的监察御史。迨：见［20］《林钟》注释10。

20. 刑曹：见［20］《林钟》注释14。枢直：宋代枢密直学士的简称，清代指中央政权中机要部门。

21. "外擢"句：指道光年间，吴荣光先后出任陕西陕安道、福建盐法道、福建按察使、浙江按察使、贵州布政使。

22. 终养：见［66］《温汝适》注释41。

23. 通家：指彼此世代交谊深厚，如同一家。世好：即世交，指上代或数代彼此有交情者。

24. 归省：从外地回家探望父母。

25. 恩遇：恩惠知遇；这里指天子对吴济运的恩惠知遇。

26. 恬退：淡于名利，安于退让。虚静：本是中医名词，心无旁念；这里指吴济运的精神进入无欲、无得失、无功利的平静状态。

27. 封赠：见［36］《黄士俊》注释28。

28. 王引之（1766—1834），字伯申，号曼卿，江苏省扬州府高邮州（今江苏省高邮市）人，清代著名学者，嘉庆四年进士（探花），官至工部尚书，著有《王文简公文集》。

【传主简介】

吴济运（约1750—1828），广东省广州府南海县佛山堡观音堂铺大树堂坊（今广东省佛山市禅城区祖庙街道人民路田心里）人，清代文词家、佛山著名镇绅。他创建的吴氏家族园林群之西园是佛山文人园林的典范。吴济运不喜做官，一心培养子侄成才。著有《澹和堂诗钞》二卷。

[68] 黄丹书

黄丹书，字廷授，号虚舟，大良人。父正色，号旭园，例贡生[1]。至性天植[2]，少孤。读偶暇，即归内集诸姊妹，谈里巷琐屑博母笑。尝以始迁祖[3]未祠，独力建成，祭必躬亲，老仍不怠。兄臣鸣，一字廷诏，乾隆丁酉（1777）举人。刻苦力学，不间寒暑。早失怙[4]，事继母、众母，抚幼弟，一无间言。学者称"叩山先生"。尝器丹书，授以学，卒成大名。未举，先以贡官南雄训导[5]，革陋规，以经书大义训诸生[6]。督学李调元[7]称曰"经师""人师"。著有《缶堂稿》。丹书天姿秀颖[8]，读书过目不忘。年十三县试[9]冠军，不售[10]。逾年，连冠县府试[11]，始补弟子员[12]。调元见其诗，叹曰："抗风轩不坠，其在斯乎[13]！"以优行[14]贡廷试。归，筑听雨楼东城根，隐居养亲[15]，若将终身。居生父忧[16]，哀号终夜，恒失声。服阕[17]，犹蔬素。乾隆乙卯（1795），举于乡，下第[18]。缙绅贵游[19]耳其名，争延致[20]，辞不就，语人曰："贫与富交则损名，贱与贵交则损节。"大兴朱珪[21]抚粤，尤加礼重。晚官广文[22]，手不释卷，所学弥粹。与人和而介，端正不露圭角[23]。士林尊之如泰山北斗[24]。生平为诗多腹稿，数十年不失一字。钦州冯敏昌[25]归主粤秀讲席，多为规条。先是院规生徒出必请假。自梁善长[26]甫第，即主席，学者多旧同砚[27]，乃更设簿籍[28]，令出则自书，返而销焉[29]。至是冯欲复其例，多士[30]以为苦，有烦言[31]，于是大吏以丹书监院事。以书法与冯互相推服[32]，交甚欢，因获调剂[33]，宽严悉中。既与同县黎简[34]友善，当简还白西粤[35]，交游未广，丹书每为揄扬[36]。简负高才，抑塞[37]不得志，往往好为大言，人以为傲[38]。丹书时规正之，简亦深相折服。乡居，每就吕翔、梁元翀于碧鉴海旁论画[39]，娓娓忘倦。兴至，相与挐舟溯沦渚[40]，访画侣梁三峰，相与盘桓旬日，使尽出所藏名迹，摩挲之。有以巨金请诣县言事者，欣然命舆[41]往。既出，候而问之，则茫然且自咎曰："此何如事，竟忘之！老不如人矣。"其风趣如此。著有《鸿雪斋诗钞》八卷、《文钞》一卷、《胡桃斋诗余》一卷。（阮《通志》《四家诗钞》《采访册》）

【传记来源】
《黄丹书传》选自清咸丰三年《顺德县志》卷二十六《列传六》。

【辑注参阅】
本辑注参阅清道光二年《广东通志》卷二百八十七《列传二十·黄丹书传》，清光绪五年《广州府志》卷一百三十三《列传二十二·黄丹书传》，《清史稿》卷四百八十五《列传二百七十二·文苑二·黄丹书传》。

【注释】
1. 例贡生：清代科举制度中贡入国子监的生员之一种，因为不由考选而由生员援例捐纳，故称"例贡生"，不算正途。
2. 至性：多指天赋的卓绝的品性。天植：自然赋予，天生具备。
3. 始迁祖：后世谓最初迁居之祖为"始迁祖"。
4. 失怙：见[51]《潘衍泗》注释8。
5. 贡：见[65]《龙廷槐》注释39。南雄：见[12]《王佐》注释24。训导：见[14]《廖谨》注释15。
6. 经书：指儒经，即儒家经典著作。大义：见[10]《区适子》注释

2。诸生：见［9］《区仕衡》注释9。

7. 李调元：见［63］《黎简》注释4。

8. 秀颖：见［26］《梁有誉》注释4。

9. 县试：古代童试考试中的第一场，由县令主持，儒学署教官监试；通过县试后的考生有资格参加府试。

10. 不售：见［39］《欧主遇》注释2。

11. 县府试：县试和府试。府试：见［59］《胡建伟》注释20。

12. 补：见［2］《黄恭》注释12。弟子员：见［25］《欧大任》注释2。

13. "抗风轩"二句：指黄丹书足以发扬"南园五子"所开创的以雄直见长的岭南诗风。抗风轩：见［12］《王佐》注释4。

14. 优行：见［52］《邓莫右》注释10。

15. 养亲：见［65］《龙廷槐》注释52。

16. 生父：生育己身的父亲。忧：见［24］《区益》注释20。

17. 服阕：见［2］《黄恭》注释8。

18. 下第：见［15］《梁轸》注释6。

19. 缙绅：见［19］《李义壮》注释19。贵游：无官职的王公贵族。

20. 延致：见［58］《李殿苞》注释9。

21. 朱珪：见［56］《陈炎宗》注释12。

22. 广文：明清时称广文馆教官为"广文"，主持国学。

23. 圭角：圭的棱角，比喻锋芒。圭：古代帝王或诸侯在举行典礼时拿的一种玉器，上圆（或剑头形）下方。

24. 士林：见［21］《伦以训》注释19。泰山北斗：比喻道德高、名望重或有卓越成就为众人所敬仰的人。

25. 钦州：见［8］《刘镇》注释6。冯敏昌：见［60］《劳潼》注释24。

26. 梁善长（生卒年不详），字崇一，号燮安，别号鉴堂，广东省广州府顺德县（今广东省佛山市顺德区）人，清代诗人，乾隆四年（1739）进士，官至福建省建安府同知，著有《赐衣堂文集》《鉴塘诗钞》。

27. 同砚：同学。

28. 簿籍：登记所用的名册；这里指粤秀书院学生请假的登记册。

29. "令出"二句：指让师生外出时自行登记，回来了签名注销。

30. 士：见［66］《温汝适》注释20。

31. 烦言：气愤或不满的话。

32. 推服：见［29］《林承芳》注释5。

33. 调剂：调整使之合宜；这里指黄丹书成功地化解粤秀书院师生与管理者的矛盾。

34. 黎简：见［63］《黎简》。

35. 西粤：见［47］《何绛》注释26。

36. 揄扬：赞扬，称赞。

37. 抑塞：压抑，阻塞。

38. "往往"二句：指黎简自视甚高，恃才傲物，曾有"狂简疏狂也自容，自矜柔翰劲于风。一时脱帽传张旭，直似横刀辑董公"之类在别人看来是大放厥词的话。大言：夸大的言辞，大话。

39. 吕翔（1774—1820），字腾羽，一字子羽，号隐岚，广东省广州府顺德县大良堡（今广东省佛山市顺德区大良街道）人，清代广东著名画家，嘉庆二十四年（1819）举人，以画瓜果、花卉独步于时，兼擅长画青绿山水。梁元翀（1763—1832），字章远，号侪石，广东省广州府顺德县大良堡（今广东省佛山市顺德区大良街道）人，清代顺德山水画家。碧鉴海：流经顺德大良的一条河，今广东省顺德区西南一里，自粤江分流至此，曲折环合，其色澄碧，因而得名。吕翔在碧鉴海旁三株松下筑诗意居，与梁元翀比邻而居。

40. 拏舟：见［26］《梁有誉》注释24。溯：逆着水流的方向走。沦：水上的波纹。渚：水中小块陆地。

41. 舆：车中装载东西的部分，泛指车马。

【传主简介】

黄丹书（1757—1808），广东省广州府顺德县大良堡（今广东省佛山市顺德区大良街道）人，清代中叶岭南著名诗人、书画家。多才多艺，醉心于诗词书画。其书法以行草为多见，但以隶书成就最高，其隶书爽利有力，气势沉雄。黄丹书擅长画山水、兰竹，其画风神兼美，脱尽俗骨。又以诗名世，挥洒自如；其词豪迈俊爽，飘逸奔放。著有《鸿雪斋诗钞》八卷、《鸿雪斋文钞》一卷、《胡桃斋诗余》一卷。

［69］谢兰生

谢兰生，字佩士，号澧浦，又号里甫，别号理道人，南海人。乾隆五十年（1785）恩科副贡生[1]，五十七年（1792）举人，嘉庆七年（1802）进士，选翰林院庶吉士[2]，以父年老未赴散馆[3]。

父殁，遂绝意进取[4]，为粤秀、越华、端溪、羊城等书院掌教[5]。治古文得韩、苏家法[6]。诗宗大苏，出入杜、韩[7]。书法颜平原[8]，参以褚河南、李北海[9]。画尤高，探吴仲圭、董香光之妙[10]。论粤画者谓在黎二樵[11]上。主羊城书院时，每课期坐讲堂，为诸弟子讲解，皆环立而听之。汉军徐荣、南海谭莹、番禺陈澧皆其高第弟子[12]。羊城肄业生得与粤秀等三大书院诸生送学使录遗[13]，自兰生建议始也。布政使南城曾燠[14]最推重之。有诗云："燕寝凝香一樽酒，眼中复得谢与崔。"崔谓举人崔弼[15]。道光初，阮文达公元修《广东通志》[16]，延为总纂。又修《南海县志》，条例皆其手定。武进恽敬、汤贻汾，东乡吴嵩梁南来[17]，见其画，皆叹服。汤有"张、黄、谢、吕，岭南豪"之句[18]。生平意趣高迈，晚岁好道家言。尝论濂溪主静[19]，伊川静坐[20]，朱子明心[21]，均不外主敬[22]工夫，怡然有得。年七十余殁于羊城书院。遗命子孙告亲友来奠醊者[23]，惠素食四箦[24]，多则不受，鞔辞书纸绢者，受之。时俗以鞔辞四字剪彩绘，贴于外洋，呢绒为幛者，于书院大门外焚之。著《常惺惺斋文集》四卷、《诗集》四卷、《北游纪略》二卷、《书画题跋》二卷、《游罗浮日记》一卷。（据《南海潘志》、《岭南群雅》、《岭南文钞》、《岭海诗钞》、《楚庭耆旧遗诗前集》、《诗人徵略二编》、《大云山房文稿二集》卷三、《琴隐园集》卷十二、《香苏山馆诗集》卷十一、《听云楼诗钞》卷九、《怀古田舍诗集》卷四、《东塾集》卷四、《谢里甫师画跋》）

【传记来源】

《谢兰生传》选自民国二十年《番禺县续志》卷二十六《人物志九·寓贤》。

【辑注参阅】

本辑注参阅清道光十五年《南海县志》卷三十九《列传八·谢兰生传》，清光绪五年《广州府志》卷一百二十八《列传十七·谢兰生传》，《清史列传》卷七十三《文苑传四·谢兰生传》。

【注释】

1. 恩科：在科举制度每三年举行乡试、会试之外，逢朝廷庆典，特别开科考试，称为"恩科"。副贡生：清代科举制度中，在乡试录取名额外，选取文章极佳却因额满而没有录取的落第者，列入备取，可入国子监读书，称为"副榜贡生"，简称"副贡生"。

2. 庶吉士：见［16］《梁储》注释4。

3. 父：这里指谢兰生父亲谢景卿（1735—1806），字殿扬，号云隐，又号芸隐、云隐居士、隐道人，清代书法家、篆刻家，著有《鸡肋草》。散馆：见［48］《梁佩兰》注释7。

4. 绝意：断绝某种意念；语自（汉）王充《论衡·刺孟》："在鲁则归之于天，绝意无冀，在齐则归之于王，庶几有望。"进取：努力上进，力图有所作为；这里指在仕途中谋发展。

5. "为粤秀"句：指谢兰生连续主持广州粤秀、越华、端溪书院讲席，后任羊城书院山长。掌教：主管教授，明清称府、县教官及书院主讲为"掌教"。

6. 韩：指韩愈，见［5］《李文孺》注释8。苏：指苏轼，见［32］《朱完》注释21。

7. 大苏：指苏轼。杜：指杜甫，见［24］《区益》注释31。韩：指韩愈。

8. 颜平原：即颜真卿（709—784），字清臣，祖籍河南道琅琊郡沂州（今山东省临沂市），世居京畿道京兆府万年县（今陕西省西安市），唐代中期著名书法家，被封为鲁郡开国公，世称"鲁公"，曾被贬为平原太守，故称"颜平原"，著有《颜鲁公文集》。

9. 褚河南：即褚遂良（596—658），字登善，河南道颍川郡阳翟县（今河南省许昌市禹州市）人，唐代书法家，博学多才，精通文史，代表作有《雁塔圣教序》。李北海：即李邕（678—747），字泰和，山南道鄂州江夏县（今湖北省武汉市武昌区）人，唐代书法家，曾任北海太守，故称"李北海"，代表作有《端州石室记》。

10. 吴仲圭：即吴镇（1280—1354），字仲圭，号梅花道人，江浙行省嘉兴府魏塘（今浙江省嘉兴市嘉善县魏塘镇）人，元代著名文人画家、术士，工诗文，善墨竹，代表作有《梅道人遗墨》。董香光：即董其昌（1555—1636），字元宰，号思白、香光居士，南直隶松江府上海县（今上海市闵行区）人，明代著名书画家，万历十七年（1589）进士，官至南京礼部尚书，代表作有《葑泾访古图》。

11. 黎二樵：指黎简，见［63］《黎简》。

12. 徐荣（1792—1855），原名鉴，字铁孙，湖北省荆州府监利县（今湖北省荆州市监利县）人，清道光十六年（1836）进士，曾驻防广州，官至绍兴府知府，著有《怀古田舍诗钞》。谭莹：见［81］《谭莹》。陈澧（1810—1882），字兰甫、兰浦，号东塾，广东省广州府番禺县（今广东省广州市）人，清代著名学者、文学家，岭南名儒，道光十二年（1832）举人，著有《东塾读书记》。高等弟子：即高足弟子，称呼别人学生的敬辞；这里指成绩优异的学生。

13. 肄业：见［15］《梁钤》注释7。三大书院：指广州府粤秀、越华、端溪三大书院。诸生：见［9］《区仕衡》注释9。学使：见［35］《李孝问》注释13。录遗：清代科举考试制度，凡生员参加科考、录科未取，或未参加科考、录科者，可在乡试前补考一次，称为"录遗"，经录遗录取者亦可参加乡试。

14. 曾燠（音yù）（1759—1831），字庶蕃，一字宾谷，晚号西溪渔隐，江西省建昌府南城县（今江西省抚州市南城县）人，清代杰出诗人，清骈文八大家之一，曾任广东布政使，官至贵州巡抚，著有《赏雨茅屋诗集》。

15. 崔弼（生卒年不详），字积柜，号鼎来，广东省广州府番禺县（今广东省广州市）人，清代诗画家，嘉庆六年（1801）举人，以诗画著称，著有《游宁草》《波罗外纪》。

16. "阮文达"句：见［64］《温汝能》注释28。

17. 恽敬（1757—1817），字子居，号简堂，江苏省常州府阳湖县（今江苏省常州市武进区）人，清代著名文学家，阳湖文派创始人之一，乾隆四十八年（1783）举人，官至吴城同知，著有《大云山房文稿》。谢兰生与恽敬游海幢寺，谢兰生创意画元人六君子图，恽敬作记。汤贻汾（1778—1853），字若仪，号雨生、琴隐道人，晚号粥翁，江苏省常州府武进县（今江苏省常州市武进区）人，清代诗人、画家，汤贻汾论画极推重谢兰生，著有《琴隐园诗集》《琴隐园词集》。吴嵩梁（1766—1834），字子山，号兰雪，晚号澈翁，别号莲花博士、石溪老渔，江西省抚州府东乡县新田（今江西省抚州市东乡县红光场）人，清代文学家、书画家，著有《香苏山馆全集》。

18. 汤：指汤贻汾。张：指张如芝，见［62］《张锦芳》注释26。黄：指黄培芳（1778—1859），字子实，又字香石，自号粤岳山人，广东省广州府香山县（今广东省中山市）人，清代藏书家、岭南名儒，与张维屏、谭敬昭并称"粤东三子"，嘉庆九年（1804）副贡生，著有《岭海楼诗文钞》。谢：即谢兰生。吕：指吕翔，见［68］《黄丹书》注释39。

19. 濂溪：即周敦颐（1017—1073），原名敦实，字茂叔，号濂溪，荆湖南路道州营道县（今湖南省永州市道县）人，北宋程朱理学代表人物，后人称其为"濂溪先生"，著有《太极图说》《通书》。主静：指周敦颐提出的主静的修养方法，即主静立人极之说。

20. 伊川静坐：指程门立雪的故事，宋神宗熙宁五年（1072），大儒程颐于嵩阳讲学，福建人游酢、杨时一同去拜见程颐，而恰巧程颐正在瞑目静坐。游、杨既不敢惊动老师，也没有离开，等程颐静坐结束，睁开眼睛时发现二人仍然站在旁边恭敬地等候，而此时天色已晚，就命他们回去。二人出门时外面的积雪已有一尺。伊川：即程颐，见[46]《程可则》注释1。

21. 朱子明心：指朱熹晚年已经逐渐向心学靠拢，又按照自己的心学理论对儒家进行解释。朱子：见[60]《劳潼》注释8。

22. 主敬：中国宋代理学家程颐提出的以敬作为道德修养方法；语自《周易·文言》："敬以直内，义以方外。"《论语·子路》："居处恭，执事敬。"此处"敬"为谨慎的意思，程颐据此发挥为内心涵养功夫，后来宋明理学多有阐发。

23. 遗命：指谢兰生死前五年便立下遗嘱，命子孙办理他的丧事应从简。奠酹：奠酒。酹（音zhuì）：祭祀时把酒洒在地上。

24. 簋（音guǐ）：古代用于盛放煮熟饭食的器皿，也用作礼器，圆口，双耳。

【传主简介】

谢兰生（1760—1831），广东省广州府南海县麻奢堡鹤暖峰村（今广东省佛山市南海区里水镇和顺鹤峰）人，侨居广州，清代中叶的岭南山水画大师、诗人。出生于书香世家，博学好古，工诗善画。其画笔雄俊有奇气，山水画意境古朴，气韵深厚。崇拜苏轼的诗学，诗大气磅礴，笔调清雅。著有《常惺惺斋文集》四卷、《常惺惺斋诗集》四卷。

[70] 温汝遂

温汝遂，字遂之，以字行[1]，自号竹梦生，汝适[2]第九弟也。聪明嗜学，多聚书，手加丹黄[3]，喜札记异同，缘是能淹贯[4]，兼工草书，落笔如万斛泉源不择地[5]。兄弟皆以仕宦[6]显，惟汝遂恬淡，绝意科名[7]。同县黄丹书、黎简、张锦芳[8]，南海谢兰生[9]先后杰出，并以书画享重名[10]，皆与交好。汝遂初未尝学画，见弟汝述工山水[11]，得元人法[12]，乃专心于画竹。楼居三月，取坡翁、梅道人、李息斋竹卷[13]，萃精摹拟[14]，得其阴晴风雨、整斜正变之神，尤着意箨笋[15]，以己意造为新法，洗出甲、坼、抽、含诸势。于是出与群彦角艺[16]，皆惊异，莫知所从来。生平精鉴别，所蓄古彝器、汉晋瓦当、宋元名迹率精品[17]。时方承平[18]，藏家订期日具酒榼于珠江[19]，各出所有，互为品评，殿者供其费[20]。每以汝遂第一。文酒场中陶乐至老[21]。著有《梦痕录》六卷、《续录》二卷。（《采访册》）

【传记来源】
《温汝遂传》选自清咸丰三年《顺德县志》卷二十七《列传七》。

【辑注参阅】
本辑注参阅清光绪五年《广州府志》卷一百三十二《列传二十一·温汝遂传》。

【注释】
1. 以字行：仅称呼某人的字代替其名。
2. 汝适：即温汝适，见［66］《温汝适》。
3. 丹黄：古代点校书籍用朱笔书写，遇误字，涂以雌黄，故称点校文字的丹砂和雌黄为"丹黄"；这里指点校书籍。
4. 淹贯：见［14］《廖谨》注释3。
5. 泉源：水的源头，比喻事物产生的原因或来源；传记底稿原作"泉流"，据苏轼《文说》"吾文如万斛泉源，不择地皆可出"改为"泉源"。意即文是于内而不得不表现于外的东西。
6. 仕宦：做官就是给皇帝当仆人，这是文人对当官的一种谦虚说法。
7. 绝意：见［69］《谢兰生》注释4。科名：见［36］《黄士俊》注释10。
8. 黄丹书：见［68］《黄丹书》。黎简：见［63］《黎简》。张锦芳：见［62］《张锦芳》。
9. 谢兰生：见［69］《谢兰生》。
10. 重（音zhòng）名：盛名，很高的名望或很大的名气。
11. 汝述：即温汝述（生卒年不详），字少彭，清代岭南画家，嘉庆五年（1800）举人，官至登州府同知，擅长画山水，长于书法。

12. 元人法：这里指元代人画竹、墨竹空前兴盛，几乎所有的画家都擅长画竹。

13. 坡翁：即苏东坡，见［69］《谢兰生》注释6。梅道人：即吴镇，见［69］《谢兰生》注释10。李息斋：指李衎（1245—1320），字仲宾，号息斋道人，大都路大兴府蓟丘（今北京市西城区德胜门外西北隅）人，元代画家，墨竹画的集大成者，官至集贤殿大学士、荣禄大夫，著有《竹谱》。

14. 萃精摹拟：聚集其精华进行模仿。

15. 籜笋：竹笋。

16. 群彦：众英才。角艺：较量才艺。

17. 彝器：古代盛酒的器具，亦泛指古代宗庙常用的祭器。瓦当：是古代中国建筑中筒瓦顶端下垂部分，特指东汉和西汉时期，用以装饰美化和蔽护建筑物檐头的建筑附件；温汝遂收藏有晋永嘉九州荒砖。名迹：这里指书法名家的手迹。率：皆，都。

18. 承平：治平相承，太平。

19. 榼（音 kē）：古代盛酒的器具。珠江：中国第二大河流，境内第三长河流。原指广州到入海口九十六公里长的一段水道，因为它流经著名的海珠岛（石）而得名，后来逐渐成为西江、东江、北江以及珠江三角洲上各条河流的总称。

20. 殿者供其费：指品评得分最少的人负责当次宴集费用。

21. 文酒：见［56］《陈宗炎》注释13。陶乐：乐融融，乐不可支。

【传主简介】

温汝遂（生卒年不详，1800年前后在世），温汝适九弟，清代岭南著名画家、鉴藏家。生于仕宦之家，秉性恬淡，不幕功名，终生不仕，专心读书绘画，擅长画墨竹，代表作《墨竹图扇》。富于文物收藏，有很高的鉴赏力。灵心善悟，醉心诗词歌赋。著有《梦痕录》六卷。

［71］ 梁蔼如

梁蔼如，字宁远[1]，本籍顺德。嘉庆戊辰（1808），以附生[2]举于乡。甲戌（1814），成进士，授内阁中书[3]，充文渊阁检阅兼方略馆分校。例得议叙[4]，僚友[5]梁慎猷自言困苦，欲得议叙迁官，乃慨然让之，遂告归[6]。居家数十年，事亲[7]以孝。尝公车[8]北上，已度岭，闻母病，即遄反[9]。素不侈饮食，不饰服御[10]，不治园圃，恍同寒士。居斗室中，好静坐，时跏趺[11]榻上，如老僧入定。寡嗜欲[12]，妻不能育，劝纳妾，举一子[13]，即不入内室[14]。子质弱，或以为言，则曰："吾兄有六子，吾子倘不成立，择兄子入继可也[15]。"其天性澹泊类如此。至于利人济物之事，则其心惟恐不周，其力惟恐不至也。尝谓范文正公义田最可法[16]，惜无力行之。于是族党、乡间[17]贫乏者，给以粮米；不能婚嫁者，助以赀[18]财；有来借贷者，酌多寡应之。壬辰（1832）岁祲[19]，首倡义赈，远近仿行，存活甚众。他如浚河流以通舟楫，修道路以便往来，若此者不可枚举。何处己则俭以约，而待人则丰且厚耶？此其立身行事，当于古人求之，若今人则未易数觏[20]也。平日好吟咏，善书画。著有《无怠懈斋诗集》。诗学陶韦[21]，篆学《峄山碑》[22]，隶学《夏承碑》[23]，草书学右军[24]，真书学鲁公[25]，行书学坡公[26]，画学一峰老人[27]。得其书画者，寸缣尺素[28]，皆珍之。又善摄生[29]，少疾病。卒之岁，语人曰："孔圣七十二，予小子安能逾其期耶？"病数日而卒，殓时面如生。

论曰：曩闻青厓中翰[30]居于乡，乡之人咸爱之、敬之。观其品诣[31]，诚粹然儒者也[32]。然断色欲，喜趺坐[33]，则类乎禅[34]；至兴酣作书画，濡染淋漓[35]，飘飘有逸气[36]，则又近乎仙。于戏[37]！若中翰者，畴能测之哉[38]？

【传记来源】
《梁蔼如传》选自民国十二年《佛山忠义乡志》卷十四《人物·文苑》。

【辑注参阅】
本辑注参阅清咸丰三年《顺德县志》卷二十五《列传五·梁蔼如传》，清光绪五年《广州府志》卷一百三十二《列传二十一·梁蔼如传》。

【注释】
1. 字宁远：传记底稿原作"字青厓"，应为"字宁远"；梁蔼如字宁远，号青崖。
2. 附生：科举名词，明清在廪膳、增广生定额之外所取的府、州、县学生员，因附于廪膳、增广生之后，故称为"附学生员"，简称"附生"。

3. 内阁中书：见［27］《区大枢》注释4。

4. 议叙：清制，于考核官吏以后，对成绩优良者给予加级、记录等奖励，谓之"议叙"。

5. 僚友：官职相同的人。

6. 告归：见［4］《卢宗回》注释6。

7. 事亲：侍奉父母双亲。

8. 公车：代指举人进京应试。早在汉代，便有了以公家车马递送应试举人赴京考试的传统。

9. 遄（音chuán）：快，迅速。反：通"返"，返还。

10. 服御：亦作"服驭"，指服饰车马器用之类。

11. 跏趺：佛教中修禅者盘腿端坐的姿势之一，即两足交叉置于左右股上。趺（音fū）：两足交叠盘腿端坐。

12. 嗜欲：指肉体感官上追求享受的要求。

13. 子：指梁邦俊（1807—1842），字伯明，号小厓，清代佛山文士，擅长诗、画，官至太常寺典簿，著有《焚香省过斋诗稿》。

14. 内室：里屋；这里指梁蔼如妻子居住的卧室。

15. 兄有六子：指梁蔼如兄长梁玉成有子梁九章、梁九仪、梁九华、梁九昌、梁九德、梁九图。成立：成人，自立。入继：把兄弟的儿子过继到自己家里。

16. 范文正：即范仲淹（989—1052），字希文，两浙路苏州府吴县（今江苏省苏州市）人，北宋著名政治家、文学家、军事家、教育家，官至参知政事，著有《范文正公集》。义田：泛指为赡养族人或贫困者而置的田产。范仲淹身居高位，俸禄丰厚，但却克勤克俭，省下余资，兴置义田，周济宗族穷人。法：效法，效仿。

17. 族党：见［28］《梁鹤鸣》注释35。乡闾：见［10］《区适》注释4。

18. 赀：见［9］《区仕衡》注释33。

19. 岁禄：见［22］《何维柏》注释19。

20. 觏（音gòu）：遇见。

21. 陶韦：东晋诗人陶渊明与唐代诗人韦应物的并称。陶渊明：见［13］《孙蕡》注释23。韦应物（737—792），京兆万年县（今陕西省西安市）人，唐代诗人，官至苏州刺史，著有《韦江州集》《韦苏州诗集》《韦苏州集》。

22. 《峄山碑》：《秦峄山碑》的简称，秦始皇二十八年（公元前219）东巡至山东济宁邹城峄山时，群臣歌颂秦始皇废分封、立郡县功绩之辞，至二世时丞相李斯始以刻石。

23. 《夏承碑》：《汉北海淳于长夏承碑》的简称，又名《夏仲兖碑》，东汉建宁三年（170）立，隶书，十四行，每行二十七字，原碑已毁。夏承（？—170），字仲兖，青州东莱郡掖县（今山东省烟台市莱州市）人，出身名门，历任县主簿、都邮、五官掾功曹、冀州从事等职，有文德，官至淳于长（淳于县令）。

24. 右军：即王羲之，见［43］《邝露》注释9。

25. 真书：汉字主要书体之一，亦称"楷书""正书"，产生于汉末，系汉隶省改波磔、增加钩趯而成，至魏钟繇、晋王羲之改变体势、创制法则，隶、楷遂完全分流，别为两体。鲁公：即颜真卿，见［69］《谢兰生》注释8。

26. 坡公：即苏轼，见［32］《朱完》注释21。

27. 一峰老人：即黄公望（1269—1354），字子久，号一峰、大痴道人，江浙行省常熟州（今江苏省苏州市常熟市）人，元代画家，代表作有《富春山居图》《九峰雪霁图》《丹崖玉树图》《天池石壁图》。

28. 寸缣尺素：指小幅书画。缣（音jiān）：双丝的细绢。尺素：古代称白绢为"素"，古时书函长约一尺，故用白绢写成的书信称为"尺素"；这里借指小的画幅、短的书信。

29. 摄生：指养生，保养身体。

30. 曩：以往，从前，过去的。青厓中翰：梁蔼如字青厓，官至内阁中书，故称梁蔼如为"青厓中翰"。中翰：明清时内阁中书的别称。

31. 品诣：品行。

32. 粹然：纯正貌。儒者：尊崇儒学、通习儒家经书的人，汉代以后泛指一般读书人。

33. 跌坐：即"跏趺"，见本传前注释［11］。

34. 禅：这里指禅坐，僧侣静修端坐。

35. 濡染淋漓：笔蘸饱墨挥洒淋漓，表示才华横溢，文思敏捷。

36. 逸气：超脱世俗的气概、气度。

37. 于戏（音wūhū）：同"呜呼"，感叹词，表示感叹，可译为"唉呀"等。

38. 畴能测之哉：谁能识之呢？这里的意思是有谁能辨别、认识到梁蔼如究竟是儒、是禅还是仙呢？言外之意，就是说梁蔼如的深蕴之处，无人识之。畴：谁。

【传主简介】

梁蔼如（1769—1840），本籍广东省广州府顺德县龙渚堡大麦村（今广东省佛山市顺德区杏坛镇麦村),迁居广州府南海县佛山堡潘涌铺丛桂里(今佛山市禅城区祖庙街道升平路松桂里),清代岭南著名诗画家,广东四大名园之一梁园的始建者之一。精书法,善诗画,其精湛的书画艺术,享誉岭南;其传世佳作《溪水深秀图》线条灵动明澈,笔墨沉着厚重,画上有陈澧等十九位名家题跋。著有《无怠懈斋诗集》。

[72] 梁九章

　　梁九章,字修明,号云裳,本籍顺德。嘉庆丙子(1816)顺天乡试选国史馆[1]。眷录《一统志·臣工列传》[2]。告成,议叙得四川布政司经历[3]。洊擢知州[4]。大吏奇其才,每畀[5]重任,艰巨辄胜[6]。旋以亲老[7]回籍,不复出。笃亲属,族人赖以举火[8]数十家。工画梅[9],人争购之,时论称其秀逸中见古劲,当与金冬心[10]并驱争先。喜鉴藏古今法书[11]、名画,刻有《寒香馆法帖》[12]六卷。当时粤中鉴藏家南海则有叶氏风满楼、吴氏筠清馆及梁氏寒香馆而三。久居京师,与翁鸿胪方纲、郭编修尚先、李太守威诸公游[13],故搜罗多而精。迨其归也,筑寒香馆于汾水曲[14],古梅、奇石环列左右。汾水为粤城上游要地,南北士大夫[15]往来络绎,道过者多与之订缟纻交[16],而应酬赠答,佳章隽句又往往清丽缠绵。惜不自检拾,仅余《画梅赠吕隐岚[17]》一绝,云:"与君同住梅花国,日写梅花数百枝。不及会稽童二树[18],三千三百十三诗。"晚岁精医,著有《医法精蕴》四卷,未梓,藏于家。卒,年五十有六。诗人吴炳南[19]哭以诗,中有句云:"石多顽趣今无主,梅有花神亦哭君。"其风雅[20]盖可知矣!

【传记来源】
《梁九章传》选自民国十二年《佛山忠义乡志》卷十四《人物·文苑》。

【辑注参阅】
本辑注参阅民国十八年《顺德县续志》卷十八《列传三·梁九章传》。

【注释】
1. 国史馆:见[61]《胡亦常》注释34。

2. 《一统志》：见［55］《劳孝舆》注释4；这里指《嘉庆重修一统志》，清嘉庆十七年（1812）四月，嘉庆皇帝下令重修《大清一统志》，经历了三十年，直至道光二十二年（1842）才完成。梁九章参加了《大清一统志·臣工列传》的编修工作。

3. 议叙：见［71］《梁霭如》注释4。经历：见［13］《孙蕡》注释24。

4. 洊擢：接连提拔。洊（音 jiàn）：再，接连。知州：见［23］《吴旦》注释3；这里指清道光八年（1828），梁九章升任四川乡试巡察官、武乡试巡绰官，后又提拔为知州。

5. 畀：见［16］《梁储》注释44。

6. 艰巨辄胜：尽管艰巨，都能胜任。

7. 亲老：见［36］《黄士俊》注释30；这里指梁九章带着年迈的双亲离开四川回到佛山养老。

8. 举火：见［32］《朱完》注释43。

9. 工画梅：梁九章是一个名符其实的花痴，他爱梅花，梅花画得最好。

10. 金冬心：即金农（1687—1763），字寿门、司农、吉金，号冬心先生、稽留山民、曲江外史、昔耶居士，浙江省杭州府钱塘县（今浙江省杭州市）人，清代书画家，"扬州八怪"之首，布衣终身。其画造型奇古，善用淡墨干笔作花卉小品，尤工画梅，著有《冬心诗集》《冬心随笔》《冬心杂著》。

11. 法书：书法用语，又称"法帖"，学习书法可以作为楷模的范本。

12. 《寒香馆法帖》：梁九章将以前收藏的古今书法名帖刻于石上，取名《寒香馆法帖》。该法帖多为双面石刻，有历代名家正、草、隶、篆、楷等书法二十二种。《寒香馆法帖》与南海的叶梦龙《风满楼法帖》和吴荣光《筠清馆法帖》并称"岭南三大名帖"。传记底稿原作"《寒香馆帖》"，脱"法"字，今补。

13. 翁鸿胪方纲：即翁方纲，见［60］《劳潼》注释2。郭编修尚先：即郭尚先（1785—1832），字元开，号兰石，福建省兴化府莆田县（今福建省莆田市）人，清代学者，嘉庆十四年（1809）进士，工书法，善绘画、篆刻，曾任国史馆编修，官至礼部右侍郎，著有《增默庵文集》《增默庵诗集》。李太守威：即李威（1756—1836），字畏吾，又字述堂，号凤冈，福建省漳州府龙溪县（今福建省漳州市龙海市）人，清代岭南书画家，乾隆四十三年（1778）进士，曾任广州知府，官至中书舍人，著有《读画随笔》《福建画人传》。

14. 筑寒香馆：指梁九章在南海县佛山堡观音堂铺西贤里（今佛山市禅城区松风路西贤里）建寒香馆，馆里建梅园，种植梅花，终日以赏梅、画梅为乐。汾水曲：指佛山汾江水流曲折处。汾水：即汾江，见［56］《陈炎宗》注释13。

15. 士大夫：见［31］《区大伦》注释26。

16. 订缟纻交：缟带和纻衣般的深厚交情。订交：见［52］《邓莫右》注释8。缟纻：指交情笃深；语自《左传·襄公二十九年》："（吴之公子札）聘于郑，见子产，如旧相识，与之缟带，子产献纻衣焉。"（晋）杜预注："吴地贵缟，郑地贵纻，故各献己所贵，示损己而不为彼货利。"缟（音gǎo）：即缟带，指用白色绢制成的大带。纻（音zhù）：即纻衣，指用苎麻纤维织成的衣服。

17. 吕隐岚：即吕翔，见［68］《黄丹书》注释39。

18. 会稽童二树：即童钰（1721—1782），字璞岩、二树、二如，号借庵、树道人、二树山人，浙江省绍兴府山阴县（今浙江省绍兴市柯桥区）人，清代画家，善山水，以草隶法写兰、竹、木石，尤善写梅，传世画作《墨梅图》，著有《二树山人集》《香雪斋余稿》。由于历史区划变更，山阴、会稽交替使用，故山阴人童钰在这里被说成会稽人。

19. 吴炳南（生卒年不详），字韶徵，一字星俦，又字华溪，广东省广州府顺德县（今广东省佛山市顺德区）人，清代顺德诗画家，道光二十九年（1849）举人，精于骈文、散文、诗，著有《华溪诗钞》。

20. 风雅：见［30］《区大相》注释25；这里指梁九章端庄的或高雅的举止。

【传主简介】

梁九章（1787—1842），梁霭如侄子，清代著名书画家、鉴藏家，广东四大名园之一梁园的创建者之一。素好文艺鉴赏，擅长诗文，其诗文清新华美，清丽缠绵，意境深邃。喜欢收藏书法和名画，善丹青，是画梅花的高手，其梅花画秀逸中见古劲。代表作有《寒香馆法帖》六卷。

[73] 吴弥光

吴弥光，字章垣。由邑庠生候选詹事府主簿[1]，中道光甲午（1834）科乡试举人。湖南巡抚荣光[2]弟也。幼禀庭训[3]，于书无不窥。年未弱冠[4]，有声庠序[5]间，试辄高等[6]。以荣光官台省、直枢廷[7]，出则观察陕甘[8]，由陈臬开藩[9]，以至开府楚南[10]，不暇家食[11]。弥光依恋晨夕，烝烝孝养[12]，数十年如一日，不复以仕进[13]为心。其孝友惇笃[14]，殆[15]天性也。自荣光衔恤[16]家居，以清俸[17]所余，立家庙以妥先灵[18]，设家塾[19]以训子孙，颁月粮以赡亲族[20]，以及给棺掩骼[21]、养老恤孤诸义举，弥光为之厘定章程，稽察出纳，务赞助而完成之。平日待内外姻亲[22]饶有恩惠，有称贷[23]者，推予无吝容。盖赒济[24]贫乏，培植人才，亦素性[25]然也。尤难者，谦虚和蔼，未尝以贵势加人。观其规行矩步[26]，玉色金声[27]，一望知为笃行[28]君子。生平不汲汲于科名[29]，不营营[30]于利禄，而未尝一日去书。晚年以经史自娱，时作诗歌以自鸣，闲适。所著有《芬陀罗馆诗文钞》六卷、《醒俗篇》一卷，又刊刻《胜朝遗事》初、二两编十余种，藏于家。同治十年辛未（1871），与同邑黄其表、马颂清等同举重游泮水故事[31]。适其孙世泰以是年入泮[32]，祖孙先后同案[33]，邑人以为佳话。是年无疾而卒，年八十三。学者称"朴园先生"。（据同治邑《志》参修）

按《县志》，吴弥光与陈兴礼合传，其著论谓："佛山绅士，能处脂膏[34]而不染者，土著[35]推朴园先生，侨寓[36]推敬山先生。"朴园，弥光号；敬山，兴礼号也。与舆论[37]合。但朴园先生著述宏博[38]，与其兄荷屋中丞同时竞爽[39]，不仅以一节著，宜有专传。陈兴礼，叠滘[40]乡人，应入《流寓》。故各为一传。

【传记来源】
《吴弥光传》选自民国十二年《佛山忠义乡志》卷十四《人物·文苑》。

【辑注参阅】
本辑注参阅清同治十一年《续修南海县志》卷十九《列传·善行·吴弥光传》，清光绪五年《广州府志》卷一百二十九《列传十八·吴弥光传》。

【注释】
1. 邑庠：见[47]《何绛》注释16。候选：见[34]《区怀年》注释6。
2. 荣光：即吴荣光，见[66]《温汝适》注释72。

3. 幼禀庭训：指自小受到父亲的良好教育。庭训：指父亲对儿子的教育。

4. 弱冠：见［26］《梁有誉》注释6。

5. 庠序：见［47］《何绛》注释23。

6. 高等：见［18］《伦文叙》注释7。

7. 台省：见［36］《黄士俊》注释59。直：见［22］《何维柏》注释39。枢廷：又作"枢庭"，政权中枢。

8. 出：见［13］《孙蕡》注释8。观察：见［5］《李文孺》注释5。

9. 陈臬开藩：清代指到外省任臬台和藩台，亦即按察使和布政使。语自（清）吴趼人《二十年目睹之怪现状》第八十八回："这件事如果办成了功，不到两三年，说不定陈臬开藩的了。"

10. 开府：见［9］《区仕衡》注释21。楚南：古代地名，泛指湖南一带。

11. 家食：赋闲，不食公家俸禄。

12. 依恋晨夕：珍惜早晚；这里形容奉养父母时不我待。烝烝：指孝德之厚美。孝养：竭尽孝忱奉养父母。

13. 仕进：见［67］《吴济运》注释6。

14. 孝友：见［18］《伦文叙》注释18。惇笃：淳厚笃实。

15. 殆：表推测，大概，几乎。

16. 衔恤：父母死后守丧。

17. 清俸：古代指官吏的薪金。

18. 家庙：见［51］《潘衍泗》注释12；这里指吴氏家庙，在今广东省佛山市禅城区祖庙街道人民路附近。先灵：祖先的神灵、灵位。

19. 家塾：见［13］《孙蕡》注释28。

20. 亲族：由血缘关系发展出血亲，姻缘关系发展出姻亲。在中国古代，表示亲族关系的概念有六亲、五服、九族等。

21. 掩骼：掩埋暴露的尸骨。

22. 姻亲：是以婚姻关系为中介而产生的亲属关系，包括配偶的血亲，如岳父、姨妹等，血亲的配偶，如儿媳、姐夫等。

23. 称贷：指向人告贷，开口向别人借钱；语自《孟子·滕文公（上）》："又称贷而益之，使老稚转乎沟壑，恶在其为民父母也。"

24. 赒济：接济，救助。

25. 素性：见［14］《廖谨》注释17。

26. 规行矩步：指形容举动合乎规矩，毫不苟且；语自（晋）潘尼《释奠颂》："二学儒官，缙绅先生之徒，垂缨佩玉，规行矩步者，皆端委而陪于堂下，以待执事之命。"

27. 玉色金声：比喻人的坚贞品格和操守；语自《三国志·魏书·管宁传》："经危蹈险，不易其节，金声玉色，久而弥彰。"玉色：见［32］《朱完》注释35。

28. 笃行：见［28］《梁鹤鸣》注释19。

29. 汲汲：见［66］《温汝适》注释63。科名：见［36］《黄士俊》注释10。

30. 营营：追求，奔逐。

31. 同举：一起举事。重游泮水：清代科举制度中一种庆贺仪式，作为曾考中生员（秀才）而享高寿的庆典。

32. 入泮：古代学校前有半圆形的池，名曰"泮水"，学校因此称为"泮宫"，凡是新入学的生员，须入学宫拜谒孔子，故学童入学为生员称为"入泮"。

33. 同案：明清称同一年进学的秀才为"同案"。

34. 脂膏：油脂，比喻富裕之地或富庶。

35. 土著：指一个地方的原始居民；这里泛指土生土长的（佛山）人。

36. 侨寓：寄居；相对于土著，侨寓更强调迁居（佛山）的外来者身份。

37. 舆论：见［1］《王范》注释15。

38. 宏博：见［14］《廖谨》注释28。

39. 荷屋：即吴荣光，见［66］《温汝适》注释72。竞爽：媲美，争胜。

40. 叠滘：指广东省广州府南海县叠滘堡（今广东省佛山市南海区桂城街道叠滘）。

【传主简介】

吴弥光（1789—1871），广东省广州府南海县佛山堡观音堂铺田心村大树堂坊（今广东省佛山市禅城区祖庙街道人民路田心里）人，清代文词家、佛山慈善家。出生于书香世家，自小受到良好教育，专心学问，热心家乡公益。晚年以诗文自娱，其诗文内容广博。著有《芬陀罗庵词》《芬陀罗馆诗文钞》六卷。

[74] 熊景星

熊景星，字伯晴，号篴江[1]，捕属人。嘉庆丙子（1816）科举人，大挑二等[2]，选开建训导[3]。幼颖悟，十岁能为时文，戏笔[4]画鱼、鸡，辄神肖。稍长，益博览于书，无不通，工古文、词，诗亦奇丽[5]。道光初，仪征阮元节制两广[6]，开学海堂[7]，以古学课士[8]，首拔识之[9]。命与同邑曾钊、嘉应吴兰修等为学长[10]，以诱掖[11]后进。会修《广东通志》，即派为分校，而景星自谓诗文入古未深，所可自信者为书画。书法颜柳[12]，行草间枞李北海、米元章[13]，画仿吴仲圭、沈石田[14]。其论书谓："笔法须从颜柳入，为去欧虞[15]未远，犹存北派，有分篆遗风。且鲁公[16]一代忠烈，正气严严。诚悬心正笔正之言[17]，深得鲁公家法。至《阁帖》[18]，二王[19]去古风反远，故昌黎有'俗书趁姿媚'之讥[20]，下逮子昂软靡，婴孩等之自桧可耳[21]。"其论画谓："笔不重不奇，墨不厚不深。古人挥毫落纸，必用浓墨，故垂之数百年。吴、沈诸公流传杰作，墨气如新，正为此耳。使当时著笔[22]不过如今，今日视之，必模糊同烟雾矣。"其立论精当如此。时先辈谢庶常兰生[23]以诗、文、书、画独步一时，亦推许[24]景星，称其质朴苍劲，力透纸背。官开建十年，以告养[25]归。造诣日精，以绢素丐书者，几于踏破门限[26]。年六十六卒于家。初景星当壮盛时有用世[27]志，与曾钊、徐荣等相砥以经济之学[28]，恨文士多绵弱[29]，于骑射技击无不讲求，故饶有膂力[30]。洎屡试不第[31]，困于学官[32]不得逞，乃借楮墨[33]自娱，以发其郁抑磊落之气。晚岁痛中国积弱[34]，感时忧乱，不可于意，恒多嫚骂[35]。人乃知其非廛老画师也。著有《吉羊溪馆诗钞》三卷，行于世。

【传记来源】

《熊景星传》选自清同治十一年《续修南海县志》卷十八《列传·文学》。

【辑注参阅】

本辑注参阅清光绪五年《广州府志》卷一百二十八《列传十七·熊景

星传》，《清史列传》卷七十三《文苑传四·熊景星传》，《清史稿》卷四百八十六《列传二百七十三·文苑三·熊景星传》。

【注释】

1. 号篴江：熊景星又号笛江、荻江、涤庵。

2. 大挑：清乾隆年间制定下的一种科考制度，三科会试不中的举人，由吏部据其形貌应对挑选，其中一等以知县用，二等以教职用。大挑每六年举行一次，意在让已经有举人身份但又没有官职的人有一个进身的机会。

3. 开建：古代县名，辖境相当于今广东省肇庆市封开县北部，1961年与封川县合并为今封开县。训导：见［14］《廖谨》注释15。德庆：见［10］《区适子》注释6。

4. 戏笔：随意戏作的诗文书画。

5. 奇丽：奇特而美丽；语自《汉书·礼乐志》："众嫭并，绰奇丽，颜如荼，兆逐靡。"

6. 阮元：见［64］《温汝能》注释28。两广：古代地名，指岭南地区，辖境相当于今广东、广西、海南、香港、澳门和越南中北部；古代通常与湖广相对应。

7. 学海堂：清嘉庆二十五年（1820），两广总督阮元在广州城北粤秀山（今越秀山）创办的以专重经史训诂为宗旨的书院，为当时广东最高学府。

8. 古学：科举考试内容如策论、律赋、经义、八股文、试帖诗以外的经史学问。课士：考核士子（读书人）的学业。

9. 拔识：提拔赏识；这里指阮元十分欣赏熊景星。

10. 曾钊：见［76］《曾钊》。吴兰修（1789—1839），字石华，广东省嘉应州（今广东省梅州市）人，清代藏书家、学者，嘉庆十三年（1808）举人，官至信宜县训导，曾出任粤秀书院监课、学海堂山长，著有《荔村吟草》《桐华阁词》。学长：（书院）主持学习事务的人。

11. 诱掖：引导扶植。

12. 颜柳：唐代书法家颜真卿和柳公权的并称。颜真卿：见［69］《谢兰生》注释8。柳公权（778—865），字诚悬，京畿道京兆府华原县（今陕西省铜川市耀州区）人，唐代著名书法家、诗人，官至太子少师，柳公权书法以楷书著称，代表作有《金刚经碑》《玄秘塔碑》《神策军纪圣德碑》。

13. 枆（音mó）：通"抚"，照着样子画或写。李北海：见［69］《谢兰生》注释9。米元章：即米芾（音 fú）（1051—1107），字元章，自号鹿门居士，原籍京西南路襄州（今湖北省襄阳市），定居两浙路润州（今江苏省镇江市），北宋著名书画家、鉴定家、收藏家，宋徽宗召为书画学博士，擢南宫员外郎，人称"米南宫"，代表作有《苕溪诗卷》《蜀素帖》《方圆庵记》《天马赋》。

14. 吴仲圭：见 [69]《谢兰生》注释10。沈石田：即沈周（1427—1509），字启南，号石田、白石翁、玉田生、有竹居主人，南直隶苏州府长洲县（今江苏省苏州市）人，明代杰出书画家，沈周不应科举，专事诗文、书画，是明代中期文人画吴派的开创者，与文徵明、唐寅、仇英并称"明四家"，著有《石田集》。

15. 欧虞：初唐书法家欧阳询与虞世南的并称。欧阳询（557—641），字信本，江南道潭州临湘县（今湖南省岳阳市临湘市）人，唐代著名书法家，其书法成就以楷书为最，笔力险劲，结构独异，后人称为"欧体"，代表作有《九成宫醴泉铭》《梦奠帖》等。虞世南（558—638），字伯施，江南道越州余姚县（今浙江省宁波市慈溪市）人，唐代文学家、诗人、书法家，编有《北堂书钞》。

16. 鲁公：即颜真卿，见 [69]《谢兰生》注释8。

17. 诚悬：即柳公权。心正笔正之言：指柳公权以书法进谏唐穆宗；语自《新唐书·柳公权传》："帝问公权用笔法，对曰：'心正则笔正，笔正乃可法矣。'时帝荒纵，故公权及之。帝改容，悟其以笔谏也。"

18. 《阁帖》：《淳化秘阁法帖》的简称，宋淳化三年（992），宋太宗命翰林侍书王著甄选内府所藏历代帝王、名臣、书家等墨迹作品，摹勒刊刻，这是中国最早的一部汇集各家书法墨迹的法帖。

19. 二王：见 [43]《邝露》注释9。

20. 昌黎：即韩愈，见 [5]《李文孺》注释8。讥：指韩愈曾有诗句"羲之俗书趁姿媚"。

21. "下逮"二句：下及赵孟𫖯书法的柔靡无力，就不值得评论了。子昂：即赵孟𫖯（1254—1322），字子昂，号松雪，浙江省嘉兴府吴兴县（今浙江省湖州市吴兴区），元初书画家，开创元代新画风，素来被书界视为软靡，著有《松雪斋文集》。自桧：典故"自《桧》以下无讥焉"的省略；典出《左传·襄公二十九年》：吴公子季札观周乐于鲁，对于各诸侯国的乐曲都有评论，但从郐国以下他就没有再表示意见，比喻从某某以下就不值得评论；这里指的是从二王的书法到元代赵孟𫖯，皆以媚俗软靡著称，连小孩子都知道不足挂齿。桧：通"郐"。可耳：语气词，表示语句的结束，如同"矣"，相当于啊、也。

22. 著笔：落笔，下笔；语自（清）王士禛《池北偶谈·谈艺八·无羊之什》："即使史道硕、戴嵩画手擅场，未能至此，后人如何著笔？"

23. 先辈：见［56］《陈炎宗》注释35。谢庶常兰生：即谢兰生，见［69］《谢兰生》；谢兰生曾任翰林院庶常，故称"谢庶常"。

24. 推许：推重赞许。

25. 告养：见［65］《龙廷槐》注释10。

26. 丐：乞求。几于：几乎。门限：门槛。

27. 用世：这里指儒家讲的修身齐家治国平天下，就是说对这个世界要有所担当；用世和出世，是古代读书人对待现实社会的两种不同的态度。

28. 曾钊：见［76］《曾钊》。徐荣：见［69］《谢兰生》注释12。

29. 绵弱：柔弱；语自（汉）刘向《说苑·杂言》："孔子曰：'夫水者君子比德焉。……其赴百仞之谷不疑，似勇；绵弱而微达，似察。'"

30. 膂力：指体力，力气。

31. 洎（音 jì）：到，及。不第：见［15］《梁轸》注释6。

32. 学官：古代主管学务的官员和官学教师，如汉代开始设置的五经博士、博士祭酒，西晋开始设置的国子祭酒、博士、助教，宋以后的提学、学政和教授、学正、教谕等；语自《史记·儒林列传》："公孙弘为学官，悼道之郁滞。"

33. 楮墨：纸与墨，借指诗文或书画。楮（音 chǔ）：落叶乔木，树皮是制造桑皮纸和宣纸的原料；纸的代称。

34. 积弱：长期积累的贫困衰弱，形容极度贫困和弱小，或指以前的行为导致现在的局面衰弱。

35. 嫚骂：见［19］《李义壮》注释27。

【传主简介】
熊景星（1791—1856），广东省广州府南海县大通堡捕属（广东省南海县城捕属，1920年划入广州城西芳村镇）人，清代书画家。擅长书画，精画山水、花卉，用笔质朴苍劲，力透纸背。工于诗文，其诗沉郁苍凉，清转豪宕，享誉粤中。著有《吉羊溪馆诗钞》三卷。

[75] 招子庸

招子庸，字铭山，横沙人。嘉庆丙子（1816）举人，大挑一等[1]以知县用，分发山东[2]。有干济[3]材，勤于吏职。其任潍县[4]也，相验[5]下乡，只身单骑[6]，傔从[7]不过数人，不饮民间一勺水，颂声[8]大作。适有鲍骢者，以犯法亡命，走匿登莱[9]，值西人以贸易起衅，跋扈[10]东洋，大吏俯张，访闻鲍习异国语言，遣使讲说。事后中朝骇异[11]，指为汉奸。究所由来，曾寓潍县[12]。子庸遂以收纳逋逃[13]落职。平素不修边幅，广行结纳而敏慧多能。所写兰竹，或雪干霜筠，威严凛凛，或纤条弱植，静好[14]娟娟，俱能得其生趣。粤中人士如琼南张岳崧、香山鲍俊皆推许之[15]。又以新意创画蟛蜞[16]，平沙浅草，著墨无多，令人想见江湖风景，尤为画家所未有。精晓音律[17]，寻常邪许[18]入于耳，即会于心，蹋地能知其节拍。曾缉《粤讴》[19]一卷，虽巴人下里[20]之曲，而饶有情韵，拟之乐府[21]，子夜读曲之遗，俪以诗余，"残月晓风"之裔[22]；而粤东[23]方言、别字亦得所考证，不苦诘屈聱牙[24]。一时平康北里[25]谱入声歌，虽"羌笛春风""渭城朝雨"[26]，未能或先也。自道光末年，喜唱弋阳腔[27]，谓之班本[28]，其言鄙秽，其音侏僸[29]，几令人掩耳而走，而耆痂逐臭[30]无地无之；求能唱《粤讴》者，邈如星汉[31]。永嘉[32]之末，不复闻正始之音[33]矣。此风会迁流[34]，可为浩叹[35]者也。子庸罢官后卒于家。

【传记来源】

《招子庸传》选自清同治十一年《续修南海县志》卷二十《列传·艺术》。

【辑注参阅】

本辑注参阅清光绪五年《广州府志》卷一百二十九《列传十八·招子庸传》。

【注释】

1. 大挑：见［74］《熊景星》注释2。
2. 分发山东：指招子庸曾任山东峄县、朝城县、临朐县等地知县。分发：分派（人员到工作岗位）。
3. 干济：干练的办事能力。
4. 潍县：古代县名，辖境相当于今山东省潍坊市。

5. 相验：察看，检验。

6. 只身：孤单一人。单骑：一人一马。

7. 傔从：侍从、仆役。

8. 颂声：歌颂赞美之声。招子庸担任潍县县令时，老百姓送"民之父母，不愧青天"匾。

9. 走匿：逃走隐匿。登莱：明清地名，明末设登莱巡抚，治于蓬莱；清初莱州道和登州道合并为登莱道，治于莱州，辖境相当于今山东省胶东半岛一带。

10. 西人：西洋人的简称，古代通常是指欧洲人。起衅：挑起事端，寻衅。东洋：意义与"西洋"相对，指包括东北亚、东南亚等在内的东方地区。

11. 中朝：指朝廷官员。骇异：惊异。

12. 曾寓潍县：据招子庸族孙招鉴芳等记载，鲍骢因犯事从广东逃到山东潍县，当时英国兵舰来潍县买粮食，上级知道鲍骢能说英语，让鲍骢在潍县与英国人接洽采办粮食事宜。

13. 逋逃：逃亡、流亡。

14. 静好：清静幽雅美好的姿态；语自《诗经·郑风·女曰鸡鸣》："琴瑟在御，莫不静好。"

15. 张岳崧（1773—1842），字子骏、翰山，号觉庵、指山，广东省琼州府定安县（今海南省定安县）人，清代书画家，嘉庆十四年（1809）进士，为海南历史上唯一的探花，官至湖北布政使，著有《筠心堂文集》《筠心堂诗集》。鲍俊（1797—1851），字宗垣，号逸卿，别号石溪生，广东省广州府香山县（今广东省珠海市香洲区）人，晚清岭南著名诗人、书画名家，被称为"岭南大才子"，道光三年（1823）进士，官至刑部山西司主事，著有《榕堂诗钞》《倚霞阁词钞》。推许：见［74］《熊景星》注释24。

16. 蟛蟹：亦称"蟛蜞"，属于浅水甲壳类动物，八爪双螯，形状似海蟹，但比海蟹小。

17. 音律：见［54］《何梦瑶》注释12。

18. 邪许（音 yéhǔ）：拟声词，劳动时众人一齐用力所发出的号子声。

19. 缉：通"辑"，收集；这里指招子庸收集了不少青楼歌伶咏唱的民间唱词俚句，以粤语韵律加以变调整理。《粤讴》：招子庸收集民间流传的木鱼、龙舟、南音等唱词俚句，以粤语韵律加以变调整理成《粤讴》一卷，全书共九十九题一百二十一首歌谣，《粤讴》的内容具有浓烈的地域文化色彩，主要是诉说男女爱情，英国人金文泰在翻译时曾改名为《广州情歌》，介绍到欧洲。

20. 巴人下里：即下里巴人，古代楚国流行的民间歌曲，用以指称流俗的音乐。巴：古代国名，辖境相当于今四川省东部一带。下里：乡里。

21. 乐府：本是汉武帝设立的音乐机构，用来训练乐工，制定乐谱和采集歌词。后来，乐府成为一种带有音乐性的诗体名称。

22. 诗余：见［32］《朱完》注释14。残月晓风：即杨柳岸晓风残月，此调原为唐教坊曲，相传唐玄宗避安史之乱入蜀，时霖雨连日，栈道中听到铃声，为悼念杨贵妃，便作此曲。后宋代词人柳永用为词调，名为《雨霖铃》，上下阕，一百零三字，仄韵。《雨霖铃·寒蝉凄切》抒写了柳永离开都城汴京（今河南省开封市）时与情人难分难舍的感情。

23. 粤东：见［42］《陈邦彦》注释18；这里指广东。

24. 诘屈聱牙：形容文字晦涩艰深，难懂难读。诘屈：曲折，引申为不顺畅。聱牙：读起来拗口、别扭。

25. 平康北里：泛指娼妓聚居之地。唐代长安丹凤街有平康坊，因位于城北，又名北里，为妓女聚居之地。

26. 羌笛春风、渭城朝雨：借指古代音乐作品中的精品。羌笛春风：语自（唐）王之涣《凉州词》："黄河远上白云间，一片孤城万仞山。羌笛何须怨杨柳，春风不度玉门关。"羌笛：我国古老的单簧气鸣乐器，也被称为羌管，竖着吹奏，两管发出同样的音高，音色清脆高亢，并带有悲凉之感，"羌笛何须怨杨柳，春风不度玉门关"是其表现力的最佳写照，最适于独奏，也可为歌舞伴奏。渭城朝雨：语自（唐）王维《送元二使安西》："渭城朝雨浥轻尘，客舍青青柳色新。劝君更尽一杯酒，西出阳关无故人。"后人据此谱为一首七弦琴歌，歌曲分三大段，三次叠唱，每次叠唱除原诗外，加入由原诗诗意所发展的若干词句，为当时的梨园乐工广为传唱；因取诗中阳关一词，再加之歌曲的三次叠唱，故名阳关三叠，为中国十大古琴曲之一。

27. 弋阳腔：传统戏曲声腔之一，它源于南戏，产生于江西信州弋阳。明清时弋阳腔在南北各地繁盛发展，成为活跃于民间的主要声腔之一。

28. 班本：指戏文本，戏文。

29. 侏㒧：古代西部少数民族乐舞的总称；这里借指弋阳腔难听。

30. 耆痂：喜爱吃疮痂结的硬壳；形容怪癖的嗜好。耆：通"嗜"，爱好。逐臭：追逐奇臭，比喻嗜好怪癖，与众不同。

31. 邈如：虚无飘渺的样子。星汉：即银河；古人不知道银河是什么，看银河似横跨星空的一条乳白色亮带，便把银河想像为天上的河流。

32. 永嘉：晋怀帝司马炽的年号，西晋使用这个年号共七年。

33. 正始之音：指纯正的乐声出处；语自《晋书·卫玠传》："昔王辅嗣吐金声于中朝，此子复玉振于江表，微言之绪，绝而复续。不意永嘉之末，复闻正始之音。"

34. 迁流：变化，演变。

35. 浩叹：大声叹息。

【传主简介】

招子庸（1793—1846），广东省广州府南海县草场堡横沙村（今广东省广州市白云区金沙街道横沙）人，清代文学家、画家。精通韵律，善画工笔画，尤其善于画蟹、芦苇。寄情风月，流连诗酒；文笔矫健，擅长词曲，其诗词内容多涉男女爱情，缠绵绮丽，委婉动人，遣词造句有岭南方言特征，形式自由，雅俗共赏。著有《随山馆诗稿》《云起轩词钞》。

[76] 曾 钊

曾钊，字敏修，南海人。道光五年（1825）拔贡生[1]，官合浦县教谕[2]，调钦州学正[3]。钊笃学[4]好古，读一书必校勘讹[5]字脱文。遇秘本或雇人影写[6]，或怀饼就钞[7]，积七八年，得数万卷。自是研求经义[8]，文字则考之《说文》《玉篇》[9]，训诂则稽之《方言》《尔雅》[10]，虽奥晦难通，而因文得义，因义得音[11]，类能以经解经[12]，确有依据。入都时，见武进刘逢禄[13]，逢禄曰："笃学若冕士，吾道东矣[14]！"冕士，钊号也。

仪征阮元[15]督粤，震泽任兆麟见钊所校《字林》[16]，以告元。元惊异，延请课子[17]。后开学海堂[18]，以古学造士[19]，特命钊为学长，奖劝后进[20]。尝因元说日月为易为合朔之辨在朔易[21]，更发明孟喜卦气[22]，引《系辞》悬象莫大乎日月[23]，死魄会于壬癸[24]，日上月下，象《未济》为晦时[25]。元以为足发古义，宜再畅言之，以明孟氏之学[26]，因著《周易虞氏义笺》七卷。他著有《周礼注疏小笺》四卷，又《诗说》二卷，又《诗毛郑异同辨》一卷，《毛诗经文定本小序》一卷、《考异》一卷、《音读》一卷，《虞书命羲和章解》一卷，《论语述解》一卷，《读书杂志》五卷，《面城楼集》[27]十卷。

钊好讲经济[28]之学。二十一年（1841），英人焚掠[29]海疆，以祁埙还督两粤[30]，番禺举人陆殿邦[31]献议，填大石、猎德、沥滘河道以阻火船。埙举以问钊，钊言："《易》[32]称设险者，不恃天堑，不藉地利，在人相时设之而已[33]。入省河道三，猎德、沥滘皆浅，由大石至大黄滘，水深数丈。三四月夷船从此入，当先事防之，以固省城。城固，然后由内达外。"埙甚韪[34]之，委钊相度[35]堵塞形势，钊以大石为第一要区，纠南海、番禺二县团勇三万六千昼夜演练，防务遂密。二十三年（1843），埙谋修复虎门炮台[36]，钊进《炮台形势议》十条，已而廉洋贼起[37]，埙以钊习知廉州情形，委钊与军事，海贼投首[38]。咸丰四年（1854）卒于家。

【传记来源】

《曾钊传》选自《清史稿》卷四百八十二《列传二百六十九·儒林三》。

【辑注参阅】

本辑注参阅清同治十一年《续修南海县志》卷十八《列传·文学·曾钊传》，《清史列传》卷六十九《儒林传（下）·曾钊传》。

【注释】

1. 拔贡生：见［55］《劳孝舆》注释1。

2. 合浦县：古代县名，辖境相当于今广西壮族自治区北海市合浦县。教谕：见［14］《廖谨》注释16。

3. 钦州：见［8］《刘镇》注释6。学正：见［25］《欧大任》注释13。

4. 笃学：见［1］《王范》注释21。

5. 讹：错误。

6. 秘本：珍藏而不易见之书。影写：摹写，描摹，把纸蒙在帖上照着描写。

7. 钞：通"抄"，抄写。

8. 自是：从此。经义：经书的义理。

9. 考：考究。《说文》：见［32］《朱完》注释12。《玉篇》：我国第一部按部首分门别类的汉字字典。

10. 《方言》：扬雄著《輶轩使者绝代语释别国方言》的简称，是汉代训诂学一部重要的工具书，也是中国第一部汉语方言比较词汇集。《尔雅》：是中国第一部词典，"尔雅"的意思是接近、符合雅言，即以雅正之言解释古语词、方言词，使之近于规范。

11. "虽"三句：即使深奥隐晦不易理解，凭借经文得到大义，凭借大义得到读音。

12. 类：以此类推。以经解经：应经文的总原则去解释局部的经文。

13. 刘逢禄（1776—1829），字申受，号申甫、思误居士，江苏省常州府武进县（今江苏省常州市武进区）人，清代经学家，今文经学、公羊学的集大成者，嘉庆十九年（1814）进士，曾任礼部主事，著有《尚书今古文集解》。

14. 吾道东矣：我（指刘逢禄）的学术主张得以继承和推广。道：主张。

15. 阮元：见［64］《温汝能》注释28。

16. 任兆麟（生卒年不详），字文田，号心斋，江苏省苏州府震泽县（今江苏省苏州市吴江区）人，清代诗人，嘉庆元年（1796）举孝廉方正，著有《竹居集》。《字林》：（晋）吕忱著，收字12824个，按《说文解字》540部首排列，是一部按汉字形体分部编排的古代字书，已佚。

17. 课子：见［67］《吴济运》注释7。

18. 学海堂：见［74］《熊景星》注释7。

19. 古学：见［74］《熊景星》注释8。造士：见［35］《李孝问》注释6。

20. 奖劝：褒奖鼓励。后进：这里指学识或资历较浅的人。

21. 朔易：指岁末年初，政事、生活当除旧更新，有所改易。

22. 发明：见［2］《黄恭》注释10。孟喜（生卒年不详），字长卿，东海郡兰陵县（今山东省临沂市兰陵县）人，西汉学者，创西汉今文《易》学孟氏学。卦气：用易的八卦来表象事物的阴阳对立的静态属性和消长的动态属性。

23. 《系辞》：一般指《易传·系辞》或《周易·系辞》。周易是现存最早的一部哲学专著，《系辞》是今本《易传》的第四种，它总论《易经》大义，是今本《易传》中思想水平最高的作品，属黄老学派作品。悬象：天象，多指日月星辰。

24. 死魄：旧谓月亮的有光部分为月明，无光部分为月魄，每月初一以后月明渐增，月魄渐减，故谓之"死魄"。壬癸：即壬癸水，古代八字命理的术语。壬水是江河湖泊之水，是阳刚和奔放的象征；癸水是雨露之水和井水等地下水，是阴暗和柔弱的象征。壬癸水互为阴阳，对立统一，此消彼长，壬水旺时癸水弱，反之亦然。

28. 《未济》：《易经》的最后一章，阐明了宇宙是一个生生不息的进化的系统，是一个大化流行的过程。晦：农历的每月三十为晦。

26. 孟氏之学：指西汉人孟喜所创立的孟氏易学派。

27. 《面城楼集》：曾钊自建的藏书楼取名面城楼，面城楼取北魏李谧"拥书万卷，何假南面百城"之意，曾钊诗文集取名《面城楼集》。

28. 经济：见[15]《梁鋡》注释2。

29. 焚掠：焚烧掠夺。

30. 祁𡒄（1777—1844），字竹轩，山西省泽州府高平县（山西省晋城市高平市）人，清嘉庆元年进士，官至刑部尚书，死于广东巡抚任上。两粤：这里指两广，见[74]《熊景星》注释6。

31. 陆殿邦（生卒年不详），广东省广州府番禺县（今广东省广州市）人，清嘉庆二十三年（1818）举人，官至高州教授，著有《大学故》。

32. 《易》：见[35]《李孝问》注释4。

33. 相时：观察时机。设：设置。

34. 韪：是，对；这里是意动用法，以……为是。

35. 相度：观察估量。

36. 虎门：今广东省东莞市虎门镇。

37. 已而：见[66]《温汝适》注释38。廉：指廉州，古代府名，辖境相当于今广西壮族自治区北海、钦州及合浦、浦北、防城、灵山一带。

38. 海贼：指在海上或沿岸抢劫其他船只的强盗。投首：投案自首。

【传主简介】

曾钊（1793—1854），广东省广州府南海县九江堡上西潭边（今广东省佛山市南海区九江镇上西龙回）人，清代训诂学家、经学家、藏书家。笃学好古，博览古籍，致力于训诂学和经史学术研究，精于文字校正与注释，被誉为岭南训诂学的始创者。讲经济之学，使士子知道除了八股文外，还有文章词赋经史之学，求学不应该以科举之业为限，这在岭南学术转折过渡时期具有关键作用。著有诗文集《面城楼集》。

[77] 倪济远

倪济远，字孟杭[1]，捕属人。嘉庆丙子（1816）解元[2]。丁丑（1817），联捷[3]进士，以知县用。素耆[4]读书，多所涉猎。词笔[5]

兼长，精制举业[6]，乡、会试获售[7]之作，传诵遍艺林[8]。赋手诗材尤超轶[9]，而胸次洒落[10]，不协俗情[11]。少为饥驱，卖文自活，樵苏爨绝[12]，寄食友朋。手一编，翻阅不辍[13]。所居既倦，又顾之，他僮仆厌苦之不恤也[14]。登第后作令粤西[15]，历任恭城、荔浦、贺县等知县。岭右山水甲天下[16]，所治邑，山城斗大，夷汉杂居，政简刑清[17]，不妨卧治[18]。济远承乏[19]其地于川原奇秀，民俗诡异，可喜可愕，一以五七言[20]发之。然性本慈良，每谳狱[21]，睹鸠鹄之尪羸，听银铛之振戛[22]，恻然思远之[23]，故其诗有"娇儿恼爷[24]娘，惜恒始一扑。扑之伤我心，肌肤吾骨肉"之句。加以素拙催科[25]，恒多逋负[26]，有以理财之说进者，又厌闻之，谓以墨吏相待也[27]，故忧旱[28]诗有"其雨其雨来朝阳，当烹岂止桑宏羊"之句。后以亏空累累，将登白简[29]，赖同年友醵金为赠[30]，并代为举贷[31]以抵偿之，仅免于难。然结习[32]牢固，不能自回，懒散之称播于远迩。一官偶寄，十载不迁，坐此沈沦[33]。引见[34]后南归，卒于道。谭学博莹[35]曰："古人谓文章足占福泽，正不尽然。吾少读秋查文，见其藻曜高翔[36]，古香流溢，不愧金华殿中人语。"岂料一行作吏，四壁依然。生前悲阮籍[37]之途死，后馁若敖之鬼[38]，才人蹭蹬[39]未有若此君者也。意者文章憎命，理固然乎？廖观察甡[40]，其乡会同年也，尝谓人："不能无癖，有作官癖，有作诗癖。癖于官者，不暇作诗；癖于诗者，可不必作官。"乃秋查专藉官舍见闻作诗肠鼓吹[41]。诗囊虽满，官库已空，岂《循吏传》[42]中别有诗仙坐次哉？宜其生平之落拓[43]也，然其诗之进而益上，亦缘此矣。其为名流，惋惜如此。

【传记来源】

《倪济远传》选自清同治十一年《续修南海县志》卷十八《列传·文学》。

【辑注参阅】

本辑注参阅清光绪五年《广州府志》卷一百二十九《列传十八·倪济远传》，《清史列传》卷七十三《文苑传四·倪济远传》。

【注释】

1. 号秋查：传记底稿原作"字秋查"，应为"字孟杭"；倪济远字孟杭，号秋查、秋槎。

2. 解元：古代科举制度中乡试第一名，地方解送中乡试者入京考进士，故有此名。

3. 联捷：见［59］《胡建伟》注释4。

4. 耆：见［75］《招子庸》注释30。

5. 词笔：指有韵和无韵的文字，也指赋诗作文的才能。

6. 精制：精工制作；这里指倪济远精通（举业）。举业：见［32］《朱完》注释28。

7. 获售：犹得志，特指科举考试中榜。

8. 传诵：辗转流传称道。艺林：见［56］《陈炎宗》注释21。

9. 赋手：辞赋的手法。诗材：诗歌的素材。超轶：高超不同凡俗。

10. 胸次：胸怀。洒落：亦作"洒乐"，洒脱飘逸，不拘束。

11. 俗情：尘世的情思。

12. 樵苏：砍柴刈草。爨（音 cuàn）：烧火煮饭，灶。

13. 翻阅不缀：不停地翻着看。

14. 僮仆：未成年的仆人。厌苦：厌烦以为苦事。

15. "登第"句：指倪济远中进士后，到广西做了恭城、荔浦、贺县等县的县令。登第：见［62］《张锦芳》注释16。粤西：见［54］《何梦瑶》注释8。

16. 岭右：这里指桂林。山水甲天下：指桂林；语自（宋）李曾伯《重建湘南楼记》："桂林山川甲天下，三年间无兵革之警。"南宋王正功也有"桂林山水甲天下"之句，此后历代文士沿袭引用。

17. 政简刑清：形容法令简，社会风气好，犯罪的人少；语自（明）冯梦龙《醒世恒言》卷一："那官人为官清正，单吃德化县中一口水；又且听讼明快，雪冤理滞，果然政简刑清，民安盗息。"

18. 卧治：典故名，典出《史记》卷一百二十《汲郑列传》：西汉时汲黯为东海太守，"多病，卧闺合内不出，岁余，东海大治。"后召为淮阳太守，不受。武帝曰："吾徒得君之重，卧而治之。"后来用卧治指政事清简，无为而治。

19. 承乏：指暂任某职的谦称；语自《左传·成公二年》："敢告不敏，摄官承乏。"

20. 五七言：指五言诗、七言诗。

21. 谳狱：见［20］《林钟》注释7。

22. 鸠鹄：鸠形鹄面，指久饥枯瘦的人。尪羸：瘦弱，这里指瘦弱之人。尪（音 wāng）：中医病证名，指脚跛或胸背弯曲等。银铛：铁锁链，这里形容铁锁链撞击的声音琅；传记底稿原作"锒珰"，应为"锒铛"。戛：象声词。

23. 恻然：见［22］《何维柏》注释56。思远：往远处想，多方面思考。

24. 爷：传记底稿原作"耶"，据清光绪五年《广州府志》卷一百二十九《列传十八·倪济远传》改为"爷"。

25. 催科：见［55］《劳孝舆》注释17。

26. 逋负：拖欠赋税、债务。

27. 厌闻：不愿听。墨吏：贪官污吏。

28. 忧旱：就是忧民之疾苦。

29. 白简：古代指弹劾官员的奏章。

30. 同年：见［36］《黄士俊》注释24。醵金：见［57］《苏珥》注释26。

31. 举贷：放债。

32. 结习：即积习，积久而难改的习惯，多含贬义。

33. 坐此：因此，由此。沈沦：亦作"沉沦"，埋没。

34. 引见：引导入见，旧指皇帝接见臣下或外宾时，须有关大臣引导入见，称为"引见"。清制，京官在五品以下，外官在四品以下，由于初次任用、京察、保举、学习期满留用等，均须朝见皇帝一次，文官由吏部、武官由兵部分批引见。

35. 谭学博莹：即谭莹，见［81］《谭莹》。学博：指学官。

36. 藻曜高翔：对文章的赞美之词；语自（宋）朱文长《续书断》："藻曜而高翔，书之凤凰矣。"藻：代指文章。曜：照耀。

37. 阮籍（210—263），字嗣宗，魏国陈留尉氏（今属河南省开封市）人，三国时期魏国诗人，"竹林七贤"之一，官至步兵校尉，著有《咏怀八十二首》。

38. 若敖之鬼：若敖氏的鬼因为灭宗而无人祭祀，比喻没有后代，无人祭祀；语自《左传·宣公四年》记载，若敖氏的后代楚国令尹子文，担心他的侄子越椒（长相凶恶）将来会使若敖氏灭宗，临死时，聚集族人哭泣道："鬼犹求食，若敖氏之鬼，不其馁而！"

39. 才人：指有才华的人。蹭蹬：失意，倒霉。

40. 廖观察垐：即廖垐（1788—1870），字鹿侪，广东省广州府南海县龙津堡良圃（今广东省佛山市禅城区南庄镇龙津村）人，清嘉庆二十二年（1817）进士，官至兵备道员，著有《晚香吟馆诗集》。

41. 诗肠鼓吹：这里指官场见闻可以引起倪济远的诗兴；语自（唐）

冯贽《云仙杂记》卷二:"戴颙春携双柑斗酒,人问何之,曰:'往听黄鹂声,此俗耳针砭,诗肠鼓吹,汝知之乎!'"

42.《循吏传》:《史记》《汉书》《后汉书》直至《清史稿》等正史中记述那些重农宣教、清正廉洁、所居民富、所去见思的州县级地方官的固定体例。循吏:奉公守法的官吏。

43. 落拓:放荡不羁,穷困失意。

【传主简介】

倪济远(1795—1832),广东省广州府南海县大通堡捕属(南海县城捕属,1920年划入广州城西芳村镇)人,清代诗人。好读书,有所见闻,则以诗记之,高超不同凡俗,卓然成家。其诗有性灵,清新华美,意境高远,入险出幽,形成幽峭顽艳、风骨坚凝的诗风。著有《味辛堂诗存》四卷、《茶崦舍词稿》一卷。

[78] 任元梓

任元梓,号次桐。本生[1]父允泰,三岁入嗣[2]胞伯允驹。先是允驹抚同姓不宗之子为嗣[3],年已长矣,病亟,谓其弟曰:"吾爱元梓,不得为嗣,目不瞑。"遂为允驹后。嘉庆丙子(1816),补鹤山县学[4],旋食廪饩[5]。中道光辛巳(1821)恩科亚魁[6],选授新会县学教谕[7]。未赴任而卒。家本富有,中式[8],赴试礼闱[9],居京师二年。归,家业为其兄荡尽,遂不求仕进[10]。逋欠[11]独任之,以教读脩脯[12]偿债,终身无怨言。子侄有言及者,辄呵之。同母妹所适非偶[13],赡养,终其身。尝主讲鹤山龙腾书院[14],因材施教,文风丕变[15]。邑人之进黉门、登贤书者[16],多出门下。生平言笑不苟,而与人以和。训子孙以持品为先,文艺为次。性严正,妇孺见之,皆改容。骆文忠秉章[17]抚湘时,函致京师同乡官,谓:"次桐仙逝,佛山失一望人[18]。"其推重如此。以曾孙超铼贵貤赠[19]朝议大夫。年六十有五无疾而终。子六人:长本书,邑增生[20];次本皋,举人,另有传。

【传记来源】

《任元梓传》选自民国十二年《佛山忠义乡志》卷十四《人物·文苑》。

【注释】

1. 本生：亲生，生身。
2. 入嗣：去成为非亲生长辈的继承人。
3. "先是"句：指任允驹收养同姓不同宗的小孩为儿子。先是：见[16]《梁储》注释72。同姓不宗：即同姓不同宗，指同姓之间因迁徙时间、地点不一，虽然同姓，但不同一个祖先。
4. 补：见[2]《黄恭》注释12。鹤山：古代县名，辖境相当于今广东省江门市鹤山市。县学：见[47]《何绛》注释16。
5. 食廪饩：见[35]《李孝问》注释5。
6. 恩科：见[69]《谢兰生》注释1。亚魁：泛指科举考试中乡试第六名；乡试第一名为解元，第二名为亚元，第三、四、五名为经魁。
7. 新会：古代县名，辖境相当于今广东省江门市新会区。教谕：见[14]《廖谨》注释16。
8. 中式：指科举考试被录取，科举考试合格；语自《明史·选举志二》："三年大比，以诸生试之直省，曰乡试，中式者为举人。"中式之举人原则上就获得了选官的资格。
9. 礼闱：见[50]《梁为鹏》注释6。
10. 仕进：见[67]《吴济运》注释6。
11. 逋欠：拖欠债务。
12. 脩脯：见[36]《黄士俊》注释3。
13. 母妹：同母之妹，别于庶妹。所适非偶：嫁的丈夫不合适。
14. 龙腾书院：古代书院，建于清道光十二年（1832），在今广东省江门市鹤山龙口镇境内。
15. 丕变：见[21]《伦以训》注释11。
16. 黉：见[52]《邓莫右》注释2。登贤书：见[17]《胡澧》注释2。
17. 骆文忠秉章：即骆秉章（1793—1867），原名骆俊，字吁门，号儒斋，广东省广州府花县（今广东省广州市花都区）人，迁居广东省广州府南海县佛山堡（今佛山市禅城区祖庙街道），晚清著名书法家，道光十二年进士，官至协办大学士、四川总督，谥号文忠，代表作有《骆文忠公奏议》《骆秉章自撰年谱》。
18. 望人：有威望、名望高的人。
19. 貤赠：将本身和妻室封诰呈请朝廷移赠给先人。貤（音 yí）：通"移"，转移。

20. 增生：科举制度中生员名目之一。明清的生员都有月廪，并有一定名额，称"廪膳生员"。后又于正额之外，增加名额，称为"增广生员"，简称"增生"。增生没有免费伙食和补贴，地位次于廪生。

【传主简介】
任元梓（约1796—1861），广东省广州府南海县佛山堡（今广东省佛山市禅城区祖庙街道）人，清代著名文词家。敏而好学，博览群书。俊秀有才，以教化为务，教书育人，重视践行伦理，知行合一，堪为人范。其文词语言典雅，文采斐然。

[79] 梁廷枏

梁廷枏，字章冉，伦教人。道光甲午（1834）副贡[1]，澄海县教谕[2]。学问渊博，于书无所不读。大吏耳其名，咸礼聘。历充越华、越秀书院监院，学海堂学长，广东海防书局总纂，粤海关志局总纂。道光二十九年（1849），勷办夷务[3]，奏奖内阁中书[4]，附国史《文苑传》[5]。历修《广东海防汇览》《粤海关志》《顺德县志》[6]。著有《南汉书》十八卷、《南汉书考异》十八卷、《南汉文字略》四卷、《南汉丛录》二卷、《南越五主传》二卷、《南越丛录》二卷、《耶稣教难入中土说》一卷、《兰仑偶说》四卷、《合省国说》三卷、《粤道贡国说》六卷、《论语古解》十卷、《东坡事类》二十二卷、《金石称例》四卷、《续金石称例》一卷、《书余》一卷、《藤花亭书画跋》五卷、《惠济仓建置略》一卷、《经办祀典》一卷、《藤花亭散体文》十卷、《藤花亭骈体文》四卷、《藤花亭诗集》四卷、《藤花亭曲话》五卷、《江南春词补传》一卷[7]，梓行于世。孙用弧[8]，光绪癸巳（1893）举人，乙未（1895）进士，由庶常改户部主事[9]、邮传部郎中。

【传记来源】
《梁廷枏传》选自民国十八年《顺德县续志》卷十八《列传三》。

【辑注参阅】
本辑注参阅《清史列传》卷七十三《文苑传四·梁廷枏传》，丁宁：

《清代人物传稿》(下编)第四卷《梁廷枏传》。

【注释】

1. 副贡：见[69]《谢兰生》注释1。梁廷枏在科场上一直不顺，三十八岁才获选副贡生。

2. 澄海：古代县名，辖境相当于今广东省汕头市澄海区。教谕：见[14]《廖谨》注释16。

3. 勷办：即襄办，辅助办理。勷：通"襄"，见[32]《朱完》注释42。夷务：清代后期指与外国有关系的各种事务。清道光二十八年（1848）底，英国士兵企图强行进入广州城，激起广州人民的义愤。道光二十九年，梁廷枏以两广总督徐广缙幕僚的身份，联合罗家政、谭莹、许祥光等士绅，印刷布告，联络各社学，组织县城的绅士参加广州市民反对英国水兵入城的斗争。

4. 奏奖：报请皇帝奖赏。内阁中书：见[27]《区大枢》注释4。道光三十一年（1851），梁廷枏护城有功，经两广总督徐广缙的推荐，朝廷赐封梁廷枏为内阁中书，后又加侍读衔。

5. 国史：见[30]《区大相》注释6。《文苑传》：见[61]《胡亦常》注释34。

6. 《广东海防汇览》：指道光十五年（1835），梁廷枏应两广总督卢坤聘任，入广东海防书局纂修《广东海防汇览》，次年修成。《粤海关志》：梁廷枏编成的中国第一部地方海关志。道光十七年（1837），梁廷枏被粤海关监督豫堃聘为《粤海关志》总纂。梁廷枏调阅大量关署档案，逐一考察来粤通商的海外国家状况，历时三年而成。《顺德县志》：指清咸丰初年，顺德知县郭汝诚主修《顺德县志》，梁廷枏、冯奉初、温承悌参与编纂。

7. 《南汉书》：道光九年（1829），梁廷枏仿陆游《南唐书》的体例撰《南汉书》，专门记载南汉五十多年的历史，被誉为与陆游《南唐书》相抗衡的力作。《南汉书考异》：传记底稿原作《南汉考异》，脱"书"字，今补。《南汉文字略》：传记底稿原作《南汉书文字》，有误，应为《南汉文字略》。《耶稣教难入中土说》：传记底稿原作《耶稣难入中土说》，脱"教"字，今补。兰仑：伦敦；这里指英国。《粤道贡国说》：传记底稿原作《粤东贡国说》，有误，应为《粤道贡国说》。《东坡事类》：传记底稿原作《东坡事汇》，有误，应为《东坡事类》。《藤花亭曲话》：传记底稿原作《藤花亭曲谱》，有误，应为《藤花亭曲话》。藤花亭：在今广东省佛山市顺德区伦教街道境内，梁廷枏曾居于藤花亭，故自号藤花亭主人，其文学作品集多以藤花亭命名。

8. 用弧：即梁用弧（1874—1923），字次侯，清末民初岭南书家，光绪二十四年（1895）进士，工楷书，官至邮传部左丞，有《楷书李白诗轴》。

9. 户部主事：见［19］《李义壮》注释3。

【传主简介】
梁廷枏（1796—1861），广东省广州府顺德县伦教堡伦教村（今广东省佛山市顺德区伦教街道聚星里）人，晚清学者、戏曲作家、理论家。出身于书香之家，博学广著，具有深厚的文史功底和极高的艺术造诣。治学以史学和金石为主，其史学著述通达翔实，富于新见，其在广东史方面的贡献，堪称超越流辈。擅长诗文戏曲，兼通词曲音律，其诗歌创作既有浓郁的岭南地域特色，也有独特的家族传统和艺术个性；其写景诗描绘岭南各地山水，金石诗兼顾岭南学术与个人性情，社会时事诗反映鸦片战争时期的岭南风云。其诗歌气昌而不狂，声和而不险，成为岭南诗歌的重要部分。著有《藤花亭诗文集》十八卷。

[80] 苏六朋

苏六朋，字枕琴[1]，南水乡人。父奕舒[2]，善医，年九十余卒。六朋善画[3]山水、人物、花鸟、草虫，无不入妙[4]；尤善画盲公，只三两笔而神采欲活。画人物，纸高八九尺，则尤为生动。其侍妾及三子一女均能肖笔[5]，佥[6]云书画一家也。所著《吕祖[7]仙迹》百二十页，又有《雅俗求真》《云裳画记》藏诸家。孙逢圣[8]，字琴荪，性偶傥，不事生产，不攻举业[9]，好读异书，嗜酒、工诗，汪学使鸣銮称其天才放逸[10]，光绪戊子（1888）举人。著有《俟园诗钞》二卷、《者香书屋遗诗》一卷。（戴《府志》《采访册》）

【传记来源】
《苏六朋传》选自民国十八年《顺德县续志》卷二十《列传五》。

【辑注参阅】
本辑注参阅清光绪五年《广州府志》卷一百三十九《列传二十八·方

伎·苏六朋传》。

【注释】

1. 字枕琴：传记底稿原作"号枕琴"，应为"字枕琴"，据清光绪五年《广州府志》卷一百三十九《列传二十八》改：苏六朋字枕琴，号怎道人，别署罗浮道人、南水村佬。

2. 奕舒：即苏奕舒（生卒年不详），以行医为业，能画，与广州五凤村漱珠岗纯阳观道士李明彻为画友，曾在该观松枝馆作画。

3. 六朋善画：指苏六朋喜爱绘画，专程到罗浮山，拜宝积寺的名僧德堃和尚为师学习画人物、山水、花鸟。学成后，苏六朋来到广州，在城隍庙（今广州市文德路一带）研艺售画为生。

4. 入妙：形容（诗文书画的功力）达到佳境。

5. "其侍妾"句：指苏六朋妾余菱擅画仕女，子苏腾蛟、苏少琴均工人物、山水，并有作品传世。

6. 佥（音 qiān）：大家，都。

7. 吕祖：即吕嵒（798—?），字洞宾，道号纯阳子，河东道河中府永乐县（今山西省运城市芮城县）人，为道教主流全真派祖师，故世称"吕祖"。

8. 逢圣：即苏逢圣（生卒年不详），字琴苏，清代书画家，光绪十四年（1888）举人，画山水有苍莽之气，又工诗，著有《留盦随笔》《岭南诗存》。

9. 举业：见［32］《朱完》注释28。

10. 汪学使鸣銮：即汪鸣銮（1839—1907），字柳门，号郋亭，一作郁亭，浙江省杭州府钱塘县（今浙江省杭州市）人，清末藏书家，同治四年（1865）进士，曾任广东学政，官至总理各国事务衙门大臣、光禄大夫，著有《能自彊斋文稿》。学使：见［35］《李孝问》注释13。放逸：豪放不羁。

【传主简介】

苏六朋（1791—1862），广东省广州府顺德县江村堡南水乡（今广东省佛山市顺德区勒流街道南水）人，清代平民书画家。眼力过人，工画山水、花鸟，尤以风俗画著称，内容大多表现世情民生、市井风俗，雅俗共赏。其开创的文人讽刺画入木三分，多有谐趣，其诗文关注现实生活中弱势群体，体现了岭南文人的社会责任感。著有《枕琴仅存草》。

[81] 谭 莹

谭莹,字兆仁[1],南海人。弱冠应县试[2],总督阮元游山寺,见莹题壁诗[3],惊赏,告县令曰:"邑有才人[4],勿失之!"令问姓名,不答。已而[5]得所为赋以告元,元曰:"是矣。"逾年,元开学海堂课士[6],以莹及侯康、仪克中、熊景星、黄子高为学长[7]。莹性强记,述往事,虽久远,时日[8]不失。博考粤中文献[9],友人伍崇曜富于赀[10],为汇刻之[11],曰《岭南遗书》五十九种、曰《粤十三家集》、曰《楚庭耆旧遗诗》,益扩之为《粤雅堂丛书》[12]。莹为学长三十年[13],英彦[14]多出其门。道光二十四年(1844),举于乡[15],官化州训导[16]。久之,迁琼州教授[17],加中书衔。少与侯康等交莫逆[18],晚岁陈澧[19]与之齐名。著《乐志堂集》。

【传记来源】

《谭莹传》选自《清史稿》卷四百八十六《列传二百七十三·文苑三》。

【辑注参阅】

本辑注参阅清同治十一年《续修南海县志》卷十八《列传·文学·谭莹传》,清光绪五年《广州府志》卷一百二十九《列传十八·谭莹传》,《清史列传》卷七十三《文苑传四·谭莹传》。

【注释】

1. 字兆仁:传记底稿原作"字玉生",应为"字兆仁",据清同治十一年《续修南海县志》卷十八《列传·文学·谭莹传》改:谭莹字兆仁,号玉生。

2. 弱冠:见[26]《梁有誉》注释6。县试:见[68]《黄丹书》注释9。

3. 阮元:见[64]《温汝能》注释28。题壁诗:指谭莹年少时,曾与友人宴集粤秀山寺,作《蒲涧修禊序》悬挂在寺壁上。

4. 才人:见[77]《倪济远》注释39。

5. 已而:见[66]《温汝适》注释38。

6. 学海堂：见［74］《熊景星》注释7。课士：见［74］《熊景星》注释8。

7. 侯康（1798—1837），原名廷楷，字君模，广东省广州府番禺县（今广东省广州市）人，清代史学家、目录学家，道光十五年（1835）优贡生，著有《春秋古经说》《穀梁疏证》。仪克中（1796—1837），字协一，号墨农，又号姑射山樵，广东省广州府番禺县（今广东省广州市）人，清代岭南诗画家，道光十二年（1832）举人，广东巡抚记室，著有《剑光楼集》。熊景星：见［74］《熊景星》。黄子高（1794—1839），字叔立、石溪，广东省广州府番禺县（今广东省广州市）人，清代书法家、藏书家，道光十年（1830）优贡生，著有《知稼轩诗钞》《石溪文集》。学长：见［74］《熊景星》注释10。

8. 时日：指时间、日期。不失：指不偏离、不失误。

9. 博考粤中文献：指谭莹执教期间，深感本省版刻不多，藏书家甚少，外地贩运销售的书籍价格昂贵，一般学子无力购买。于是谭莹广搜博采粤人著述文献，搜集秘文古籍，先后搜集三万余卷，藏于乐志堂中。博考：普遍广泛地查考。文献：见［1］《王范》注释23。

10. 伍崇曜（1810—1863），原名元薇，字良辅，号紫垣，广东省广州府南海县（今广东省广州市）人，清末广东刊刻名家，广州富商，谭莹好友，素耽风雅，擅长画梅花，留意乡邦文献，著有《茶村诗话》《粤雅堂诗钞》。赏：见［9］《区仕衡》注释33。

11. 为汇刻之：指（伍崇曜）出资刊刻古籍。

12. 《楚庭耆旧遗诗》：传记底稿作《楚庭南旧遗诗》，有误，应为《楚庭耆旧遗诗》。扩：见［2］《黄恭》注释15。《粤雅堂丛书》：是岭南大型地方文献，总一百八十种，共四百册。

13. 莹为学长三十年：指谭莹淡于名利，勤于教职，主持广东最高学府学海堂学长教职达三十多年；此外，还兼粤秀、越华、端溪等书院院监数十年。

14. 英彦：才智卓越的人。

15. 举于乡：指谭莹多次乡试，多次败北，直到清道光二十四年（1844）才中举；因策问触及时讳降为榜末，后来赴会试名落孙山。

16. 化州：古代县名，辖境相当于今广东省茂名市化州市。训导：见［14］《廖谨》注释15。

17. 琼州：古代府名，明代设置，辖境相当于今海南省。教授：见［14］《廖谨》注释20。

18. 莫逆：指彼此投合，交谊深厚。

19. 陈澧：见［69］《谢兰生》注释12。

【传主简介】
谭莹（1800—1871），广东省广州府南海县云津堡塱心村（今广东省佛山市南海区丹灶镇塱心）人，晚清岭南诗人、教育家、文献学者。嗜爱藏书，一生藏书二十多万卷，有"广东书柜""南海文童"之雅称。学识渊博，治学严谨，善诗文，不少作品以岭南风物为内容，具有浓郁的乡土气息。其诗歌明显受到广府歌谣俗曲的影响，轻灵活泼，形象生动，诗风清新华美，超逸脱俗，流畅自然；其文尤长于骈体，文笔俊逸、潇洒，文风沉博雅丽。谭莹以诗论词最引人注目，其《论词绝句》代表了清代以诗论词的学术水准。倾心于教书育人，通过教育和结社等方面的活动为岭南诗派培养了大量人才。著有《乐志堂诗集》十二卷、《乐志堂文集》二十卷。

［82］何容光

何容光，字铁桥，县属烟桥乡人。禀质聪颖，举步端凝[1]，少时已为乡里重。父其佳，乡居，训蒙[2]，与族叔乡贤何朴园先生相友爱[3]，命往受业[4]。毕生学行[5]实基于此。早岁能文，十五应童子试[6]，辄列前茅。数奇不售[7]。中年后即不复应考[8]。初在乡授徒，后设帐于佛山居义里[9]，遂家焉。其教不恶而严[10]，循循善诱，喜奖掖贫士[11]。出其门者，多所成就，李文田[12]侍郎，其最著者也。文田禀夙慧[13]，一见器之，招入塾授读[14]。经年[15]，文田父卒，欲改业[16]。容光谓之曰："以子才器[17]，必能早致青云[18]。贫者，士之常[19]，奈何因贫辍学？"遂资之膏火[20]。文田益发愤，后以殿试第三人赐及第[21]。容光六十寿，文田上寿言，结段叙述教育之恩，见者为之感动。略曰："众宾咸造，须制序于子安[22]；四座勿喧，听歌言于鲍照[23]。曩者以杨修龀岁，解对家禽[24]。元逊少时，能谈鹦鹉[25]。夫子字德林以公辅[26]，试长吉以《高轩》[27]。期诸阿士[28]之文章，与以吾家之书籍[29]。乘车戴笠[30]，结先子以神交[31]；龙驹凤雏[32]，勖鄙人以国器[33]。既而乔玄斗酒[34]，倏忽前尘[35]；任昉[36]遗孤，凄凉寒帔[37]。夫子怅怀云树[38]，珍重绨袍[39]；不脱双凤之衣，许近三鳝之席[40]。布衣芒屦，容范缜以从游[41]；采玉探珠，进邴原而受学[42]。习叔孙通[43]之礼，遂尔升堂[44]；通夏侯胜[45]之经，终惭拾芥[46]。雪深三尺，尚忆谈心；月印万川，时思见指[47]。此则赋诗见志，长言不禁于永歌[48]；授简当筵[49]，俾色无烦于揣称者矣[50]。"感恩知己，情见乎词。子增祜、增庆[51]，先后举孝廉[52]，有文名，皆出自家教[53]。自制门联云："庭长科名草，门开及第花。"一时传为佳话。与布衣马闲庵创建字祖庙[54]，在桂香宫设宣讲堂，皆有关文化。为文轨则[55]，先正四书、五经疑义，每有心得，辄书示诸生[56]。得其说者，珍若鸿秘[57]。诲人不倦，数十年如一日。卒，年七十有八，学者称"铁桥先生"。子增祜、增庆，另传。

【传记来源】
《何容光传》选自民国十二年《佛山忠义乡志》卷十四《人物·文苑》。

【注释】
1. 端凝：见［66］《温汝适》注释11。
2. 训蒙：指古代对儿童进行启蒙教育。
3. 何朴园：即何文绮（1779—1855），号朴园，清代岭南学者，嘉庆二十五年（1820）进士，官至兵部主事，著有《课余汇钞》《四书讲义》《周易从善录补注》。
4. 受业：见［16］《梁储》注释3。
5. 学行：见［18］《伦文叙》注释9。
6. 童子试：见［45］《陈子升》注释2。
7. 数奇不售：多次应考不中。数奇：见［52］《邓莫右》注释4。不售：见［39］《欧主遇》注释2。
8. 应考：指参加（科举）考试。
9. 设帐：见［62］《张锦芳》注释27。居义里：古代地名，今广东省佛山市禅城区东华里一带。
10. 不恶而严：这里指何容光教书育人态度和蔼而又严格。
11. 奖掖：奖励提拔。贫士：贫困的读书人。
12. 李文田：见［94］《李文田》。
13. 禀：天生的。凤慧：早慧，指年少时便聪明出众。
14. 授读：授予学业。
15. 经年：过了一段时间。

16. 改业：改行；这里指李文田因父亡无钱读书，欲辍学。

17. 才器：见［18］《伦文叙》注释9。

18. 青云：高空的云，比喻高官显爵；语自《史记·范雎蔡泽列传》："须贾顿首言死罪，曰：'贾不意君能自致于青云之上。'"

19. "贫者"二句：安于清贫，是读书人的常情。

20. 膏火：灯火，比喻夜间工作的费用；这里指求学的费用。膏：灯油。

21. 及第：见［7］《简文会》注释10。

22. 制序于子安：王勃作《滕王阁序》的故事。唐上元二年（675）重阳节，南昌都督阎伯舆重建滕王阁，大摆宴席，邀请远近文人学士为滕王阁题诗作序。在宴会中，王勃写下了著名的《滕王阁序》，接下来写了序诗："闲云潭影日悠悠，物换星移几度秋。阁中帝子今何在？槛外长江自流。"阎伯舆看了王勃的序文，发现后句诗空了一个字。旁观的文人各自发表高见，有人说空字一定是"水"字，也有人应该是"独"字。阎伯舆命人快马追赶王勃，请他把落了的字补上来。待来人追到王勃后，王勃的随从说道："我家公子有言，一字值千金，望阁大人海涵。"来人返回将此话转告了阎伯舆，阎伯舆便命人备好纹银千两，亲自率众文人学士，赶到王勃住处。王勃接过银子故作惊讶："何劳大人下问，晚生岂敢空字？"大家听了只觉得不知其意，有人问道："那所空之处该当何解？"王勃笑道："空者，空也。阁中帝子今何在？槛外长江空自流。"大家听后一致称妙，阎伯舆也意味深长地说："一字千金，不愧为当今奇才。"子安：即王勃（约650—676），字子安，河东道绛州龙门县（今山西省运城市河津市）人，唐代诗人，"初唐四杰"之首，官至尚书右丞，著有《王子安集》。

23. 听歌言于鲍照：形容听课入迷的气氛；语自鲍照《代堂上歌行》："四坐（座）且莫宣，听我堂上歌。"鲍照（415—466），字明远，东海郡兰陵县（今山东省临沂市兰陵县）人，南朝宋文学家，官至中书舍人，著有《鲍参军集》。

24. 曩：见［71］《梁霭如》注释30。杨修（175—219），字德祖，司州弘农郡华阴县（今陕西省渭南市华阴市）人，东汉末年文学家，以学识渊博而著称，官至丞相府仓曹属主簿，撰有《节游赋》《神女赋》《孔雀赋》等。奁：见［24］《区益》注释27。解对家禽：关于杨修的典故；典出《三国志》："及操自平汉中，欲因讨刘备而不得进，欲守之又难为功，护军不知进止何依。操于是出教，唯曰：'鸡肋'而已。外曹莫能晓，修独曰：'夫鸡肋，食之则无所得，弃之则如可惜，公归计决矣。'乃令外白稍严，操于此回师。"

25. "元逊"二句：关于诸葛恪的典故；典出《三国志》本传裴松之注所引《江表传》：曾有白头鸟集殿前，（孙）权曰："此何鸟也？"（诸葛）恪曰："白头翁也。"张昭自以坐中最老，疑恪以鸟戏之，因曰："恪欺陛下，未尝闻鸟名白头翁者，试使恪复求白头母。"恪曰："鸟名鹦母，未必有对，试使辅吴复求鹦父。"昭不能答，坐中皆欢笑。元逊：即诸葛恪（203—253），字元逊，徐州琅邪郡阳都县（今山东省临沂市沂南县）人，诸葛瑾长子，三国蜀丞相诸葛亮之侄，从小就以神童著称，官至东吴丞相，代表作有《答费祎》。

26. 夫子：对年长而学问好的人的尊称。德林：即李德林（530—590），字公辅，定州博陵郡安平县（今河北省安平县）人，南北朝时期史学家，以孝闻天下，著有《北齐书》。

27. 试长吉以《高轩》：指李贺七岁能辞章，韩愈、皇甫湜听说了，不信，到李贺家，让李贺赋诗。李贺提笔自题《高轩过》，韩愈、皇甫湜十分惊奇，从此李贺名扬京洛。长吉：即李贺（791—817），字长吉，河南道河南府福昌县（今河南省洛阳市宜阳县），唐代诗人，有"诗鬼"之称，官至奉礼郎，著有《李贺集》。

28. 阿士：即刘孝绰（481—539），本名冉，小字阿士，徐州彭城郡（今江苏省徐州市）人，幼聪敏，号"神童"，南朝著名诗人，能文，善草隶，著有《刘孝绰集》。

29. 吾家之书籍：这里泛指一般图书；语自《三国志·魏书·王粲传》："（蔡邕）闻（王）粲在门，倒屣迎之。粲至，年既幼弱，容状短小，一坐尽惊。邕曰：'此王公孙也，有异才，吾不如也。吾家书籍文章，尽当与之。'"

30. 乘车戴笠：比喻不因为富贵而改变贫贱之交；语自（晋）周处《风土记》：古苏越风俗，凡初次同人交往，就封土坛，拿出鸡犬等作为祭品，向天祷告说："卿虽乘车我戴笠，后日相逢下车揖；我步行，君乘马，他日相逢君当下。"乘车：比喻富贵。戴笠：比喻贫贱。

31. 先子：亡父。神交：指精神上的交往，因慕名而在不知不觉中把对方当朋友。

32. 龙驹凤雏：比喻英俊秀颖的少年，常作恭维语；语自《晋书·陆云传》："云字士龙，六岁能属文，性清正，有才理。少与兄机齐名，虽文章不及机，而持论过之，号曰二陆。幼时吴尚书广陵闵鸿见而奇之，曰：'此儿若非龙驹，当是凤雏。'"驹：小马。雏：幼鸟。

33. 勋：见［33］《区怀瑞》注释5。国器：指可以治国的人才。

34. 乔玄斗酒：关于乔玄的典故；典出《后汉书》卷五十一：曹操常感其知己。及后经过玄墓，辄凄怆致祭，自为其文曰："承从容约誓之言：'徂没之后，路有经由，不以斗酒只鸡过相沃酹，车过三步，腹痛勿怨。'虽临时戏笑之言，非至亲之笃好，胡肯为此辞哉？"乔玄（109—183），字公祖，梁国睢阳（今河南省商丘市睢阳区）人，汉末政治家，官至太尉。玄：传记底稿原作"元"，为了避康熙皇帝玄烨的讳，清代文献往往以"元"代"玄"。

35. 倏忽：指很快地，忽而间。前尘：佛教称色、声、香、味、触、法为"六尘"，认为当前的境界由六尘构成，都是虚幻的，所以称"前尘"，后来指从前的或过去经历过的事情。

36. 任昉（460—508），字彦升，小字阿堆，青州乐安郡博昌县（今山东省寿光市博兴县）人，南朝梁文学家，官至新安太守，著有《述异记》。中兴元年（501）十二月，齐和帝下令，以义师临阵致命及疾病死亡者，并加敛葬，收恤遗孤，任昉据此作《掩骼埋此肉令》《葬战亡者令》《转送亡军士教》等文，有收恤遗孤之意。

37. 帔（音 pèi）：古代披在肩背上的服饰。

38. 怅怀：怅然思念。云树：比喻朋友阔别远隔；语自（南朝梁）刘孝威《和皇太子春林晚雨》："云树交为密，雨日共成虹。"

39. 珍重绨袍：比喻不忘旧日的交情；典自《史记·范雎蔡泽列传》：战国时魏人范雎先事魏中大夫须贾，遭其毁谤，答辱几死。后范雎逃秦改名张禄，仕秦为相。魏闻秦将东伐，命须贾使秦，范雎乔装，敝衣往见。须贾不知，怜其寒而赠一绨袍。迨后知雎即秦相张禄，乃惶恐请罪。雎以贾尚有赠袍念旧之情，终宽释之。

40. 双凤：比喻两位才德出众的人；语自（明）杨慎《双凤二龙》："蔡邕、崔实号双凤。"三鳝之席：指讲学之堂。三鳝：同"三鱣"；语自《后汉书·杨震传》：杨震虽明经博览，无不穷究，却客居任教二十余年，"后有冠雀衔三鱣鱼，飞集讲堂前，都讲取鱼进曰：'蛇鱣者，卿大夫服之象也。数三者，法三台也。先生自此升矣。'年五十，乃始仕州郡。"

41. "布衣"二句：穿布衣草鞋的范缜十多岁时拜名儒沛国刘瓛为师，徒行于路，在车马贵游的同学面前，毫无愧色。芒屩：用芒草编织的鞋。屩（音 juē）：草鞋。范缜（约450—515），字子真，东荆州南乡郡舞阴县（今河南省南阳市泌阳县）人，南北朝时期著名的唯物主义思想家、道家代表人物、杰出的无神论者，著有《神灭论》。从游：见［6］《区册》注释7。

42. 邴原（生卒年不详），字根矩，青州北海国朱虚县（今山东省潍坊市临朐东）人，东汉藏书家；语自《三国志》卷十一注引《邴原别传》："（邴）原……欲远游学，诣安丘孙崧。崧辞曰：'君乡里郑君，君知之乎？'……原曰：'先生之说，诚可谓苦药良针矣，然犹未达仆之微趣也。人各有志，所规不同。故乃有登山而采玉者，有入海而采珠者，岂可谓登山者不知海之深，入海者不知山之高哉？君谓仆以郑为东家丘，君以仆为西家愚夫邪？'崧辞谢焉。"受学：见[14]《廖谨》注释23。

43. 叔孙通（？—前194），原名叔孙何，号稷嗣君，鲁国薛县（今山东省枣庄市滕州市官桥镇）人，西汉初期儒家学者，曾协助汉高祖制订汉朝的宫廷礼仪，官至太常、太子太傅。

44. 遂尔：于是乎。升堂：登上厅堂，比喻学问技艺已入门。

45. 夏侯胜（生卒年不详），薛郡宁阳县侯国人（今山东省泰安市宁阳县），西汉学者，精通《尚书》，被征为博士、光禄大夫，著有《尚书大小夏侯章句》。

46. 拾芥：即拾地芥，比喻取之极易。

47. 见指：久违。

48. 永歌：咏歌，歌唱。

49. 授简：给予简札，嘱人写作；这里指奉命吟诗作赋。当筵：面对酒宴。

50. 侔色……揣称：形容描写景物，恰到好处。侔：相等。揣：估量。称：好。

51. 何增祜（生卒年不详），原名汝兰，字晴珊，清代佛山镇绅，同治六年（1867）举人，为文清真雅正，书法筋节。何增庆（生卒年不详），原名汝桂，字次珊，清代佛山镇绅，同治九年（1870）举人，工书法。

52. 孝廉：见[2]《黄恭》注释6。

53. 家教：这里指古代读书人家的家庭教育，以孝、悌、敬、爱为主要内容。父辈对子弟进行先贤遗教的教育；做父辈的人在一起谈论义理，谈论如何爱其子弟；做子女的人在一起谈论如何对父辈尽孝道，谈论如何尊敬兄长。

54. 布衣：麻布衣服，借指平民；古代平民不能衣锦绣，多穿布衣。马闲阖：即马信道，见[89]《马信道》。字祖庙：即仓颉字祖庙，在今佛山市禅城区祖庙街道莺岗小区。传仓颉、沮诵为汉字的创造者，故称"字祖"。

55. 轨则：规则，准则。

56. 诸生：见[9]《区仕衡》注释9。

57. 鸿秘：原指饮食秘方，清代朱彝尊有《食宪鸿秘》；这里指有大功效的不传之珍品。

【传主简介】

何容光（生卒年不详，1870年前后在世），广东省广州府南海县镇涌堡烟桥乡（今广东省佛山市南海区九江镇烟南村烟桥）人，清代南海名儒、塾师。迁居南海县佛山堡（今佛山市禅城区祖庙街道）设馆授徒，扶持后学，作育英才，诲人不倦，培养了李文田、梁九图等佛山名士。

[83] 朱次琦

朱次琦，字浩虔[1]，南海人。道光二十七年（1847）进士，分发山西[2]，摄襄陵县事[3]，引疾[4]归。

次琦生平论学[5]，平实敦大[6]。尝论："汉之学[7]，郑康成[8]集之；宋之学[9]，朱子[10]集之。朱子又及集[11]汉学而稽之者也[12]。宋末以来，杀身成仁之士，远轶前古[13]，皆朱子力也。然而攻之者互起，有明姚江之学[14]，以致良知[15]为宗，则攻朱子以格物[16]；乾隆中叶至于今日，天下之学，以考据[17]为宗，则攻朱子以空疏[18]。一朱子也，攻之者又矛盾。乌乎[19]！古之言异学[20]也，畔之于道外，而孔子之道隐；今之言汉学、宋学者咻[21]之于道中，而孔子之道歧。果其修行读书蕲之于古之实学[22]，无汉学，无宋学也。"凡示生徒[23]修行之实四：曰敦行孝弟[24]，曰崇尚名节[25]，曰变化气质[26]，曰检摄威仪[27]；读书之实五：曰经学[28]，曰史学，曰掌故之学[29]，曰性理之学[30]，曰词章之学。一时咸推为人伦[31]师表云。

官襄陵时，县有平水[32]，与临汾[33]县分溉田亩，居民争利构狱[34]，数年不决。次琦至，博询讼端，则豪强垄断居奇[35]，有有水无地者，有有地无水者。有地无水者，向无[36]买水券，予之地，弗予之水；有水无地者，向有[37]买水券，虽无地得以市利[38]。于是定"以地随粮、以水随地"之制[39]。又会临汾县知县躬亲履亩[40]，两邑田相若[41]，税相直[42]也。乃定平水为四十分，县各取其半。复于境内[43]设"四纲"维持之：曰水则[44]，曰用人[45]，曰行水[46]，曰陡门[47]。实得水田三万四百亩有奇[48]，邑人立碑颂之[49]。系囚[50]赵三不棱，剧盗也，越狱逃[51]。次琦未抵任，先出重赏购知其所适[52]。亟假郡捕,前半夕疾驰百二十里,至曲沃郭南以俟[53]。盗众方饮酒家,役前持之,忽楼上下百炬齐明,则赫然襄陵县镫[54]也,乃伏地就缚。比县人迎新尹[55],尹已尺组[56]系原贼入矣,远近以为神。每行[57]县,所至拊循姁姁[58],老稚迎笑。有遮诉[59]者,索木椅在道与决[60],能引服[61]则已,恒终日不答一人。其他颁读书日程,创保甲,追社仓二万石,禁火葬,罪同姓婚[62],除狼患,卓卓多异政[63]。在任百九十日,民俗大化。

先是南方盗起[64],北至扬州。次琦犹在襄陵,谓宜绸缪全晋[65],联络关、陇,为三难、五易、十可守、八可征之策[66],大吏不能用。居家时称说浦江郑氏、江州陈氏诸义门[67],及朝廷捐产准旌之例[68]。由是宗人[69]捐产赡族,合金数万。次琦呈请立案,为变通范氏义庄章程[70],设完课、祀先、养老、劝学、矜恤[71]孤寡诸条,刊石世守之。

同治元年(1862),与同邑徐台英奉旨起用[72],次琦竟不出。光绪七年(1881),赏五品卿衔[73]。逾数月卒[74]。著有《国朝名臣言行录》《五史实徵录》《晋乘》《国朝逸民传》《性学源流》《蒙古闻见》等书[75]。疾革[76],尽焚之[77],仅存手辑《朱氏传芳集》[78]五卷。撰定《南海九江朱氏家谱》十二卷、《大雅堂诗集》一卷、《燔余集》一卷、《橐中集》一卷。

【传记来源】

《朱次琦传》选自《清史稿》卷四百八十《列传二百六十七·儒林一》。

【辑注参阅】

本辑注参阅清宣统二年《南海县志》卷十四《列传一·朱次琦传》,《清史列传》卷七十六《循吏传三·朱次琦传》,蔡冠洛:《清代七百名人传》第四编《学术·理学·朱次琦传》。

【注释】

1. 字浩虔:传记底稿原作"字九江",应为"字浩虔",据清宣统二年《南海县志》卷十四《列传一·朱次琦传》改:朱次琦,字浩虔,一字子襄,号稚圭。清咸丰八年(1858),朱次琦回到南海九江的家族宗祠讲学,许多举人秀才也投到门下求学;朱次琦在九江乡礼山(今佛山市南海区九江镇忠良岗)创办礼山草堂,设帐授徒二十四年,康有为、陈如岳、简朝亮、梁耀枢等都是其高足弟子。因朱次琦长期执教于九江,热心桑梓建设,世称"九江先生"或"朱九江"。

2. 分发山西:指朱次琦被分派到山西候任知县。分发:见[75]《招子庸》注释2。

3. 摄襄陵县事:指清咸丰二年(1852),朱次琦到山西省襄陵县任代理知县。襄陵:古代县名,以春秋晋国国君晋襄公陵墓命名,1954年与汾城县合并为襄汾县,隶属山西省临汾市。

4. 引疾:见[16]《梁储》注释36;这里指朱次琦曾任山西襄陵知县一百九十天,因与巡抚不和,辞官归隐南海。

5. 论学:见[60]《劳潼》注释14。

6. 敦大:敦厚宽大。

7. 汉之学:即汉学,是指明末清初依汉世儒林家法之说研治经学名物制度、小学训诂的考证学。汉学奠基者惠栋一生治经以汉儒为宗,惠栋的再传弟子江藩著《汉学师承记》,自居为汉学宗传。

8. 郑康成:即郑玄(127—200),字康成,青州北海国高密县(今山东潍坊市高密市)人,东汉末年经学大师,官至大司农,曾任教于长学书院,遍注儒家经典,著有《天文七政论》《中侯》等。

9. 宋之学:即宋学,是以中晚唐的儒学复兴为前导,由韩愈、李翱开启的将儒学思想由外转而向内,援佛道以证儒理,通过两宋理学家多方共同努力而创建的中国后期封建社会最为精致、最为完备的理论体系。到清代时,考据学大兴,清儒们推尊汉儒,对宋代理学家空疏解经的弊病肆意攻击,遂呼之为"宋学"以示与"汉学"相区别。

10. 朱子:即朱熹,见[60]《劳潼》注释8。

11. 集:总合;传记底稿原作"即",据简朝亮《朱九江先生年谱》改为"集"。

12. 稽:查核;传记底稿原作"精",据简朝亮《朱九江先生年谱》改为"稽"。

13. 轶:超过。前古:古代,往古。

14. 有明:指朱明王朝。有:词头。姚江之学:即阳明学派,别称姚江学派,是明代中晚期思想学术领域中的一个著名流派,其学说是明代中晚期的主流学说之一。该学派提出"致良知""知行合一"等命题,冲击了僵化的程朱理学,最终集心学之大成。

15. 致良知:明代王守仁的心学主旨,是王守仁心学的本体论与修养论直接统一的表现。王守仁认为,"致知"就是致吾心内在的良知;"致良知"就是将良知推广扩充到事事物物,在实际行动中实现良知,知行合一。

16. 格物:就是穷尽事物之理。朱熹训"格"为至、为尽。至:谓究至事物之理;尽:穷尽之意。朱熹训"物"为事,其范围极广,既包括一切自然现象和社会现象,亦包括心理现象和道德行为规范。

17. 考据:指研究文献或历史问题时,根据资料来考核、证实和说明;作为一种治学方法,考据是对古籍加以整理、校勘、注疏、辑佚等。

18. 空疏:指(学问、文章、议论等)空洞浅薄,没有实在的内容;这里指因考据学盛行,清儒们认为宋代理学家空疏解经,朱熹《四书章句》不但狭隘,而且空疏。

19. 乌乎:同"呜呼"。

20. 异学:古代指儒家以外的其他学派、学说。

21. 咻(音 xiū):争吵,乱说话。

22. 蕲:蕲求,祈求。实学:见[25]《欧大任》注释17。

23. 生徒:见[2]《黄恭》注释9。

24. 敦行孝弟:这里指兄弟相处做到诚心,可以感化家庭成员。朱次琦认为,骨肉团结,家庭和睦。

25. 名节:这里指一个人立身的问题。朱次琦认为,名节有如日月经天,对待是否接受,或推辞、收取,或给予、出去,或留守、离开,都要从大节出发,谨慎从事;读书人不讲求名节,就不是真君子。

26. 变化气质:这里指克制脾气,改善秉性。朱次琦认为,有学问的人,其气质会在无形中改变;变化气质贵在自律。

27. 检摄威仪:这里指约束言行和仪表,要刚柔并济,而不放任自流。朱次琦认为,读书人要有庄重的仪容举止。检摄:约束监督。

28. 经学:见[51]《潘衍泗》注释1。

29. 掌故之学:即掌故学,晚清兴起的一种新的史裁。朱次琦主张考据是工具,乃治学中所有事,分史与掌故为二,史明事变,掌故以通制度,故治史必通经;治经与治史不可偏废,而掌故学则正是兼通经史之学。

30. 性理之学:中国古代的一种思想学说,其理论体系最终由宋儒完成。性理之学由"性"与"理"组合而成,其核心观念是"性","性即是理"成为宋儒性理学说的核心命题与思想基础。朱次琦的性理之学主张济人扶世,改变此前性理之学的废话空话。

31. 人伦:参见[52]《邓莫右》注释10。

32. 平水：古代河流名称；山西临汾古代因城建于平水之北遂得名平阳，平水的出口处在平阳西三十公里的平山，也叫壶口，平水在此分流入襄陵和临汾两县。

33. 临汾：古代县名，辖境相当于今山西省临汾市。

34. 争利搆狱：这里指抢夺用水引起械斗，屡兴狱讼。

35. 垄断：原指站在市集的高地上操纵贸易，后来泛指把持和独占；这里指霸水。居奇：看成是稀有的奇货，留着卖大价钱。

36. 无：这里指无地有水者。

37. 有：这里指有地无水者。

38. 市利：贸易之利，牟取利益。

39. "于是"句：指（朱次琦）于是定下"以地随粮、以水随地"，按田亩供水的制度，按口粮多少分地，按地多少分水。

40. 会：会同。躬亲：指亲自；亲身从事。履亩：实地观察，丈量田亩。

41. 相若：相近。

42. 相直：相值，相当。

43. 境内：这里指襄陵境内。

44. 水则：这里指汾水共有水二十分，修八条渠，所分灌的水量视田地大水而定。

45. 用人：这里指渠长负责水的分发，沟夫负责管理分灌，堰长守陡门。

46. 行水：这里指灌溉时间有安排，通水闭水有节制，修缮有规定。

47. 陡门：这里指筑门修渠，渠上宽七尺下宽二尺，门宽一尺，夹深一尺二寸，楗石插板，配有图标。

48. 实得：实际得到；传记底稿原作"实行"，据清宣统二年《南海县志》卷十四《列传一》改为"实得"。有奇：见［24］《区益》注释14。

49. 邑人立碑颂之：指襄陵人民为朱次琦建生祠并立"平河均收水利之碑铭"纪念他，此碑于抗战期间被日军炮火所毁。

50. 系囚：指在押的囚犯。

51. 越狱逃：指原来关押在襄陵狱中的巨盗赵三不棱和王申保等要犯，趁前任代知县薛某与朱九江交接期间的疏忽，越狱潜逃。

52. 赀：见［9］《区仕衡》注释33。适：到。

53. 曲沃：古代县名，辖境相当于今山西省临汾市曲沃县。郭：亦作"廓"，郭指外城的墙；这里指城外。

54. 镫：同"燈"，今简化为"灯"。《说文解字》："镫，锭也。"锭，即油灯。

55. 尹：古代官名，县尹就是知县。

56. 尺组：指带子；这里用作动词，用带子捆。

57. 行：这里指巡视。

58. 拊循：亦作"拊巡"，安抚，抚慰。姁姁（音 xǔxǔ）：老妇人。

59. 遮诉：拦路诉讼。

60. 索木椅在道与决：指（朱次琦）就近借一张木椅坐在路中，当场审决。

61. 引服：亦作"引伏"，认罪，服罪。

62. 同姓婚：传统的婚姻禁忌，同一个姓氏在 500 年前都是一家人的说法根深蒂固，同姓结婚就等于是自家人或近亲结婚一样。

63. 卓卓：特立，高超出众。异政：优异的政绩。

64. "先是"句：指洪秀全、杨秀清领导的农民起义所向披靡，攻下武昌、安庆，占据了南京。先是：见 ［16］《梁储》注释72。

65. 绸缪全晋：指朱次琦担心山西会成为起义军袭击的目标。绸缪：比喻事前做好准备工作。

66. "联络"二句：指朱次琦写下《晋联关陇御贼三难五易十可守八可征之策》。

67. 称说：陈述。浦江郑氏：发源于浙江省浦江县郑宅镇郑宅村，自南宋至明代，浦江郑氏家族一起共同吃住十五世，计三百三十多年，被明太祖朱元璋赐称"江南第一家"。江州陈氏：发源于江西省九江市德安县车桥镇义门村，唐宋时期江州陈氏家族创造了三千九百多人口历十五代、三百三十多年聚族而居，同炊共食，和谐共处不分家的世界家族史奇观，号称"天下第一家"。义门：古代指尚义的家族。

68. 捐产：捐献财产。旌：表扬。

69. 宗人：同宗之人，同族之人。

70. 变通：见 ［21］《伦以训》注释15。范氏义庄：指宋皇祐二年（1050），范仲淹第三次被贬后，在其原籍苏州吴县捐助田地一千多亩设立的义庄，田地的地租用于赡养同宗族的贫穷成员。

71. 矜恤：见 ［19］《李义壮》注释2。

72. 徐台英（生卒年不详），字佩章，广东省广州府南海县登云堡（今广东省佛山市南海区丹灶镇）人，清道光二十一年（1841）进士，官至湖南华容、耒阳知县。奉旨起用：指清同治元年（1862），同治帝即位，征召全国贤能共十六人起用，广东地区有朱次琦、徐台英两人入选。

73. 赏五品卿衔：指光绪七年（1881）七月，两广总督张树声、广东巡抚裕宽向清廷奏称朱次琦在乡"讲明正学，身体力行；比间族党，熏德善良"，皇帝因此诏赐朱次琦正五品奉政大夫卿衔。

74. 卒：指光绪七年十二月十九日朱次琦病逝；朱次琦去世后，两广总督张树声、广东巡抚裕宽率大小官员致祭，这是历史上广东学者从来没有过的最高荣誉。

75. "著有"句：朱次琦的著述有七种，其中书名确定的有《国朝名臣言行录》《五史实徵录》《晋乘》《国朝逸民传》《性学源流》等五种；书名未定的有两种：一种是效仿黄梨洲《明儒学案》论国朝儒学宗绪，另一种是关于蒙古见闻纪事的《蒙古闻见》。国朝：见［21］《伦以训》注释17。

76. 疾革：见［31］《区大伦》注释51。

77. 焚之：指光绪七年夏秋，朱次琦接连经历了弟弟宗琦去世和朝廷褒奖京卿衔，他预感来日无多，于是谢绝一切事务，全身心投入书稿的编定。由于年事已高和过于劳累，十月，朱次琦彻底病倒。之后某日，他用整整一天时间将自己尚未传世的七部著作书稿全部焚毁。十二月十九日，朱次琦病逝。对于朱次琦焚稿的原因，一直以来人们有各种揣测解释，焚书成为谜团。

78.《朱氏传芳集》：朱次琦、朱宗琦编著，简朝亮作序，正集收录广东南海九江朱氏三十七位先人的诗歌七十八首和文章四十一篇，外集收录相关文人题赠九江朱氏先人的诗文一百三十四篇。

【传主简介】

朱次琦（1807—1881），广东省广州府南海县九江堡儒林乡（今广东省佛山市南海区九江镇下西太平）人，岭南大儒，晚清广东著名学者、教育家、文学家。出仕则为循吏，退隐即为良师，居乡专事讲学著述二十多年，弟子众多，影响深广，创立晚清广东重要的学术流派——九江学派。讲学以"四行五学"为本，以经世救时为归，开拓了一代新的学风。其诗歌创作博采众长，自成一家，内容丰富，感情真挚，用典多而不滞，精警雄奇，雄厚苍秀；其文纵恣滂葩，质朴平实与华丽典雅交错辉映。生平著述甚丰，但多未脱稿；弟子简朝亮集其诗文，编为《朱九江先生集》十卷（其中诗、文各五卷）。

[84] 梁九昌

梁九昌，字竹明[1]，一字炽山，顺德人。少入塾，弱不胜衣[2]。性慧，目十行下[3]，而刻苦过人。蒙师[4]责群儿惰，独戒其勤也。数年，通群经[5]，为诗、古文、词，生新独造。仲父青厓中翰[6]每叹曰："是子也，才唯英华[7]过露，质弱思深，可忧耳。"数年，果病瘵[8]，犹研探子史[9]，至夜分[10]不辍。年二十竟死，遗孤仅二龄[11]。死日方作《西塞山怀古》诗，欹歔击节[12]自赏，病忽笃[13]，泣数行下，曰："修短[14]，数也。王右军云：'齐彭殇为妄作。'[15]达哉言乎！然老父老母在，予先陨不可，为子目不瞑矣！"九昌兄弟六[16]，己居四。父玉成[17]以其慧且勤钟爱之。及病，其父藏书于箧下，扃[18]锁不使观。九昌谓："典籍娱情可养病。"固请，父重[19]违其意，强许之。复发箧呫唔[20]，而孰知其竟以是[21]死也？死后诗文多散失。顺德吴花溪孝廉与其弟福草比部录其诗若干首[22]，入《岭表诗传》；江都符南樵孝廉[23]录若干首，入《正雅集》；从兄[24]小厓常典录若干首，入其所说诗。九昌之得不死[25]，殆[26]在是耶！

论曰：纨袴[27]之子多死于惰，九昌独死勤，若是乎勤之害也！然身死矣，诗则传，勤卒胜惰哉！

【传记来源】
《梁九昌传》选自民国十二年《佛山忠义乡志》卷十四《人物·文苑》。

【注释】
1. 竹明：传记底稿原作"作明"，应为"竹明"；梁九昌，字竹明，一字炽山。
2. 弱不胜衣：形容人很瘦弱，连衣服的重量都承受不起；指梁九昌从小身体虚弱，虽四处寻医问药，但梁九昌的健康仍未能从根本上得到改善，依然是身体文弱。
3. 目十行下：即一目十行，形容看书的速度很快。
4. 蒙师：蒙童的教师，启蒙的老师。

5. 群经：总言经典古籍；这里指儒家经典。

6. 仲父：见［64］《温汝能》注释21。青匡中翰：见［71］《梁蔼如》注释30。

7. 英华：精英华彩。

8. 瘵（音zhài）：多指痨病。

9. 子史：经史子集。

10. 夜分：夜半。

11. 遗孤仅二龄：指梁九昌妻舒氏十八岁嫁入梁家，二十岁成寡妇，梁九昌死时，其子梁思淇仅两岁。

12. 欷歔：叹息声。击节：打拍子。

13. 笃：这里指病沉重。

14. 修短：见［36］《黄士俊》注释6；这里指人的寿命。

15. 王右军：即王羲之，见［43］《邝露》注释9。齐彭殇为妄作：指把死和生等同起来的说法是不真实的，把长寿和短命等同起来的说法是妄造的；语自（晋）王羲之《兰亭集序》："固知一死生为虚诞，齐彭殇为妄作。"

16. 兄弟六：指梁家兄弟六人：九章、九仪、九华、九昌、九德、九图。

17. 玉成：即梁玉成（1761—1832），字恕堂，清末佛山儒医，弃儒经商，贩盐发家，教子有方。梁玉成去世后，朝廷嘉奖，追封他为刺史。辑有医方《良方类钞》。

18. 扃（音jiōng）：从外面关门的闩、钩等。

19. 重（音zhòng）：难。

20. 发箧：打开箱子。箧（音qiè）：箱子。咿唔：象声词，形容读书的声音。

21. 以是：见［57］《苏珥》注释2。

22. 孝廉：见［2］《黄恭》注释6。福草比部：指梁九图，见［86］《梁九图》；梁九图曾官至刑部主事，人称"福草比部"或"梁比部"。福草：梁九图的字。比部：古代官署名，是尚书的一个办事机关，职掌稽核簿籍，明清时用为刑部司官的通称。

23. 江都符南樵：即符葆森（1814—1863），原名灿，字南樵，江苏省扬州府江都县（今江苏省扬州市江都区）人，清代诗人，咸丰元年（1851）举人，编有《正雅集》（一百卷），著有《寄鸥馆诗稿》《寄鸥馆辛壬诗录》。

24. 从兄：见［66］《温汝适》注释60。

25. 得不死：这里指梁九昌精神得以流传的意思。
26. 殆：见［73］《吴弥光》注释15。
27. 纨袴：有钱人家子女的华美衣着，借指富贵人家子女。

【传主简介】

梁九昌（1810—1829），清代岭南著名诗人，身体文弱，嗜书如命，写诗作文不曾间断。以诗词书画而负时誉，尤能诗善文，在遣词造句方面有独创之处，极富文采。著有《松桂山房吟稿》。

[85] 朱宗琦

朱宗琦，号宜城，九江堡儒林乡人。父成发[1]，伯兄士琦[2]，前志并有传。叔兄次琦[3]，即学者所称"九江先生"也，别有传。宗琦生而颖敏，才识胆量过人，声如洪钟。以经学取，进邑庠[4]，补增生[5]。然困于科举，屡荐不售[6]。四十后乃喟然曰："穷达[7]，命也。"遂淡然不复求举。而于乡里善事皆竭力任之，不避艰险。道光二十四年（1844），西潦骤涨，桑园围[8]将溃。宗琦赴救，值缺口开，宗琦素矫健便捷，一跃即攀登树上，回视，所乘舟已覆矣。凡其身[9]所督修桑园围者，数次修子围者，又数次与夫[10]族中祖祠、坟茔，乡中社庙、桥路，几于[11]无役不从。又建探花桥、潭汇桥两水闸，乡人尤利赖焉[12]。咸丰四年（1854），红巾乱[13]。五年（1855），官兵至境剿捕[14]，乡绅集儒林书院迎之时，官贼方相拒未决，而贼酋关钜率其党十余人至，宗琦厉色叱之曰："尔尚以尔巢穴为可据耶？尔不速倒忠良山之大旗，我立斩尔首。"关钜即低首听命。其生平胆量多类此。乱平后，次琦归自山西，谓宗琦曰："先王谱学之设[15]，实与宗法[16]相维，而表里乎国史[17]。吾家旧有族谱[18]不修已久，吾将创为序例[19]以授，吾弟经理之。"宗琦承命，乃寘[20]局于己未（1259）之春，断限于辛酉（1861）之腊。刊易再三，编摩况瘁[21]。历十一寒暑而书成，名曰《九江朱氏家谱》[22]。其为谱[23]有七：曰宗支，曰恩荣，曰祠宇，曰坟茔，曰艺文，曰家传，曰杂录。又都其先世[24]所著作及他人所题赠者，为《传芳集》[25]（内外五卷）。其序例创自次琦，而书则成于宗琦也。后乡人复聘修《九江乡志》，仅一年，未及蒇事[26]而卒，年七十有二。著有《闲闲桑者诗集》一卷、《唱随诗集》二卷。（据《采访册》修）

【传记来源】
《朱宗琦传》选自清宣统二年《南海县志》卷十九《列传·文学》。

【辑注参阅】
本辑注参阅清光绪九年《九江儒林乡志》卷十三《列传·朱宗琦传》。

【注释】
1. 成发：即朱成发（1771—1829），字镇元，又字奋之，清南海秀才，曾任九江地方商务主管，官阶九品。

2. 伯兄：见[34]《区怀年》注释14。士琦：即朱士琦（生卒年不详），字赞虔，号畹亭。清道光二十年（1840）秋，朱士琦与弟朱次琦同时中举，时人称誉"南海明珠，同时入贡"。

3. 叔兄：三哥，兄弟的排行是伯、仲、叔、季。次琦：即朱次琦：见[83]《朱次琦》。

4. 经学：见[51]《潘衍泗》注释1。邑庠：见[47]《何绛》注释16。

5. 补：见[2]《黄恭》注释12。增生：见[78]《任元梓》注释20。

6. 不售：见[39]《欧主遇》注释2。

7. 穷达：困顿与显达。达：见[11]《张镇孙》注释6。

8. 桑园围：见[66]《温汝适》注释43。

9. 其身：某个人的身体；这里指亲身，亲自。

10. 与夫：见[64]《温汝能》注释19。

11. 几于：见[74]《熊景星》注释26。

12. 乡人：见[35]《李孝问》注释23。利赖：依傍，依靠。

13. 红巾乱：指清咸丰四年广东省广州府三水县（今广东省佛山市三水区）陈开领导天地会起义，起义军头裹红巾，称为"红巾军"。在陈开领导下，各路起义军围攻广州，两广总督叶名琛被困城中。咸丰十一年（1861），红巾军被清军击败，陈开被俘就义。

14. 剿捕：讨伐逮捕。

15. 先王：这里指上古贤明君王。谱学：研究谱牒的学问；古代士族为了显示其高贵的出身和防止庶族假冒，非常重视家谱，谱学成为一门新兴的学问。

16. 宗法：古代以家族为中心，按血统、嫡庶来组织、统治社会的法则。这种法则以血缘关系为基础，标榜尊崇共同祖先，维系亲情，而在宗族内部区分尊卑长幼，并规定继承秩序以及不同地位的宗族成员各自不同的权力。

17. 表里：这里指呼应，补充。国史：见[30]《区大相》注释6。

18. 旧有族谱：这里指《南海九江朱氏家谱》，始修于明万历五年（1577），朱学懋纂辑，清康熙年间朱昌瑶续修。

19. 序例：序言、体例。

20. 寘（音zhì）：通"置"，设立。

21. 编摩：编集。况瘁：憔悴。

22. 《九江朱氏家谱》：《南海九江朱氏家谱》的简称，由朱次琦监修、作序，朱宗琦纂修，朱氏兄弟二人用十一年时间编纂完成。

23. 其为谱：指朱氏兄弟修纂《九江朱氏家谱》，确立了科学严谨的体例，从一个类别加以撰述，追求实证有据，博学严谨，考据详备，并将道德融入其中，成为精品族史。

24. 先世：见[9]《区仕衡》注释1。

25. 《传芳集》：《朱氏传芳集》的简称，见[83]《朱次琦》注释78。

26. 蒇事：事情已办完。蒇（音chǎn）：完成，解决。

【传主简介】

朱宗琦（1810—1881），朱次琦弟，清代南海学者、史志家。以经学名世，参加多次科举，没有考中，四十岁后不再追求功名，以贡生身份任南海县儒学训导，从此居乡授徒编书，热心家乡公益，参加家乡水利建设和防务，擅作诗歌。著有《唱随诗集》二卷、《闲闲桑者诗集》一卷。

[86] 梁九图

梁九图，字福草，本籍顺德。生有夙慧[1]，十岁能诗。曾题《粤台饯别图——和祁相国寓藻[2]韵》，极加赏异，目为神童，诗名遂噪。长益耽咏，博学工文。性雅淡，不乐仕进[3]，惟喜山水，凡丘壑名胜，探幽陟[4]险，随地留题[5]。游衡岳，归得石十二，罗列斋前[6]，错杂[7]朱栏绿竹间，仿佛巫峰[8]，烟鬟[9]缥缈，远近名士、巨公、方外、闺秀题咏殆遍[10]，因自号十二石山人[11]。复辟汾江草庐为觞咏地[12]，树石花岛，池馆桥亭，别饶幽致[13]。时与张维屏、黄培芳、吴炳南、岑澂诸公诗酒唱酬[14]，提倡风雅[15]，人又称为"汾江先生"。自少而老，日手一编，吟咏、撰述不辍。看花品石外，或作书画。得寸縑尺素[16]者，珍若拱璧[17]。诗则推重艺林[18]，江都符孝廉葆森刻入国朝《正雅集》[19]。生平爱才，以奖引后进为己任[20]。人有片长[21]，辄称道[22]之。出其门下，多掇巍科、佩金紫[23]。李侍郎文田以廷对第三供奉南斋[24]，其尤著也。戴枢相鸿慈少时从其门人伍孝廉兰成游[25]，一见文字[26]，决为远到[27]，妻以兄之孙，其特识[28]多类此。故闻先生之风者，莫不争自濯磨[29]，冀得一登龙门[30]为幸。最乐行善，如削仰船冈乱石[31]，设佛山育婴堂，筑通济桥[32]石路，建高秧地茶亭诸义举，靡不竭力筹资，董成厥事[33]，此所谓修其天爵[34]者欤？著作甚富，有《十二石斋诗集》《诗话丛录》《紫藤馆文钞杂录》《汾江随笔》《草庐唱和诗》《岭南琐记》《石圃闲谈》《佛山志余》《笠亭诗拾》《韵桥杂志》《纪风七绝》《岭表诗传》《风鉴证古》《摘句图》等书，流播海内。大者有关于文献，次亦有裨于见闻，都人士望若山斗[35]，洛阳纸贵[36]，良有以[37]也。子僧宝[38]，成进士，入礼曹兼枢密，转御史，擢鸿胪寺少卿，迁内阁侍读学士；禹甸[39]，以战功授花翎广东水师游击；宏谏[40]，兵部武选司主事；都唐[41]，花翎盐运使衔，选用道刑部江苏司员外郎。诸子既贵，逢国大庆，必加宠锡[42]，初封资政大夫，晋封振威将军、荣禄大夫，随封赏戴花翎。卒，年六十有五，学者称"福草先生"。

论曰：昔陶彭泽以诗酒名[43]，米襄阳[44]以书画著，以爱石闻，诚哉！古之传人也。先生高卧草庐，耽诗酒、书画为乐，庭罗奇石，日对怡情，啸歌[45]自得，殆今之陶君、米老[46]，非耶？至其著述宏富[47]，沾溉[48]后人，教育英才[49]，诱掖[50]成德，又岂陶君、米老所能及哉？迄今缅想流风[51]，犹动人，景仰低徊[52]，穆然[53]向往。假令先生而在，为之执鞭[54]，所忻慕[55]焉。

【传记来源】
《梁九图传》选自民国十二年《佛山忠义乡志》卷十四《人物·文苑》。

【辑注参阅】

本辑注参阅民国十八年《顺德县续志》卷十七《列传二·梁九图传》。

【注释】

1. 夙慧：见［82］《何容光》注释13。

2. 祁相国寯（音jùn）藻：即祁寯藻（1793—1866），字叔颖，一字淳甫，号春圃、息翁，山西省平定州寿阳县（今山西省晋中市寿阳县）人，清三代帝师，嘉庆十九年（1814）进士，官至体仁阁大学士、太子太保，著有《马首农言》。

3. 仕进：见［67］《吴济运》注释6。

4. 陟（音zhì）：登高。

5. 留题：参观或游览时题字留念或写下观感、意见等。

6. "得石"二句：指梁九图游完衡岳，南归之时，船过广东清远，购得十二块色泽纯黄的黄石，大的高三尺多，小的阔二尺，状似峰峦叠嶂或溪间瀑布，用取自肇庆七星岩石头雕制的石盆，储水养之，罗列在南海县佛山堡潘涌铺丛桂里（今佛山市禅城区升平路松桂里）的紫藤馆。

7. 错杂：指多种物质或颜色交错混杂在一起。

8. 巫峰：指巫山十二峰，在今重庆市巫山县东巫峡两岸。

9. 烟鬟：比喻云雾缭绕的峰峦。

10. 巨公：见［43］《邝露》注释16。方外：区域之外，世俗之外；这里指僧道等。题咏：见［27］《区大枢》注释10；如张维屏写下《十二石斋记》、谭元龙写下《十二石斋赋》、罗文俊写下《山斋观石》等。殆：见［73］《吴弥光》注释15。

11：十二石山人：梁九图对这十二块奇石着迷，将书斋紫藤馆名改为十二石斋，曾作《自题十二石斋》："衡岳归来兴未阑，壶中蓄石当烟鬟。登高腰脚输人健，不看真山看假山。"自号十二石山人。

12. 复辟汾江草庐：指清道光年间，梁九图在佛山堡沙洛铺陈大塘洛水涌（今佛山市禅城区松风路富荣街）筑汾江草庐，名士、好友在此吟诗作画。汾江草庐是梁园四大景之一。觞咏：见［28］《梁鹤鸣》注释35。

13. 别饶幽致：别有一番幽趣。

14. 张维屏（1780—1859），字子树，号南山，又号松心子，广东省广州府番禺县（今广东省广州市）人，清代爱国诗人，道光二年（1822）进士，曾作长诗讴歌抗英，官至南康郡丞，著有《张南山全集》。黄培芳：见［69］《谢兰生》注释18。吴炳南：见［72］《梁九章》注释19。岑澂

（1792—?），字清泰，号铁泉，黄培芳弟子，广东省广州府南海县（今广东省佛山市南海区）人，清代岭南诗人，屡试不第，著有《篗筹山人诗集》。诗酒：见［37］《欧必元》注释15。

15. 风雅：见［30］《区大相》注释25。

16. 寸缣尺素：见［71］《梁蔼如》注释28。

17. 拱璧：见［56］《陈炎宗》注释17。

18. 艺林：见［56］《陈炎宗》注释21。

19. 符孝廉葆森：即符葆森，见［84］《梁九昌》注释23。孝廉：见［2］《黄恭》注释6。国朝：见［21］《伦以训》注释17。

20. 奖引：见［60］《劳潼》注释5。后进：见［76］《曾钊》注释20。

21. 片长：一点优点、长处。

22. 称道：赞扬某人某事，并说得头头是道。

23. 巍科：即高第，古代称科举考试名次在前者为"巍科"。金紫：唐宋后指金鱼袋及紫衣，金紫成为唐宋的官服和佩饰；在这里借指高官显爵。

24. 李侍郎文田：即李文田，见［94］《李文田》。廷对：见［11］《张镇孙》注释2。南斋：指清廷南书房，在北京故宫乾清宫西南，曾是康熙帝读书处，俗称"南斋"。

25. 戴枢相鸿慈：即戴鸿慈（1853—1910），字光孺，号少怀，晚号毅庵，祖籍广东省广州府南海县大同堡（今广东省佛山市南海区西樵镇大同），生于南海县佛山堡（今佛山市禅城区祖庙街道），清光绪二年（1876）进士，中国近代史上第一位司法部长（法部尚书），官至军机大臣，代表作有《出使九国日记》。门人：见［13］《孙蕡》注释31。伍孝廉兰成：即伍兰成（生卒年不详），梁九图的学生，广东省广州府南海县（今广东省佛山市南海区）人，晚清举人。孝廉：见［2］《黄恭》注释6。从……游：见［6］《区册》注释7。

26. 文字：这里指戴鸿慈的文章。

27. 远到：深远周到。

28. 特识：独立的见解。

29. 濯磨：亦作"濯摩"，洗涤磨炼，比喻加强修养，以期有为。

30. 登龙门：比喻得到有名望者的接待和援引而提高身价。

31. 削仰船冈乱石：这里指梁九图组织人力削平佛山堡仰船岗乱石，以利航运。

32. 通济桥：佛山最早兴建的第一座大木桥，横跨洛水河，北连金鱼街，始建于明代，桥名取"必通而后有济也"之意。"行通济，无闭翳"的谚语在佛山尽人皆知，意思是走走通济桥，就没有烦恼、忧愁，事事顺利。每年的农历正月十五日夜晚到十六日，佛山万人空巷，举着风车，摇着风铃，提着生菜，浩浩荡荡地由北到南走过通济桥。这一习俗从明末清初就已开始，延续至今已四百多年。

33. 董成：促成，成全。厥事：失误，犹指憾事。

34. 天爵：天然的爵位，指高尚的道德修养，因德高则受人尊敬，胜于有爵位，故称"天爵"；语自《孟子·告子（上）》："仁义忠信，乐善不倦，此天爵也。"

35. 文献：见［1］《王范》注释23。裨：见［31］《区大伦》注释36。都：国都；这里指北京。人士：有名望的人，古代多指社会上层分子。山斗：即泰山北斗，见［68］《黄丹书》注释24。

36. 洛阳纸贵：原指西晋都城洛阳之纸因大家争相传抄左思的作品，以至一时供不应求，货缺而贵，比喻作品为世所重，风行一时，流传甚广。

37. 良：很。有以：有因，有道理，有规律。

38. 僧宝：即梁僧宝，见［95］《梁僧宝》。

39. 禹甸：即梁禹甸（1840—1884），字仲超，梁九图次子，晚清水师名将，本性好武，投笔从戎，官至广东水师游击（三品武官），被兵部尚书彭玉麟嘉为"南海长城"。

40. 宏谏：即梁宏谏，见［98］《梁宏谏》。

41. 都唐：即梁都唐（生卒年不详），字彦武，梁九图八子，晚清广东儒学精英，在募资修缮塔坡古寺和编纂塔坡古寺志书等方面做出了很大贡献。

42. 宠锡：皇帝的恩赐。

43. 陶彭泽：即陶渊明，见［13］《孙蕡》注释23；陶渊明曾任彭泽县令，故称"陶彭泽"。诗酒：见［37］《欧必元》注释15。

44. 米襄阳：即米芾，见［74］《熊景星》注释13。

45. 啸歌：见［37］《欧必元》注释24。

46. 殆：见［73］《吴弥光》注释15。陶君：这里指陶渊明。米老：这里指米芾。

47. 宏富：宏伟富赡，丰富。

48. 沾溉：浸润浇灌，比喻使人受益。

49. 教育英才：培育人才；这里指梁九图生平爱才，凡是拜梁九图为师的人，大多高中科举，如李文田、戴鸿慈等为其中的佼佼者。

50. 诱掖：见［74］《熊景星》注释11。

51. 缅想：遥想。流风：前代流传下来的风尚；这里指梁九图流传下来的好风气。

52. 低徊：回味，留恋地回顾。

53. 穆然：静思貌。

54. 执鞭：持鞭为人驾车，表示景仰追随。

55. 忻慕：高兴而仰慕。

【传主简介】

梁九图（1816—1880），清代岭南诗人、广东名士、佛山文苑名流，广东四大名园之一梁园的汾江草庐的创建者之一。性情高雅，博学善文，题诗作画，毕生笔耕不辍，创作硕果累累。梁九图是画兰花的高手，其兰花画是典型的文人画。其诗文作品在梁氏族人中收获最丰，其诗诸体兼备，善状山水，山水诗以聊聊数语勾勒出山水的特征，清浅自然，落句奇崛，个性鲜明，瑰丽中见清奇之气。著有《紫藤馆诗文钞》。

［87］邹伯奇

邹伯奇，字一鹗，又字特夫，神安司泌冲堡[1]人。邑诸生，聪敏绝人。数岁入塾，于《朱子集注》能略通大义[2]。稍长，于诸经义疏[3]无不研究。会戴文节公熙督学试广属文童[4]，问音韵源流[5]，伯奇所对独详赡[6]，洒洒千言，遂拔进邑庠[7]。嗣后闭户覃思[8]。于声音、文字、度数之源无不洞达[9]，而尤精于天文、历算，能萃会[10]中西之说而贯通之，为吾粤向来名儒所未有。尝自言："汉儒之弊在泥古[11]，宋儒之蔽在师心[12]。学者说经[13]不宜有所左右，必远征近取求之，实事而是[14]。反之，心内而安乃可耳。其宗旨如此。"尝作《春秋经传日月考》，谓："昔人考《春秋》朔闰多矣，类以经、传日月求之，未能精确。今以时宪术上推二百四十二年之朔闰及食限[15]，然后以经、传所书质其合否，乃知有经误、传误及术误之分。"又论《尚书》[16]克殷年月，谓："郑玄据《乾凿度》[17]，以入戊午部四十二年克殷，下至《春秋》，凡三百四十八年。刘歆三统术以为积四百年[18]，近人钱唐李锐[19]多主其说。今以时宪术上推，且以岁星[20]验之，始知郑玄之是，刘歆之非。"

其解《孟子》"由周而来，七百有余岁"句，谓："阎百诗《孟子生卒年月考》据《大事记》及《通鉴纲目》[21]，以孟子致为臣而归在周赧王元年丁未[22]（前314），逆数至武王[23]有天下，岁在己卯（前1122），当得八百有九年。今考《纲目》年数，本之刘歆，然共和[24]以上周初年数，史迁[25]已不能纪。可考者鲁世家耳，此为刘歆历谱所据。然将歆历与《史记》[26]比对，歆于炀公、献公等年分多所增加[27]，共衍五十二年。若减其所加年数，则歆所谓八百有九年者，实七百五十七年耳"……同治甲子（1864），郭嵩焘[28]抚粤，以伯奇专精数学，特荐于朝，请置之同文馆[29]，以资讨论。有旨命督抚咨送[30]，而伯奇澹于利禄，坚以疾辞。后曾国藩总督两江[31]，于上海开机器局，制造枪炮轮船，并欲于局旁设书院，请伯奇以数学教授生徒[32]，属前任督学刘熙载致书达意[33]，而伯奇家居养母，不肯就也。同治八年（1869）五月，无疾而卒，年五十一。绝学失传[34]，士林[35]皆为惋惜云。

【传记来源】

《邹伯奇传》节选自清同治十一年《续修南海县志》卷十八《列传·文学》。

【辑注参阅】

本辑注参阅清光绪五年《广州府志》卷一百二十九《列传十八·邹伯奇传》，《清史列传》卷六十九《儒林传（下）·邹伯奇传》。

【注释】

1. 神安司泌冲堡：古代地名，位于今广东省佛山市南海区大沥镇黄岐泌冲。据邹伯奇考证，宋代文学家、诗人邹浩（1060—1111）是泌冲邹姓的上祖，得罪权相章惇，遭革职羁管新州（今广东省云浮市新兴县），其后人辗转迁全神安司泌冲堡。邹伯奇自称是邹浩的二十三世孙。

2. 《朱子集注》：包括朱熹《大学章句集注》（一卷）、《中庸章句集注》（一卷）、《论语集注》（十卷）以及《孟子集注》（十四卷）。大义：见[10]《区适子》注释2。

3. 义疏：古书的注释体制之一，内容为疏通原书和旧注的文意，阐述原书的思想，或广罗材料，对旧注进行补充辨证。

4. 戴文节公熙：即戴熙（1801—1860），字醇士，号鹿床、榆庵、松屏、莼溪、井东居士，浙江省杭州府钱塘县（今浙江省杭州市）人，画家，道光十一年（1831）进士，曾任广东学政，官至兵部侍郎，谥号"文节"，著有《习苦斋画絮》。文童：科举时代童生的别称，应秀才考试的读书人。

5. 音韵源流：这里指邹伯奇自幼喜爱音韵，曾考究春秋经传中的古今音韵，写出《春秋经传日月考》和《古韵谐声谱》。

6. 详赡：详细丰富，详细充实。

7. 邑庠：见［47］《何绛》注释16。

8. 嗣后：以后。覃思：深思。覃（音tán）：深广。

9. 度数：以度为单位计量而得的数目；这里指用以计量的标准。洞达：畅通无阻，引申为通晓。

10. 会萃：聚集；传记底稿原作"萃会"，今改为"会萃"。

11. 汉儒：汉代的儒家学者，一般指董仲舒等。泥古：见［14］《廖谨》注释19。

12. 宋儒：宋代的儒家学者，一般指以程颢、程颐、朱熹为代表的宋代理学家。师心：自出心意，不拘成规。

13. 学者：求学的人。说经：讲解儒家的经书。

14. 实事而是：这里指从实际对象出发，探求经书的本质来讲解。

15. 时宪术：即时宪历，历法名。《时宪历》一书制定于明末，正式采用定气。这是中国历法史上第五次亦是最后一次大改革。明末，经过四十多年实测，引用西洋法数，编成《崇祯历书》，未及正式颁行而明已亡。清初，天主教耶稣会传教士汤若望把它加以删改并压缩，进呈清政府。清政府把它改名为《西洋历法新书》，并且根据它的数据编制历书，叫作《时宪历》。近代所用的旧历就是时宪历，通常叫作夏历或农历。食限：天文学用语，日食、月食的发生，要求太阳对于黄道面和白道之间的交点的角的距离不能超出一定的限度，此限度叫"食限"。食，通"蚀"，这里指日蚀或月蚀。

16. 《尚书》：又称《书》《书经》，是一部上古皇室档案汇编，是中国现存最早的皇室文献。

17. 郑玄：见［83］《朱次琦》注释8；传记底稿原作"郑元"，为了避康熙的讳将"玄"写成"元"，见［25］《欧大任》注释34。《乾凿度》：《易纬乾凿度》的简称，是纬书中保存完好、哲学思想较为丰富的作品。"乾"为天，"度"是路，《乾凿度》有开辟通向天上道路的意思，今本为郑玄注。

18. 刘歆（约前50—23），字子骏，楚国沛郡沛县（今江苏省徐州市沛县）人，西汉末经学家、目录学家，官至涿郡太守，著有《七略》。三统术：即三统历，由刘歆整理而成，是中国史书上第一部记载完整的历法。

19. 李锐（1769—1817），字尚之，号四香，江苏元和（今苏州）人，清代数学家、天文学家，曾对多部历法进行注释和数理上的考证，著有《日法朔余强弱考》。

20. 岁星：太阳系九大行星中的木星；中国古代称木星为岁星或太岁。人们很早就认识到木星约十二年运行一周天，把周天分为十二分，称为十二次，木星每年行经一次，就用木星所在星次来纪年，这种纪年法被称为岁星纪年法。

21. 阎百诗：即阎若璩（1636—1704），字百诗，号潜丘，祖籍山西省太原府（今山西省太原市），出生于江苏省淮安府山阳县（今江苏省淮安市淮安区），清初著名学者，清代汉学（或考据学）发轫之初最重要的代表人物之一，著有《尚书古文疏证》《孟子生卒年月考》等。《通鉴纲目》：南宋朱熹与其门人赵师渊等根据司马光《资治通鉴》《举要历》和胡安国《举要补遗》等书，简化内容，编为纲目。纲为提要，模仿《春秋》；目以叙事，模仿《左传》。用意在于用《春秋》笔法，"辨名分，正纲常"，以巩固封建统治。

22. 孟子致为臣而归：指孟子辞去齐宣王的客卿而归故乡。周赧王：即姬延（约前336—前256），东周第二十五位君主，也是东周最后一位君主，在位共五十九年。

23. 武王：这里指周武王姬发（？—前1043），西周王朝的开国君主，在位共十五年。

24. 共和：这里指西周共和时期，即周厉王逃离镐京后至周宣王登位前的一个时期（约前841—前828）。

25. 史迁：即司马迁。

26. 《史记》：西汉史学家司马迁撰写的一部纪传体史书，是中国历史上第一部纪传体通史，被列为"二十四史"之首，记载了上至上古传说中的黄帝时代，下至汉武帝元狩元年（前122）共三千多年的历史。

27. 炀公：即鲁炀公姬熙（生卒年不详），又名姬怡，是鲁国第三任君主，在位共六年。献公：即鲁献公姬具（生卒年不详），是鲁国第七任君主，在位共三十二年。

28. 郭嵩焘（1818—1891），字伯琛，号筠仙，晚号玉池老人，湖南省长沙府湘阴县（湖南省岳阳市湘阴县）人，湘军创建者之一，清道光二十七年（1847）进士，官至广东巡抚，著有《养知书屋遗集》。

29. 请置之同文馆：指清同治五年（1866），京师同文馆增设天文、算学等科，郭嵩焘力荐邹伯奇任职。同文馆：即京师同文馆，清政府官办的以教授西方语言为主的学校，于同治元年（1862）成立于北京，1900年因庚子事变被迫停办，1902年被并入京师大学堂。

30. 咨送：移文保送。

31. 曾国藩（1811—1872），字伯涵，号涤生，湖南省长沙府湘乡县荷叶塘白杨坪（今湖南省娄底市双峰县荷叶镇大坪村）人，晚清理学家、文学家，湘军的创立者和统帅，道光十八年（1838）进士，主张以理学经世，官至直隶总督、武英殿大学士，著有《治学论道之经》。两江：这里指江南省（今江苏省、安徽省和上海市）和江西省。

32. 生徒：见［2］《黄恭》注释9。

33. 属：通"嘱"，嘱咐。刘熙载（1813—1881），字伯简，号融斋，晚号寤崖子，江苏省扬州府兴化县（今江苏省泰州市兴化市）人，清代文学评论家，道光十九年（1839）进士，官至广东学政，著有《艺概》。

34. 绝学失传：指邹伯奇一生著作很多，但大多数是未完成稿。邹伯奇去世后，陈澧将其遗著的一部分整理成《邹徵君存稿》，刊行于世。绝学：造诣独到之处。

35. 士林：见［21］《伦以训》注释19。

【传主简介】

邹伯奇（1819—1869），广东省广州府南海县泌冲堡（今广东省佛山市南海区大沥镇黄岐泌冲）人，清代百科全书式的学者、教育家，近代广东第一位科学家。博通经史子集，融通中西之说，以数学为学术根基，以学海堂为中心，创立了一个专门研究现代科学的学术流派。自幼喜爱研究音韵，对考据之学有深厚兴趣，但他不走乾嘉学派训诂的老路，而是侧重考证中国古籍中的科技内容。邹伯奇所著甚多，内容颇广，后人将其著述整理为《邹徵君遗书》四卷。

[88] 梁炳南

梁炳南，字勉琴，高赞人。少贫苦，好读书，同治甲子（1864）举人。辛未（1871），考取宗室官学汉教习[1]。期满，授罗定州学正[2]，以母老不遽行[3]。朝夕侍奉，虽白发，如孺子慕[4]。幼时，母约以梳栉置筥中[5]，理发则奉筥以进，比老[6]筥弗易。母殁，见筲辄泫然[7]也。授徒四十余年，谆谆以敦品励行[8]为先，贫者不计脩脯[9]。乡频患水，倡筑永丰围，乏款，是年馆龙山东主周第元慨借万金，不取息，围成，至今蒙其利。后赴罗定任兼主罗阳书院[10]讲，捐廉俸倡置学田[11]。州人士重建菁莪书院[12]，设长生牌位祀之。子捧恩，光绪丙午（1906）岁贡[13]。弟燿南，字协琴，同治庚午（1870）优贡[14]，钦取知县，改教职，亦以亲老不赴选[15]。讲学邑城[16]，教人长善救失[17]，肫然[18]出于肺腑。居家型俗[19]，规范井然，尝与兄炳南倡筑永丰围。亲殁，出任英德训导[20]。晚归里，卒，年八十三。子载恩，光绪丁酉（1897）举人。

【传记来源】
《梁炳南传》选自民国十八年《顺德县续志》卷二十《列传五》。

【注释】
1. 官学：指中国封建朝廷直接举办和管辖，以及历代官府按照行政区划在地方所办的学校系统；清代京师国学设有八旗、宗室等官学。教习：古代学官名，明清两代训课翰林院庶吉士者称"教习"；这里作教员的旧称。

2. 罗定：古代州名，辖境相当于今广东省云浮市罗定市。学正：见[25]《欧大任》注释13。

3. 遽行：立即出发。遽：见[26]《梁有誉》注释24。

4. 孺子慕：见[30]《区大相》注释28。

5. 梳栉：这里指梳理头发的工具。筲（音shāo）：一种口大底小的竹编容器。

6. 比：等到。老：这里指梁炳南年老。

7. 泫然：流泪貌。

8. 敦品励行：砥砺品德，勉力而行。敦：厚重，引申为奋勉。

9. 脩脯：见[36]《黄士俊》注释3；传记底稿原作"修脯"，今改为"脩脯"。

10. 罗阳书院：古代书院，在今广东省云浮市罗定市境内，建于清康熙十七年（1678），原名文明书院，雍正二年（1724）重建，改名罗阳书院。

11. 廉俸：清代官吏正俸和养廉银的合称。学田：指书院和州县官办学校所用的田地，是我国封建社会学校教育的经济支柱。

12. 人士：见［86］《梁九图》注释35。菁莪书院：古代书院，位于广东省云浮市罗定市罗城镇前街，建于清光绪十二年（1886），现为广东省文物保护单位。

13. 岁贡：见［25］《欧大任》注释7。

14. 优贡：见［62］《张锦芳》注释2。

15. 亲老：见［36］《黄士俊》注释30。赴选：指前往吏部听候铨选。

16. 邑城：县城。

17. 长善救失：是《学记》中论述的六大教学原则之一，指（教师要）善于发现并纠正学子的缺点与不足。长（音 zhǎng）：发现。

18. 肫然：惇厚一致貌。肫：见［52］《邓莫右》注释15。

19. 型俗：一般人的楷模。

20. 英德：见［17］《胡澧》注释20。训导：见［14］《廖谨》注释15。

【传主简介】

梁炳南（生卒年不详，1880年前后在世），广东省广州府顺德县昌教堡高赞村（今广东省佛山市顺德区杏坛镇光华）人，清代岭南诗画家。博学多才，才调清妙，精通书、画、琴、弈。其诗歌多是意兴所至，言简而味长，意深而语显。

［89］马信道

马信道，字闲庵，顺德马村乡人也。兄弟五人，序居中。少孤，家贫，年甫七龄，育于邻乡胡氏。胡母过严，善事之，无间言。服劳奉养[1]，如事所生。胡氏丧，如考妣[2]服终。马族闻其贤，延之归宗[3]，迎养[4]生母。寻回，两兄两弟聚首一堂。其时设帐于邻村西滘乡[5]，远方来游者众，遂移塾于佛山，因税居佛山之医灵铺司马坊[6]。自幼笃学[7]，弱冠设教[8]，喜诱掖后进[9]，训迪[10]有方，严而不恶，闲谈必举嘉言善行[11]示诸生及子侄。中年不第[12]，即弃举业[13]，嗜经史[14]，虽严寒盛暑，手不释卷。家贫无书，常贷[15]书于藏书家。原书稍有残缺，必修补完固，然后珍复。藏书家不以借观为嫌。故虽贫无书，而于经传史策，藉资[16]博览，皆由珍护贷书所致。执事与人，必本忠敬，而不敢自负宏博[17]，稍涉轻率。

晚尤好道，而不失于正。服金丹，导引[18]，能却寒暑。年逾八十，时届隆冬，不衣棉裘。子虽有奉[19]，在筥[20]而已。常语人曰："金丹之道，乃心田[21]。内丹非方士所练铅汞之法[22]，惟寡欲培元，咽津运气，内注丹田，乃为得之。若误信方士邪术，妄求延年，失之远矣。"自号曰觉各阁。著有《金丹撮要》《延年要诀》。尝辑史传历代各姓图谱，列其行状，著为某姓、某姓名人传各若干卷，使各姓子孙数典[23]不至忘祖。其辑马姓名人传也，名曰《马氏绳武[24]集》，凡八卷。又辑历代忠臣、义士，别为有守、有为者[25]，各四卷，辑历代乱臣、贼子，别为乱、为盗，各二卷，共十二卷，名曰《忠逆鉴》。又著有《求福指南》《多福集》《淑女幼学编》《闺门戒、法敬戒合编》《戒溺集说》《保赤三要》《达生》《遂生》《福幼合编》《救饥举略》诸书，皆述前人成说[26]，参以赞词，使人知感[27]，非敢云作也。版藏佛山十七间光华堂、大地街连元阁、绒线街天禄阁，省城天平街五云楼，今皆闭歇[28]。书版散佚，其印刷成帙[29]者，又经乙卯（1915）水灾，半遭湮没[30]，殊为可惜。佛山当西、北两江之冲[31]，频年潦涨[32]，溺毙时闻，创造《西水桥式》，绘图派阅，使之仿造，往来称便，救溺无算[33]，至今赖焉。又与镇绅何铁桥先生倡建仓沮字祖庙于佛山莺岗之左旁[34]，延师宣讲。善书，撰《神谶[35]》四十首，集唐人截句[36]，指事类情[37]，如自己出，为骚坛[38]别派。又游艺之余，神道设教[39]之微旨也。一生善与人同[40]，至老不倦。享寿八十有九，无病而终，学者称"闲庵先生"。子德熙[41]，举人，另传。（《采访册》）

论曰：闲庵先生少小微贱，遭际与范文正[42]同。归宗后昆弟[43]五人既散复聚，生母终其天年。孝弟[44]之至，通于神明[45]，感动行路[46]矣！乡居，折节读书[47]，以身体力行[48]为主，沐其教者，皆薰德而善良。师道立而善人多，信已！所著《忠逆鉴》诸书具有史识[49]，其志在利济[50]，尤以《遂生》《达生》《福幼》及《劝戒》诸编，救饥备潦成法[51]，至为切要[52]，远近风行，保全者大。布衣行道[53]，岂必握缪符、操尺柄哉[54]？贫不能置书，且借且抄，士[55]所恒有。自荆州之喻[56]行，遂有"借书一痴，还书一痴[57]"一说。人情恶薄，至于如此。乃能补完残缺，珍重归还，即此一节，已足为斯文重，德性、问学[58]亦藉是加邃。抱禹稷饥溺之思[59]，兼黄老[60]养性之福，可不谓完人乎？《诗》曰："虽无老成人，尚有典型[61]。"吾于先生有余慕[62]焉。

【传记来源】

《马信道传》选自民国十二年《佛山忠义乡志》卷十四《人物·文苑》。

【注释】

1. 服劳：服事效劳。奉养：侍奉和赡养（父母或其他尊亲）。

2. 考妣：父母的别称。

3. 归宗：指人子出嗣异性或别支又复归本宗。

4. 迎养：见［11］《张镇孙》注释26。

5. 设帐：见［62］《张锦芳》注释27。西滘：见［6］《区册》注释1。

6. 税居：租赁房屋。司马坊：位于今广东省佛山市禅城区祖庙街道普君北路一带。

7. 笃学：见［1］《王范》注释21。

8. 弱冠：见［26］《梁有誉》注释6。设教：见［60］《劳潼》注释18。

9. 诱掖：见［74］《熊景星》注释11。后进：见［76］《曾钊》注释20。

10. 训迪：教诲启迪。

11. 嘉言善行：有教育意义的好言语和好行为。嘉：善，美。

12. 不第：见［15］《梁轸》注释6。

13. 举业：见［32］《朱完》注释28。

14. 经史：见［10］《区适子》注释2。

15. 贷：借。

16. 藉资：利用某一机会作为达到某种目的的凭借。

17. 宏博：见［14］《廖谨》注释28。

18. 导引：古代道教的呼吸运动（导）与肢体运动（引）相结合的一种养生术，也是气功中的动功之一，与现代的保健体操相类似。

19. 奉：通"俸"，薪金。

20. 在笥而已：意即只不过有一份养家糊口的工作罢了。笥（音sì）：盛饭或盛衣物的方形竹器。

21. 心田：指人的内心、用心。

22. 内丹：即内丹术，是道家重要的一种修炼方法。内丹术以"人身一小天地"的"天人合一、天人相应"思想为理论，进行修炼，以人的身体为鼎炉，修炼精、气、神等，在体内结丹，达成强身健体、提高人体的生命功能，甚至成仙的目的。方士：方术之士，古代自称能访仙炼丹以求长生不老的人。练：提炼。铅汞：在内丹书中比比皆是，铅为命，汞为性，为性命之学的根源。

23. 数典：历举典故。

24. 绳武：意思为沿袭武王之道，后称继承祖先业迹为"绳武"；语自《诗经·大雅·下武》："昭兹来许，绳其祖武。"朱熹集传："绳，继；武：迹。言武王之道，昭明如此，来世能继其迹。"

25. 有守：有节操。有为：有作为。

26. 成说：指已成定论的观点、论述。

27. 知感：知恩感德。

28. 闭歇：关店，歇业。

29. 成峡：见［51］《潘衍泗》注释25。

30. 湮没（音 yānmò）：化为乌有。

31. 西、北两江：指西江和北江。西江：珠江水系干流之一，广西壮族自治区梧州市至广东省佛山市三水区思贤滘段称为西江。北江：珠江水系干流之一，其上游浈江发源于江西省信丰县石碣大茅山，在韶关市区与武水汇合后始称北江，与西江在思贤滘汇合后进入珠江三角洲。

32. 频年：连续几年。潦：雨水过多，水淹。

33. 无算：见［51］《潘衍泗》注释20。

34. 何铁桥：即何容光，见［82］《何容光》。字祖庙：见［82］《何容光》注释55。莺岗：位于今广东省佛山市禅城区祖庙街道莺岗社区。

35. 谶：见［11］《张镇孙》注释9。

36. 截句：绝句的别称。绝句是由律诗截取一半而成的，所以称绝句为"截句"。

37. 指事类情：谓阐述事理，譬喻情状。

38. 骚坛：诗坛，引申为文坛。

39. 神道设教：指利用鬼神迷信作为教育手段。神道：本指天教，即神明之理，后指关于鬼神祸福之说。

40. 善与人同：自己有优点，愿意别人同自己一样；语自《孟子·公孙丑（上）》："善与人同，舍己从人，乐取于人以为善。"

41. 马德熙（生卒年不详），字达三，迁居广州府南海县大榄堡官窑街（今佛山市南海区狮山镇官窑街头村），晚清佛山镇绅，同治九年（1870）举人，曾任饶平县儒学，著有《〈易经〉类联》。

42. 范文正：即范仲淹，见［71］《梁霭如》注释 16。

43. 昆弟：见［66］《温汝适》注释 56。

44. 孝弟：见［12］《王佐》注释 23。

45. 神明：神灵。

46. 行路：走路，代指路人。

47. 折节读书：改变旧习，发愤读书。折节：改变过去的志趣和行为。

48. 身体力行：亲自去做，努力实行。

49. 史识：修史的见识。

50. 利济：救济，施恩泽。

51. 成法：既定之法。

52. 切要：十分必要，紧要。

53. 行道：推行自己的主张或所学。

54. "岂必"句：（一般平民百姓想要推行自己的学说），哪里需要借权力来做到呢？言外之意，像马信道这样著书立说即可做到。缪符、尺柄：比喻权柄，掌握权力。

55. 士：见［66］《温汝适》注释 20。

56. 荆州：指杜预（222—285），字元凯，京兆郡杜陵县（今陕西省西安市长安区）人，西晋时期著名的政治家、军事家和学者，因率晋军攻克东吴荆州，故称"杜荆州"，官至司隶校尉，著有《春秋左氏经传集解》《春秋释例》。据说"借书一痴，还书一痴"出自杜预之口，据李匡文《资暇集》（下）记载："借借书籍，俗曰：'借一痴，借二痴，索三痴，还四痴。'又案：王府《新书》杜元凯遗其子书曰：'书勿借人。古人云：古谚："借书一嗤．还书二嗤。"'后人更生其词，至三、四，因讹为痴。"（唐）段成式《酉阳杂俎》续集卷四："据杜荆州书告耽云：知汝颇欲念学，今因还车致副书，可案录受之。当别置一宅中，勿复以借人。古谚云：有书借人为嗤．借人书送还为嗤也。"故这里称为"荆州之喻"。

57. "借书"二句：古代谚语，原为"借书一瓻，还书一瓻"，即借书人在向藏书人借书时往往以一瓻酒相酬，还书时又以一瓻酒相谢。（宋）吴炯《五总志》："古语云：'借书与一瓻，还书与一瓻'，是以此媚藏书者，冀其乐借，而后人讹以为'痴'。"

58. 德性：道德品性，指人的自然至诚之性。问学：见［13］《孙蕡》注释 22。

59. 禹稷：指夏禹与后稷，夏禹和后稷受尧舜之命整治山川，教民耕种，称为贤臣。饥溺：比喻生活痛苦；语自《孟子·离娄（下）》："禹思天下有溺者，由己溺之也；稷思天下有饥者，由己饥之也，是以如是其急也。"

60. 黄：指黄帝，古华夏部落联盟首领，中国远古时代华夏民族的共主，五帝之首。老：指李耳（约前571—前471），字聃，陈国苦县（今河南省周口市鹿邑县），春秋战国时期伟大的哲学家和思想家，道家学派创始人，著有《道德经》。

61. "虽无"二句：虽然身边没有年高有德之人，但还有成法可以依傍；语自《诗经·大雅·荡》，郑玄笺："犹有常事故法可案用也。"老成人：年高有德的人。典刑：常刑，有法律依据的刑罚；传记底稿原作"典型"，据《诗经·大雅·荡》改为"典刑"。

62. 余慕：无限的仰慕之情。

【传主简介】
马信道（生卒年不详，1880年前后在世），广东省广州府顺德县新良堡马村乡（今广东省佛山市顺德区北滘镇马村）人，迁居广州府南海县佛山堡医灵铺司马坊（今佛山市禅城区祖庙街道普君北路），清末文词家，佛山名儒塾师。热心公益事业，并一直以清正的修身养德之道教育子女。注重养生文化，擅长金丹术。著有《忠逆鉴》。

[90] 何又雄

何又雄[1]，字淡如[2]，深村堡人。同治元年（1862）举人，大挑二等选高要教谕[3]。又雄博览能文，尤工骈俪[4]，诙谐善谑[5]，往往以文言道俗情[6]，援笔立就[7]。授徒省中[8]，从游[9]甚众。闲涉绘事[10]，自饶风致[11]。晚任教职[12]数年，寻卒。（据《采访册》）

【传记来源】
《何又雄传》选自清宣统二年《南海县志》卷十五《列传二》。

【辑注参阅】
本辑注参阅民国四年《何淡如先生妙联》。

【注释】
1. 何又雄：原名文雄，因替人代考，被考官识破，于是被开除学籍，他自嘲似地把"文"字删去头上一点，改为"又"字，故名又雄。

2. 字淡如：传记底稿原作"号淡如"，应为"字淡如"。何又雄以"淡如"之别字配之，还把自己老婆的名字改为人菊，取"人淡如菊"之意。

3. 大挑二等：见［74］《熊景星》注释2。高要：古代县名，辖境相当于今广东省肇庆市高要区。教谕：见［14］《廖谨》注释16。

4. 骈俪：指古代的骈体文，因其字句皆成对偶而得名，也指对偶藻饰之辞。

5. 善谑：善于戏言；语自《诗经·卫风·淇奥》："善戏谑兮，不为虐兮。"

6. 文言：以古代汉语为基础经过加工的书面语。俗情：见［77］《倪济远》注释11。

7. 援笔立就：拿起笔立刻写成，形容才思敏捷；语自（明）冯梦龙《警世通言》："华安不假思索，援笔立就，手捧所作呈上。"援笔：见［30］《区大相》注释2。

8. 授徒省中：指何又雄在高要县学教谕任满后，设馆龙津义学于广州龙津石桥（今广州市荔湾区龙津石桥）侧，开筵讲课授徒。

9. 从游：见［6］《区册》注释7。

10. 绘事：绘画，绘画之事。

11. 风致：见［43］《邝露》注释10。

12. 晚任教职：这里指何又雄晚年在香港以教学为生。

【传主简介】

何又雄（1820—1890），广东省广州府南海县深村堡湾头乡（今广东省佛山市禅城区石湾街道湾华村西街）人，清末广东谐趣通俗文学家。才思敏捷，品性诙谐，博览能文，诗词造诣高，以书文名于当时。以广州方言入诗词、入对联著称，方言口语运用自然成趣，不露半点斧凿痕迹，其谐诗、谐联情文俱佳，雅俗共赏，寓含警世之诣，被誉为"对联圣手"，是近百年来岭南民间楹联艺术的奇才。著有《何淡如孝廉文钞》一卷、《绿柯集》。

[91] 戴其芬

戴其芬，字徽猷，号乾生，联珠[1]子。生而岐嶷，幼读书，便通大义[2]。稍长，从岑孝廉灼文、杨太史荣绪游[3]，为古文、词，先以华丽胜，既而气象一变，以积理[4]为主。师曰："汝文大佳，恐战不利耳。"卒如其言。然终不肯稍自贬抑，以中有司尺度[5]。既屡报罢[6]，纳粟[7]为光禄寺署正。闭门奉亲[8]，挈精[9]经典，旁及天文、地舆、医药、卜筮[10]，靡不贯究。盖不求人知，而人亦无知之者。生平言行严正，见之者咸肃然。每聆其言论，皆以道德自勉而勉人。人有争执，得其劝解，莫不释然。教子义方[11]，又集亲朋子弟延师课读[12]，先与师商定教法，须讲明义理[13]为立身之本，次及文艺[14]，日有常功。以故门中同学不止拾获青紫[15]，且多端谨[16]之士。生平著述多散佚，后人辑其遗稿，刻有《紫藤书屋诗钞》，清丽冠时[17]。光绪辛巳（1881）考终[18]，年五十有七。子三人：长鸿宪[19]，举人；次鸿慈[20]，由翰林官至尚书、协办大学士，赠其芬光禄大夫；季鸿惠[21]，孙会谦，皆举人。（据宣统《县志》参修）

【传记来源】
《戴其芬传》选自民国十二年《佛山忠义乡志》卷十四《人物·文苑》。

【辑注参阅】
本辑注参阅清宣统二年《南海县志》卷二十《列传·善行·戴其芬传》。

【注释】
1. 联珠：即戴联珠（生卒年不详），字畅蕃，号达亭，光禄寺署正戴联珊的胞弟，以善行著称。
2. 岐嶷：形容幼年聪慧；语自《诗经·大雅·生民》："诞实匍匐，克岐克嶷。"朱熹集传："岐嶷，峻茂之状。"大义：见［10］《区适子》注释2。
3. 岑孝廉灼文：即岑灼文（生卒年不详），广东省广州府南海县（今广东省佛山市南海区）人，晚清岭南学者，道光二十三年（1843）举人，曾荐为孝廉，著有《迎篷书屋诗稿》。孝廉：见［2］《黄恭》注释6。杨太史荣绪：即杨荣绪（生卒年不详），字黼香，广东省广州府番禺县（今广东省广州市）人，晚清岭南学者，咸丰三年（1853）进士，官至御史，著有《杨黼香先生遗稿》。从……游：见［6］《区册》注释7。
4. 积理：精深的道理。

5. 有司：见［1］《王范》注释7。尺度：处事或看待事物的标准。

6. 报罢：科举时代考试落第。

7. 纳粟：即捐授，见［67］《吴济运》注释5。

8. 奉亲：侍奉父母或其他尊亲。

9. 揅精：精心研究。揅（音yán）：通"研"，深入地探求。

10. 地舆：地理学的旧名。卜筮：古代预测吉凶，用龟甲称"卜"，用蓍草称"筮"，合称"卜筮"。

11. 义方：指行事应遵守的规矩法度；语自《三字经》："窦燕山，有义方。"

12. 课读：进行教学活动，传授知识。

13. 义理：这里指合于一定的伦理道德的行事准则。

14. 文艺：这里指经术。

15. 以故：见［19］《李义壮》注释30。拾获青紫：以学问求富贵，获取高官显位；语自《汉书·夏侯胜传》，夏侯胜讲课时常对学生说："士病不明经术，经术苟明，其取青紫如俯拾地芥耳。"

16. 端谨：端正谨饬。

17. 冠时：盖过时人，为当时第一；语自《晋书·桓温传》："自谓英猷不世，勋绩冠时。"

18. 考终：即考终命，尽享天年，长寿而亡。其实，戴其芬并非尽享天年，而是吞金自尽，原因不详，成为历史悬案。

19. 戴鸿宪（生卒年不详），字仁黼，清光绪二年（1876）举人，推选为佛山团防保甲总局主任，官至知县，敕授文林郎加五品衔，纂修《江浦戴氏宗谱》。

20. 戴鸿慈：见［86］《梁九图》注释25。

21. 戴鸿惠（1856—1919），字嫒天，清末佛山教育家，光绪元年（1875）举人，曾被聘为南海劝学所所长、南海第一师范讲习所所长，著有《闷勿闷庐吟草》。

【传主简介】

戴其芬（1825—1881），本籍广东省广州府南海县大同堡绿涌村（今广东省佛山市南海区西樵镇大同戴家村），迁居南海县佛山堡桑园（今佛山市禅城区祖庙街道福贤路莲花广场附近），晚清佛山文苑名人、诗人。戴其芬训子甚严，教子有方。学识渊博，博通古今，精于研究文史经典，旁及天文地舆、医药卜筮。其诗文文辞华丽、文采斐然。著有《紫藤书屋诗钞》。

[92] 梁植荣

梁植荣,字用大,号爱树。官福建同知[1]。雅好[2]吟咏,公余暇与友人互相唱和[3]。著有《榕阴唱和集》二卷、《壮勉斋宦游小草》一卷。字帖有隶书《千字文》[4],藏于家。虽文采风流[5],而治家严正[6]。生平屏绝[7]嗜好,以世族骄淫[8],撰有《戒书》劝世,亦剀切[9]动人。

【传记来源】
《梁植荣传》选自民国十二年《佛山忠义乡志》卷十四《人物·文苑》。

【注释】
1. 官福建同知:指清道光二十二年(1842)梁植荣捐纳买官获得部寺司务;咸丰八年(1858),梁植荣再捐纳买官获得同知衔,任福建试用同知。
2. 雅好:平素爱好。
3. 唱和:见[56]《陈炎宗》注释35。
4. 隶书:亦称"汉隶",是汉字中常见的一种庄重的字体,书写效果略微宽扁,横画长而直竖画短,呈长方形状,讲究蚕头雁尾、一波三折。《千字文》:见[10]《区适》注释25。
5. 文采风流:横溢的才华与潇洒的风度;语自(唐)杜甫《丹青引赠曹将军霸》:"英雄割据虽已矣,文采风流今尚存。"
6. 严正:严格公正。
7. 屏绝:见[38]《李希孔》注释14。
8. 世族:古代指世代显贵的家族。骄淫:骄纵放荡。
9. 剀切:见[66]《温汝适》注释33。

【传主简介】
梁植荣(生卒不详,1880年前后在世),梁霭如长孙,清末岭南诗人,融会竹枝词歌谣的精华与佛山地方色彩创作佛山竹枝词,内容以歌咏佛山风物和男女之情为主,语言通俗自然,清新活泼,富有浓郁的佛山气息。著有《榕阴唱和集》二卷、《壮勉斋宦游小草》一卷。

[93] 梁燿枢

梁燿枢,号斗南,晚号叔简,光华人。生时空中如闻音乐,室有异香。比长,气体岸异,眉目长秀[1]。弱冠失怙恃[2],伯兄介眉为谋教育[3]。砥行[4]力学,领同治壬戌(1862)科乡荐[5]。辛未(1871),登进士第[6],殿试一甲第一名,遂魁多士[7],授修撰。国朝岭南自番禺庄有恭、高州林召棠大魁后[8],至是鼎足而三[9]。癸酉(1873),充顺天乡试同考官[10]。光绪元年乙亥(1875),充湖北正主考。丙子(1876),提督湖北学政[11]。每岁科试[12]发落,分给《四礼翼》[13]一部,谆谕诸生以立身型俗[14]。庚辰(1880)会试,派充磨勘官[15],并分教习庶吉士[16]。壬午(1882)三月,入直[17]南书房,充日讲起居注官。旋授左右中允,曝值宫廷,多所献益。前后未尝一请沐浴[18]。屡承两宫温谕慰勉[19]。癸未(1883),升翰林院侍讲。甲申(1884),转侍读左右庶子。时法越交争[20],内衅[21]中国,廷臣交章[22]陈战,略诋[23]和议。燿枢数上封章[24],悉符机要,折皆留中[25]。曾力保冯子材、方耀两军门及鲁抚张曜有将材[26],后果报谅山大捷[27],咸服其知人[28]。乙酉(1885),补翰林院侍讲学士、侍读学士。丙戌[29](1886)二月,随扈东陵[30],旋充会试同考官,提督山东学政。丁亥(1887),在任补授詹事府少詹事。戊子(1888)八月,升正詹事,谢折上,并言学政任满,乞假省墓[31],交卸学篆[32]。以积劳遘疾[33],十一月朔卒于山东行辕[34],年五十六。燿枢自入词馆[35],以文学侍从[36]备顾问,得参谟猷[37],纳谏诤[38],尝述姚刑部鼐[39]之言曰:"徒以文字居翰林者,是技而已。翰詹立班于科道上,当知近臣之义。今谓不当有谏书,知其一不知其二也[40]。"又述陆氏世仪[41]之言曰:"士子登高第[42],入翰林不数年,坐致馆阁[43],宜讲贯历朝经制务,为明体达用[44]之学。"每以此自励,兼以勉人。两任督学,洊擢卿贰[45],益矢勤慎[46]。常谓:"文衡之责为朝廷得人[47],于士习[48]文风尤加警敕。"尝奏科场滋弊,请厘正文体,申明例禁,量为变通[49]。所陈六条悉见采纳。又劾广东学政叶大焯[50]。乙酉,考归善、博罗两县文童[51]，缘闻姓舞弊[52]，弹章既出，闻者惕息[53]。南皮张之洞之督粤也，西、北江水汛滥[54]，害遍乡城。燿枢奏广东水灾甚重，恳严饬疆臣，妥筹抚恤[55]，以拯民生，中有"疆臣不言，臣诚不忍缄默"等语，恺切恳挚[56]，恻然仁者之言[57]。孝钦皇太后尝谓南书房翰林曰："梁燿枢，金玉君子也！"[58]都人士[59]群推为"梁金玉"。生平笃孝友[60]，侍亲疾，盥漱无间，秽溷躬亲[61]。事长兄介眉如父。与四兄燿藜、六弟燿宸同侍朱九江先生门下[62]，恒举其教条，崇尚名节[63]，变化气质[64]，互相砥砺[65]。燿藜，同治甲子（1864）举人；燿宸，光绪乙亥举人。子世经、世纮，皆诸生；世纶，丁酉（1897）优贡[66]。（《采访册》）

【传记来源】
《梁燿枢传》选自民国十八年《顺德县续志》卷二十《列传五》。

【辑注参阅】
本辑注参阅清同治十年《广东顺德梁燿枢谱系》。

【注释】
1. "气体"二句：指梁燿枢相貌出众，额角隆起，额圜如月，耳白于面（耳朵颜色比面色洁白）。据史书记载：宋代文学家欧阳修有此面相，两颧高下与鼻端齐，眉毛透现光彩，相术家认为这是一种贵相。岸异：独特不凡。

2. 弱冠：见［26］《梁有誉》注释6。失怙恃：见［51］《潘衍泗》注释8；这里指梁燿枢父亲梁璧光、母亲朱氏相继去世。

3. 伯兄介眉为谋教育：指经商的堂兄梁介眉全力资助梁燿枢求学。梁燿枢起初受业于顺德勒流名儒廖亮祖，随后到省城学海堂求学，后来又转到南海名儒朱次琦门下深造。伯兄：见［34］《区怀年》注释14。介眉：即梁鹤年（生卒年不详），号介眉，清末顺德乡绅，略通诗文。

4. 砥行：砥砺品行，修养道德。

5. 乡荐：见［15］《梁轸》注释5。

6. 登进士第：指同治十年（1871），梁燿枢上京参加会试，考中辛未科进士（状元）。登……第：见［62］《张锦芳》注释16。

7. 魁：见［11］《张镇孙》注释8；这里指同治十年，梁燿枢高中状元。士：见［66］《温汝适》注释20。

8. 国朝：见［21］《伦以训》注释17。庄有恭（1713—1767），字容可，号滋圃，祖籍福建省泉州府晋江县（今福建省泉州市晋江市），生于广东省广州府番禺县（今广东省广州市），清乾隆四年（1739）进士（状元），官至协办大学士。林召棠（1786—1872），字爱封，又字蓉舟，号苇南，广东省高州府吴川县吴阳乡（今广东省湛江市吴川市吴阳镇）人，晚清岭南教育家，道光三年（1823）进士（状元），曾任陕甘正主考官，以终生奉母为名告假还乡，著有《心亭亭居诗存》《心亭亭居文存》。大魁：见［11］《张镇孙》注释8。

9. 鼎足而三：比喻三方面分立相持的局面。鼎足：见［62］《张锦芳》注释10。

10. 同考官：明清乡试、会试中协同主考、总裁阅卷的官员。

11. 学政：见［35］《李孝问》注释13。

12. 科试：明清科考制度之一，每届乡试之前，由各省学政巡回所属府州举行考试。凡欲参加乡试之生员，要通过此种考试，考试合格者，方准应本省乡试。

13. 《四礼翼》：见［60］《劳潼》注释22。

14. 谆谕：谆谆告谕。诸生：见［9］《区仕衡》注释9。型俗：见［88］《梁炳南》注释19。

15. 磨勘官：古代官名，科举制度中负责复检考官所评阅考卷的官员。清制，乡试、会试在揭晓前由礼部请旨派出官员负责审核已评阅的试卷。磨勘：见［36］《黄士俊》注释43。

16. 教习：见［88］《梁炳南》注释1；这里作动词，教导的意思。

17. 入直：见［22］《何维柏》注释39。

18. 未尝一请沐浴：一直没有休息的意思；古代人们形成了三日一洗头、五日一沐浴的习惯，以至于官府每五天给的一天假，也被称为"休沐"。

19. 两宫：这里代指太后慈禧和皇帝光绪。温谕：见［66］《温汝适》注释42。慰勉：安慰勉励。

20. 交争：互相争战。

21. 奰（音 bì）：本意是怨怒，借指灾乱。

22. 交章：见［41］《陈子壮》注释27。

23. 诋：毁也，谴责。

24. 封章：机密事的奏章都用皂囊封起来呈给皇帝，故名"封章"。

25. 留中：指皇帝把臣子的奏章留在宫中，不交议，也不批答。

26. 冯子材（1818—1903），字南干，号萃亭，广东省廉州府钦州（今广西壮族自治区钦州市）人，晚清抗法名将，官至云南提督、贵州提督，著有《军牍集要》。军门：指军营外的大门；清代对提督的尊称。方耀（1834—1891），又名方辉，字照轩，广东省潮州府普宁县洪阳（今广东省揭阳市普宁市洪阳镇）人，出身行伍，以剿太平军发迹，光绪九年（1883），中法战争发生，调钦川驻防，官至广东水师提督。传记底稿原作"方曜"，据民国三十八年《潮州志》改为"方耀"。张曜（1832—1891），字朗斋，号亮臣，浙江省绍兴府上虞县（今浙江省绍兴市上虞市）人，寄籍直隶省顺天府大兴县（今北京市大兴区），晚清爱国将领，官至山东巡抚，治理黄河有功，加太子少保衔。

27. 谅山大捷：即镇南关大捷，指光绪十一年（1885），在中法战争中，清军在广西镇南关（今友谊关）大败法国侵略者取得重大胜利的著名战役。

28. 知人：见［36］《黄士俊》注释41。

29. 丙戌：指光绪十二年（1886）；传记底稿原作"丙辰"，据清同治十年《广东顺德梁耀枢谱系》改为"丙戌"。

30. 随扈：跟随皇帝出巡。东陵：位于河北省唐山市遵化市境内，于清顺治十八年（1661）年开始修建，历时二百多年，陆续建成二百多座宫殿牌楼，组成大小十五座陵园，是中国现存规模最宏大、体系最完整、布局最得体的帝王陵墓建筑群。

31. 乞假：请假。省墓：祭扫坟墓。

32. 交卸：卸去职务交付于后任。学篆：指学政官的印章，代指学政官职务。

33. 积劳：长期劳累过度。遘疾：生病。

34. 朔：见［6］《区册》注释29。行辕：旧代高级官吏的行馆。

35. 词馆：即翰林院。翰林负责修书撰史，起草诏书，为皇室成员侍读，担任科举考官等。

36. 文学侍从：即翰林待诏，专门负责起草皇帝诏书等。从某种意义而言，文学侍从就是帝王的文学秘书。

37. 谟猷：谋略。

38. 谏诤：直言规劝，使人改正过错。

39. 姚刑部鼐：即姚鼐（1731—1815），字姬传，号惜抱，安徽省安庆府桐城（今安徽省桐城市）人，清代散文家，桐城派奠基人，曾任刑部侍郎，故称"姚刑部"，著有《惜抱轩全集》《古文辞类纂》。

40. "徒以"六句：梁耀枢引姚鼐文字，表达自己主张文学侍从之臣不仅要擅长文墨，而且对于国家大事也要忠言尽谏。显然梁耀枢不甘心居于文学侍从、宫廷弄臣之列，而主张近臣应负起谏言之责。

41. 陆氏世仪：即陆世仪（1611—1672），字道威，号刚斋，晚号桴亭，南直隶苏州府太仓州（今江苏省苏州市太仓市）人，明末清初著名的理学家、文学家，被誉为江南大儒，其理学以经世为特色，明亡后隐居讲学，著有《思辨录》。

42. 士子：见［59］《胡建伟》注释20。登……第：见［62］《张锦芳》注释16。

43. 坐致：轻易获得，轻易达到。馆阁：见［30］《区大相》注释23。

44. 明体达用：见［38］《李希孔》注释2。

45. 浒擢：见［72］《梁九章》注释4。卿贰：次于卿相的朝中大官，即二品、三品的京官，特成一个阶级，称为"卿贰"。

46. 勤慎：勤勉谨慎。

47. 文衡：古代指以文章取士的标准来取舍权衡；这里指科举制度下的主考官。得人：见［36］《黄士俊》注释39。

48. 士习：见［21］《伦以训》注释11。

49. 变通：见［21］《伦以训》注释15。

50. 叶大焯（1840—1900），字迪恭，号恂予，福建省福州府闽县（今福建省福州市闽侯县）人，晚清教育家，同治七年（1868）进士，曾任广东学政，著有《补拙斋文钞》。

51. 归善：古代县名，辖境相当于今广东省惠州市惠阳区、惠城区部分地方及深圳市龙岗部分地方。博罗：古代县名，辖境相当于今广东省惠州市博罗县。文童：见［87］《邹伯奇》注释4。

52. 闱姓舞弊：指叶大焯任广东学政期间，惠州考场发生科举舞弊案，当时惠州廖、钟、王三大姓无法买到试题，而彭、田、王三小姓却买到了全套试题，于是考生怒砸府衙。

53. 弹章：见［16］《梁储》注释32。惕息：心跳气喘，形容极其恐惧。

54. 张之洞（1837—1909），字孝达，号香涛、香岩，直隶省河间府南皮县（今河北省沧州市南皮县）人，清代洋务派的主要代表人物，同治二年（1863）进士（探花），历任两广总督、湖广总督、军机大臣等职，官至体仁阁大学士，著有《张文襄公全集》。西、北江：即西、北两江，见［89］《马信道》注释31。

55. 严饬：严加整治。疆臣：负镇守一方重责的高级地方官吏。妥筹：妥善筹划。

56. 恺切：言辞诚恳真切。恳挚：非常真诚恳切；语自《明史·于慎行传》："慎行遗书，言居正母老，诸子覆巢之下，颠沛可伤，宜推明主帷盖恩，全大臣簪履之谊。词极恳挚，时论韪之。"

57. 恻然：见[22]《何维柏》注释56。仁者：有德性的人。

58. 孝钦皇太后：即慈禧（1835—1908），叶赫那拉氏，咸丰帝的妃嫔，同治帝的生母，晚清重要政治人物。金玉君子：君子持节清直，始终不变，有如金玉之刚坚；语自《宋史·傅尧俞传》："元祐四年，拜中书侍郎。六年，卒，年六十八。哲宗与太皇太后哭临之。太皇太后语辅臣曰：'傅侍郎清直一节，始终不变，金玉君子也。'"

59. 都人士：见[86]《梁九图》注释35。

60. 孝友：见[18]《伦文叙》注释18。

61. 秽溷躬亲：这里指梁耀枢亲自端屎端尿服侍病人。秽溷（音huìhùn）：茅坑，厕所。

62. "与"句：指梁耀枢父母相继过世后，在经商的堂兄梁介眉全力资助下，梁耀枢与四兄耀黎、六弟耀宸同到省城学海堂求学，后来又转到著名学者、教育家朱次琦门下深造，朱次琦还将爱女仲姬许配给梁耀宸。

63. 名节：见[83]《朱次琦》注释25。

64. 变化气质：见[83]《朱次琦》注释26。

65. 砥砺：见[19]《李义壮》注释28。

66. 优贡：见[62]《张锦芳》注释2。

【传主简介】

梁耀枢（1832—1888），广东省广州府顺德县马齐堡光华村（今广东省佛山市顺德区杏坛镇光华）人，广东最后一位状元，清末书法家。从政十七年，大多担任科举考试官员，为官清正廉明。人品学识俱优，长于为文，文章策论气势磅礴，行文流畅。善书法，能作蚊足小字；其书法古朴厚润，草书气象高古，字体端庄秀雅，笔墨酣畅森然。其《行书轴》《草书轴》《行楷书扇面》《草书扇面》等都是珍品。

[94] 李文田

李文田，字仲约[1]，广东顺德[2]人。咸丰九年（1859）一甲三名进士，授编修。入直[3]南书房，充日讲起居注官。同治五年（1866），大考[4]，晋中允。九年（1870），督江西学政[5]。累迁[6]侍读学士。秩满[7]，其母年已七十有七矣，将乞终养[8]，会闻朝廷议修园籞[9]，遂入都复命[10]。既至，谒军机大臣宝鋆[11]，告以东南事可危，李光昭[12]奸猥无行，责其不能匡救。宝鋆曰："居南斋[13]亦可言，奚必责枢府[14]？"文田曰："正为是来耳！"疏上，不报[15]。逾岁，上停止园工封事[16]，略言："巴夏礼[17]等焚毁圆明园，其人尚存。昔既焚之而不惧，安能禁其后之不复为？常人之家偶被盗劫，犹必固其门墙，慎其管钥，未闻有挥金诳富于盗前者。今彗星见[18]，天象谴告[19]，而犹忍而出此，此必内府诸臣及左右憸人导皇上以朘削穷民之举[20]。使朘削而果无他患，则唐至元、明将至今存，大清何以有天下乎[21]？皇上亦思圆明园之所以兴乎？其时高宗西北拓地数千里[22]，东西诸国詟惮天威[23]，府库[24]充盈，物力丰盛，园工取之内帑[25]而民不知，故皆乐园之成。今皆反是，圣明在上，此不待思而决者矣。"疏入，上为动容。俄乞假归。光绪八年（1882），遭母忧[26]。服竟[27]，起故官，入直如故。数迁至礼部侍郎，充经筵讲官、领阁事[28]。二十年（1894），疏请起用恭亲王奕䜣及前布政使游智开[29]，依行。明年，卒，恤如制，谥"文诚"。

文田学识渊通[30]，述作有体，尤谙究西北舆地[31]。屡典试[32]事，类能识拔绩学[33]，士皆称之[34]。

【传记来源】
《李文田传》选自《清史稿》卷四百四十一《列传二百二十八》。

【辑注参阅】
本辑注参阅民国十二年《佛山忠义乡志》卷十四《人物志·名臣·李文田传》，《清史列传》卷五十八《新办大臣传二·李文田传》，民国十八年《顺德县续志》卷十九《列传四·李文田传》，蔡冠洛：《清代七百名人传》第一编《政治·政事·李文田传》。

【注释】
1. 字仲约：传记底稿原作"字芍农"，应为"字仲约"；李文田字仲约、畲光，号芍农、若农。
2. 顺德：指李文田父亲李吉和是广东省广州府顺德县云步堡（今佛山市顺德区均安镇）人，在广州府南海县佛山堡（今佛山市禅城区祖庙街道）染布坊当财务，寓居佛山良巷，李文田出生于佛山；清咸丰二年（1852），李文田回原籍顺德县参加县试，县试第一，受到邑令郭汝诚的赏识，住进顺德县衙读书。

3. 入直：见［22］《何维柏》注释39。

4. 大考：见［65］《龙廷槐》注释17。

5. 学政：见［35］《李孝问》注释13。在江西学政任上，李文田得秦代篆书《泰山刻石》宋拓本和汉代隶书《西岳华山庙碑》宋拓本，为世罕有，故合两碑之名署其藏书楼为泰华楼。陈澧给此楼题匾，并有题记云"东泰西华，秦篆汉隶，如此至宝，是谓稀世，谁其得之，青莲学士有大笔兮，一枝与双碑分鼎峙。"

6. 累迁：多次迁升官职。

7. 秩满：官史任期届满。

8. 终养：见［66］《温汝适》注释41；这里指同治十三年（1874），李文田获准南归奉养母亲，在家乡休假十一年。李文田主管顺德惠济义仓，担任顺德凤山书院和广州应元书院主讲；还受两广总督刘坤一委托，主持修筑清远石角围水利工程，抢修三水大路堤（今大唐围）缺口；又促成修建三水莘田围，当地人民为了铭记他的功劳，将莘田围称为"莘田探花围"。

9. 修园箚：指圆明园毁于英法联军后，同治十三年，慈禧太后拟大兴土木，重修被焚毁的圆明园。当时不少官员上疏力阻，李文田诤谏最力。

10. 复命：执行命令后回报。

11. 宝鋆（1807—1891），索绰络氏，字佩蘅，满洲镶白旗人，清道光十八年（1838）进士，洋务运动时期中央的主要领导者之一，官至武英殿大学士。

12. 李光昭（生卒年不详），清末超级骗子，原为贩卖木材、茶叶的小商贩，后来买官得来一个知府衔。清同治十三年，圆明园拟开工重修，李光昭声称愿为修园捐三十万元的木材应急。他打着奉旨采办木材的旗号，擅自以"圆明园李监督代大清皇帝"的身份与外商签约，最后被问斩。

13. 南斋：见［86］《梁九图》注释24。

14. 枢府：古代以政府的中枢为枢府，是主管军政大权的中枢机关。

15. 不报：见［9］《区仕衡》注释11。

16. 封事：见［25］《欧大任》注释16。

17. 巴夏礼（1828—1885），英国外交家，主要在中国与日本工作。在第二次鸦片战争的通州谈判中，英法谈判代表巴夏礼等三十九人被清廷扣押，成为英法联军焚毁圆明园的直接导火线。

18. 彗星：是进入太阳系内亮度和形状会随日距变化而变化的绕日运动的天体，呈云雾状的独特外貌；古人将彗星又叫作扫帚星，觉得此星出现，则不祥。见：通"现"，出现。

19. 天象：古代星占家对天空发生的各种自然现象的泛称；现代通常指发生在地球大气层外的现象。谴告：谴责警告。

20. 内府：清廷内务府的简称。内务府是清廷独有的机构，职官多达三千人，其主要职能是管理皇家事务，诸如皇家日膳、服饰、库贮、礼仪、工程、农庄、畜牧、警卫扈从、山泽采捕等，还把持盐政、分收榷关、收受贡品。佥人：小人，奸佞人。佥（音 xiān）：奸邪。朘削：剥削，盘剥。朘（音 juān）：缩，减少。

21. "使朘削"三句：假如朝廷盘剥百姓而不会招致灾难的话，那么唐、宋、元、明的天下就不会灭亡而保存至今，大清又怎会拥有今天的天下呢？言外之意，盘剥百姓必致亡国。

22. 高宗：即爱新觉罗·弘历（1711—1799），清代第六位皇帝，入关之后的第四位皇帝，年号乾隆。拓地：指开辟土地，扩充疆域。

23. 詟慴：畏惧。天威：这里指清廷国威。

24. 府库：指收藏文书、财物和兵器的地方。

25. 内帑：指皇帝、皇室的私财。

26. 母忧：见[22]《何维柏》注释45；这里指清光绪八年（1882）李文田母亲病故。

27. 服竟：服除，见[24]《区益》注释21。

28. 领阁事：即文渊阁领阁事，清代官名，文渊阁长官，掌领文渊阁藏书及检校事宜。

29. 奕䜣（1833—1898），清末洋务运动主要领导者。咸丰元年（1851），咸丰帝遵道光帝遗诏，封奕䜣为恭亲王，奕䜣曾以亲王身份管理总理各国事务衙门。光绪二十年（1894），日军攻陷朝鲜，进逼辽东腹地，清军节节败退，李文田上疏指责主持国政的礼亲王世铎，吁请起用恭亲王奕䜣。游智开（1816—1899），字子岱，湖南省宝庆府新化县（今湖南省娄底市新化县）人，清咸丰元年（1851）举人，曾任广东布政使。

30. 淹通：弘广通达；深通，精通。

31. 尤谙究西北舆地：指李文田平生用心最多、用力最专的是西北史地之学，其《元秘史注》《元史地名考》《西游录注》《塞北路程考》《和林金石录》《双溪醉隐集笺》等大量著作，至今仍是研究中国边疆史地之学重要的参考典籍。

32. 典试：见[30]《区大相》注释19；这里指李文田曾任江苏、浙江、四川乡试主考。

33. 识拔绩学：识拔和推荐英才。清光绪二十一年（1895），李文田任会试副总裁，康有为中进士，梁启超则落第，李文田深感遗憾，事后找出梁启超落第之试卷，在试卷背后题上（唐）张籍名句"还君明珠双泪垂，恨不相逢未嫁时"，表示爱莫能助的惋惜之意。李文田去世时，梁启超撰写了一副挽联，其中下联为"岂为明珠垂泪，中楹为哭先生"，饱含着对李文田知遇之恩的感激。

34. 士皆称之：指李文田典试江南，得士甚众，成为当时读书人称颂的"江南名榜"。士：见[66]《温汝适》注释20。

【传主简介】

李文田（1834—1895），本籍广东省广州府顺德县云步堡上村（今广东省佛山市顺德区均安镇上村），出生在广州府南海县佛山堡良巷（今佛山市禅城区祖庙街道燎原路良巷），晚清重要文臣、著名学者、岭南书法名家。学问渊博，经史、兵法、天文、地理，无一不晓。工书善画，书法秀丽，融会诸帖各家，自成一体，北碑功力深厚。晚年对元史和西北地理有独到研究，是清代西北史地之学的主将。长于辞章，其诗文具有汉魏风骨，通晓各种文体，还能将各时代漠北山川地名连缀成诗，文才卓著。著有《宗伯诗文集》。

[95] 梁僧宝

梁僧宝，原名思问，字伯乞，麦村人，居佛镇[1]。幼龄聪敏，淹通经史[2]，能文工诗。父九图授以《易义》[3]，研究专精。咸丰戊午[4]（1858），以副贡生领顺天乡荐[5]。己未（1859），联捷[6]进士，授礼部主事，晋员外郎、掌印郎中兼军机处行走[7]。同治初元（1862），枢廷[8]事繁，军书旁午[9]，常有夜深疆臣急递之奏[10]，传宣拟谕即发，咄嗟立办，皆能称旨[11]。故两次京察[12]一等，例本外简[13]，均着内用。丁卯（1867），奉命分校顺天乡试，时称得士[14]。戊辰（1868），派会试提调官、殿试弥封官。寻纂修《学政全书》及科场条例，编辑精审[15]，见者叹服。转江南道御史，改补江西道兼署河南道事。命查京师富新仓，向有馈遗，概却不受，稽查详慎[16]，诸弊廓清[17]。恭修《文宗实录》。告成，赐筵宴、文绮[18]，旋擢鸿胪寺少卿,捻逆荡平。上念军机昕夕从公[19],著有劳绩[20],以内阁侍读学士候补,纂修《平定粤捻两匪方略》。壬申(1872),奉命襄办大婚典礼[21],礼成,独上疏,称"两宫宵旰倦勤[22],皇上春秋鼎盛[23],恳请亲裁大政,以慰臣民之望"。奉太后懿旨,着于明年正月举行。时当垂帘[24],举朝恐失后[25]欢,莫敢言此,辄谓其戆直抗陈,幸蒙俞允,实未知两宫虚怀从谏,成见毫无。癸酉(1873)正月,归政[26]后,即撤帘[27],是诚非浅识[28]者所能窥测也。上自冲龄践阼[29],历十余年,凡郊坛大典,皆命亲王恭代行礼。又疏请亲祀圜丘[30],奉谕允许,着各衙门敬谨预备。癸酉、甲戌(1874),奉命磨勘[31]乡、会试卷,士子文多疵谬[32],斥革[33]举人二名,顺天考官、大学士全庆等以此镌级[34],各省举人被斥革、罚停科[35]者,典试同考各官夺职降调者甚众[36]。群嗾御史周声澍、郭从矩交章劾之[37],或谓吹毛求疵,或谓有意挑剔,志在中伤[38],龂龂[39]弗已。上命取所勘试卷复阅,皆案磨勘定例据实签注,未尝出入,遂谕该御史所奏着无庸议[40]。是时穆宗[41]崩,未有储贰[42],太后择立德宗[43],俟生皇子以承统绪[44]。廷臣有请立铁券者,有请勒碑太庙者[45],特命王、大臣、大学士、六部、九卿[46]会议,聚讼纷纭[47],莫得要领。僧宝曰:"券与碑可移易[48],不若请旨宣示天下,他日膺[49]大宝之君,即是毅皇帝[50]之子,臣庶[51]皆知,尤为尽善。"尚书翁同龢、潘祖荫等谓所议最当[52],另折会同复奏。太后嘉纳[53]之。光绪乙亥(1875),再派磨勘试卷,凡应议者,批注详明,较前愈加缜密,虽鲁鱼亥豕[54],亦剔抉[55]靡遗,直声[56]益著。昔日毁之者,咸为咋舌,不敢复置一词焉。当台谏[57]时,每有封事[58],辄焚其草,故疏稿罕传。其明发内阁之折,如请亲政、郊天、整顿科场以及《乞休》诸疏,皆为时传诵。总其生平,廉直峻峭,正色立朝,不阿权贵,同僚咸惮其丰采。丙子(1876),因病乞休[59]。归里后杜门著作,概弗与人通刺[60]。巡抚裕宽聘掌书院,固辞。总督张之洞[61]因地方要事,令按察使阎希范来佛就商,以疾辞不纳。或问其故,则谓:"职官告病,例不见客,今吾疾未愈,恐贻识者讥[62],且不欲闻时事。"著有《古易义》《尚书泾渭录》《毛诗可歌》《三礼问对》《经籍纂诂订讹》《通鉴辑览年表》《字书三会要》《说文条系隶正》《近光录》《容

安室笔记》《馀事草》等书。已梓者有《切韵蒙求》《四声韵谱》《古术今测》《春秋日官志》等。年六十五卒于家。（《采访册》）

【传记来源】
《梁僧宝传》选自民国十八年《顺德县续志》卷十九《列传四》。

【辑注参阅】
本辑注参阅民国十二年《佛山忠义乡志》卷十四《人物·名臣·梁僧宝传》。

【注释】
1. 佛镇：这里指广东省广州府南海县佛山堡（辖境相当于今广东省佛山市禅城区祖庙街道），明清年间，佛山与湖北的汉口镇、江西的景德镇和河南的朱仙镇并称我国的"四大名镇"。这里所指的"镇"是个军事区域，与现时的行政区划单位的"镇"并不是同一个概念。民国元年（1912），佛山正式改镇建制。

2. 淹通：见［94］《李文田》注释30。经史：见［10］《区适子》注释2。

3. 九图：即梁九图，见［86］《梁九图》。《易义》：见［22］《何维柏》注释58；这里指范仲淹关于解《易》的方法和宗旨的专著。范仲淹是北宋易学义理派的开创性的重要人物，《易义》是其易学专著。

4. 戊午：指咸丰八年（1858）；传记底稿原作"戊年"，有误，应为"戊午"，据民国十二年《佛山忠义乡志》卷十四《人物·名臣》改。

5. 副贡生：见［69］《谢兰生》注释1；传记底稿原作"附贡生"，有误，应为"副贡生"，据（清）梁章钜《称谓录·副榜》："会典乡试中式举人，副于正榜曰副贡生。"乡荐：见［15］《梁轸》注释5。

6. 联捷：见［59］《胡建伟》注释4；这里指清咸丰八年，梁僧宝中举人，次年再中进士。

7. 行走：入值办事之意。清廷制度，临时调充某项职务而尚未给予正式官衔者，称为"行走"。

8. 枢廷：见［73］《吴弥光》注释7。

9. 旁午：交错，纷繁。

10. 疆臣：见［93］《梁燿枢》注释55。

11. 称旨：见［36］《黄士俊》注释33。

12. 京察：明清定期考核京官的制度。明代吏部定期考核京官，规定六年举行一次,清代改为三年考核一次,以"四格"(守、政、才、年)、"八法"(贪、酷、无为、不谨、年老、有疾、浮躁、才弱)为升降标准。

13. 外简:指到京城外担任道府以上的职位。

14. 得士:见[12]《王佐》注释13。

15. 精审:精密确实。

16. "命查"四句:指梁僧宝奉旨查察京城富新仓,拒绝一切馈赠,认真进行稽查,发现问题则毫不留情地落案上报。富新仓:清代皇家粮仓,京师十三仓之一,担负着京师储粮的重任,在南粮北运的过程中起着重要的作用。馈遗:见[38]《李希孔》注释14。详慎:周详审慎。

17. 廓清:肃清,清除。

18. 筵宴:宴会,酒席。文绮:见[19]《李义壮》注释17。

19. 昕夕:朝暮,也就是终日。从公:办理公务,参与公事;语自(唐)马戴《冬日寄洛上杨少尹》:"年长从公懒,天寒入府迟。"

20. 劳绩:功劳和成绩。

21. 襄办:见[79]《梁廷枏》注释3。大婚典礼:指清同治十一年(1872),十七岁的同治帝爱新觉罗·载淳举行大婚庆典。

22. 两宫:见[93]《梁燿枢》注释19。宵旰:即宵衣旰食,天不亮就穿衣起床,天晚了才吃饭歇息。旰(音 gàn):日暮。倦勤:帝王厌倦于政事的辛劳。

23. 春秋鼎盛:比喻正当壮年。春秋:指年龄。鼎盛:正当旺盛之时。

24. 垂帘:封建时代,由太后或皇后临朝听政,殿上用帘子遮隔,谓之"垂帘"。

25. 后:这里指清末慈安太后、慈禧太后。

26. 归政:交还政权;这里指清同治十二年(1873)正月,慈禧太后撤帘,归政于皇上。

27. 撤帘:封建时代,太后或皇后不再垂帘听政,归政给皇帝谓之"撤帘"。

28. 浅识:识见肤浅。

29. 冲龄践祚:年纪幼小就继承国祚,即位为帝。

30. 圜丘:在天坛南半部,始建于明嘉靖九年(1530),坐北朝南,四周绕以红色宫墙,上饰绿色琉璃瓦。圜丘是皇帝举行冬至祭天大典的场所,又称"祭天坛"。

31. 磨勘:见[36]《黄士俊》注释43。

32. 士子:见[59]《胡建伟》注释20。疵谬:差错,谬误。

33. 斥革:开除,革除。

34. 全庆（？—1882），字小汀，直隶省顺天府（今北京市）人，清道光九年（1829）进士，官至体仁阁大学士。镌级：降低官阶，降职；这里指同治十二年，全庆任顺天乡试主考，因中式举人徐景春试卷疵谬，被降二级。

35. 罚停科：罚停会试。

36. 典试：见［30］《区大相》注释 19。同考各官：即同考官，见［93］《梁燿枢》注释 10。降调者众：这里指胡家玉、童华、潘祖荫等同考官被降级调用。

37. 嗾（音 sǒu）：教唆、指使别人做坏事。周声澍（生卒年不详），湖南省长沙府善化县（今湖南省长沙市芙蓉区）人，清同治二年（1863）进士，官至监察御史。郭从矩（1835—1885），字戒逾，号心吾，山西省潞安府长治县（今山西省长治市长治县）人，清代书画名家，咸丰十年（1860）进士，官至监察御史。交章：见［41］《陈子壮》注释 27。

38. 中伤：诬蔑别人使受损害。

39. 訚（音 yín）訚：争辩的样子。

40. 着无庸议：无须争议。

41. 穆宗：指爱新觉罗·载淳（1856—1875），清代第十位皇帝，年号同治（1862—1874）。

42. 储贰：见［16］《梁储》注释 12。

43. 德宗：指爱新觉罗·载湉（1871—1908），清代第十一位皇帝，年号光绪（1875—1908）。

44. 统绪：指皇室世系。

45. "廷臣"二句：朝臣担心皇族日后为此发生争端，纷纷出谋献策，有请立丹书铁券的，有请镌碑于太庙的，众议纷纭，莫衷一是。

46. 六部、九卿：古代中央的行政机构，负责协助皇帝处理国家政务。六部：见［40］《梁元柱》注释 22。九卿：见［22］《何维柏》注释 51。

47. 聚讼纷纭：指许多人在一起对某一问题议论纷纷，不能决定哪种意见是正确的。

48. 券与碑可移易：铁券、石碑都可以伪造毁损。

49. 膺：见［63］《黎简》注释 7。

50. 毅皇帝：指清同治皇帝爱新觉罗·载淳，谥号"毅皇帝"。

51. 臣庶：臣民。

52. 翁同龢（1830—1904），字叔平，号松禅，别号天放闲人，晚号瓶庵居士，江苏省苏州府常熟县（今江苏省苏州市常熟市）人，晚清政坛的重要人物，咸丰六年（1856）状元，先后担任同治、光绪两代帝师，官至户部、工部尚书,军机大臣兼总理各国事务衙门大臣,著有《瓶庐诗文稿》。潘祖荫(1830—1890),字在钟,号伯寅,江苏省苏州府吴县(今江苏省苏州市)人,晚清学者、收藏家,咸丰二年(1852)进士(探花),官至兵部尚书、江西学政,著有《滂喜斋藏书记》《功顺堂丛书》。

53. 嘉纳:见[22]《何维柏》注释14。

54. 鲁鱼亥豕:把"鲁"字错成"鱼"字,把"亥"字错成"豕"字,这里指考生试卷中的文字错误。

55. 剔抉:剔剜,抉择。

56. 直声:见[31]《区大伦》注释5。

57. 台谏:清代都察院监督官吏的官员,主要职责是纠弹官邪。

58. 封事:见[25]《欧大任》注释16。

59. 乞休:见[19]《李义壮》注释21。

60. 通刺:出示名片以求延见。

61. 张之洞:见[93]《梁燿枢》注释54。

62. 贻:遗留。

【传主简介】

梁僧宝(1836—1899),梁九图长子,清末经学家。梁僧宝秉性耿直,厌恶阿谀奉迎,居官以忠直敢言著称。其文笔敏捷、流畅,平生好训诂之学。著有《经籍纂诂订讹》等。

[96] 潘衍鋆

潘衍鋆,原名汝楠,号达任[1],邑属鳌头堡人。曾祖松芳始迁佛山。祖光岳[2],嘉庆丁丑(1817)翰林,有传。父泗澜,子二,衍鋆居长,与弟衍桐[3],皆禀夙慧[4],兼承家学[5],一时有双丁、二陆之目[6]。弱冠以县案第一人进邑庠[7]。咸丰辛酉(1861),与弟衍桐同举于乡,闱墨传诵一时[8]。乙丑(1865),成进士。戊辰(1868),散馆[9],授编修。是年,衍桐亦登进士,入馆选[10]。寻丁外艰[11]。服阕[12],回京供职。乙亥(1875),充顺天乡试同考官[13]。丙子(1876),简放[14]湖南正考官,所拔多知名士,时号得人[15]。己卯(1879),京察[16]一等,记名以道府用[17],纂修《穆宗[18]本纪》。告成,特旨专以道员用[19],晋二品顶戴,赏一品封典[20],皆异数也。壬午（1882），京察，记名如前，寻简放陕西潼商道。引见[21]之日，垂询备至，衍鋆奏对称旨[22]。道治潼关扼三省之冲，为西安门户，诘奸[23]防暴，均关紧要。陕抚冯誉骥[24]与之有旧，邮书敦促。衍鋆既承恩眷，又以抚军倚畀之重[25]，即日戒途[26]。诸子以其久病新瘥[27]，宜稍事休养。又衍桐学士方典试[28]黔中，撤棘[29]后兼程北上，会晤不远，乘间进言，冀缓其行。衍鋆以王事为重，不欲逗留，遂冒雪长征。沿途感冒风寒，旧疾复发，比接篆匄当甫毕[30]，而病已不支矣。以是年十二月十九卒于官，距到任仅十七日，年四十有五。报闻京，朝官同深悼叹。平日于书无所不读，少时长于词章[31]，及供京职，益留心掌故[32]，编纂《实录》诸书，尤为精核[33]，故奖叙[34]较诸臣为独优。咸同[35]以来，夷务[36]日棘，衍鋆方在词林[37]，即留心经世[38]，谓宜开设蔀学特科。及衍桐官司业[39]，即用其说，具折[40]陈请，得旨允行。其他著论亦以救时[41]为主，及得所藉手[42]，竟弗克展厥用[43]，天乎！在籍时主讲韩山书院[44]，出其家训以示诸生[45]，曰："用功有一定课程，每日要有片时习静，澄思[46]定虑，使此心无牵罣[47]，涵育[48]既久，神知大开，百病都却。"又言："精神之用，勿太过；心思之用，勿太工。范身处世，于'礼'字、'恕'字吃紧，斯可矣。"又言："修德为善，是积福；养身惜神，是葆福。拓其胸襟，龢其天倪[49]，是所以扩福之境，邕[50]福之基也。汝曹[51]其勉之！"所言皆儒先[52]名理，近人惟曾文正[53]能行之。虽著述无多，得此格言，亦足不朽矣。子元杰[54]，邑廪生[55]，中书科中书[56]；次元燿，郡廪生。弟衍桐，另传。

【传记来源】
《潘衍鋆传》选自民国十二年《佛山忠义乡志》卷十四《人物·文苑》。

【辑注参阅】
本辑注参阅清宣统二年《南海县志》卷十四《列传一·潘衍鋆传》。

【注释】
1. 字达任：传记底稿原作"字任卿"，应为"字达任"；潘衍鋆字达任，号任卿，又号霖盦。

2. 光岳：即潘光岳（生卒年不详），字仲瑛，号石间，清嘉庆二十二年（1817）进士，官至刑部山西司主事，曾捐建北京南海会馆，著有《揭云斋诗文集》。

3. 衍桐：即潘衍桐，见［97］《潘衍桐》。

4. 禀凤慧：见［82］《何容光》注释13。

5. 家学：见［61］《胡亦常》注释9。

6. 双丁：指丁仪、丁廙兄弟两人，都是三国时期魏国著名文学家，与曹植亲近。二陆：指陆机和陆云兄弟两人，都是西晋时期著名文学家。

7. 弱冠：见［26］《梁有誉》注释6。邑庠：见［47］《何绛》注释16。

8. 闱墨：明清将乡试、会试中式文章选刻成书，明代称"小录"，清代称"闱墨"。传诵：见［77］《倪济远》注释8。

9. 散馆：见［48］《梁佩兰》注释7。

10. 馆选：见［56］《陈炎宗》注释4；这里指同治七年（1868），潘衍桐中进士，选翰林院庶吉士，散馆后授翰林院编修。

11. 丁外艰：见［15］《梁梾》注释8；传记底稿原作"丁内艰"，有误，清同治七年（1868），潘泗澜去世，潘衍鋆应是丁父忧。

12. 服阕：见［2］《黄恭》注释8。

13. 同考官：见［93］《梁耀枢》注释10。

14. 简放：清廷经选择把官员放出京城当地方官。

15. 得人：见［36］《黄士俊》注释39。

16. 京察：见［95］《梁僧宝》注释12。

17. 记名：见［61］《胡亦常》注释3。道府：清代道一级地方政府，或该级政府的行政长官。

18. 穆宗：见［95］《梁僧宝》注释41。

19. 特旨：帝王的特别诏令。道员：即道台，古代官名，是省（巡抚、总督）与府（知府）之间的地方长官。

20. 封典：封建帝王以爵位名号赐予臣下及其家属的荣典。

21. 引见：见［77］《倪济远》注释34。

22. 奏对：见［13］《孙蕡》注释14。称旨：见［36］《黄士俊》注释33。

23. 诘奸：究办奸盗。

24. 冯誉骥（1822—1883），字仲良，号展云、崧湖，晚年号卓如、钝叟，广东省肇庆府高要县（今广东省肇庆市高要区）人，晚清书画家，道光二十四年（1844）进士，官至陕西巡抚，著有《绿伽楠馆诗存》《崧湖时文》。

25. 抚军：明清时巡抚的别称。倚畀：倚靠信任。

26. 戒途：指出发，准备上路。

27. 瘗：见［47］《何绛》注释14。

28. 典试：见［30］《区大相》注释19。

29. 撤棘：科举时代考试工作结束，因发榜日关闭贡院，并于门口设置荆棘，以防落第者闯入喧闹，发榜后始撤去，称"撤棘"。

30. 接篆：古代官员交接仪式。句（音gòu）当：办理。甫毕：刚完成，刚结束。

31. 词章：见［6］《区册》注释11。

32. 掌故：见［25］《欧大任》注释19。

33. 精核：见［33］《区怀瑞》注释9。

34. 奖叙：奖励。

35. 咸同：清代咸丰与同治的并称。咸丰：清文宗爱新觉罗·奕詝的年号，清代使用这个年号共十一年。同治：见［95］《梁僧宝》注释41。

36. 夷务：见［79］《梁廷枏》注释3。

37. 词林：翰林院的别称。明洪武元年（1368）建翰林院于皇城内，门额为"词林"，遂有此称。

38. 经世：见［9］《区仕衡》注释3。

39. 司业：古代学官名，国子监设置司业，为监内的副长官，协助祭酒主管监务。

40. 具折：见［66］《温汝适》注释73。

41. 救时：匡救时弊。

42. 及得所藉手：等到（梁僧宝）得以借人之手以为己助。藉手：借助，借人之手以为己助。

43. 竟弗克展厥用：最终不能施展他的才智，有未尽其才、未尽其用之意。克：能。厥：见［21］《伦以训》注释18。

44. 在籍：在官籍上注名或居于本籍。韩山书院：古代书院，始建于宋元祐五年（1090），潮州知州王涤在城南建昌黎伯庙，置赡田，养庶士，祠祀韩愈。

45. 家训：指家族或家庭对子孙立身处世、持家治业的行为规范。诸生：见［9］《区仕衡》注释9。

46. 澄思：静思。

47. 罣（音guà）：通"挂"，牵挂。

48. 涵育：涵养化育，修养。

49. 天倪：自然的分际；语自《庄子·齐物论》："何谓和之以天倪？"郭象注："天倪者，自然之分也。"

50. 鬯（音 chàng）：通"畅"，没有障碍。

51. 汝曹：你们；语自《后汉书·马援传》："汝曹知吾恶之甚矣，所以复言者，施衿结褵，申父母之戒，欲使汝曹不忘之耳。"

52. 儒先：即先儒，已去世的儒者。

53. 曾文正：即曾国藩，见［87］《邹伯奇》注释35。

54. 元杰：即潘元杰（生卒年不详），潘衍鋆长子，晚清佛山文人，曾候选训导，官至安庐滁和道员。

55. 廪生：见［32］《朱完》注释1。

56. 中书科中书：见［36］《黄士俊》注释67。

57. 元燿：传记底稿原作"元燿"，"燿"是耀的异体字，古代人名仍沿用异体字。

【传主简介】

潘衍鋆（1837—1882），祖籍广东省广州府南海县鳌头堡荷澍乡（今广东省佛山市禅城区南庄镇河滘），世居南海县佛山堡祖庙铺登云里（今佛山市禅城区祖庙街道公正路一带），晚清著名诗人。潘氏家族科举成绩显赫，"祖孙三翰林"成为佳话。潘衍鋆幼承家学，天资聪慧，博览群书，既擅长书法，又擅长词章，留心掌故，注重经世之学，其著述以匡救时弊为主。曾参加纂修《穆宗本纪》。

［97］潘衍桐

潘衍桐，字荣廷，号峄琴。年十三应童子试[1]，补佾生[2]。逾年，补博士弟子员[3]，食廪饩以[4]。辛酉（1861），拔贡[5]，旋领乡荐[6]。同治七年戊辰（1868），成进士，入翰林，旋丁本生父忧[7]。辛未（1871），散馆[8]，授编修。癸酉（1873），简放[9]陕西副考官。光绪元年乙亥（1875），大考翰詹[10]，赐文绮，记名遇缺题奏[11]。是年，典试江右[12]，事竣，充国史馆纂修。四年（1878），丁母忧[13]，回籍，粤督刘坤一[14]延主讲越华书院。七年（1881），服阕，入都恭修《穆宗毅皇帝本纪》。告成，奉上谕，遇有应升之缺，尽先升用，并加五品衔。八年壬午（1882），典试黔中，旋充本衙门撰文。十年（1884），补国子监司业[15]。值法人构衅，衍桐感伤时事，疏陈大计，请开艺学、宏登进、严门禁、练士兵，诸奏皆中时病。开艺学一疏，尤具先识，格于部议，不果行[16]。十一年乙酉（1885），典浙江试差[17]，旋由中允升太子洗马，充日讲起居注官、文渊馆校理。十四年戊子（1888），以庶子拜浙江督学之命，补翰林院侍讲学士，转侍读学士。衍桐以浙江为文人渊薮[18]，留心实学[19]。其有覃精[20]著述，奖借[21]之，尤以表章文献为己任[22]。如修方正学、全谢山祠宇[23]，抄天一阁、文渊阁遗书[24]，皆次第[25]举行。两浙自兵燹后[26]诗人多湮没[27]。衍桐于使院西园构缉雅堂。时德清俞樾致仕在籍[28]，番禺梁鼎芬流寓焦山[29]，衍桐延致廨斋[30]，相与商榷。召集门弟子数十人，搜扬潜佚，辑《两浙輶轩续录》[31]五百卷。又拟采两浙金石、文字，粗具厓略[32]，会差竣，未成。十五年（1889），以恭办大婚典礼[33]赏加四品衔，以捐廉助赈赏戴花翎[34]。辛卯（1891）冬，任满，蒙恩赏假两月省墓[35]。逾年，目疾陡发，遂奏请开缺[36]，杜门养疴[37]。衍桐笃念同气[38]，廉俸[39]所入，与伯兄[40]共之。衍鎏终潼商行馆时，犹子[41]元燿尚在怀抱。衍桐茹痛[42]，乞假扶柩南归[43]。自伤茕独[44]，号曰踽盦。衍桐迭掌文衡[45]，提倡风雅[46]，在浙尤勤，浙人祀之西湖朱子祠。所著各书刊布[47]浙江书局，盖志遗爱[48]也。著有《朱子论语集注训诂考》三卷、《尔雅正郭》二卷、《缉雅堂诗话》三卷、《拙余堂诗文集》四卷。光绪二十五年（1899）卒于家，年五十有九。子六人：元萃，附生[49]，割股疗母，先卒；元枨[50]，廪贡[51]，法部参事；元长，安徽知县；元谅[52]，通判。（据宣统邑《志》修）

【传记来源】
《潘衍桐传》选自民国十二年《佛山忠义乡志》卷十四《人物·文苑》。

【辑注参阅】
本辑注参阅清宣统二年《南海县志》卷十四《列传一·潘衍桐传》。

【注释】
1. 童子试：见［45］《陈子升》注释2。

2. 补：见［2］《黄恭》注释12。佾生：即佾舞生，清代朝廷及文庙举行庆祀活动时充任乐舞的童生，文的执羽箭，武的执干戚，合乐作舞，又叫"乐舞生"，简称"佾生"。佾（音 yì）：古代乐舞的行列。

3. 博士弟子员：汉代太学中博士所教授的学生，明清用作生员的别称。

4. 食廪饩：见［35］《李孝问》注释5。以：衍文。

5. 拔贡：见［55］《劳孝舆》注释1。

6. 乡荐：见［15］《梁轸》注释5。

7. 丁父忧：见［21］《伦以训》注释3。本生：见［78］《任元梓》注释1。

8. 散馆：见［48］《梁佩兰》注释7。

9. 简放：见［96］《潘衍鋆》注释14。

10. 大考：见［65］《龙廷槐》注释17。翰詹：清代对翰林和詹事的合称。

11. 记名：见［61］《胡亦常》注释3。题奏：大臣上给皇帝的题本和奏折，题本一般用于日常公务，奏折一般用于较机密事务。

12. 典试：见［30］《区大相》注释19。江右：见［12］《王佐》注释11。

13. 丁母忧：见［36］《黄士俊》注释13。

14. 刘坤一（1830—1902），字岘庄，湖南省宝庆府新宁县（今湖南省邵阳市新宁县）人，清末湘军宿将，后期洋务运动的主导者，廪生出身，官至两广总督兼南洋通商大臣、两江总督，著有《刘坤一遗集》。

15. 国子监：见［15］《梁轸》注释10。司业：见［96］《潘衍鋆》注释39。

16. "格于"二句：指为部议所限制，不能贯彻实行。部议：旧时指中央各部内的决定。果行：果断的行动，贯彻实行。

17. 试差：古代朝廷特派的乡试试官。

18. 渊薮：比喻人或事物集中的地方。渊：深水，鱼住的地方。薮：水边的草地，兽住的地方。

19. 实学：见［25］《欧大任》注释17。

20. 覃精：潜心，深入钻研；语自《明史·顾宪成传》："宪成姿性绝人，幼即有志圣学。暨削籍里居，益覃精研究。"覃：见［87］《邹伯奇》注释8。

21. 奖借：称赞推重。

22. 表章：表彰。章：通"彰"，表明，显扬。文献：见［1］《王范》

注释23。

23. 方正学：即方孝孺（1357—1402），字希直，一字希古，号逊志，江浙行省台州路宁海县（今浙江省宁波市宁海县）人，明代著名学者、文学家，世称"正学先生"，官至文学博士，著有《逊志斋集》《方正学先生集》。明建文帝即位后召方孝孺进京，君臣二人在治国理政方面观点非常一致，推行"建文新政"。燕王朱棣发动叛乱，经"靖难之役"后，正式称帝，是为明成祖，改年号为永乐。明成祖即位后，曾四次派人召方孝孺，方孝孺坚决不从，后被逼去见皇帝，他则穿着孝服去见，并一直号哭。明成祖让方孝孺起草登基即位的诏书。方孝孺接过毛笔，大书"燕贼篡位"，掷笔于地，边哭边骂道："死即死耳，诏不可草。"明成祖大怒，下决心要诛方氏九族，并把方孝孺的门人弟子也列为一族，合计十族共847人（一说873人）统统杀掉。全谢山：即全祖望（1705—1755），字绍衣，号谢山，浙江省宁波府鄞县（今浙江省宁波市鄞州区）人，清代学者、文学家，乾隆元年（1736）进士，官至知县，曾主讲广东端溪书院，对南粤学风影响很大，著有《鲒埼亭集》。

24. 天一阁：中国现存最早的私家藏书楼，也是亚洲现有最古老的图书馆和世界最早的三大家族图书馆之一，建于明嘉靖四十年（1561）至四十五年（1566），是当时兵部右侍郎范钦所建的私家藏书楼，在今浙江省宁波市区境内，全祖望曾作《天一阁藏书记》；传记底稿原作"天乙阁"，有误，应为"天一阁"，据范懋柱辑《天一阁藏书总目》改。文渊阁：中国紫禁城中最大的一座皇家藏书楼，建于清乾隆三十九年（1774）至乾隆四十一年（1776），位于北京故宫博物院东华门内文华殿后，阁制仿自天一阁。遗书：见［65］《龙廷槐》注释53；这里指天一阁、文渊阁散佚的书。

25. 次第：指依次，按照顺序或依一定顺序，一个接一个地。

26. 两浙：见［28］《梁鹤鸣》注释5。燹：见［13］《孙贲》注释9。

27. 湮没：见［89］《马信道》注释30。

28. 俞樾（1821—1907），字荫甫，自号曲园居士，浙江省湖州府德清县（今浙江省湖州市德清县）人，清末朴学大师，道光三十年（1850）进士，官至河南学政，著有《春在堂全书》。致仕：见［14］《廖谨》注释21。在籍：见［96］《潘衍鋆》注释44；这里指俞樾居于老家。

29. 梁鼎芬（1859—1919），字星海，一字心海，又字伯烈，号节庵，广东省广州府番禺县（今广东省广州市番禺区）人，晚清学者、藏书家，光绪六年（1880）进士，喜读书，性嗜酒，擅长书法诗文，官至湖北按察使，著有《节庵先生遗稿》。流寓：流落他乡居住；这里指光绪十五年

（1889），梁鼎芬为躲避李鸿章哥哥李瀚章的打击而到江苏镇江焦山海西庵读书，并担任南京钟山书院院长。

30. 延致：见［58］《李殿苞》注释9。衙斋：衙门里供职官闲居之处。

31.《两浙𫐉轩续录》：潘衍桐辑，为续录、补遗《两浙𫐉轩》而作，共五十四卷，附补遗六卷。

32. 厓略：梗概，大略。

33. 大婚典礼：指清光绪十五年（1889）二月二十六日，十八岁的光绪皇帝举行结婚庆典。

34. 花翎：清代官员、贵族冠饰。清制，武职五品以上，文职巡抚兼提督衔及派往西北两路大臣，以孔雀翎为冠饰，缀于冠后，称"花翎"。除因军功赏戴者外，离职即摘除。

35. 省墓：见［93］《梁耀枢》注释31。

36. 开缺：古代官吏因故不能留任，免除其职务，准备另外选人充任。

37. 疴：见［53］《罗天尺》注释14。

38. 同气：指兄弟关系。

39. 廉俸：见［88］《梁炳南》注释11。

40. 伯兄：见［34］《区怀年》注释14；这里指潘衍鋆。

41. 犹子：见［24］《区益》注释27。

42. 茹痛：忍受痛苦。

43. 乞假：见［93］《梁耀枢》注释31。扶柩：见［36］《黄士俊》注释10；这里指潘衍桐护送潘衍鋆的灵柩。

44. 茕独：见［19］《李义壮》注释2。

45. 迭：见［36］《黄士俊》注释35。文衡：见［93］《梁耀枢》注释47。

46. 风雅：见［30］《区大相》注释25。

47. 刊布：见［15］《梁𫐉》注释26。

48. 遗爱：留仁爱于后世。

49. 附生：见［71］《梁霭如》注释2。

50. 元粼：即潘元粼（1876—?），字安素，潘衍桐之子，清末廪贡生，毕业于日本法政速成学堂，民国后曾任司法部刑事司司长、北京法政大学教务长等职。

51. 廪贡：见［65］《龙廷槐》注释45。

52. 元谅：即潘元谅（生卒年不详），潘衍桐之子，清末监生，曾任京师地方检察厅检察官、民国司法部监狱司主事。

【传主简介】

潘衍桐（1841—1899），潘衍鋆之弟，清末诗人、经学家、教育家。学识渊博，书法笔意浑厚遒劲，大气磅礴。以振兴文教为己任，喜欢结交读书人，曾在广州创办《岭学报》，并任主编。著有《拙余堂诗文集》四卷。

[98] 梁宏谏

梁宏谏，字叔度，本籍顺德，比部九图[1]之子。同治初，以主事签分兵部武选司行走[2]。少承家学[3]，素工法书[4]，喜仿东坡[5]，得其神韵。需次京邸[6]，与鲁琪光[7]太史齐名。宦情[8]极淡，自题楹柱云："羲之俗书趁姿媚，陶君宦兴本萧疏[9]。"其落落襟怀，可以想见。光绪中，乞假[10]归里，只事挥毫，虽暑雨祁寒[11]弗辍也。值中法衅起，彭大司马玉麟[12]奉命督办防务。因具疏，谓："近年中外偶然龃龉[13]动启兵端，我华洋面寥阔[14]，亟应严密设防，庶几[15]或可言战。今北洋[16]兵舰无多，南洋[17]尤为稀少。一旦有事，分布不敷[18]。若非从速多备铁甲战船，恐未能抵御强敌。拟请旨饬令[19]各省筹款，每购一艘，以资防守。"彭深韪[20]之，持以入告[21]，奉谕着各省督抚妥筹[22]办理。奈皆畏葸苟安[23]，竟以艰于筹款为词，请从缓办，事遂中止。向使[24]略识外情，稍知远虑，通力合作，办成多数舰队[25]，则甲午中日之役何至挫衄[26]如是哉？此诚可为太息[27]者矣！自此一奏，知各疆吏因循泄沓[28]，未足与言。顾念大局，虽抱隐忧，然亦不复谈及时事，惟在园中艺兰种竹，临池涤砚[29]而已。其所作书以栅下《天后庙[30]碑》为最，文字古茂[31]，人多摹搨[32]，盛行于时焉。

【传记来源】

《梁宏谏传》选自民国十二年《佛山忠义乡志》卷十四《人物·文苑》。

【注释】

1. 比部：见［84］《梁九昌》注释22。九图：即梁九图，见［86］

《梁九图》。

2. 行走：见［95］《梁僧宝》注释7。

3. 家学：见［61］《胡亦常》注释9。

4. 法书：见［72］《梁九章》注释11。

5. 东坡：即苏轼，见［32］《朱完》注释21。

6. 需次：古代官吏授职后，按照资历依次补缺。京邸：见［66］《温汝适》注释65。

7. 鲁琪光（约1828—1898），字芝友，号黻珊，江西省建昌府南丰县（今江西省抚州市南丰县）人，清代著名书法家，同治七年（1868）进士，官至济南知府，著有《南丰风俗物产志》。

8. 宦情：做官的志趣、意愿。

9. "羲之"二句：这是集句联，上联出自韩愈《石鼓歌》："羲之俗书趁姿媚，数纸尚可博白鹅。"下联出自李群玉《送陶少府赴选》："陶君宦兴本萧疏，长傍青山碧水居。"宦：通"官"，当官，《全唐诗》"宦"作"官"。

10. 乞假：见［93］《梁耀枢》注释31。

11. 暑雨祁寒：夏大雨，冬大寒，比喻生计艰难。

12. 彭大司马玉麟：即彭玉麟（1817—1890），字雪琴，号退省庵主人、吟香外史，本籍湖南省衡州府衡阳县（今湖南省衡阳市衡阳县）人，生于安徽省安庆府（今安徽省安庆市），清末著名政治家、军事家、书画家，湘军水师创建者，官至两江总督兼南洋通商大臣、兵部尚书，著有《彭刚直诗集》。

13. 龃龉（音jǔyǔ）：意见不合，互相抵触。

14. 洋面：指海洋面积。寥阔：空旷。

15. 庶几：希望，也许。

16. 北洋：清末把江苏以北沿海地区称为北洋，包括今辽宁省、河北省、山东省等沿海地区。

17. 南洋：清末把江苏以南沿海地区称为南洋，包括今江苏省、浙江省、福建省及广东省等沿海地区。

18. 不敷：不够、不能满足。

19. 饬令：上级命令下级，多用于古代公文。

20. 甝：见［76］《曾钊》注释34。

21. 入告：向皇帝报告事情。

22. 妥筹：见［93］《梁耀枢》注释55。

23. 畏葸：见［66］《温汝适》注释37。苟安：只顾眼前，暂且偷安。

24. 向使：假使，假如。

25. 多数：这里指数量较大。

26. 甲午中日之役：指日本侵略中国和朝鲜的战争，因发生在清光绪二十年（1894），干支为甲午，史称甲午战争。这场战争以中国失败、被迫签订《马关条约》告终。挫衄（音 nù）：挫折，挫伤，失败。

27. 太息：叹息。太：通"叹"，因忧闷悲痛而呼出长气。

28. 疆吏：见［57］《苏珥》注释17。因循泄沓：遵循旧习，苟且为之。

29. 涤砚：古代文人用毛笔写完字后要洗涤砚台；这里指梁宏谏练习书法。

30. 天后庙：位于广东省佛山市区祖庙街道忠义路，又称天妃庙，该庙明代称天妃宫。明崇祯元年（1628），佛山栅下铺大铁商李好问与外地铁商多人集资于该址，重建天后庙，并于其后进增公馆堂寝作聚会之所。此后于清乾隆、嘉庆和光绪年间重修。梁宏谏曾手书《天后庙碑》。该庙原有的主体建筑今已夷为平地。

31. 古茂：古雅美盛。

32. 摹搨：亦作"摹拓"，依样描制，复制。搨（音 tà）：通"拓"，在刻铸有文字或图像的器物上，涂上墨，蒙上一层纸，捶打后使凹凸分明，显出文字图像来。

【传主简介】

梁宏谏（1844—?），梁九图之子，清末著名书法家。书法造诣很高，其书法仿苏东坡体，颇有神韵，字体古茂。

[99] 霍伟南

霍伟南，号小芙，溶洲堡上园乡人。居佛山广德里，偕[1]子。少禀庭训[2]，天资聪颖，博学能文，尤长于诗。弱冠受知于胡瑞澜学使[3]，补博士弟子员[4]，旋食廪[5]。光绪壬午（1882），举于乡。五上公车[6]，不第[7]。始绝意仕进[8]，毅然以文化为己任[9]。勷办莲峰七堡局[10]，止斗息讼，遇事排解，乡间禽服[11]。异母弟某身故，产尽遗孤，不能自给。伟南谓弟妇曰："若子犹吾子也，善视之，而[12]家衣食唯我取。"躬自教育二十年，侄亦成立[13]。世承孝友[14]，其家法也。生平重气谊[15]，每有所触，辄寄之吟咏。辛亥（1911）国变[16]，时局撄心[17]，辄增凄怆。与镇中文士结社，联吟投赠[18]，往还无虚日，兴到彻夜吟哦[19]。儿辈微谏，则曰："吾本多愁多病之人，唯诗可以药愁，亦可以疗病。吾固乐此不疲也。"辛酉（1921），修《佛山乡志》，任分纂，捃寻遗佚[20]，均有依据。夙有咯血病，及是益剧。病亟，犹以修志未竟为恨[21]。卒，年七十有四。呜呼！如伟南者，可谓文献[22]备于一身矣！所居名双柳堂，晚号柳园逸叟，又号衲麓散人。著有《晚蝉吟诗草》，皆手自编注。诗社诸子传诵殆遍[23]，人以比王渔洋[24]《菁华录》云。（以上《采访册》）

【传记来源】
《霍伟南传》选自民国十二年《佛山忠义乡志》卷十四《人物·文苑》。

【注释】
1. 偕：共同，在一起；传记底稿原作"湝"，据《诗经·秦风·无衣》"与子偕行"改为"偕"。
2. 庭训：见［73］《吴弥光》注释3。
3. 受知：见［29］《林承芳》注释6。胡瑞澜（1818—1886），字观甫，号筱泉，湖北省汉阳府黄陂县（今湖北省武汉市黄陂区）人，清道光二十五年（1845）进士，曾任广东学政，官至兵部右侍郎，著有《读史日钞馆课诗赋》《湘帆杂咏》。学使：见［35］《李孝问》注释13。
4. 补博士弟子员：见［97］《潘衍桐》注释3。
5. 食廪：见［35］《李孝问》注释5。
6. 公车：见［71］《梁霭如》注释8。
7. 不第：见［15］《梁轸》注释6。
8. 绝意：见［69］《谢兰生》注释4。仕进：见［67］《吴济运》注释6。
9. 以文化为己任：指霍伟南在家乡设读书草堂讲学，与镇上文人成立诗社。
10. 勷办：见［79］《梁廷枏》注释3。莲峰七堡局：莲峰书院位于佛山市禅城区莲子岗丰宁寺侧，是保存较为完好的一间规模较大的古代建筑。七堡总局就设在莲峰书院，七堡所管辖的范围称为莲华四十六乡，后来连佛山堡亦包括在内，又称为莲华四十七乡。据《南海县志》记载：

"莲峰书院在魁岗堡，石湾园尾莲子岗南麓，康熙五十七年知县宋玮楷（召集）大江、大富、魁岗、深村、榕洲、张槎、土炉七堡绅士捐建。"

11. 乡间：见［10］《区适子》注释4。翕服：顺服，悦服。

12. 而：通"尔"，你或你的。

13. 成立：见［71］《梁蔼如》注释15。

14. 世承：世世代代继承。孝友：见［18］《伦文叙》注释18。

15. 气谊：义气情谊。

16. 辛亥国变：指宣统三年（1911）辛亥革命结束了清王朝统治。

17. 撄心：扰乱心神。

18. 联吟：即联句，两人或多人共作一诗。投赠：专门赋诗送给某个人。

19. 吟哦：见［57］《苏珥》注释45。

20. 搂（音sōu）：通"搜"，寻求。遗佚：见［44］《李侍问》注释5。

21. 恨：为做不到或做不好而内心不安。

22. 文献：见［1］《王范》注释23。

23. 传诵：见［77］《倪济远》注释8。殆：见［73］《吴弥光》注释15。

24. 王渔洋：即王士禛，见［46］《程可则》注释27。

【传主简介】

霍伟南（生卒年不详，1890年前后在世），祖籍广东省广州府南海县溶洲堡上园乡（今广东省佛山市禅城区南庄镇上元村），迁居南海县佛山堡广德里（今佛山市禅城区祖庙街道），清末民初诗人。出生于书香之家，学识渊博，在家乡从事文化活动。文章写得好，特别善于作诗，每有感触，即作诗寄意。曾主持南庄诗坛，参与佛山龙塘诗社唱酬。著有《晚蝉吟诗草》。

［100］康有为

康有为，字广厦，号更生[1]，原名祖诒，广东南海人。光绪二十一年（1895）进士，用工部主事。少从朱次琦游[2]，博通经史[3]，好公羊家言[4]，言孔子改制[5]，倡以孔子纪年[6]，尊孔保教，先聚徒讲学。入都上万言书[7]，议变法。给事中余联沅[8]劾以惑世诬民，非圣无法，请焚所著书。中日议款[9]，有为集各省公车上书[10]，请拒和、迁都、变法，格不达[11]。复独上书[12]，由都察院代递，上览而善之，命录存备省览。再请誓群臣以定国是[13]，开制度局以议新制，别设法律等局以行新政，均下总署议。

二十四年（1898），有为立保国会于京师[14]。尚书李端棻，学士徐致靖、张百熙，给事中高燮曾等，先后疏荐有为才[15]，至是始召对[16]。有为极陈："四夷交侵，覆亡无日，非维新变旧，不能自强。变法须统筹全局而行之，遍及用人行政。"上叹曰："奈掣肘[17]何？"有为曰："就皇上现有之权，行可变之事，扼要以图，亦足救国。唯大臣守旧，当广召小臣，破格擢用。并请下哀痛之诏，收拾人心。"上皆韪[18]之。自辰入，至日昃[19]始退，命在总理衙门章京上行走[20]，特许专擢言事[21]。旋召侍读杨锐、中书林旭、主事刘光第、知府谭嗣同参预新政[22]。有为连条议以进，于是诏定科举新章，罢四书文，改试策论，立京师大学堂[23]、译书局，兴农学，奖新书新器，改各省书院为学校，许士民上书言事。谕变法，裁詹事府、通政司，大理、光禄、太仆、鸿胪诸寺，及各省与总督同城之巡抚，河道总督，粮道、盐道，并议开懋勤殿，定制度，改元易服，南巡迁都。未及行，以抑格言路，首违诏旨，尽夺礼部尚书、侍郎职。旧臣疑惧，群起指责有为，御史文悌复痛劾之[24]。上先命有为督办官报，复促出京。

上虽亲政，遇事仍承太后意旨，久感外侮，思变法图强，用有为言，三月维新[25]，中外震仰。唯新进骤起，机事不密，遂致害成。时传将以兵围颐和园劫太后，人心惶惑。上朱谕锐[26]等筹议调和，有"朕位且不能保"之语[27]，语具《锐传》。于是太后复垂帘[28]，尽罢新政。以有为结党营私，莠言[29]乱政，褫职[30]逮捕。有为先走免，逮其弟广仁[31]及杨锐等下狱，并处斩[32]。复以有为大逆不道，构煽阴谋，颁朱谕宣示，并籍其家[33]，悬赏购捕。有为已星夜出都航海南下，英国兵舰迎至吴淞。时传上已幽废，且被弑，有为草遗言，誓以身殉，将蹈海。英人告以讹传，有为始脱走，亡命日本，流转南洋，遍游欧美各国。所至以尊皇保国相号召，设会、办报，集赀谋再举[34]，屡遇艰险不少阻。尝结富有会，起事江汉，皆为官兵破获，诛其党。连诏大索[35]，毁所著书，阅其报章者并罪之。初太后议废帝，称病征医，久闭瀛台[36]，旦夕不测。有为闻之，首发其谋，清议[37]争阻，外人亦起责言，两江总督刘坤一[38]言"君臣之分已定，中外之口难防"，始罢废立[39]。拳匪[40]起，以灭洋人、杀新党为号，太后思用以立威，遂肇大乱，凡与有为往还者，辄以康党得奇祸[41]。

宣统三年（1911），鄂变作[42]，始开党禁[43]，戊戌政变获咎者悉原之，于是有为出亡十余年矣，始谋归国[44]。时民军决行共和，廷议主立宪，而有为创虚君共和[45]之议，以"中国帝制行已数千年，不可骤变，而大清得国最正，历朝德泽沦浃[46]人心，存帝号以统五族[47]，弭乱[48]息争，莫顺于此"。内阁总理大臣袁世凯徇民军请[49]，决改共和，遂下逊位之诏[50]。有为知空言不足挽阻，思结握兵柄者以自重，颇游说当局，数年无所就。丁巳（1917），张勋复辟[51]，以有为为弼德院副院长。勋议行君主立宪，有为仍主虚君共和。事变[52]，有为避美国使馆，旋脱归上海。

甲子（1924），移宫事起[53]，修改优待条件[54]，有为驰电以争，略曰："优待条件，系大清皇帝与民国临时政府议定，永久有效，由英使保证，并用正式公文通告各国，以昭大信，无异国际条约。今政府擅改条文，强令签认，复敢挟兵搜宫，侵犯皇帝，侮逐后妃，抄没宝器，不顾国信，仓卒要盟[55]，则内而宪法，外而条约，皆可立废，尚能立国乎？皇上天下为公，中外共仰，岂屑与争，实为民国羞也！"明年，移跸天津，有为来觐谒[56]，以进德、修业、亲贤、远佞为言。丁卯（1927），有为年七十，赐"寿"，手疏泣谢，历叙恩遇[57]及一生艰险状，悲愤动人。时有为怀今感旧，伤痛已甚，哭笑无端。自知将不起，遂草遗书，病卒于青岛。

有为天资瑰异，古今学术无所不通，坚于自信，每有创论，常开风气之先。初言改制，次论大同[58]，谓太平世必可坐致[59]，终悟天人一体之理。述作甚多，其著者有《孔子改制考》《新学伪经考》《春秋董氏学》《春秋笔削大义微言考》《大同书》《物质救国论》《电通》，及《康子内外篇》《长兴学记》[60]《万木草堂》《天游庐讲学记》《各国游记》，暨文诗集[61]。

论曰：光、宣两朝[62]，世变迭起，中国可谓多故矣。其事皆分见于纪、传[63]。断代为史，辛亥（1911）以后，例不能详。唯丁巳复辟，甲子移宫，实为逊位后两大案，而勋与有为又与清室相终始，亦不可遂没其人。明末三王及诸遗臣，史皆勿讳，今仿其体，并详著于篇，庶几[64]考有清一代之本末者，有所鉴焉。

【传记来源】
《康有为传》选自《清史稿》卷四百七十三《列传二百六十》。

【辑注参阅】
本辑注参阅蔡冠洛：《清代七百名人传》第六编《革命·革命党人·康有为传》，汤志钧：《清代人物传稿》（下编）第五卷《康有为传》。

【注释】
1. 号更生：康有为号长素，戊戌变法后号更生，也有记作"更甡"。
2. 少从朱次琦游：指清光绪二年（1876），康有为在广州参加乡试落榜，祖父康赞修把他送到南海九江礼山草堂，拜岭南大儒朱次琦为师，康有为读宋儒书及经说、小学、史学和掌故词章等。从……游：见［6］《区册》注释7。朱次琦：见［83］《朱次琦》。
3. 经史：见［10］《区适子》注释2。
4. 公羊家言：指公羊学派，是儒家经学中专门研究和传承《春秋公羊传》的一个学派；康有为属于清代公羊学派中有影响的人物，康有为、梁启超等就是利用公羊学派的"三世""托古改制"等学说，作为其维新变法的理论依据。
5. 言孔子改制：指康有为编纂《孔子改制考》，尊孔子为教主，用孔教名义提出变法要求。孔子：见［60］《劳潼》注释6。
6. 孔子纪年：指康有为等提出的一种纪年法，以孔子诞生之年为元年；这种纪年法在清末中国出现，仿效西元以耶稣诞生为纪年之始的做法。
7. 上万言书：指清光绪十四年（1888）十二月，鉴于中法战争后形势险恶，康有为第一次进献《上清帝书》，提出变成法、通下情和慎左右的政治主张，要求清廷变法图强。
8. 余联沅（1844—1901），字晋珊，湖北省德安府孝感县（今湖北省孝感市孝南区）人，晚清政治人物，光绪三年（1877）进士（榜眼），官至湖南布政使，署浙江巡抚，校勘刷印《方略》《列圣圣训》。
9. 中日议款：这里指清光绪二十一年中日签订《马关条约》)
10. 公车上书：指1895年5月2日，康有为起草长达一万八千多字的上皇帝书,联合在北京参加会试的举人一千三百多人,联名上书光绪皇帝,反对在甲午战争中败于日本的清廷签订丧权辱国的《马关条约》,这被认为是维新派登上历史舞台的标志。公车:见[71]《梁焘如》注释8。

11. 格不达:都没有实现。

12. 独上书:指1895年5月29日,康有为上书光绪皇帝第三书,提出变法的具体步骤,谓自强雪耻之策有四:富国、养民、教士、练兵,还提出了选举议郎、实行议会政治的建议。

13. 国是:国家的重大政策,国家大事。

14. 有为立保国会于京师:指清光绪二十四年四月,康有为在北京成立保国会,以保国、保种、保教为宗旨。

15. 李端棻(1833—1907),字苾园,湖南省衡州府清泉县(今湖南省衡阳市衡南县)人,京师大学堂首倡者、中国近代教育之父,戊戌变法领袖之一,官至礼部尚书,著有《苾园诗存》。徐致靖(1844—1917),字子静,江苏省常州府宜兴县(今江苏省无锡市宜兴市)人,清末维新派,光绪二年(1876)进士,官至内阁学士,著有《仅叟诗文》。张百熙(1847—1907),字埜秋,号潜斋,湖南省长沙府(今湖南省长沙市)人,清末著名教育家,同治十三年(1874)进士,官至尚书,著有《退思轩诗集》。高燮曾(1841—1917),名楠忠,号理臣,湖北省汉阳府孝昌县(今湖北省孝感市孝昌县)人,清同治十三年进士,曾任给事中,官至御史。

16. 召对:君主召见臣子令其回答有关政事、经义等方面的问题;这里指清光绪二十四年正月初三,光绪帝命王大臣延见康有为于总理衙门,大学士李鸿章、翁同龢、荣禄和刑部尚书廖寿恒、户部左侍郎张荫桓等出席询问变法事宜。

17. 掣肘:原意指拉着胳膊,比喻有人从旁牵制,工作受干扰。

18. 跽:见[76]《曾钊》注释34。

19. 日昃:太阳偏西,下午2时左右。

20. 行走:见[95]《梁僧宝》注释7。

21. 特许专擢言事:指光绪帝特许康有为专折奏事,不必由总理衙门代递;康有为先后编呈了《法国政变考》《突厥守旧削弱记》《波兰分灭记》《英国政变记》《德国政变记》和《列国政要比较表》等专折,附序加按引证本国之事,斟酌损益,促进变法。

22. 杨锐(1857—1898),字叔峤,四川省成都府绵竹县(今四川省德阳市绵竹市)人,清末维新派人士,"戊戌六君子"之一,光绪十五年(1889)考取内阁中书,官至内阁侍读,著有《杨叔峤文集》。林旭(1875—1898),字暾谷,福建省福州府侯官县(今福建省福州市)人,清末维新派人士,"戊戌六君子"之一,光绪十九年(1893)举人,官至内阁中书,著有《晚翠轩集》。刘光第(1859—1898),字裴邨,四川省叙州府富顺县(今四川省自贡市富顺县)人,清末维新派人士,"戊戌六君子"之一,光绪九年(1883)进士,官至刑部候补主事,著有《衷圣斋文集》《衷圣斋诗集》。谭嗣同(1865—1898),字复生,号壮飞,湖南省长沙府浏阳县(今湖南省长市浏阳市)人,清末维新派人士,"戊戌六君子"之一,官至江苏候补知府,著有《谭嗣同全集》。

23. 京师大学堂:是中国第一所近代新型高等学校,创建于百日维新时期;清光绪二十四年六月颁布《明定国是诏》,宣布变法,成立京师大学堂是其重要举措之一。

24. 文悌(？—1900),瓜尔佳氏,字仲恭,满洲正黄旗人,清末保守派,官至御史。劾之:指文悌作为言官,被人指使,上疏请罢斥驱逐康有为。

25. 三月维新:即百日维新,指1898年6月11日,光绪帝下诏明定国是,宣布变法维新,在接下来的一百零三天里,颁布数十条维新诏令,同年9月21日,慈禧太后发动政变,逮捕维新派。

26. 朱谕:清制,凡有异常重大事务,于内外奏章或特降圣旨,由皇帝以朱笔批示、书写,以示郑重,称"朱批谕旨",简称"朱谕"。

27. "有"句:指1898年9月15日,光绪帝下密诏与杨锐带给康有为,衷诉"位且不保,令与诸同志设法密救"。

28. 太后复垂帘:指1898年9月21日,慈禧发动政变,再度训政,幽禁光绪帝于瀛台,下令逮捕康有为。垂帘:见[95]《梁僧宝》注释24。

29. 莠言:丑恶之言,坏话。

30. 褫职:革去官职。褫(音 chǐ):剥夺。

31. 康广仁(1867—1898),字广仁,号幼博,又号大广,康有为之弟,清末报人,"戊戌六君子"之一,创办《知新报》。

32. 处斩:指1898年9月28日,维新志士谭嗣同、康广仁、林旭、杨深秀、杨锐、刘光第六人(是为"戊戌六君子")在北京惨遭杀害。

33. 籍其家:见[45]《陈子升》注释9;这里指戊戌变法失败,清政府悬赏追捕康有为,并抄了康家财产。

34. 设会:指清光绪二十五年(1899),康有为在加拿大创设保救大清光绪皇帝会(简称保皇会),该会组织遍及加拿大各地,陆续发展到美国、墨西哥、中美洲和南美洲等处,共建立总会十一个,分会一百零三个,会员多至百余万人,康有为自任总会长,总局设于香港和澳门。赀:见[9]

《区仕衡》注释33。

35. 大索：大力搜索罪犯。

36. 瀛台：位于中南海南海中的仙岛皇宫，始建于明代，清顺治、康熙年间曾两次修建，是帝王、后妃的听政、避暑和居住地。因其四面临水，衬以亭台楼阁，像座海中仙岛，故名"瀛台"。

37. 清议：最早出现在东汉后期，当时士大夫阶层出现了一种品评人物的风气，对人物的评论可左右乡间舆论，因而影响士大夫的仕途，这具有一定激浊扬清的作用；这里指对时政的议论。

38. 两江：见〔87〕《邹伯奇》注释32。刘坤一：见〔97〕《潘衍桐》注释14。

39. 废立：指帝王废置皇后、太子、诸侯，或大臣废旧君立新君。

40. 拳匪：义和团原称义和拳，其参与者被称为拳民，贬称为拳匪。义和团运动是19世纪末中国发生的一场以"扶清灭洋"为口号，针对西方在华人士包括在华传教士及中国基督徒所进行的大规模群众暴力运动。

41. 奇祸：使人不测的、出人意料的灾祸。

42. 鄂变作：指清宣统三年（1911）十月武昌起义，宣布成立中华民国军政府鄂军都督府，宣布改国号为中华民国，废除清宣统年号，改用黄帝纪元等。

43. 党禁：指执政当局不准其他党派存在或限制其政治活动的禁令。

44. 始谋归国：指康有为1913年由日本回国，在上海主编《不忍》杂志，发表反对共和、保存国粹的言论，并任孔教会会长，提倡以孔教为国教，要冒万死以力保旧俗、存礼教而保国魂。

45. 虚君共和：辛亥革命胜利后，康有为在日本一连发表了《共和救国论》等几篇反对革命的文章，提出"虚君共和"的口号。所谓"虚君共和"，康有为认为，社会的进步只能是循序渐进的，中国只能变君主制度为君主立宪制，而不能急于实行共和。康有为宣称"共和不妨有君主"的理论，主要是为了鼓吹君主立宪制。

46. 沦浃：深入，渗透。

47. 五族：指汉、满、蒙、回、藏等五大族群；语自孙中山《中华民国临时大总统宣言书》："国家之本，在于人民。合汉、满、蒙、回、藏诸地为一国，即合汉、满、蒙、回、藏诸族为一人，是曰民族之统一。"

48. 弭乱：平息或制止变乱。

49. 袁世凯（1859—1916），字慰亭，号容庵，河南省陈州府项城县（今河南省周口市项城县）人，中国近代史上著名政治家、军事家，北洋新军创始人，第一任中华民国大总统。1915年12月12日，袁世凯建立了年号为洪宪的中华帝国，遭到全国人民反对，多方势力讨伐。1916年3月22日，称帝83天的袁世凯被迫宣告退位。徇：顺从。

50. 逊位之诏：指《清帝逊位诏书》。1912年末，大清帝国最后一位皇帝爱新觉罗·溥仪颁布退位诏书，标志着大清统治中国结束。

51. 张勋（1854—1923），原名张和，字少轩、绍轩，号松寿老人，江西省南昌府奉新县（今江西省宜春市奉新县）人，中国近代北洋军阀。复辟：指1917年张勋以调停府院之争为名，率兵进入北京，于7月1日与康有为拥戴清废帝溥仪复辟。

52. 事变：指张勋复辟失败，1917年7月12日张勋被皖系军阀段祺瑞的讨逆军所击败。

53. 移宫事起：指辛亥革命后，溥仪及其小朝廷还一直居住故宫。1924年11月5日，冯玉祥派鹿钟麟带兵入紫禁城，逼溥仪等离宫。

54. 修改优待条件：辛亥革命后，清帝宣布退位，民国政府、清室双方商订了对清室的优待条件。1924年10月23日，冯玉祥发动政变，控制北京城，囚禁总统曹锟，组成以黄郛为总理的摄政内阁。数日之后，摄政内阁以大总统名义向溥仪出示《修正清室优待条件》，宣布永远废除皇帝尊号，清室迁出紫禁城，并将皇室优待费由原定每年四百万元改为五十万元。

55. 要盟：强迫签订盟约。

56. "移跸"二句：指1925年2月，溥仪等移居天津租界张园和静园，与清末遗老遗少以及张作霖、段祺瑞、吴佩孚等往来，康有为曾觐见废帝溥仪，参加庆祝圣寿活动。移跸：见［9］《区仕衡》注释5。谒：见［30］《区大相》注释15。

57. 恩遇：见［67］《吴济运》注释5。

58. 大同：指康有为代表资产阶级维新派提出的"大同"社会空想。康有为曾著《大同书》，具体勾画出人类未来大同世界的蓝图。

59. 坐致：见［93］《梁燿枢》注释43。

60. 《长兴学记》：传记底稿原作"《长兴学舍》"，有误，应为"《长兴学记》"，据康有为《长兴学记》改。

61. 文诗集：康有为文学作品集包括《康南海文集》六卷、《康南海文钞》四卷、《南海先生诗集》四卷、《南海书一天园诗稿》等。

62. 光宣两朝：指清末光绪和宣统两个朝代。光绪：见［95］《梁僧宝》注释43。宣统：即爱新觉罗·溥仪（1906—1967），字耀之，号浩然，清末代皇帝，第一次在位四年，第二次在位仅十二天；作为伪满洲国皇帝时年号康德，故又被称为"康德皇帝"。

63. 纪、传：纪传体史书中的本纪与列传。
64. 庶几：见［98］《梁宏谏》注释15。

【传主简介】
  康有为（1858—1927），广东省广州府南海县伏隆堡银塘乡（今广东省佛山市南海区丹灶镇银河苏村）人，清末资产阶级改良派领袖，近代著名文学家、书法家、教育家。不以诗名，但诗歌造诣极高，创作了千余首诗，扛起清末"诗界革命"的大旗，在继承传统的基础上，采用新的艺术手法，创造新的诗歌意境，将岭南诗歌近代化推向一个新高度。其诗歌题材广泛，意境宏阔，想象丰富，工于比兴，语言刚健；其文章雄奇瑰伟，大笔淋漓，不拘一格而意无不达，极富感染力；其散文多政论文，汪洋恣肆，放纵畅达。著有《康南海先生诗集》十五卷、《康南海文集》十二卷。

参考文献

《明史》，中华书局，1974.
《清史稿》，中华书局，1977.
《清史列传》，中华书局，1987.

雍正《广东通志》，（清）郝玉麟等修，鲁曾煜等纂，雍正九年.
道光《广东通志》，（清）阮元等修，陈昌奇等纂，道光二年.
光绪《广州府志》，（清）戴肇辰、苏佩训等修，史澄、李光廷等纂，光绪五年.
民国《番禺县续志》，梁鼎芬等修，丁仁长等纂，民国二十年.
乾隆《佛山忠义乡志》，（清）毛维锜等修，陈炎宗等纂，乾隆十七年.
道光《佛山忠义乡志》，（清）吴荣光等修，冼沂等纂，道光十年.
民国《佛山忠义乡志》，戴智谋等修，汪宗准、冼宝干等纂，民国十二年.
康熙《南海县志》，（清）郭尔戺等修，胡云客重校，冼国干等纂，康熙三十年.
乾隆《南海县志》，（清）魏绾等修，陈张翼等纂，乾隆六年.
道光《南海县志》，（清）潘尚楫等修，邓士宪等纂，道光十五年修，同治八年重刻.
同治《续修南海县志》，（清）郑梦玉等修，梁绍献等纂，同治十一年.
宣统《南海县志》，（清）郑荣等修，桂坫等纂，宣统二年.
光绪《九江儒林乡志》，（清）朱次琦等修，冯栻宗等纂，光绪九年.
康熙《顺德县志》，（清）姚肃规等修，佘象斗等纂，康熙二十六年.
乾隆《顺德县志》，（清）陈志仪等修，胡定等纂，乾隆十五年.
咸丰《顺德县志》，（清）郭汝诚等修，冯奉初等纂，咸丰三年.
民国《顺德县续志》，周之贞等修，周朝槐等纂，民国十八年.
嘉庆《龙山乡志》，（清）温汝能等修纂，嘉庆十年.
民国《龙山乡志》，周廷干等修，温肃等纂，民国十九年.
康熙《三水县志》，（清）苏峒等修，梁绍光纂，康熙十二年.
康熙《三水县志》，（清）郑玟等修纂，康熙四十九年.

嘉庆《三水县志》，（清）李友榕等修，邓云龙等纂，嘉庆二十四年.

光绪《高明县志》，（清）邹兆麟等修，区为梁等纂，蔡逢恩续修，梁廷栋续纂，光绪二十年.

崇祯《肇庆府志》，（明）陈鏊、陈煊奎等修纂，崇祯六年.

《广州人物传》，（明）黄佐著，商务印书馆，1936.

《清代七百名人传》，蔡冠洛编纂，明文书局，1937.

《文苑英华》，（宋）李昉等编，中华书局，1966.

《羊城古钞》，（清）仇巨川著，广东人民出版社，1993.

《清代人物传稿》，张捷夫主编，辽宁人民出版社，1994.

《清代名人传略》，（美）恒慕义主编，青海人民出版社，1995.

《粤东诗海》，（清）温汝能纂辑，中山大学出版社，1999.

《顺德书画人物录》，顺德市博物馆编，中山大学出版社，2000.

《广东省志·人物志》，广东省地方史志编纂委员会编，广东人民出版社，2002.

《佛山历史人物录》（第一卷），佛山炎黄文化研究会等编，花城出版社，2004.

《岭南学术百家》，毛庆耆主编，广东人民出版社，2004.

《顺德历史人物》，张解民编著，人民出版社，2005.

《佛山历史人物录》（第二卷），佛山炎黄文化研究会等编，花城出版社，2009.

《岭南历代文选》，仇江选注，广东人民出版社，2009.

《岭南历代诗选》，陈永正选注，广东人民出版社，2009.

《佛山市志》，佛山市地方志编纂委员会编，方志出版社，2011.

《佛山人物志》，佛山市地方志编纂委员会编，方志出版社，2011.

注释索引

说 明

一、本索引收入《佛山文苑传辑注》注释的主要字词、人名（传主除外），索引款目之后注明其第一次出现并加以注释时所在传记篇目序号及注释序号，方括号内数字为传主篇目序号，方括号后数字为注释序号。

二、注释索引全部按音序排列，即按汉语拼音字母顺序（含音调）排列（先排首字，首字相同，再排二字，余者类推）。

一、主要字词索引

A

阿徇	[5] 12
哀毁骨立	[58] 19
安堵	[33] 12
安南	[16] 5
安庆	[20] 22
安山	[13] 32
安息	[28] 27
安远	[27] 5
黯晦	[41] 39
岸异	[93] 1
奥旨	[30] 33

B

八分	[32] 45
巴人下里	[75] 20
拔贡生	[55] 1
拔识	[74] 9
白简	[77] 29
百氏	[26] 5
百粤	[1] 19
拜命	[38] 19
班本	[75] 28
宝玩	[29] 12
饱煖	[55] 13
保乂圣躬	[31] 38
报罢	[91] 6
报闻	[22] 44
抱牍	[50] 14
杯杓	[57] 4
北江	[89] 31
北田五子	[47] 7
北洋	[98] 16
备兵	[19] 10
备御	[35] 17
备载	[60] 23
备赈	[60] 11
惫老	[16] 62
奔女	[47] 19
本生	[78] 1
本原	[54] 14
本指	[32] 30
比部	[84] 22
笔花	[32] 26

324

鄙夫	[40] 18	补阙	[12] 15
毕婚	[21] 4	补外	[13] 18
闭歇	[89] 28	捕役	[65] 6
陛辞	[12] 20	不报	[9] 11
畀	[16] 44	不售	[39] 2
奰	[93] 21	不第	[15] 6
边卫	[16] 75	不合	[24] 30
编列	[27] 11	不校	[36] 5
编摩	[85] 21	不省	[16] 41
弁冕	[62] 13	不二	[25] 24
变化气质	[83] 26	布衣	[82] 54
变通	[21] 15	步和	[37] 16
便殿	[22] 38	部试	[35] 15
遍游	[43] 15	部议	[97] 16
表墓	[20] 28		
兵部右侍郎	[66] 23	**C**	
兵革	[10] 17	才器	[18] 9
兵燹	[13] 9	才人	[77] 39
宾阶	[6] 23	财房	[50] 20
宾天	[66] 47	参订	[57] 38
柄臣	[17] 11	蹭蹬	[77] 39
柄国	[26] 20	草疏	[31] 12
柄政	[30] 18	草檄	[2] 2
伯兄	[34] 14	册封	[16] 5
博极	[58] 13	侧目	[31] 41
博考	[81] 9	恻然	[22] 56
博罗	[93] 51	策干	[47] 31
博洽	[2] 17	瘥	[47] 13
博士	[6] 39	禅伪	[31] 33
博士弟子员	[97] 3	蒇事	[85] 26
博学鸿词科	[53] 12	长沙	[6] 2
博雅	[5] 15	常州	[28] 11
逋负	[77] 26	仓场	[28] 14
逋欠	[78] 11	厂监	[40] 12
逋逃	[75] 13	厂卫	[36] 34
卜居	[46] 3	场屋	[57] 20
卜筮	[91] 10	怅怀	[82] 38
补	[2] 12	倡率	[60] 10

唱和	[56]	35	持筹	[35]	19
鬯	[96]	50	持禄固宠	[16]	64
钞关	[19]	4	尺柄	[89]	54
超轶	[77]	9	尺度	[91]	5
潮阳	[63]	3	尺幅	[62]	21
撤棘	[96]	29	尺素	[71]	28
撤帘	[95]	27	尺组	[83]	56
撤帐	[36]	2	齿让	[50]	23
掣肘	[100]	17	褫职	[100]	30
臣庶	[95]	51	叱却	[15]	16
陈臬开藩	[73]	9	斥革	[95]	33
成法	[89]	51	饬	[22]	46
成化	[15]	27	饬令	[98]	19
成均	[35]	14	冲龄践祚	[95]	29
成劳	[28]	15	崇祀	[15]	29
成立	[71]	15	崇祯	[31]	46
成说	[89]	26	宠锡	[86]	42
成帙	[51]	25	出	[13]	8
诚感	[31]	13	刍粟	[65]	4
城绅	[65]	12	除	[3]	10
城邑	[20]	20	锄治	[19]	1
程朱	[60]	17	楮墨	[74]	33
承乏	[77]	19	楚楚有致	[37]	14
承平	[70]	18	楚南	[73]	10
承旨	[13]	14	储副	[16]	23
乘车戴笠	[82]	30	储贰	[16]	12
澄海	[79]	2	俶扰	[10]	17
澄思	[96]	46	传诵	[77]	8
澄心	[22]	8	剙	[85]	26
譀	[11]	9	垂帘	[95]	24
称贷	[73]	23	春坊	[18]	14
称道	[86]	22	春官	[28]	2
称赏	[17]	16	春秋鼎盛	[95]	23
称诗	[25]	22	刺史	[1]	5
称说	[83]	67	疵谬	[95]	31
称旨	[36]	33	词笔	[77]	5
驰传	[16]	65	词臣	[48]	6
驰驿	[36]	31	词馆	[93]	35

词翰	[5] 1		大廷	[25] 7
词林	[96] 37		大同	[100] 58
词学	[3] 8		大义	[10] 2
词垣	[30] 10		大言	[68] 38
词章	[6] 11		大要	[54] 16
辞免	[39] 7		大庚	[11] 43
辞藻	[32] 9		迨	[20] 10
次第	[97] 25		殆	[73] 15
赐祭	[22] 57		丹黄	[70] 3
赐敕	[16] 65		蜑子	[9] 31
聪敏	[37] 1		怛	[16] 19
从父	[10] 8		当道	[30] 11
从公	[95] 19		当国	[36] 16
从祀	[19] 31		当路	[24] 24
从兄	[66] 60		当世	[26] 17
从学	[9] 14		当事	[40] 36
从游	[6] 7		当筵	[82] 49
从子	[14] 25		当政	[95] 26
倅	[27] 6		党禁	[100] 43
催科	[55] 17		党人	[31] 41
粹然	[71] 32		党徇	[31] 34
存问	[36] 50		谠语	[22] 47
寸缣	[71] 28		导引	[89] 18
挫衂	[98] 26		倒屣	[17] 14
错杂	[86] 7		道府	[96] 17
			道丧学绝	[6] 16
	D		道涂	[49] 17
			道员	[96] 19
大拜	[36] 29		德庆	[10] 6
大备	[33] 9		德性	[89] 58
大兵	[40] 41		德宗	[95] 43
大府	[59] 16		得贡	[58] 11
大父	[61] 10		得年	[26] 27
大会	[22] 34		得人	[36] 39
大考	[65] 17		得士	[12] 13
大魁	[11] 8		登第	[62] 16
大司成	[30] 17		登莱	[75] 9
大索	[100] 35		登龙门	[86] 30
大挑	[74] 2			

登贤书	[17] 2	都讲	[47] 3
登洲	[6] 1	都阃	[15] 19
低徊	[86] 52	都门	[13] 21
嫡母	[36] 13	都下	[62] 9
涤砚	[98] 29	都中	[66] 70
邸	[38] 42	笃行	[28] 19
抵法	[15] 14	笃学	[1] 21
砥砺名节	[19] 28	度数	[87] 9
砥行	[93] 4	蠹吏	[65] 4
地舆	[91] 10	端谨	[91] 16
弟子员	[25] 2	端凝	[66] 11
第归	[22] 7	端上	[66] 53
绨袍	[82] 39	端严	[35] 3
典故	[1] 19	端宗	[9] 15
典试	[30] 19	惇笃	[73] 14
典刑	[89] 61	敦大	[83] 6
典则	[6] 6	敦伦	[52] 10
奠酹	[69] 23	敦品励行	[88] 8
殿阶	[40] 47	敦趣	[36] 51
刁斗	[24] 12	敦行孝弟	[83] 24
调繁	[55] 20	谆谕	[93] 14
叠滘	[73] 40	遁避	[9] 23
丁父忧	[21] 3	遁归	[9] 13
丁内、外艰	[15] 8	遁世	[40] 18
丁母忧	[36] 13		
鼎革	[36] 53	**E**	
鼎足	[62] 10	阿堵物	[43] 11
订缟纻交	[72] 16	恩贡	[38] 45
订交	[52] 9	恩科	[69] 1
定弓	[35] 18	恩选	[34] 3
东宫讲官	[30] 19	恩遇	[67] 25
东陵	[93] 30	二陆	[96] 6
东明	[31] 6	二疏	[28] 36
东瓯	[24] 15	二王	[43] 9
东洋	[75] 10	遏抑	[38] 22
动合机宜	[41] 17		
洞达	[87] 9	**F**	
都昌	[24] 3	发凡	[55] 6

发明	[2] 10		封章	[93] 24
发箧	[84] 20		封赠	[36] 28
法司	[15] 13		封识	[47] 9
法书	[72] 11		讽去	[38] 31
凡身	[85] 10		奉亲	[91] 8
烦言	[68] 31		奉事	[36] 69
番人	[17] 9		奉天	[54] 10
番夷	[17] 6		奉养	[89] 1
蕃衍	[67] 1		夫子	[82] 26
藩邸	[66] 49		扶鸾	[22] 30
藩封	[16] 36		扶胥	[10] 19
反身	[14] 9		趺坐	[71] 33
方伯	[47] 21		怫然	[57] 40
方士	[89] 22		伏诛	[41] 10
方外	[86] 10		浮海	[3] 5
方严	[52] 14		服除	[24] 21
方药	[22] 24		服竟	[94] 2
房师	[61] 15		服阕	[2] 8
放废	[47] 5		服劳	[89] 1
放逸	[80] 10		服御	[71] 10
废立	[100] 39		福鼎	[59] 6
纷华靡丽	[66] 69		伏阙	[16] 47
坟典	[29] 2		抚按	[20] 36
分发	[75] 2		抚军	[96] 25
汾江	[56] 13		抚拓	[32] 47
焚黄	[36] 7		抚字	[33] 11
奋励	[61] 12		甫	[13] 11
风裁	[26] 3		甫毕	[96] 30
风化	[51] 24		甫下车	[24] 7
风节	[23] 1		拊循	[83] 58
风流	[32] 32		府道试	[59] 20
风物	[45] 13		府库	[94] 24
风雅	[30] 25		府仰	[10] 12
风致	[43] 10		父忧	[2] 7
封典	[96] 20		赴选	[88] 15
封疆	[38] 17		付梓	[35] 6
封山	[2] 5		附离	[31] 43
封事	[25] 16		附生	[71] 2

负笈	[22] 5
复辟	[100] 51
复命	[94] 10
覆虎尾	[40] 17
副榜	[39] 3
副贡生	[69] 1
富新仓	[95] 16
赋手	[77] 9

G

赅	[32] 44
改卜	[16] 53
改业	[82] 16
干济	[75] 4
干请	[67] 18
干谒	[30] 29
甘旨	[61] 25
甘竹滩	[42] 24
赣州	[37] 11
刚方	[5] 11
皋亭	[9] 23
高等	[18] 7
高等弟子	[69] 12
高凉	[36] 9
高明	[41] 36
高要	[90] 3
高宗	[94] 22
膏火	[82] 20
皋亭	[9] 23
告归	[4] 6
告庙	[28] 31
告天	[36] 38
告养	[65] 10
阁部	[36] 41
阁试	[46] 12
格物	[83] 16
根柢	[67] 9
更始	[20] 24

赓和	[34] 11
耕佃	[65] 35
公车	[71] 8
公车上书	[100] 10
公府	[14] 14
公门	[39] 9
公慎	[46] 18
公羊家言	[100] 4
公议	[16] 70
恭慎	[12] 21
拱璧	[56] 17
贡	[65] 39
贡生	[9] 36
贡元	[9] 39
苟安	[98] 23
苟从	[16] 40
句当	[96] 30
构陷	[9] 9
姑苏	[49] 3
孤介	[56] 6
古迹	[62] 30
古茂	[98] 31
古事	[57] 31
古学	[74] 8
骨立	[24] 26
故老相传	[10] 21
故事	[16] 52
故墟	[32] 15
卦气	[76] 22
诖误	[8] 3
挂冠	[33] 18
罣	[96] 47
观察	[5] 5
观政	[38] 8
官富场	[11] 38
官学	[88] 1
冠盖	[32] 11
冠时	[91] 17

馆阁气	[34]	12
馆阁体	[30]	23
馆选	[56]	4
光禄	[31]	28
光绪	[95]	43
光州	[25]	13
光宗	[31]	28
广东	[11]	32
广文	[68]	22
广州	[1]	5
归善	[93]	51
归省	[67]	24
归养	[62]	18
归葬	[49]	6
归政	[95]	26
归州	[23]	3
归宗	[89]	3
圭璧	[11]	16
圭臬	[60]	20
圭角	[68]	23
规画	[19]	20
规切	[31]	39
规行矩步	[73]	26
轨则	[82]	55
佹收佹失	[35]	10
贵游	[68]	19
国本	[16]	11
国朝	[21]	17
国除	[47]	30
国器	[82]	33
国书	[48]	8
国史	[30]	6
国史馆	[61]	34
国是	[100]	13
国子监	[15]	10
国子生	[58]	12
廓清	[95]	17
果行	[97]	16

过从	[61]	17
过目成诵	[20]	2

H

骸骨	[12]	19
海宇	[32]	47
海珠	[11]	7
海贼	[76]	38
骇异	[75]	11
酣嬉	[9]	6
函约	[65]	32
涵育	[96]	48
寒士	[15]	25
汉人	[10]	13
汉儒	[87]	11
汉之学	[83]	7
翰墨	[29]	3
翰詹	[97]	10
行辈	[32]	3
行伍	[11]	29
蒿目	[35]	19
豪猾	[20]	5
濠境	[35]	17
浩瀚	[19]	26
浩叹	[75]	35
合浦县	[76]	2
河东	[12]	1
河间	[40]	45
河南	[11]	4
劾奏	[15]	12
鹤山	[78]	4
褐衣	[31]	18
横逆	[36]	5
弘治	[15]	27
鸿秘	[82]	57
宏博	[14]	28
宏富	[86]	47
簧序	[52]	2

331

候馆	[59] 10	畿	[21] 8
候选	[34] 6	赍敕	[42] 19
后进	[76] 20	积官	[26] 29
后七子	[25] 19	积棍	[28] 24
后学	[31] 52	积理	[91] 4
湖南	[5] 3	积弱	[74] 34
虎门	[76] 36	积学	[50] 3
怙恃	[51] 8	赍敕	[42] 19
扈从	[16] 50	稽古	[49] 19
华盖	[32] 23	及第	[7] 10
华胙	[41] 42	及门士	[31] 48
化州	[81] 16	汲汲	[66] 63
画策	[40] 48	吉	[6] 29
怀宗	[41] 9	吉金	[32] 7
缓颊	[40] 39	诘奸	[96] 23
宦成	[32] 4	急务	[37] 4
宦家子	[10] 9	疾且革	[31] 51
宦情	[98] 8	集贤校理	[4] 5
宦游	[37] 18	藉甚	[53] 11
遑遑	[49] 18	藉手	[96] 42
篁村	[58] 8	籍以	[46] 26
恢拓	[31] 30	藉资	[89] 16
回銮	[16] 22	籍产	[57] 25
会城	[35] 6	籍没	[15] 19
会讲	[31] 27	记名	[61] 3
绘事	[90] 10	记室参军	[2] 2
秽浊	[93] 61	季弟	[27] 9
惠门八子	[53] 10	季父	[64] 21
惠门四俊	[55] 3	觊	[24] 16
惠政	[20] 40	寄食	[77] 12
获售	[77] 7	祭酒	[21] 9
		祭田	[30] 32

J

祭葬	[36] 68
几殆	[16] 26
踦跌	[71] 11
几于	[74] 26
嘉答	[36] 49
饥溺	[89] 59
嘉遁	[10] 16
奇祸	[100] 41
嘉靖	[55] 18
剞劂	[64] 27
嘉纳	[22] 14

嘉赏	[29] 7	鉴识	[1] 1
嘉言善行	[89] 11	谏诤	[93] 38
家乘	[6] 41	僭用	[15] 12
家集	[38] 43	江都	[25] 10
家教	[82] 53	江陵	[6] 32
家礼	[28] 37	江门	[42] 31
家庙	[51] 12	江右	[12] 11
家食	[73] 11	江州	[20] 1
家世	[12] 1	江左	[9] 27
家塾	[13] 28	疆臣	[93] 55
家徒四壁	[5] 14	疆吏	[57] 17
家学	[61] 9	奖借	[97] 21
家训	[96] 45	奖劝	[76] 20
甲子门	[11] 31	奖叙	[96] 34
贾勇	[9] 28	奖异	[21] 16
假贷	[15] 18	奖掖	[82] 11
假手	[64] 17	奖引	[60] 5
奸胥	[20] 4	交驰	[46] 22
监察御史	[5] 10	交广	[1] 22
监纪	[42] 5	交欢	[19] 29
监临	[66] 22	交煽	[40] 13
监司	[32] 10	交卸	[93] 32
笺传	[30] 34	交章	[41] 27
茧丝炙毂	[14] 7	交争	[93] 20
检讨	[30] 5	交趾	[14] 6
检摄威仪	[83] 27	郊礼	[16] 51
简放	[96] 14	郊祭	[31] 15
简脱	[57] 44	郊祀	[16] 19
简阅	[19] 24	骄淫	[92] 8
简重	[35] 3	角艺	[70] 17
见构	[15] 23	剿捕	[85] 14
见重	[6] 31	教授	[14] 20
见指	[82] 47	教习	[88] 1
荐饥	[60] 12	教谕	[14] 16
荐享	[11] 16	接篆	[96] 30
荐擢	[59] 17	节度判官	[5] 10
洊至	[36] 41	嗟异	[18] 6
洊擢	[72] 4	诘屈聱牙	[75] 24

结习	[77]	32	旌异	[20]	6
截句	[89]	36	谨持	[6]	5
戒途	[96]	26	竞渡	[40]	7
矜式	[52]	20	竞爽	[73]	39
矜恤	[19]	2	竟日	[62]	31
金玉君子	[93]	58	肩	[84]	13
金紫	[86]	23	纠弹	[31]	44
进讲	[18]	15	究览	[29]	2
进取	[69]	4	究心	[50]	2
进身	[67]	17	救时	[96]	41
进御	[16]	48	九江	[45]	13
近幸	[22]	18	九卿	[22]	51
缙绅	[19]	19	九永	[27]	7
经画	[35]	22	居常	[18]	21
经济	[15]	2	居敬	[60]	15
经历	[13]	24	居丧	[38]	11
经略	[20]	18	居忧	[41]	11
经史	[10]	2	居义里	[82]	9
经史百家	[14]	2	鸠鹄	[77]	22
经世	[9]	3	龃龉	[98]	13
经术	[51]	1	举刺	[5]	13
经书	[68]	6	举贷	[77]	31
经学	[51]	1	举火	[32]	43
经筵讲官	[18]	13	举业	[32]	28
经筵展书	[30]	7	踽踽	[20]	16
经义	[76]	8	矩矱	[26]	32
京察	[95]	12	巨公	[43]	16
京邸	[66]	65	巨工	[6]	34
京口	[10]	18	巨卿	[32]	22
京畿	[21]	8	具折	[66]	73
京师大学堂	[100]	23	倨见	[59]	14
京营	[38]	21	聚讼纷纭	[95]	47
京兆	[66]	22	屦	[22]	18
精核	[33]	9	遽	[26]	24
精舍	[32]	6	遽行	[88]	3
精审	[95]	15	醵金	[57]	26
棘闱	[18]	7	捐授	[67]	5
旌间	[20]	28	蹶事	[86]	33

镌级	[95]	34
卷帙	[57]	32
倦勤	[95]	22
惓切	[31]	52
绝人	[21]	1
绝学	[87]	34
绝意	[69]	4
厥	[21]	18
军门	[93]	26
胲削	[94]	20
峻拒	[40]	16
浚	[40]	33
郡丞	[27]	2
郡城	[17]	20
郡守	[6]	12
郡学	[26]	30
郡邑	[9]	36

K

开府	[9]	21
开建	[74]	3
开平	[65]	46
开缺	[97]	36
剀切	[66]	33
恺切	[93]	56
刊布	[15]	26
侃侃	[38]	33
康熙	[37]	9
抗风轩	[12]	4
抗声	[50]	15
抗疏	[40]	27
考妣	[89]	2
考察	[22]	55
考积	[20]	9
考据	[83]	17
考掠	[22]	28
考满	[28]	28
考授	[36]	66

考送	[59]	24
考索	[64]	4
考选	[38]	15
考终	[91]	18
疴	[53]	14
柯林	[31]	25
科名	[36]	10
科试	[93]	12
榼	[70]	19
克任	[16]	29
可耳	[74]	22
课读	[91]	12
课士	[74]	8
课子	[67]	7
课最	[28]	13
恳挚	[93]	56
空疏	[83]	18
孔孟	[60]	14
孔亟	[36]	37
孔目	[34]	8
孔子纪年	[100]	36
口耳之学	[38]	3
叩阍	[50]	11
况瘁	[85]	21
魁	[11]	8
魁岗塔	[38]	5
馈遗	[38]	14
愧服	[40]	50
昆弟	[66]	56
困踬	[67]	10
廓清	[95]	17

L

兰仑	[79]	7
狼兵	[42]	8
琅琊	[25]	20
劳绩	[95]	20
劳来	[13]	10

335

老耄	[36] 51		两粤	[76] 30
老成人	[89] 61		两造	[51] 23
乐石	[32] 7		两浙	[28] 5
累官	[6] 33		林壑	[39] 8
累迁	[94] 6		临汾	[83] 33
礼部	[46] 10		临清	[19] 4
礼闱	[50] 6		廪贡	[65] 45
礼遇	[3] 12		廪隶	[22] 67
礼乐	[15] 12		廪膳生	[32] 1
里闬	[10] 15		廪资	[65] 39
里居	[48] 5		令长	[32] 10
里人	[10] 2		令指	[38] 21
里中	[14] 13		岭表	[13] 34
理学	[9] 38		岭服	[1] 18
历下	[25] 20		岭南七子	[48] 10
励精	[59] 2		岭南三家	[49] 21
吏治	[55] 14		岭外	[9] 19
利病	[36] 19		岭右	[77] 16
利济	[89] 50		岭左	[3] 6
利赖	[85] 12		领乡荐	[15] 5
例贡生	[68] 1		留都	[31] 31
隶书	[92] 4		留台	[27] 4
联捷	[59] 4		留题	[86] 5
联魁	[38] 7		留中	[93] 25
联吟	[99] 18		流风	[86] 51
廉俸	[88] 11		流寇	[33] 16
廉介	[10] 7		流寓	[97] 29
辽东	[13] 26		六部	[40] 22
辽阳	[54] 10		六法	[62] 25
僚友	[71] 5		六经	[21] 2
两榜	[38] 7		龙驹凤雏	[82] 32
两宫	[93] 19		卢溪	[19] 13
两广	[74] 6		鲁鱼亥豕	[95] 54
两汉文	[24] 31		录遗	[69] 13
两河	[9] 5		伦鉴	[59] 27
两江	[87] 31		沦浃	[100] 46
两台	[32] 10		论思	[12] 15
两学	[17] 20		论学	[60] 14

罗定	[88] 2		明敏	[66] 66
罗浮山	[26] 24		明慎	[54] 9
罗源	[28] 3		明体达用	[38] 2
罗织	[40] 26		缪符	[89] 54
罗致	[40] 15		谟猷	[93] 37
洛阳纸贵	[86] 36		磨勘	[36] 43
落拓	[77] 43		磨勘官	[93] 15
			劘切	[26] 9
M			莫逆	[81] 18
迈伦	[56] 2		墨吏	[77] 27
嫚骂	[19] 27		墨梅	[62] 20
芒屩	[82] 41		摹揭	[98] 32
毛诗	[46] 4		墨竹	[32] 49
耄	[31] 48		母忧	[22] 45
貌寝	[61] 5		目十行下	[84] 3
茂才	[59] 22		穆宗	[95] 41
茂著	[51] 26			
冒功	[16] 76		**N**	
冒滥	[50] 20		拏舟	[26] 24
门人	[13] 31		南安	[14] 20
蒙师	[84] 4		南海明珠	[57] 22
孟喜	[76] 22		南汉	[7] 1
弭乱	[100] 48		南畿	[21] 8
秘本	[76] 6		南仆丞	[30] 20
棉州	[26] 29		南人	[10] 11
绵弱	[74] 29		南雄	[12] 24
缅想	[86] 51		南洋	[98] 17
面谕	[16] 34		南雍	[30] 16
民瘼	[30] 27		南园	[12] 3
民田	[16] 73		南园后五先生	[23] 8
敏迈	[13] 2		南园前五子	[12] 3
名成才涌	[11] 24		南园诗社	[12] 3
名迹	[70] 17		南斋	[86] 24
名教	[44] 3		内丹	[89] 22
名节	[83] 25		内府	[94] 20
名彦	[32] 22		内阁中书	[27] 4
明经	[10] 28		内帑	[94] 25
明明德	[31] 24		内扑	[64] 7

内廷	[66]	64
内室	[71]	14
内使	[15]	20
内治	[64]	22
泥古不通	[14]	19
逆党	[41]	10
逆战	[9]	18
敛抑	[50]	24
凝绝	[77]	12

O

欧虞	[74]	15

P

旁皇	[61]	31
旁午	[95]	9
朋从	[37]	15
捧檄	[25]	12
丕	[20]	30
睥睨	[26]	17
偏枯	[50]	9
骈俪	[90]	4
片楮	[40]	35
剽掠	[55]	21
缥缃	[6]	9
贫士	[82]	11
频年	[89]	32
品诣	[71]	31
平康北里	[75]	25
平庆泾道	[65]	53
平阳	[6]	41
屏绝	[38]	14
谱学	[85]	15
暴白	[11]	48

Q

妻子	[42]	33
欺罔	[15]	21

戚党	[52]	15
戚故	[32]	43
戚友	[66]	62
歧	[65]	34
岐嶷	[91]	2
旗民	[65]	13
奇气	[30]	1
乞罢	[22]	50
乞骸骨	[12]	19
乞假	[93]	31
乞休	[19]	21
乞正	[38]	32
起复	[15]	9
起衅	[75]	10
启沃	[66]	50
绮语	[47]	20
气干沉深	[49]	17
气节	[31]	1
气谊	[99]	15
千字文	[10]	25
迁	[6]	38
迁流	[75]	34
佥	[80]	6
佥壬	[38]	39
前尘	[82]	35
前古	[83]	13
前后七子	[30]	22
前驱	[40]	38
钱塘	[9]	4
乾隆	[51]	16
谴告	[94]	19
慊从	[75]	7
侨居	[56]	19
侨寓	[73]	36
樵苏	[77]	12
切齿	[38]	39
切谏	[16]	10
切要	[89]	52

侵剥	[39] 23		逡巡	[32] 21
勤慎	[93] 46		群经	[84] 5
勤王	[9] 32		群小	[16] 28
寝	[16] 46		群彦	[70] 16
青衿	[56] 14		群从	[14] 23
青衣	[37] 22			
青云	[82] 18		**R**	
清坝	[40] 51		人士	[86] 35
清操	[20] 23		人伦	[83] 31
清俸	[73] 17		仁者	[93] 57
清厘	[40] 53		壬癸	[76] 24
清要	[41] 43		日昃	[100] 19
清议	[100] 37		容观	[13] 15
倾倒	[32] 40		茹荦	[38] 11
倾盖	[32] 24		茹痛	[97] 42
卿贰	[93] 45		儒臣	[22] 39
勍	[42] 17		儒染淋漓	[71] 35
钦州	[8] 6		儒士	[18] 4
亲族	[73] 20		儒素	[65] 25
亲老	[36] 30		儒先	[96] 52
亲知	[11] 41		儒者	[71] 32
亲志	[65] 38		儒宗	[13] 34
庆元	[8] 6		孺子慕	[30] 28
庆远	[24] 18		汝曹	[96] 51
穷达	[85] 7		乳源	[65] 40
穷览	[29] 2		入	[6] 39
穷理	[60] 13		入泮	[73] 28
茕独	[19] 2		入对	[66] 25
琼州	[81] 17		入告	[98] 21
跫	[6] 25		入贡	[57] 22
秋闱	[39] 2		入继	[71] 15
湫隘	[67] 8		入觐	[31] 10
曲尽	[13] 6		入妙	[80] 4
曲沃	[83] 53		入幕	[57] 7
曲中	[35] 20		入嗣	[78] 2
去思	[28] 12		入谒	[42] 13
拳匪	[100] 40		入直	[22] 39
权要	[36] 34		溽暑	[65] 43

若敖之鬼	[77]	38	甥馆	[56]	18
弱不胜衣	[84]	2	声绩	[51]	26
弱冠	[26]	6	声律	[37]	13
			声气	[66]	52

S

			声著	[47]	8
洒落	[77]	10	绳武	[89]	24
三不朽	[44]	10	省墓	[93]	31
三韩	[12]	27	省试	[65]	41
三捷	[46]	16	省垣	[32]	5
三山	[8]	3	圣躬	[22]	41
三传	[61]	11	圣母	[20]	32
散馆	[48]	7	圣籍	[2]	9
赏异	[39]	4	圣真	[31]	35
尚志	[10]	26	师心	[87]	12
蚤岁	[82]	24	诗肠鼓吹	[77]	41
骚坛	[89]	38	诗酒	[37]	15
色养	[32]	38	诗余	[32]	14
山越	[2]	4	识者	[11]	20
苫块	[58]	20	实事而事	[87]	14
删存	[61]	26	实学	[25]	17
善本	[66]	21	实用	[31]	36
缮稿	[50]	10	拾获青紫	[91]	15
觞咏	[28]	35	拾芥	[82]	46
上元	[40]	37	拾遗	[30]	20
邵武	[25]	14	食饩	[35]	5
韶州	[9]	1	食限	[87]	15
设教	[60]	18	史识	[89]	49
设帐	[62]	27	使者	[12]	14
舍人	[36]	50	士	[66]	20
摄生	[71]	29	士大夫	[31]	26
身体力行	[89]	48	士夫	[37]	20
神安司泌冲堡	[87]	1	士林	[21]	19
神致	[62]	30	士论	[19]	30
神宗	[25]	23	士民	[22]	25
沈沦	[77]	33	士人	[29]	11
升堂	[82]	44	士习	[21]	11
生父	[68]	16	士子	[59]	20
生徒	[2]	9	仕宦	[70]	6

340

仕进	[67] 6		数典	[89] 23
世承	[98] 14		数奇	[52] 4
世父	[51] 9		束修	[57] 30
世好	[67] 23		庶几	[98] 15
世孙	[51] 14		庶吉士	[16] 4
世子	[16] 16		庶务	[25] 30
世族	[92] 8		遮道	[22] 25
市利	[83] 38		遮留	[20] 11
试差	[97] 17		遮诉	[83] 59
事亲	[71] 7		帅臣	[9] 21
侍读学士	[36] 21		率教	[57] 36
侍御	[43] 14		双丁	[96] 6
视篆	[28] 3		爽	[57] 33
释褐	[26] 13		爽迈	[10] 1
耆痁	[75] 30		税居	[89] 6
嗜欲	[71] 12		税契	[31] 9
首辅	[16] 9		说经	[87] 13
首县	[65] 9		朔日	[6] 29
首选	[67] 16		朔易	[76] 21
首义	[46] 11		朔闰	[87] 16
受学	[14] 23		私亲	[20] 39
受业	[16] 3		司寇	[25] 22
受知	[20] 6		司李	[35] 9
授读	[82] 14		司马坊	[89] 6
授简	[82] 49		司训	[65] 46
书记	[12] 7		司业	[96] 39
书簏	[59] 26		笥	[89] 20
书史	[57] 3		思远	[77] 23
书帷	[66] 49		斯道	[21] 10
枢府	[94] 14		斯须	[12] 17
枢廷	[73] 7		死藉	[45] 9
枢要	[12] 18		死魄	[76] 24
枢直	[67] 20		四会	[14] 15
叔弟	[27] 9		嗣后	[87] 8
叔兄	[85] 3		松潘	[17] 5
梳栉	[88] 5		崧台	[43] 18
疏劾	[22] 22		宋儒	[87] 12
暑雨祁寒	[98] 11		宋之学	[83] 9

341

送款	[17] 9
俗情	[77] 11
掺	[99] 20
㾍	[95] 37
苏州府	[13] 24
夙慧	[82] 13
素性	[14] 17
随扈	[93] 30
遂尔	[82] 44
邃养	[26] 31
岁除	[16] 27
岁贡生	[25] 7
岁荐	[37] 6
岁祲	[22] 19
岁星	[87] 20
所亲	[47] 13
所适非偶	[78] 13

T

台辅	[18] 20
台谏	[95] 57
台省	[36] 59
台席	[9] 25
太常	[31] 29
太行山	[49] 13
太建	[3] 9
太息	[98] 27
太学	[9] 7
泰昌	[38] 34
泰山北斗	[68] 24
泰顺	[24] 5
弹章	[16] 71
覃精	[97] 20
覃思	[87] 8
堂奥	[62] 29
帑币	[66] 45
陶乐	[70] 21
陶韦	[71] 21

特识	[86] 28
特旨	[96] 19
体裁	[12] 5
剔弊厘奸	[65] 47
剔抉	[95] 55
绨袍	[82] 39
题咏	[27] 10
题奏	[97] 11
倜傥	[80] 8
惕息	[93] 53
惕决	[95] 55
天爵	[86] 34
天倪	[96] 49
天象	[94] 19
天一阁	[97] 24
天植	[68] 2
恬淡	[8] 1
恬静	[14] 1
恬退	[67] 26
调剂	[68] 33
帖括	[26] 7
贴席	[35] 23
汀州	[42] 9
廷对	[11] 2
廷争	[16] 37
庭训	[73] 3
通刺	[95] 60
通济桥	[86] 32
通家	[67] 23
通经	[54] 3
通衢	[28] 20
通山	[14] 16
通显	[14] 26
通详	[43] 13
同案	[73] 33
同典	[21] 6
同官	[16] 10
同考官	[93] 10

同居	[36] 32		皖城	[20] 30
同举	[73] 31		万历	[22] 45
同里	[54] 4		万年	[51] 18
同年	[36] 24		尪羸	[77] 22
同气	[97] 38		望	[53] 24
同舍生	[4] 1		望人	[78] 18
同文馆	[87] 29		微行	[16] 16
同砚	[68] 27		危疑	[16] 24
同知	[23] 18		维新百度	[33] 13
同治	[95] 41		潍县	[75] 4
铜鼓洋	[49] 8		伟器	[52] 3
童子试	[45] 2		委曲	[28] 32
僮仆	[77] 14		闱墨	[96] 8
统绪	[95] 44		韪	[76] 34
投契	[55] 15		未几	[29] 9
投首	[76] 38		畏葸	[66] 37
投赠	[99] 18		猬集	[46] 23
推服	[29] 5		慰勉	[93] 19
推官	[5] 5		巍科	[86] 23
推毂	[25] 21		温谕	[66] 42
推解	[57] 1		温旨	[36] 35
推襟送抱	[32] 33		温州	[24] 22
推逊	[20] 16		文采风流	[92] 5
推挽	[53] 8		文翰之友	[3] 9
推许	[74] 24		文衡	[93] 47
推把	[32] 26		文酒	[56] 13
退遁	[64] 13		文明	[11] 20
屯马	[38] 30		文绮	[19] 17
妥筹	[93] 55		文童	[87] 4
			文献	[1] 23
W			文行	[46] 7
瓦当	[70] 17		文学侍臣	[93] 36
外藩	[41] 21		文言	[90] 6
外简	[95] 13		文义	[6] 24
外廷	[16] 17		文渊阁	[97] 24
纨袴	[84] 27		文章节义	[33] 5
玩诵	[4] 9		文字交	[52] 8
玩绎	[22] 1		问拟	[66] 29

343

问学	[13] 22	先生	[46] 6
问字	[39] 6	先是	[16] 72
巫峰	[86] 8	先世	[9] 1
无何	[13] 19	先王	[85] 15
无极	[59] 5	先哲	[64] 8
无年	[26] 26	先子	[82] 31
无算	[51] 20	俭人	[94] 20
五经	[61] 11	咸丰	[96] 35
五族	[100] 47	咸同	[96] 35
忤	[5] 13	衔	[40] 29
忤旨	[15] 13	衔恤	[73] 16
婺州	[11] 25	县试	[68] 9
倭寇	[24] 6	县学	[47] 16
卧治	[77] 18	羡余	[19] 5
		乡党	[4] 4

X

		乡荐	[15] 5
西安	[20] 3	乡间	[10] 4
西川	[13] 17	乡人	[35] 23
西江	[89] 31	乡书	[28] 1
西滘	[6] 1	乡族	[66] 67
西樵山	[14] 4	相度	[76] 35
西人	[75] 10	相若	[83] 31
西席	[51] 3	相时	[76] 33
西夷	[66] 35	相显	[8] 9
西粤	[47] 26	相验	[75] 5
欷歔	[84] 12	相直	[83] 32
昕夕	[95] 19	香山	[65] 33
禽服	[99] 11	襄	[32] 42
禽然	[66] 57	襄陵	[83] 3
熹宗	[31] 37	勷办	[79] 3
橄	[2] 3	降附	[19] 16
戏笔	[74] 4	庠	[15] 3
下第	[15] 6	庠序	[47] 23
仙湖里	[41] 3	详赡	[87] 6
先辈	[56] 35	详慎	[95] 16
先帝	[38] 22	削籍	[22] 31
先机	[36] 25	宵旰	[95] 22
先灵	[73] 18	萧然	[26] 19

啸歌	[37] 24		修合	[22] 24	
小学	[60] 16		脩脯	[36] 3	
孝弟	[12] 23		秀颖	[26] 4	
孝感	[36] 14		虚静	[67] 26	
孝廉	[2] 6		虚应故事	[36] 44	
孝廉方正	[57] 10		需次	[98] 6	
孝陵	[25] 31		序例	[85] 19	
孝行	[8] 2		叙州	[17] 5	
孝养	[73] 12		恤典	[36] 33	
孝友	[18] 18		勖	[33] 5	
协济	[65] 3		宣付	[38] 36	
膂力	[74] 30		悬象	[75] 23	
泄泄	[46] 49		选贡	[32] 29	
解额	[56] 3		选士	[35] 12	
解元	[77] 2		学博	[77] 35	
心悸	[53] 3		学官	[74] 32	
心田	[89] 21		学宫	[28] 20	
忻慕	[86] 55		学古	[54] 3	
昕夕	[95] 19		学海堂	[74] 7	
新会	[78] 7		学究	[46] 6	
星汉	[75] 31		学脉	[31] 22	
刑部	[26] 18		学使	[35] 13	
刑曹	[20] 14		学田	[88] 11	
型俗	[88] 19		学行	[18] 9	
行道	[89] 53		学长	[76] 10	
行路	[89] 46		学者	[87] 13	
行取	[37] 10		学正	[25] 13	
行人	[16] 66		学政	[35] 13	
行辕	[93] 34		学植	[52] 1	
行谊	[26] 10		学篆	[93] 32	
行在	[9] 29		勋贵	[40] 21	
行走	[95] 7		勋戚	[16] 60	
幸进	[67] 12		浔州	[28] 16	
幸御	[22] 43		训导	[14] 15	
性理之学	[83] 30		训迪	[89] 10	
胸次	[77] 10		训蒙	[82] 2	
咻	[83] 21		驯雅	[10] 24	
修短	[36] 6		恂谨	[40] 6	

345

循谨	[47] 15	洋匪	[64] 6
循理	[6] 5	阳山	[6] 13
循礼	[47] 11	阳朔	[28] 6
循声	[59] 29	养亲	[65] 52
循守	[65] 37	要路	[40] 23
循卓	[59] 12	要盟	[100] 55
逊谢	[4] 2	邪许	[75] 18
		夜分	[84] 10
Y		谒	[30] 15
		谒选	[27] 2
厓略	[97] 32	一念之仁	[11] 12
崖州	[51] 13	一览成诵	[41] 4
衙斋	[97] 30	衣冠之士	[12] 10
雅饬	[6] 5	夷目	[28] 25
雅好	[92] 2	夷务	[79] 3
亚魁	[78] 6	移跸	[9] 5
烟鬟	[86] 9	移疾	[30] 21
淹博	[37] 1	遗爱	[97] 48
淹贯	[14] 3	遗才	[18] 5
淹通	[94] 30	遗法	[32] 51
湮没	[89] 30	遗命	[69] 23
燕居	[22] 40	遗书	[65] 53
延誉	[43] 17	遗田	[51] 11
延致	[58] 9	遗佚	[44] 5
严饬	[93] 55	贻赠	[78] 19
严惮	[22] 3	乙榜	[35] 8
俨若	[64] 23	已而	[66] 38
严事	[19] 7	以次	[19] 15
严正	[92] 6	以故	[19] 30
严重	[5] 11	以经解经	[76] 12
言官	[16] 47	以是	[57] 2
颜柳	[74] 12	倚畀	[96] 25
掔精	[91] 9	弋阳腔	[75] 27
掩骼	[73] 21	义方	[91] 11
厌闻	[77] 27	义理	[91] 13
魇	[37] 8	义门	[83] 67
晏如	[31] 19	义田	[71] 16
雁行	[14] 24	义家	[66] 63
谳	[20] 7		

义庄	[83] 70		莺岗	[89] 35	
议行	[66] 40		婴城固守	[42] 36	
议叙	[71] 4		撄心	[99] 17	
艺林	[56] 21		膺	[63] 7	
艺业	[61] 18		迎养	[11] 26	
异学	[83] 20		营营	[73] 30	
异政	[83] 63		瀛台	[100] 36	
抑塞	[68] 37		引疾	[16] 36	
抑狂进狷	[31] 33		颖悟绝人	[21] 1	
邑城	[88] 16		颖异	[9] 2	
邑侯	[43] 13		影写	[76] 6	
邑令	[35] 9		郢	[20] 32	
邑绅	[28] 18		应举	[25] 6	
邑庠	[47] 16		雍正	[40] 59	
邑学	[66] 8		永歌	[82] 48	
佾生	[97] 2		永嘉	[75] 32	
逸气	[71] 36		永乐	[14] 5	
肄业	[15] 7		用世	[74] 27	
彝器	[70] 17		优贡	[62] 2	
彝宪	[21] 17		优行	[52] 10	
邕州	[45] 8		优游	[10] 15	
因循泄沓	[98] 28		忧	[24] 20	
姻旧	[40] 34		忧旱	[77] 28	
姻亲	[73] 22		倏忽	[82] 35	
音律	[54] 12		幽光	[44] 2	
殷勤	[26] 21		幽胜	[32] 20	
荫	[22] 59		犹子	[24] 27	
吟哦	[57] 45		由是	[11] 35	
吟坛	[56] 32		游	[6] 7	
引避	[30] 15		游泮	[43] 3	
引服	[83] 61		友恭	[67] 2	
引见	[77] 34		有奇	[24] 14	
引奖	[60] 5		有司	[1] 7	
引重	[50] 4		有守	[89] 25	
隐遁	[10] 27		有为	[89] 25	
英德	[17] 20		有以	[86] 37	
英华	[84] 7		诱掖	[74] 11	
英彦	[81] 14		莠言	[100] 29	

于戏	[71]	37	载淳	[95]	50
与夫	[64]	19	赞善	[30]	8
予告	[21]	4	藻曜高翔	[77]	36
余慕	[89]	62	造请	[19]	22
馀羡	[22]	20	造士	[35]	6
羽檄交驰	[46]	22	增生	[78]	20
禹稷	[89]	59	赠谥	[16]	68
玉牒	[18]	16	在告	[16]	35
玉局	[32]	51	斋宫	[66]	3
玉色金声	[73]	27	斋沐	[36]	38
玉署	[33]	2	瘵	[84]	8
俞旨	[36]	49	沾溉	[86]	48
揄扬	[68]	36	湛思	[26]	5
谕德	[18]	14	湛深	[51]	1
寓	[4]	7	章草	[61]	28
御极	[35]	11	章京	[100]	20
御制	[54]	16	章疏	[38]	25
渊贯	[14]	3	漳平	[38]	45
渊默	[61]	23	长吏	[9]	34
渊薮	[97]	18	长善救失	[88]	17
元奥	[50]	2	长史	[3]	10
元和	[5]	2	掌故	[25]	19
元孙	[50]	27	掌故学	[83]	29
援笔立就	[90]	7	掌教	[69]	5
远到	[86]	27	昭代	[21]	14
越台	[10]	20	召对	[100]	16
粤东	[42]	18	召社	[28]	10
粤西	[54]	8	召致	[12]	12
云树	[82]	38	诏事	[14]	18
蕴奥	[61]	20	肇庆	[12]	8
酝藉	[32]	36	折节读书	[89]	47
			折狱	[51]	21
Z			慴悼	[94]	23
杂艺	[64]	20	奢服	[2]	4
宰	[31]	6	詟伏	[59]	15
宰执	[40]	14	谪	[5]	8
在籍	[96]	44	谪籍	[15]	22
载道	[20]	11	谪居	[8]	3

真书	[71] 25	帙	[51] 23
贞白	[15] 28	秩满	[94] 7
祯州	[7] 6	制策	[11] 11
枕藉	[32] 8	制诰	[30] 9
赈恤	[65] 28	制军	[60] 21
震邻	[38] 30	踬	[38] 6
征辟	[2] 11	治行	[23] 3
征取	[61] 35	治装	[57] 28
整暇	[20] 26	贽礼	[66] 18
正德	[16] 6	寘	[85] 20
正军	[9] 24	终养	[66] 41
正人	[9] 9	中朝	[75] 11
正始之音	[75] 33	中都	[41] 18
正统	[15] 11	中官	[11] 21
正学	[31] 49	中贵	[11] 21
政声	[28] 4	中翰	[71] 30
诤臣	[40] 26	中落	[57] 29
知感	[89] 27	中秘书	[29] 3
知人	[36] 41	中人	[64] 24
知士	[1] 4	中式	[78] 8
知书	[66] 20	中使	[42] 15
知者	[31] 50	中允	[30] 8
知州	[23] 3	中正	[1] 11
脂膏	[73] 34	冢宰	[38] 24
执礼	[14] 22	中伤	[95] 38
执鞭	[86] 54	仲父	[64] 21
平山	[33] 17	仲氏	[6] 42
直声	[31] 5	仲子	[34] 1
植品	[67] 11	重名	[70] 10
摭	[41] 8	州闾	[2] 2
祇	[98] 10	州郡	[3] 3
指不胜屈	[60] 19	周程	[22] 1
指事类情	[89] 37	周髀	[50] 1
至性	[68] 2	周甲	[51] 17
致良知	[83] 15	赒济	[73] 24
致仕	[14] 21	侏儒	[75] 29
志乘	[37] 6	珠江	[70] 19
志操	[3] 2	硃谕	[100] 26

竹林七贤	[43]	10
逐臭	[75]	29
主静	[69]	19
主敬	[69]	22
主事	[19]	3
诸从	[36]	4
诸经义疏	[87]	3
诸生	[9]	9
属稿	[56]	11
属文	[23]	2
转相传授	[47]	2
篆隶	[43]	8
壮猷	[9]	26
壮骚	[43]	4
追远	[30]	28
肫然	[88]	18
肫肫	[52]	16
谆谕	[93]	14
卓立	[15]	1
著笔	[74]	22
著令	[16]	43
濯栉	[20]	4
濯磨	[86]	29
赀	[9]	33
咨送	[87]	30
咨议	[3]	3
子史	[84]	9
子姓	[62]	24
梓宫	[20]	34
自署	[36]	1
字民	[20]	13
字祖庙	[82]	54
宗党	[32]	39
宗法	[85]	16
宗藩	[41]	20
宗亲	[60]	9
宗人	[83]	69
宗主	[56]	32
综理	[20]	33
走匿	[75]	9
奏对	[13]	14
奏奖	[79]	4
足茧	[55]	12
卒业	[57]	34
族党	[28]	35
族父	[40]	8
族叔	[47]	1
族正	[52]	18
族子	[2]	16
最	[20]	36
檇李	[46]	9
左氏	[24]	31
左迁	[29]	10
坐此	[77]	33
坐致	[93]	43

二、主要人名索引

B

巴夏礼	[93]	17
白常灿	[42]	35
宝鋆	[93]	11
鲍俊	[75]	14
鲍照	[82]	23
邴原	[82]	42
伯颜	[12]	11

C

蔡时田	[53]	7
蔡元定	[54]	13
曹廷栋	[54]	17
岑澂	[86]	14
岑参	[12]	25
岑灼文	[91]	3
常遇春	[61]	8
陈彩	[46]	9

陈昌齐	[60]	24
陈大科	[32]	12
陈大受	[56]	8
陈海六	[53]	10
陈激衷	[22]	16
陈澧	[69]	12
陈冕	[26]	8
陈清杰	[56]	1
陈绍儒	[41]	1
陈世和	[54]	5
陈添佐	[14]	30
陈文烛	[28]	38
陈熙昌	[41]	2
陈献章	[16]	3
陈宜中	[9]	16
陈璋	[53]	6
陈悳荣	[55]	15
陈仲微	[11]	46
程颐	[46]	1
赤松（子）	[34]	10
褚遂良	[69]	9
崔弼	[69]	15
崔文升	[38]	38

D

戴鸿慈	[86]	25
戴鸿惠	[91]	21
戴鸿宪	[91]	19
戴联珠	[91]	1
戴熙	[87]	4
戴震	[61]	19
邓岳	[2]	1
邓钟岳	[57]	9
丁魁楚	[42]	11
董其昌	[69]	10
董师谦	[11]	47
杜甫	[24]	31
杜预	[89]	56

F

樊翰	[52]	3
范缜	[82]	41
范仲淹	[71]	16
方殿元	[48]	10
方献夫	[22]	6
方孝孺	[97]	23
冯敏昌	[60]	24
冯誉骥	[96]	24
冯子材	[93]	26
符葆森	[84]	23
福增格	[52]	7

G

高适	[12]	25
高燮曾	[100]	15
耿继茂	[36]	70
谷大用	[16]	25
顾可学	[22]	24
桂萼	[16]	69
郭从矩	[95]	37
郭泰	[9]	12
郭尚先	[72]	13
郭嵩焘	[87]	28

H

海瑞	[31]	4
韩愈	[5]	8
杭世骏	[58]	16
何白	[32]	25
何衡	[47]	6
何维奇	[22]	32
何文绮	[82]	3
何吾驺	[36]	59
何真	[12]	6
何增祜	[82]	51
何增庆	[82]	51
和珅	[65]	20

贺逢圣	[36] 38		黎民表	[23] 6
侯康	[81] 7		黎民怀	[26] 8
胡瑞澜	[99] 3		黎民衷	[26] 8
胡世宁	[17] 10		黎遂球	[40] 34
胡心得	[32] 14		黎贞	[13] 31
黄帝	[89] 60		李昂英	[11] 6
黄恭庭	[43] 13		李畅	[35] 2
黄公望	[71] 27		李成栋	[47] 29
黄培芳	[69] 18		李待问	[35] 24
黄熙孕	[43] 13		李德	[56] 22
黄哲	[56] 22		李德林	[82] 26
黄子高	[81] 7		李调元	[63] 4
黄佐	[23] 5		李端棻	[100] 15
惠栋	[57] 37		李光昭	[94] 12
惠士奇	[53] 9		李贺	[82] 27
霍韬	[17] 13		李开芳	[32] 13
			李林甫	[22] 23
J			李鸣复	[9] 8
江彬	[16] 32		李攀龙	[26] 12
纪昀	[61] 16		李耳	[89] 60
贾勇	[9] 28		李锐	[87] 19
贾似道	[9] 9		李时行	[56] 27
姬奭	[28] 10		李孙宸	[37] 8
江藩	[54] 23		李廷机	[36] 16
蒋冕	[16] 14		李威	[72] 13
揭重熙	[47] 28		李维桢	[32] 23
金农	[72] 10		李文藻	[61] 15
靳贵	[16] 10		李文灿	[58] 3
			李衎	[70] 14
K			李先芳	[26] 12
康广仁	[100] 31		李英	[37] 13
客氏	[36] 22		李邕	[69] 9
孔丘	[60] 6		李质	[12] 8
孔贞运	[36] 38		梁邦俊	[71] 13
邝彭龄	[43] 1		梁次摅	[16] 72
			梁鼎芬	[97] 29
L			梁都唐	[86] 41
劳仁	[55] 1		梁鹤年	[93] 3
乐韶凤	[13] 13			

梁继善	[40] 34		龙元任	[65] 44
梁梿	[47] 6		卢文弨	[60] 2
梁善长	[68] 26		卢杞	[22] 23
梁绍震	[25] 5		鲁琪光	[98] 7
梁世骠	[26] 1		陆鳌	[33] 7
梁用弧	[79] 8		陆殿邦	[76] 31
梁禹甸	[86] 39		陆世仪	[93] 41
梁玉成	[84] 17		陆秀夫	[9] 26
梁元翀	[68] 39		吕坚	[62] 12
梁孜	[26] 8		吕师夔	[11] 36
梁柱臣	[26] 8		吕翔	[68] 39
廖牲	[77] 40		吕岩	[80] 7
林旭	[100] 22		伦以谅	[18] 22
林云同	[25] 3		伦以诜	[18] 22
林召棠	[93] 8		罗炳汉	[49] 5
凌震	[9] 35		罗礼琮	[65] 12
刘晟	[7] 4		罗文俊	[66] 51
刘逢禄	[76] 14		骆秉章	[78] 17
刘光第	[100] 22			
刘国缙	[38] 31		**M**	
刘谨	[16] 7		马德熙	[89] 41
刘魁	[16] 29		马应芳	[41] 30
刘坤一	[97] 14		毛纪	[16] 15
刘模	[22] 16		梅文鼎	[54] 21
刘三吾	[12] 11		梅义	[13] 27
刘师勇	[9] 18		孟轲	[6] 15
刘台	[22] 49		孟喜	[76] 22
刘体仁	[46] 27		米芾	[74] 13
刘铁笛	[57] 36		穆克登额	[66] 27
刘同升	[36] 40			
刘熙载	[87] 33		**N**	
刘孝绰	[82] 28		那彦成	[66] 77
刘星炜	[60] 2			
刘歆	[87] 18		**O**	
刘龑	[7] 1		区弘	[6] 42
刘云汉	[52] 17		区玙	[10] 5
柳公权	[74] 12		区冶子	[6] 1
龙应时	[65] 2		欧阳询	[74] 15

P

潘光岳	[96]	2
潘元杰	[96]	54
潘元谅	[97]	52
潘元籹	[97]	50
潘祖萌	[95]	52
彭端淑	[53]	6
彭燿	[42]	20
彭玉麟	[98]	12
溥仪	[100]	62

Q

祁埥	[76]	30
祁寯藻	[86]	2
钱大昕	[61]	16
钱籍	[20]	31
钱宁	[16]	42
乔玄	[82]	34
仇巨川	[65]	14
屈大均	[49]	21
屈原	[45]	12
瞿景淳	[25]	8
全庆	[95]	34
全祖望	[97]	23

R

任昉	[82]	36
任兆麟	[76]	16
阮元	[64]	28

S

尚可喜	[36]	70
邵辅忠	[38]	28
沈㴶	[38]	31
沈德潜	[57]	24
沈一贯	[30]	11
沈周	[74]	14
盛端明	[22]	24
史嵩之	[9]	8
叔孙通	[82]	43
宋濂	[12]	16
苏逢圣	[80]	8
苏观生	[42]	7
苏刘义	[9]	26
苏轼	[32]	21
苏奕舒	[80]	2
苏膺瑞	[61]	33

T

塔出	[11]	42
谭嗣同	[100]	22
汤贻汾	[69]	17
陶窳	[47]	6
陶渊明	[13]	23
田汝成	[19]	6
童钰	[72]	18
屠应埈	[19]	6

W

万国桢	[32]	50
万镗	[19]	12
万元吉	[42]	23
汪鸣銮	[80]	10
汪琬	[46]	27
汪文言	[40]	25
王鏊	[15]	24
王邦畿	[48]	10
王勃	[82]	22
王纯臣	[40]	42
王翚	[62]	29
王渐逵	[22]	16
王亮	[14]	31
王深	[3]	12
王慎中	[19]	6
王士禛	[46]	27

王世贞	[26] 13		徐荣	[69] 12
王隼	[49] 21		徐台英	[83] 72
王维	[47] 10		徐元芳	[20] 29
王羲之	[43] 9		徐致靖	[100] 15
王引之	[67] 28		徐中行	[26] 15
王原祁	[62] 29		许以忠	[40] 23
韦应物	[71] 21		许誉卿	[36] 47
魏禧	[47] 12		许赞	[20] 17
魏忠贤	[36] 22			
温承悌	[66] 48		**Y**	
温汝述	[70] 11		严嵩	[22] 22
文悌	[100] 24		严世蕃	[26] 21
文天祥	[9] 26		颜俊彦	[45] 3
翁方纲	[60] 2		颜真卿	[69] 8
翁同龢	[95] 52		阎若璩	[87] 21
吴炳南	[72] 19		杨超曾	[57] 13
吴国伦	[26] 15		杨爵	[22] 29
吴兰修	[74] 10		杨涟	[36] 24
吴秋	[54] 6		杨荣绪	[91] 3
吴荣光	[66] 72		杨锐	[100] 22
吴世忠	[54] 4		杨廷和	[16] 8
吴嵩梁	[69] 17		杨文乾	[57] 10
吴廷举	[17] 12		杨修	[82] 24
吴熊光	[66] 76		杨一清	[16] 10
吴镇	[69] 10		杨永斌	[57] 15
吴中行	[28] 38		姚鼐	[93] 39
伍崇曜	[81] 10		姚瀛曙	[35] 9
伍兰成	[86] 25		姚宗文	[38] 18
			叶大焯	[93] 50
X			叶向高	[36] 16
夏承	[71] 23		仪克中	[81] 7
夏侯胜	[82] 45		奕䜣	[94] 29
夏之蓉	[57] 24		游智开	[94] 29
冼宪祖	[47] 21		余联沅	[100] 8
谢景卿	[69] 3		余阙	[20] 28
解缙	[14] 6		虞世南	[74] 15
徐光祚	[16] 63		俞樾	[97] 28
徐依	[52] 8		袁崇焕	[40] 43

袁枚	[63] 9	张智	[12] 11
袁世凯	[100] 49	张忠	[16] 42
阮籍	[77] 37	赵介	[56] 22
恽敬	[69] 17	赵良栋	[46] 19
		赵孟頫	[74] 21

Z

		赵昰	[9] 15
曾国藩	[87] 31	赵焞夫	[40] 34
曾燠	[69] 14	赵绚	[13] 34
詹同	[13] 13	赵志皋	[27] 3
湛若水	[22] 6	郑虎文	[53] 6
张安德	[40] 42	郑骝	[20] 12
张百龄	[66] 74	郑玫	[52] 8
张百熙	[100] 15	郑清之	[9] 8
张保	[64] 11	郑玄	[83] 8
张瀚	[22] 52	周敦颐	[69] 19
张家玉	[42] 27	周嘉谟	[38] 24
张锦麟	[61] 14	周南	[18] 5
张镜心	[43] 18	周声澍	[95] 37
张九龄	[47] 10	周顺昌	[36] 24
张九叙	[16] 64	周兴嗣	[10] 25
张居正	[22] 48	周怡	[22] 29
张如芝	[62] 26	朱常洛	[31] 28
张汝霖	[53] 6	朱成发	[85] 1
张思齐	[62] 20	朱宸濠	[16] 49
张实荣	[11] 36	朱高煦	[16] 52
张世杰	[9] 26	朱珪	[56] 12
张维屏	[86] 14	朱厚熜	[16] 59
张位	[30] 11	朱厚照	[16] 33
张文锦	[17] 17	朱士琦	[85] 2
张希举	[25] 3	朱天麟	[36] 58
张勋	[100] 51	朱熹	[60] 8
张曜	[93] 26	朱学熙	[42] 36
张岳	[19] 20	朱翊钧	[25] 23
张岳崧	[75] 14	朱彝尊	[23] 11
张振堂	[56] 29	朱由榔	[47] 27
张正见	[3] 11	朱由崧	[42] 1
张之洞	[93] 54	朱聿键	[42] 4
张芝	[43] 9	朱聿镈	[42] 14

朱治㓊	［42］25	钟昌	［28］10
诸葛恪	［82］25	邹之麟	［38］32
庄有恭	［93］8	遵行	［1］10
宗臣	［26］25	左光斗	［36］24
宗社	［16］45		

后 记

2014年,佛山科学技术学院万伟成教授开始编著《佛山诗歌三百首评注》,我在参与这个课题中受到启发:具有深厚人文底蕴的佛山文苑是岭南文苑的重要组成部分,佛山文苑人物传记让佛山忠义文脉基因代代相传。万伟成教授鼓励我研究佛山地方志中的《文苑》,于是我不揣简陋,研究佛山文苑人物传。幸运的是,"佛山文苑传记研究"成为佛山科学技术学院佛山岭南文化研究院2014年度招标课题(项目编号为14lnwh01),继而成为2014年度广东省哲学社会科学"十二五"规划项目。我在研究中发现,佛山地方志的文苑人物传记大多是文言文、繁体字、没有标点,传文之详略正误,可商榷处甚多,如佛山历代文士的字号、官职、履历等方面出现了一些错误。这些错误有的属于传抄错误,有的属于句读错误;前人已有所指正,但没有更正者尚不少。因此,我决定对佛山文苑人物传记进行整理并辑注。佛山某个文士可能在不同的地方志中有不同的传记,我尽量收罗既知传世的各种佛山《文苑》,一是选取其中最能体现传主文学成就的一篇传记进行辑注,二是让不同版本的佛山文苑人物传记互为参证,三是尽量找到其原始出处,核实、补充相关内容,纠谬正误,间出己意。

广东省国学学会会长万伟成教授给本书提出了宝贵的意见和建议,并且在百忙之中抽出宝贵的时间为本书作序。在此,特别感谢万伟成教授给予我的无私帮助和全力支持!《佛山文苑人物传辑注》能够顺利出版,我要感谢佛山市社会科学界联合会提供了出版资助!

由于历史原因,李文孺、区册、简文会、李孝问、梁为鹏、侨元梓、梁炳南、何容光、梁宏谏等传主的诗文集没有流传,本书没有在《传主简介》中提及,以期后来研究者的新发现。个别传记的极少数字词,找不到合适的现代汉语来注释,为了避免以讹传讹,本书暂时不加以注释,存疑在此,以期后来研究者加以注释。

李自国

2018年8月于广东佛山